Utilize este código QR para se cadastrar de forma mais rápida:

Ou, se preferir, entre em:
www.moderna.com.br/ac/livroportal

e siga as instruções para ter acesso aos conteúdos exclusivos do Portal e Livro Digital

CÓDIGO DE ACESSO:
A 00197 ARPMATE5E 8 96140

Aluno 3250
12112691

Faça apenas um cadastro. Ele será válido para:

CB052988

Da semente ao livro,
sustentabilidade por todo o caminho

Plantar florestas
A madeira que serve de matéria-prima para nosso papel vem de plantio renovável, ou seja, não é fruto de desmatamento. Essa prática gera milhares de empregos para agricultores e ajuda a recuperar áreas ambientais degradadas.

Fabricar papel e imprimir livros
Toda a cadeia produtiva do papel, desde a produção de celulose até a encadernação do livro, é certificada, cumprindo padrões internacionais de processamento sustentável e boas práticas ambientais.

Criar conteúdos
Os profissionais envolvidos na elaboração de nossas soluções educacionais buscam uma educação para a vida pautada por curadoria editorial, diversidade de olhares e responsabilidade socioambiental.

Construir projetos de vida
Oferecer uma solução educacional Moderna é um ato de comprometimento com o futuro das novas gerações, possibilitando uma relação de parceria entre escolas e famílias na missão de educar!

Apoio:
www.twosides.org.br

Fotografe o Código QR e conheça melhor esse caminho.
Saiba mais em moderna.com.br/sustentavel

ARARIBÁ PLUS Matemática 8

Organizadora: Editora Moderna
Obra coletiva concebida, desenvolvida
e produzida pela Editora Moderna.

Editores responsáveis:
Mara Regina Garcia Gay
Willian Raphael Silva

5ª edição

© Editora Moderna, 2018

MODERNA

Elaboração dos originais:

Mara Regina Garcia Gay
Bacharel e licenciada em Matemática pela Pontifícia Universidade Católica de São Paulo.

Willian Raphael Silva
Licenciado em Matemática pela Universidade de São Paulo.

Daniela Santo Ambrosio
Licenciada em Matemática pela Universidade de São Paulo.

Everton José Luciano
Licenciado em Matemática pela Faculdade de Filosofia, Ciências e Letras do Centro Universitário Fundação Santo André.

Fabio Martins de Leonardo
Licenciado em Matemática pela Universidade de São Paulo.

Juliana Ikeda
Licenciada em Matemática pela Universidade de São Paulo.

Maria José Guimarães de Souza
Mestra em Ciências pelo Instituto de Matemática e Estatística da Universidade de São Paulo.

Mateus Coqueiro Daniel de Souza
Mestre em Ciências pelo Instituto de Matemática e Estatística da Universidade de São Paulo.

Romenig da Silva Ribeiro
Mestre em Ciências pelo Instituto de Matemática e Estatística da Universidade de São Paulo.

Cintia Alessandra Valle Burkert Machado
Mestra em Educação, na área de Didática, pela Universidade de São Paulo.

Dario Martins de Oliveira
Licenciado em Matemática pela Universidade de São Paulo.

Juliane Matsubara Barroso
Bacharel e licenciada em Matemática pela Pontifícia Universidade Católica de São Paulo.

Luciana de Oliveira Gerzoschkowitz Moura
Mestra em Educação pela Universidade de São Paulo.

Maria Cecília da Silva Veridiano
Licenciada em Matemática pela Universidade de São Paulo. Editora.

Maria Solange da Silva
Doutoranda em Didática da Matemática pelo Instituto de Educação da Universidade de Lisboa. Mestra em Educação Matemática pela Universidade Santa Úrsula.

Rosangela de Souza Jorge Ando
Mestra em Educação Matemática pela Universidade Bandeirante de São Paulo.

Selene Coletti
Licenciada em Pedagogia pela Faculdade de Filosofia, Ciências e Letras "Prof. José Augusto Vieira" da Fundação Educacional de Machado.

Imagem de capa
Usando um aplicativo de celular, é possível realizar um pagamento com cartão virtual.

Coordenação editorial: Mara Regina Garcia Gay
Edição de texto: Everton José Luciano, Daniela Santo Ambrosio, Juliana Ikeda, Mateus Coqueiro Daniel de Souza
Assistência editorial: Marcos Gasparetto de Oliveira, Paulo Cesar Rodrigues, Jéssica Rocha Batista
Gerência de *design* e produção gráfica: Sandra Botelho de Carvalho Homma
Coordenação de produção: Everson de Paula, Patricia Costa
Suporte administrativo editorial: Maria de Lourdes Rodrigues
Coordenação de *design* e projetos visuais: Marta Cerqueira Leite
Projeto gráfico e capa: Daniel Messias, Otávio dos Santos
Pesquisa iconográfica para capa: Daniel Messias, Otávio dos Santos, Bruno Tonel
Fotos: Ratmaner/Shutterstock, Adidas4747/Shutterstock, Maksim Denisenko/Shutterstock, Floral Deco/Shutterstock
Coordenação de arte: Carolina de Oliveira
Edição de arte: Adriana Santana
Editoração eletrônica: Grapho Editoração
Edição de infografia: Luiz Iria, Priscilla Boffo, Giselle Hirata
Coordenação de revisão: Elaine C. del Nero, Maristela S. Carrasco
Revisão: Andrea Vidal, Beatriz Rocha, Denise Ceron, Leandra Trindade, Márcia Leme, Nancy H. Dias, Renato da Rocha, Rita de Cássia Gorgati, Rita de Cássia Pereira, Salete Brentan, Yara Afonso
Coordenação de pesquisa iconográfica: Luciano Baneza Gabarron
Pesquisa iconográfica: Carol Bock
Coordenação de *bureau*: Rubens M. Rodrigues
Tratamento de imagens: Fernando Bertolo, Joel Aparecido, Luiz Carlos Costa, Marina M. Buzzinaro
Pré-impressão: Alexandre Petreca, Everton L. de Oliveira, Marcio H. Kamoto, Vitória Sousa
Coordenação de produção industrial: Wendell Monteiro
Impressão e acabamento: HRosa Gráfica e Editora
Lote: 756336
Cod: 12112691

Dados Internacionais de Catalogação na Publicação (CIP)
(Câmara Brasileira do Livro, SP, Brasil)

Araribá Plus : matemática / organizadora Editora Moderna ; obra coletiva concebida, desenvolvida e produzida pela Editora Moderna ; editores responsáveis Mara Regina Garcia Gay, Willian Raphael Silva. – 5. ed. – São Paulo : Moderna, 2018.

Obra em 4 v. para alunos do 6º ao 9º ano.
Bibliografia

1. Matemática (Ensino fundamental) I. Gay, Mara Regina Garcia. II. Silva, Willian Raphael.

18-16900   CDD-372.7

Índices para catálogo sistemático:

1. Matemática : Ensino fundamental   372.7

Maria Alice Ferreira – Bibliotecária – CRB – 8 / 7964

ISBN 978-85-16-11269-1 (LA)
ISBN 978-85-16-11270-7 (LP)

Reprodução proibida. Art. 184 do Código Penal e Lei 9.610 de 19 de fevereiro de 1998.
Todos os direitos reservados
EDITORA MODERNA LTDA.
Rua Padre Adelino, 758 – Belenzinho
São Paulo – SP – Brasil – CEP 03303-904
Vendas e Atendimento: Tel. (0_ _11) 2602-5510
Fax (0_ _11) 2790-1501
www.moderna.com.br
2022
Impresso no Brasil

1 3 5 7 9 10 8 6 4 2

APRESENTAÇÃO

A Matemática está presente em tudo o que nos rodeia: na regularidade das folhas de uma planta, nas asas de uma borboleta, nas pinturas de grandes mestres, no céu repleto de estrelas, no piscar de luzes de um semáforo, nas mensagens recebidas de um amigo por *e-mail* ou pelo celular, nos *tablets* e computadores, nos jogos e aplicativos, e em tudo o mais que se possa imaginar. Ela é fundamental na compreensão das coisas, desde as mais simples até as mais complexas, como a infinidade de tecnologias da atualidade.

Aprender com o **Araribá Plus Matemática** é estudar de forma agradável e dinâmica os conteúdos dessa disciplina e adquirir habilidades para aplicá-los em seu dia a dia. Você vai descobrir que estudar números, ângulos, figuras, medidas, equações e outros assuntos abordados pela Matemática amplia seu universo de conhecimento e sua visão de mundo.

Para ajudar nesse aprendizado, nesta nova edição do **Araribá Plus Matemática** incluímos várias novidades, como as seções: *Informática e Matemática*, *Compare estratégias*, *Organizar o conhecimento*, *Testes* e *Atitudes para a vida*. Esperamos que ao buscar o conhecimento você se torne um agente transformador da sociedade em que vive.

Um ótimo estudo!

ATITUDES PARA A VIDA

11 ATITUDES MUITO ÚTEIS PARA O SEU DIA A DIA!

As Atitudes para a vida *trabalham competências socioemocionais e nos ajudam a resolver situações e desafios em todas as áreas, inclusive no estudo de Matemática.*

1. Persistir
Se a primeira tentativa para encontrar a resposta não der certo, **não desista**, busque outra estratégia para resolver a questão.

2. Controlar a impulsividade
Pense antes de agir. Reflita sobre os caminhos que pode escolher para resolver uma situação.

3. Escutar os outros com atenção e empatia
Dar atenção e escutar os outros são ações importantes para se relacionar bem com as pessoas.

4. Pensar com flexibilidade
Considere diferentes possibilidades para chegar à solução. Use os recursos disponíveis e dê asas à imaginação!

5. Esforçar-se por exatidão e precisão
Confira os dados do seu trabalho. Informação incorreta ou apresentação desleixada podem prejudicar a sua credibilidade e comprometer todo o seu esforço.

6. Questionar e levantar problemas

Fazer as perguntas certas pode ser determinante para esclarecer suas dúvidas. Esteja alerta: indague, questione e levante problemas que possam ajudá-lo a compreender melhor o que está ao seu redor.

7. Aplicar conhecimentos prévios a novas situações

Use o que você já sabe! O que você já aprendeu pode ajudá-lo a entender o novo e a resolver até os maiores desafios.

8. Pensar e comunicar-se com clareza

Organize suas ideias e comunique-se com clareza. Quanto mais claro você for, mais fácil será estruturar um plano de ação para realizar seus trabalhos.

10. Assumir riscos com responsabilidade

Explore suas capacidades! Estudar é uma aventura, não tenha medo de ousar. Busque informação sobre os resultados possíveis e você se sentirá mais seguro para arriscar um palpite.

11. Pensar de maneira interdependente

Trabalhe em grupo, colabore. Juntando ideias e força com seus colegas, vocês podem criar e executar projetos que ninguém poderia fazer sozinho.

9. Imaginar, criar e inovar

Desenvolva a criatividade conhecendo outros pontos de vista, imaginando-se em outros papéis, melhorando continuamente suas criações.

No Portal *Araribá Plus* e ao final do seu livro, você poderá saber mais sobre as *Atitudes para a vida*. Veja <www.moderna.com.br/araribaplus> em **Competências socioemocionais**.

CONHEÇA O SEU LIVRO

A ORGANIZAÇÃO DO LIVRO

Os conteúdos deste livro estão distribuídos em **12 unidades** organizadas em **4 partes**.

ABERTURA DE PARTE
Cada **abertura** de parte apresenta um elemento motivador, que pode ser a tela de um jogo, de um vídeo ou de outro recurso que há no **livro digital**.

Questões sobre o tema da abertura são propostas com a finalidade de identificar e mobilizar o que você já conhece sobre o que será estudado nas unidades dessa Parte.

APRESENTAÇÃO DOS CONTEÚDOS
O **conteúdo** é apresentado de forma clara e organizada.

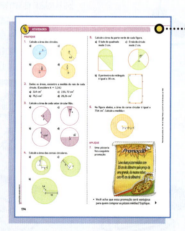

ATIVIDADES
Após a apresentação dos conteúdos, estão as **Atividades** agrupadas em dois blocos: **Pratique** e **Aplique**.

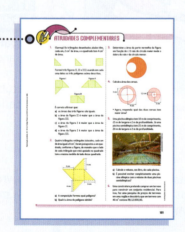

ATIVIDADES COMPLEMENTARES
São atividades apresentadas no final de cada unidade com o propósito de ajudá-lo a fixar os conteúdos estudados.

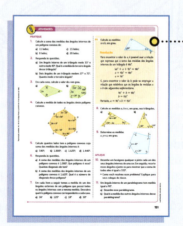

ATIVIDADES RESOLVIDAS
Nas seções **Atividades**, podem aparecer destacadas algumas **atividades resolvidas**, que mostram o passo a passo da resolução, além de comentários que enriquecem seu aprendizado.

COMPREENDER UM TEXTO
Esta seção tem o objetivo de desenvolver a competência leitora por meio da análise de diversos tipos de texto.

Questões especialmente desenvolvidas orientam a interpretação e a análise do texto e exploram o conteúdo matemático apresentado.

ESTATÍSTICA E PROBABILIDADE
Esta seção tem o objetivo de desenvolver a interpretação, a comparação e a análise de diversas formas de apresentação de dados. Aborda também temas relacionados ao cálculo de probabilidade.

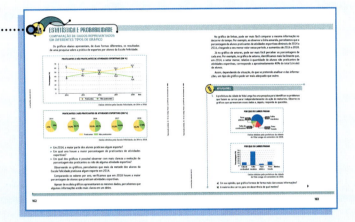

INFORMÁTICA E MATEMÁTICA
Esta seção trabalha conteúdos de matemática por meio de tecnologias digitais, como *softwares* de Geometria Dinâmica, planilhas eletrônicas etc.

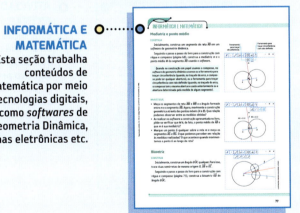

COMPARE ESTRATÉGIAS
Esta seção visa auxiliar a superar eventuais concepções equivocadas no que diz respeito a alguns conceitos ou procedimentos da Matemática.

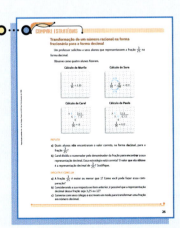

EDUCAÇÃO FINANCEIRA
Esta seção apresenta atividades que farão você refletir sobre atitudes responsáveis e conscientes no planejamento e no uso de recursos financeiros em seu dia a dia.

TESTES
Esta seção contém diversas questões do Enem, do Saresp e de diversos vestibulares.

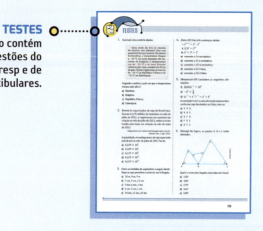

ORGANIZAR O CONHECIMENTO
Esta seção contém organizadores gráficos que ajudam a fixar alguns conteúdos estudados em cada Parte.

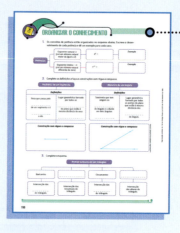

ATITUDES PARA A VIDA
Esta seção retoma as atitudes para a vida trabalhadas em cada Parte e promove uma reflexão sobre elas e como estão presentes no dia a dia.

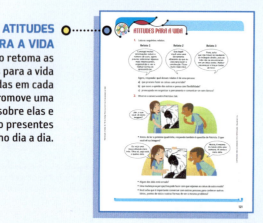

ATIVIDADES EXTRAS
Esta seção traz uma série de atividades com o objetivo principal de desenvolver as habilidades de cálculo mental.

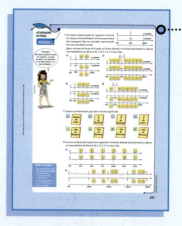

ÍCONES DA COLEÇÃO

 Educação financeira
 Cultura indígena e africana
 Formação cidadã
 Meio ambiente
 Saúde
 Atitudes para a vida

 Elaboração de problemas
 Desafio
 Pensamento computacional
 Cálculo mental
 Calculadora
 Atividade em dupla ou em grupo

 Glossário
 Indica que existem jogos, vídeos, atividades ou outros recursos no **livro digital** ou no **portal** da coleção.

CONTEÚDO DOS MATERIAIS DIGITAIS

O *Projeto Araribá Plus* apresenta um Portal exclusivo, com ferramentas diferenciadas e motivadoras para o seu estudo. Tudo integrado com o livro para tornar a experiência de aprendizagem mais intensa e significativa.

Portal Araribá Plus – Matemática

- Conteúdos
  - OEDs
- Competências socioemocionais – 11 Atitudes para a vida
  - Atividades
  - Caderno 11 Atitudes para a vida
- Guia virtual de estudos
- Livro digital
- Obras complementares
- Programas de leitura

Livro digital com tecnologia *HTML5* para garantir melhor usabilidade e ferramentas que possibilitam buscar termos, destacar trechos e fazer anotações para posterior consulta. O livro digital é enriquecido com objetos educacionais digitais (OEDs) integrados aos conteúdos. Você pode acessá-lo de diversas maneiras: no *smartphone*, no *tablet* (Android e iOS), no *desktop* e *on-line* no *site*:

http://mod.lk/livdig

CONTEÚDO DOS MATERIAIS DIGITAIS

ARARIBÁ PLUS APP

Aplicativo exclusivo para você com recursos educacionais na palma da mão!

Acesso rápido por meio do leitor de código *QR*.
http://mod.lk/app

Objetos educacionais digitais diretamente no seu *smartphone* para uso *on-line* e *off-line*.

Stryx, um guia virtual criado especialmente para você! Ele ajudará a entender temas importantes e achar videoaulas e outros conteúdos confiáveis, alinhados com o seu livro.

Eu sou o **Stryx** e serei seu guia virtual por trilhas de conhecimentos de um jeito muito legal de estudar!

LISTA DOS OEDS DO 8º ANO

PARTE	UNIDADE	TÍTULO DO OBJETO DIGITAL
1	1	Grandezas e medidas
	1	Uma lenda do xadrez
	1	*Calculus*
	3	Dominó de triângulos
	3	Rigidez do triângulo
2	4	Quadriláteros
	5	Omegamemória
	5	Composição de polígonos
	6	Quadrinhos e cinema
	6	Volume de uma pirâmide de base triangular
3	7	Balança com sólidos
4	10	Representações gráficas de equações do 1º grau
	12	Transformações geométricas

http://mod.lk/app

SUMÁRIO

PARTE 1 — 18

UNIDADE 1   POTENCIAÇÃO E RADICIAÇÃO — 20

1. **Recordando alguns conjuntos numéricos** — 20
   Conjunto dos números naturais, 21; Conjunto dos números inteiros, 21; Conjunto dos números racionais, 24

   ▪ **Compare estratégias –** Transformação de um número racional na forma fracionária para a forma decimal — 25
   Transformação de um número racional na forma fracionária para forma decimal, 26

2. **A reta numérica** — 30
   O que há entre dois números racionais, 31

3. **Conjunto dos números reais** — 33

   ▪ **Compare estratégias** — 34

4. **Potência com expoente inteiro** — 35
   Potência com expoente inteiro não negativo, 37; Potência com expoente inteiro negativo, 37; Notação científica, 40

5. **Propriedades da potenciação para potências com expoentes inteiros** — 42
   Aplicações, 43

   ▪ **Compare estratégias** — 44

6. **Raiz quadrada** — 46
   Análise da $\sqrt{x}$, 47; Cálculo da raiz quadrada aproximada, 49; Cálculo da raiz quadrada por fatoração, 50

7. **Outras raízes** — 52
   Raiz cúbica, 52; Outras raízes, 52

8. **Potência com expoente fracionário** — 54

   ▪ **Estatística e probabilidade –** Construção de gráficos de linha — 56

   ▪ **Atividades complementares** — 59

UNIDADE 2   RETAS E ÂNGULOS — 61

1. **Recordando alguns conceitos** — 61
   Elementos primitivos da geometria, 61; Semirreta e segmento de reta, 62; Ângulos, 64; Posições entre duas retas no plano, 65

2. **Mediatriz e ponto médio de um segmento** — 68

3. **Traçando retas perpendiculares e retas paralelas com régua e compasso** — 69
   Retas perpendiculares, 69; Retas paralelas, 70

4. **Bissetriz** — 72
   Construção da bissetriz de um ângulo por meio de dobradura, 72; Construção da bissetriz de um ângulo com régua e compasso, 73; Construção de alguns ângulos usando régua e compasso, 73

   ▪ **Informática e Matemática –** Mediatriz e ponto médio — 77

   ▪ **Estatística e probabilidade –** Leitura e interpretação de gráficos de linha — 79

   ▪ **Atividades complementares** — 81

SUMÁRIO

UNIDADE 3 CONGRUÊNCIA DE TRIÂNGULOS 83

1. Triângulos 83
   Condição de existência de um triângulo, 84; Classificação dos triângulos, 85

2. Ângulos nos triângulos 86
   Soma das medidas dos ângulos internos, 86; Relação entre um ângulo externo e dois ângulos internos não adjacentes, 87

3. Pontos notáveis de um triângulo 89
   Intersecção das medianas: baricentro, 89

   ■ Informática e Matemática 90
   Intersecção das alturas: ortocentro, 91; Intersecção das bissetrizes: incentro, 92; intersecção das mediatrizes: circuncentro, 93

4. Congruência 97
   Casos de congruência de triângulos, 98

5. Triângulos isósceles e equiláteros 101
   Propriedade dos ângulos da base de um triângulo isósceles, 101; Propriedade dos ângulos internos de um triângulo equilátero, 102

   ■ Informática e Matemática 103
   Propriedade da mediana, altura e bissetriz de um triângulo isósceles, 105

6. Justificativa de algumas construções com régua e compasso 106

   ■ Estatística e probabilidade – Leitura e interpretação de gráficos 109

   ■ Atividades complementares 112

   ■ Compreender um texto – Projeções 114

   ■ Educação financeira 116

   ■ Organizar o conhecimento 118

   ■ Testes 119

   ■ Atitudes para a vida 121

PARTE 2 122

UNIDADE 4 QUADRILÁTEROS 124

1. Elementos de um quadrilátero 124
   Soma das medidas dos ângulos internos de um quadrilátero, 126

2. Quadriláteros notáveis 128
   Paralelogramos, 128; Trapézios, 129

   ■ Informática e Matemática – Verificando algumas propriedades dos paralelogramos 131

3. Propriedades dos paralelogramos 132
   Propriedade dos retângulos, 134; Propriedades dos losangos, 134; Propriedades dos quadrados, 135; Justificativa de algumas construções com régua e compasso, 135

   ■ Informática e Matemática – Verificando algumas propriedades dos trapézios isósceles 138

4. Propriedades dos trapézios 139
   Base média, 140

   ■ Estatística e probabilidade – Leitura e interpretação de informações que se complementam 141

   ■ Atividades complementares 143

14

UNIDADE 5 POLÍGONOS 146

1. Polígonos e seus elementos 146

2. Número de diagonais de um polígono 147

3. Ângulos de um polígono convexo 149
   Relação entre os ângulos internos e externos de um polígono convexo, 149; Soma das medidas dos ângulos internos e soma das medidas dos ângulos externos de um polígono convexo, 149

4. Polígono regular 152
   Ângulos nos polígonos regulares, 152; Polígono regular inscrito em uma circunferência, 155; Polígono regular circunscrito a uma circunferência, 158

- Estatística e probabilidade – Comparação de dados representados em diferentes tipos de gráfico 162

- Atividades complementares 165

UNIDADE 6 ÁREA E VOLUME 166

1. Superfícies 166
   Cobrindo uma superfície, 166; Área de uma superfície, 166

2. Cálculo de área de figuras planas 168

3. Cálculo aproximado de áreas 170

4. Área de regiões circulares 172
   Área do círculo, 172; Área de um setor circular, 173; Área da coroa circular, 173

5. Volume e capacidade 176

- Estatística e probabilidade – Determinação da frequência absoluta e da frequência relativa de uma amostra de população 178

- Atividades complementares 181

- Compreender um texto 184

- Educação financeira – Está na hora de trocar? 186

- Organizar o conhecimento 188

- Testes 189

- Atitudes para a vida 191

PARTE 3 192

UNIDADE 7 CÁLCULO ALGÉBRICO 194

1. Expressões algébricas 194
   Valor numérico de uma expressão algébrica, 196

2. Monômio 198
   Monômios semelhantes, 200

3. Operações com monômios 201
   Adição de monômios, 201; Multiplicação de monômios, 203; Divisão de monômios, 205; Potenciação de monômios, 206

4. Polinômio 207
   Redução de termos semelhantes, 209; Polinômio com uma variável, 209

SUMÁRIO

5. Adição algébrica de polinômios 211
Adição de polinômios, 211; Oposto de um polinômio, 212; Subtração de polinômios, 212; Adição algébrica de polinômios, 213

6. Multiplicação de polinômios 214
Multiplicação de monômio por polinômio, 214; Multiplicação de polinômio por polinômio, 215

7. Divisão de polinômios 217
Divisão de polinômio por monômio, 217

- **Compare estratégias** – Divisão de polinômio por polinômio 218
Divisão de polinômio por polinômio, 219

- **Estatística e probabilidade** – Gráficos e porcentagem 221

- **Atividades complementares** 224

UNIDADE 8 — PROBLEMAS DE CONTAGEM — 225

1. Princípio multiplicativo ou princípio fundamental da contagem 226

2. Problemas que envolvem o princípio fundamental da contagem 228

- **Estatística e probabilidade** – Aplicação do princípio fundamental da contagem em cálculos de probabilidades 232

- **Atividades complementares** 234

UNIDADE 9 — FRAÇÕES ALGÉBRICAS — 235

1. Frações algébricas 235
Valor numérico de uma fração algébrica, 236; Fatoração de expressões algébricas, 238; Simplificação de fração algébrica, 240

2. Adição e subtração com frações algébricas 241
Cálculo do MMC de polinômios, 241; Redução de frações algébricas ao mesmo denominador, 242; Adição e subtração, 243

3. Multiplicação e divisão com frações algébricas 244
Multiplicação, 244; Divisão, 245

- **Atividades complementares** 247

- **Compreender um texto** – O sorriso enigmático 248

- **Educação financeira** – Mensagens e mais mensagens! 250

- **Organizar o conhecimento** 252

- **Testes** 253

- **Atitudes para a vida** 255

PARTE 4 — 256

UNIDADE 10 — EQUAÇÕES E SISTEMAS DE EQUAÇÕES — 258

1. Equação fracionária com uma incógnita 258
Conjunto universo de uma equação fracionária, 259; Resolução de uma equação fracionária, 259

2. Equação literal do 1º grau 261
Resolução de uma equação literal, 262

3. Equação do 1º grau com duas incógnitas 264
Representação gráfica das soluções, 266

4. Sistemas de duas equações do 1º grau com duas incógnitas 268
Resolução de um sistema de duas equações do 1º grau com duas incógnitas por tentativa e erro, 269; Resolução de um sistema de duas equações do 1º grau com duas incógnitas pelo método da substituição, 269; Resolução de um sistema de duas equações do 1º grau com duas incógnitas pelo método da adição, 271

- **Compare estratégias** – Resolução de um sistema de duas equações do 1º grau com duas incógnitas pelo método da adição 273
Análise da solução por meio da representação gráfica, 275

- **Informática e Matemática** – Análise da solução de sistemas de equações do 1º grau com duas incógnitas por meio da representação gráfica 277

5. Introdução às equações do 2º grau 279

- **Estatística e probabilidade** – Média aritmética, moda, mediana e amplitude 281

- **Atividades complementares** 285

UNIDADE 11   PROPORCIONALIDADE ENTRE GRANDEZAS   287

1. Grandezas diretamente e inversamente proporcionais 287
Grandezas diretamente proporcionais, 287; Grandezas inversamente proporcionais, 287

2. Situações em que não há proporcionalidade 289

3. Representação no plano cartesiano da relação entre grandezas 290

- **Estatística e probabilidade** – Distribuição de frequências em classes 293

- **Atividades complementares** 296

UNIDADE 12   TRANSFORMAÇÕES GEOMÉTRICAS   297

1. Reflexão em relação a uma reta 297
Composição de reflexões, 297

2. Reflexão em relação a um ponto 298
Composição de reflexões, 299

3. Translação 299
Composição de translações, 300

4. Rotação 300
Composição de rotações, 300

- **Estatística e probabilidade** – Pesquisas estatísticas 302

- **Atividades complementares** 305

- **Compreender um texto** – Localizando terremotos 306

- **Educação financeira** – Decisões a tomar 308

- **Organizar o conhecimento** 310

- **Testes** 311

- **Atitudes para a vida** 313

Respostas 314

Lista de siglas 330

Bibliografia 331

Atividades extras 332

Atitudes para a vida 345

ATITUDES PARA A VIDA

- Pensar e comunicar-se com clareza.
- Pensar com flexibilidade.
- Esforçar-se por exatidão e precisão.

Como o rei vai reagir quando descobrir que não tem a quantidade de trigo que pedi? Está curioso para saber? Assista ao vídeo "Uma lenda do xadrez" e descubra.

PARA RESPONDER

Responda às questões.

1. Segundo a lenda contada no vídeo, quando e onde surgiu o xadrez?
2. O rei autorizou que o jovem inventor pedisse o que quisesse como recompensa pelo jogo de xadrez. O que o jovem pediu?
3. Escreva a quantidade de grãos de trigo pedida pelo jovem como uma soma de potências.
4. O rei achou o pedido simples; porém, o que ele percebeu?

UNIDADE 1
POTENCIAÇÃO E RADICIAÇÃO

1 RECORDANDO ALGUNS CONJUNTOS NUMÉRICOS

Em que situações do dia a dia você utiliza números? Para quê? Que números você usaria para indicar sua altura e sua massa? E para indicar que dia do mês é hoje?

Observe a cena a seguir.

Grandezas e medidas

Assista a esse vídeo e perceba como os números estão presentes no seu cotidiano. Disponível em <http://mod.lk/afoco>.

Em muitas situações do cotidiano, como a que aparece na ilustração, usamos números naturais (no automóvel, veja o número 5213, referente à placa, e no ônibus, os números 189, referente à linha, e 4477, à placa), números inteiros (no mostrador de temperatura, aparece -3) e números racionais (3,50, que indica o preço da passagem). Você já estudou todos esses números.

Vamos relembrar os conjuntos numéricos a que esses números pertencem, além de conhecer outros conjuntos.

CONJUNTO DOS NÚMEROS NATURAIS

Você já viu que a sequência dos números naturais é:

0, 1, 2, 3, 4, 5, ...

Nessa sequência, o primeiro termo é o **zero**, e, para determinar um termo qualquer a partir do segundo, basta adicionar 1 ao termo anterior, ou seja, a sequência dos números naturais é **infinita**.

Agrupando os termos dessa sequência em um conjunto, obtemos o **conjunto dos números naturais**, que indicamos por $\mathbb{N}$.

$$\mathbb{N} = \{0, 1, 2, 3, 4, 5, 6, 7, 8, 9, ...\}$$

Se n é um número natural, representamos seu **sucessor** por $n + 1$.

Se n é um número natural diferente de zero, representamos seu **antecessor** por $n - 1$.

Os números $n - 1$, n e $n + 1$ são números naturais **consecutivos**.

CONJUNTO DOS NÚMEROS INTEIROS

Observe o extrato bancário ao lado.

Como podemos representar o saldo da conta de Marlene considerando que havia R$ 800,00 em sua conta e ela comprou, pagando com cheque, uma mercadoria de R$ 1.000,00?

Nesse caso, devemos fazer a seguinte operação:

$$800 - 1.000 = -200$$

Isso significa que Marlene ficou devendo R$ 200,00 ao banco.

Observe que, apesar de envolver apenas números naturais, essa operação tem como resultado um número negativo: -200.

Em uma subtração com números naturais, o resultado pode ser um número positivo, um número negativo ou zero.

Podemos escrever esses números na seguinte ordem:

..., $-4, -3, -2, -1, 0, 1, 2, 3, 4, ...$

Assim como acontece com os números naturais, um número inteiro n tem como **sucessor** $n + 1$ e como **antecessor** $n - 1$.

Com esses números, formamos o **conjunto dos números inteiros**, que indicamos por $\mathbb{Z}$.

$$\mathbb{Z} = \{..., -4, -3, -2, -1, 0, 1, 2, 3, 4, ...\}$$

Todos os elementos do conjunto $\mathbb{N}$ são também elementos do conjunto $\mathbb{Z}$. Dizemos que $\mathbb{N}$ é um **subconjunto** de $\mathbb{Z}$, ou seja, $\mathbb{N}$ está **contido** em $\mathbb{Z}$ (indicamos: $\mathbb{N} \subset \mathbb{Z}$).

> **OBSERVAÇÃO**
>
> Todo número inteiro n tem um número **oposto** ou **simétrico** $-n$. Por exemplo:
> - o oposto ou simétrico de 5 é -5;
> - o oposto ou simétrico de -20 é 20;
> - o oposto ou simétrico de zero é o próprio zero.

ATIVIDADES

PRATIQUE

1. Copie as sequências no caderno e acrescente, para cada uma delas, os três termos seguintes.

a) 12.356, 12.456, 12.556, ...

b) 1.450, 1.300, 1.150, ...

c) −44, −34, −24, −14, ...

d) 30, 24, 18, 12, 6, ...

2. Complete o quadro.

Número natural a	Sucessor natural de a	Antecessor natural de a
0		
	279	
1.000.013		
		456.976

3. Considerando a um termo da sequência dos números inteiros, complete o quadro.

a	Oposto de a	Sucessor de a	Antecessor de a
9			
	1.451		
		−8	
0			
			−1.000.000

4. Entre as afirmações abaixo, corrija as falsas.

a) −1 é um número inteiro, mas não é um número natural.

b) 100 é um número natural, mas não é um número inteiro.

c) −9, 8 e 100 são exemplos de números inteiros.

d) Todo número inteiro é um número natural.

5. Calcule e responda às questões.

A) 125 − 137   D) 323 − 402

B) 623 − 232   E) 729 − 701

C) 1.040 − 1.100   F) 630 − 1.200

a) Quais dessas operações têm como resultado um número natural?

b) E quais dessas operações têm como resultado um número inteiro?

6. Qual é a soma de dois números opostos?

R1. A soma de três números naturais consecutivos é 1.233. Quais são esses números?

Resolução

Vamos representar esses números naturais consecutivos por $(n-1)$, n e $(n+1)$.

Como a soma deles é 1.233, fazemos:

$(n-1) + n + (n+1) = 1.233$

$3n = 1.233$

$n = 1.233 \div 3$

$n = 411$

Logo, os números procurados são 410, 411 e 412.

7. Descubra os números.

a) A soma de dois números consecutivos na sequência dos números pares é 998. Quais são esses números?

b) A soma de três números consecutivos na sequência dos números ímpares é 165. Quais são esses números?

APLIQUE

8. Observe o cartão-postal e responda às questões.

a) Quais números você identificou nesse cartão?

b) Para que servem esses números?

c) Todos esses números são naturais? Explique.

9. Dê dois exemplos de situações do dia a dia em que são usados números naturais.

10. Observe os objetos das fotos a seguir e responda à questão em seu caderno.

Relógio analógico   Termômetro digital   Lavadora de roupas

- Entre os números que você vê nessas fotos, quais são números inteiros?

11. Observe a ilustração ao lado.
- Se existisse um andar logo abaixo do −2, que indicação ele teria?

12. Um termômetro marca 12 °C. Se a temperatura baixar 15 graus, que temperatura o termômetro marcará?

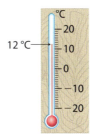

13. O atual saldo de gols, ou seja, a diferença entre o número de gols marcados e o de gols sofridos, do time de futebol Unidos do Bairro é −15. Se o time sofrer 3 gols e fizer 1, qual será seu novo saldo?

> **PARA PESQUISAR**
>
> Faça uma pesquisa sobre as consequências do aumento da temperatura global e quais medidas devem ser tomadas para evitar que ela continue aumentando. Compartilhe sua pesquisa com os colegas.

CONJUNTO DOS NÚMEROS RACIONAIS

Você já deve ter ouvido falar sobre as mudanças climáticas que estão ocorrendo no planeta, como as alterações de temperatura.

Nos últimos anos, as variações nos termômetros tornaram-se aceleradas. Observe o mapa a seguir, elaborado com base em estudos que consideram as mudanças nos últimos 11 mil anos.

VARIAÇÃO DE TEMPERATURA NA SUPERFÍCIE TERRESTRE NOS ÚLTIMOS 11 MIL ANOS

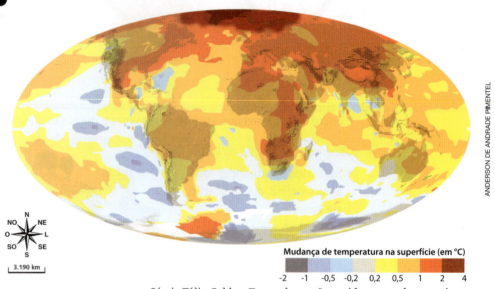

Mudança de temperatura na superfície (em °C): -2, -1, -0,5, -0,2, 0,2, 0,5, 1, 2, 4

Sérgio Túlio Caldas. *Terra sob pressão*: a vida na era do aquecimento global. São Paulo: Moderna, 2008. p. 40-41.

Note que, pela legenda, podemos identificar a variação de temperatura de cada região. Por exemplo, a temperatura das regiões coloridas com vermelho-escuro aumentou entre 2 e 4 °C nos últimos 11 mil anos.

Todos os números que aparecem na legenda do mapa (-2; -1; $-0,5$; $-0,2$; $0,2$; $0,5$; 1; 2; 4) são **números racionais**, porque podem ser escritos como quociente de dois números inteiros. Observe:

- $-2 = \dfrac{-2}{1}$
- $-0,2 = \dfrac{-2}{10} = \dfrac{-1}{5}$
- $1 = \dfrac{1}{1}$
- $-1 = \dfrac{-1}{1}$
- $0,2 = \dfrac{2}{10} = \dfrac{1}{5}$
- $2 = \dfrac{2}{1}$
- $-0,5 = \dfrac{-5}{10} = \dfrac{-1}{2}$
- $0,5 = \dfrac{5}{10} = \dfrac{1}{2}$
- $4 = \dfrac{4}{1}$

> Números que podem ser escritos na forma $\dfrac{a}{b}$, sendo a e b números inteiros e $b \neq 0$, são chamados **números racionais**.

O **conjunto dos números racionais** é indicado por $\mathbb{Q}$. Usando linguagem matemática, podemos representar esse conjunto da seguinte maneira:

$$\mathbb{Q} = \left\{ x \mid x = \dfrac{a}{b}, \text{ com } a \text{ e } b \text{ inteiros e } b \neq 0 \right\}$$

(| = tal que)

> **OBSERVAÇÕES**
>
> - Todo número natural é também um número inteiro e um número racional.
> - Todo número inteiro é também um número racional.
>
> Por isso, dizemos que o conjunto $\mathbb{N}$ é subconjunto de $\mathbb{Z}$, que, por sua vez, é subconjunto de $\mathbb{Q}$.
>
> $\mathbb{N} \subset \mathbb{Z}$
> $\mathbb{N} \subset \mathbb{Q}$
> $\mathbb{Z} \subset \mathbb{Q}$

COMPARE ESTRATÉGIAS

Transformação de um número racional na forma fracionária para a forma decimal

Um professor solicitou a seus alunos que representassem a fração $\frac{3}{25}$ na forma decimal.

Observe como quatro alunos fizeram.

Cálculo de Murilo

$\frac{3}{25} = 3{,}25$

Cálculo de Sara

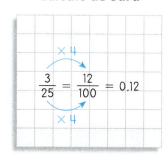

$\frac{3}{25} = \frac{12}{100} = 0{,}12$ (×4)

Cálculo de Carol

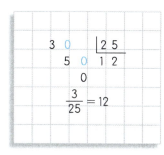

$\frac{3}{25} = 12$

Cálculo de Paulo

```
3 0  | 2 5
  5 0  0,12
    0
```

$\frac{3}{25} = 0{,}12$

REFLITA

a) Quais alunos **não** encontraram o valor correto, na forma decimal, para a fração $\frac{3}{25}$?

b) Carol dividiu o numerador pelo denominador da fração para encontrar a sua representação decimal. Essa estratégia está correta? O valor que ela obteve é a representação decimal de $\frac{3}{25}$? Justifique.

DISCUTA E CONCLUA

a) A fração $\frac{3}{25}$ é maior ou menor que 1? Como você pode fazer essa comparação?

b) Considerando a sua resposta ao item anterior, é possível que a representação decimal dessa fração seja 3,25 ou 12?

c) Converse com seus colegas e escrevam um modo para transformar uma fração em número decimal.

TRANSFORMAÇÃO DE UM NÚMERO RACIONAL NA FORMA FRACIONÁRIA PARA A FORMA DECIMAL

Um número racional que esteja na forma fracionária também pode ser representado na forma decimal. Para isso, devemos lembrar que a forma fracionária pode representar o quociente do numerador pelo denominador.

Veja como Carlos e Bia fizeram para escrever os números $\frac{1}{4}$ e $\frac{1}{6}$ na forma decimal.

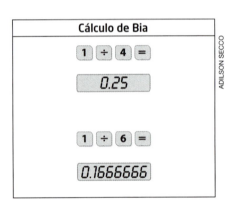

A parte que se repete infinitamente em uma dízima periódica é o **período** da dízima.

Para representar que em 0,166666... o algarismo 6 se repete infinitamente, usamos a notação: **0,1$\overline{6}$**, ou seja, colocamos um traço sobre o período.

Veja mais um exemplo de transformação de um número racional na forma fracionária para a forma decimal:

$$\frac{3}{11}$$

```
  30   | 11
   80    0,2727...  ——— dízima periódica
     30
       80
         3  ——— O par de restos parciais repete-se infinitamente.
```

Portanto: $\frac{3}{11} = 0,\overline{27}$

Aqui também obtivemos uma dízima periódica, uma vez que o resto nunca será igual a zero pois o par de restos parciais repetem-se infinitamente.

> A representação decimal de qualquer número racional é sempre um decimal exato ou uma dízima periódica.

Quando o período aparece logo após a vírgula, a dízima é chamada **simples**.

Quando há partes não periódicas e periódicas após a vírgula, a dízima é chamada **composta**.

EXEMPLOS

- 0,1$\overline{6}$; 0,35$\overline{35}$ e 1,0$\overline{8}$ são dízimas periódicas compostas.
- 0,$\overline{27}$; 13,$\overline{3}$ e 2,$\overline{154}$ são dízimas periódicas simples.

TRANSFORMAÇÃO DE UMA DÍZIMA PERIÓDICA PARA A FORMA FRACIONÁRIA

Já vimos como transformar um decimal exato para a forma de fração. Veja alguns exemplos:

- $2,5 = \frac{25}{10} = \frac{5}{2}$
- $0,23 = \frac{23}{100}$
- $0,9781 = \frac{9.781}{10.000}$

Agora, veremos como transformar uma dízima periódica para a forma de fração. Ao fazer isso, encontramos a **fração geratriz** da dízima.

Veja como Pedro e Marta encontraram as frações geratrizes de $0,\overline{3}$ e $1,1\overline{36}$.

Para obter a fração geratriz da dízima periódica $0,\overline{3}$, podemos seguir esta ordem:

1º) Chamamos essa dízima de x:
$$x = 0,\overline{3} \quad (I)$$

2º) Como a dízima é simples e seu período é formado por um algarismo (3), multiplicamos ambos os membros da igualdade (I) por 10, a fim de obter outra dízima com o mesmo período:
$$10x = 3,\overline{3} \quad (II)$$
(Note que, como $0,\overline{3} = 0,333...$, com o algarismo 3 se repetindo infinitamente, quando multiplicamos essa dízima por 10, obtemos a dízima $3,333... = 3,\overline{3}$.)

3º) Subtraímos membro a membro (I) de (II) e, assim, eliminamos a parte que se repete:

$$\begin{aligned} 10x &= 3,\overline{3} \\ -\quad x &= 0,\overline{3} \\ \hline 9x &= 3 \\ x &= \frac{3}{9} \\ x &= \frac{1}{3} \end{aligned}$$

Como $0,\overline{3} = \frac{1}{3}$, então a fração geratriz da dízima periódica $0,\overline{3}$ é $\frac{1}{3}$.

Para obter a fração geratriz da dízima periódica $1,1\overline{36}$, podemos seguir esta ordem:

1º) Chamamos essa dízima de x:
$$x = 1,1\overline{36} \quad (I)$$

2º) Multiplicamos ambos os membros da igualdade (I) por 10, a fim de obter uma dízima periódica simples:
$$10x = 11,\overline{36} \quad (II)$$

3º) Como o período dessa dízima é formado por dois algarismos (36), multiplicamos ambos os membros da igualdade (II) por 100, a fim de obter outra dízima com o mesmo período:
$$1.000x = 1.136,\overline{36} \quad (III)$$
(Note que, como $11,\overline{36} = 11,363636...$, com o 36 se repetindo infinitamente, quando multiplicamos essa dízima por 100, obtemos a dízima $1.136,3636... = 1.136,\overline{36}$.)

4º) Subtraímos membro a membro (II) de (III) e, assim, eliminamos a parte que se repete:

$$\begin{aligned} 1.000x &= 1.136,\overline{36} \\ -\quad 10x &= 11,\overline{36} \\ \hline 990x &= 1.125 \\ x &= \frac{1.125}{990} \\ x &= \frac{25}{22} \end{aligned}$$

Como $1,1\overline{36} = \frac{25}{22}$, então a fração geratriz da dízima periódica $1,1\overline{36}$ é $\frac{25}{22}$.

ATIVIDADES

PRATIQUE

1. Quais são os conjuntos numéricos ($\mathbb{N}$, $\mathbb{Z}$ ou $\mathbb{Q}$) a que pertencem os números a seguir?

a) 0   c) $\frac{1}{2}$ e) $\frac{10}{2}$ g) $\sqrt{9}$

b) -1 d) $-0,\overline{15}$ f) $-3,4$ h) 1

2. Escreva os seguintes números na forma fracionária:

a) 8   c) 0,4   e) 4,458

b) -35 d) $-1,28$ f) 56,6789

3. Escreva os números racionais na forma decimal.

a) $1\frac{1}{2}$ c) $7\frac{3}{4}$ e) $15\frac{1}{5}$

b) $\frac{1}{9}$ d) $-\frac{10}{2}$ f) $\frac{50}{44}$

• Em que itens o resultado é dízima periódica?

4. Associe as frações a suas representações decimais.

A) $-\frac{3}{4}$ D) $-\frac{75}{100}$ I) $-1,4$

B) $\frac{8}{3}$ E) $-\frac{7}{5}$ II) $-0,75$

C) $\frac{4}{3}$ F) $\frac{23}{12}$ III) $1,\overline{3}$

IV) $1,91\overline{6}$

V) $2,\overline{6}$

5. Classifique as frases em V (verdadeira) ou F (falsa).

a) Há números naturais que não são racionais.

b) -16 é um número inteiro, mas não é racional.

c) 0,5 é um número racional, mas não é inteiro.

6. Determine a fração geratriz das dízimas periódicas.

a) $0,\overline{6}$ c) $1,\overline{5}$ e) $1,1\overline{6}$

b) $0,\overline{7}$ d) $2,\overline{4}$ f) $3,\overline{03}$

APLIQUE

R1. Obtenha o valor das expressões.

a) $0,\overline{3} + 0,\overline{1}$ b) $0,\overline{3} \cdot 0,\overline{1}$

Resolução

a) Em $0,\overline{3}$ o algarismo 3 se repete infinitamente após a vírgula, e em $0,\overline{1}$ há a repetição do algarismo 1. Então, ao adicionar as duas dízimas, teremos a repetição do algarismo 4 após a vírgula, ou seja:
$0,\overline{3} + 0,\overline{1} = 0,\overline{4}$

b) Como as dízimas têm infinitas casas decimais, para realizar essa multiplicação devemos encontrar as frações geratriz para depois efetuar o cálculo.

Assim, substituímos $0,\overline{3}$ por $\frac{1}{3}$ e $0,\overline{1}$ por $\frac{1}{9}$.

$0,\overline{3} \cdot 0,\overline{1} = \frac{1}{3} \cdot \frac{1}{9} = \frac{1}{27}$

7. Efetue as operações indicadas.

a) $0,\overline{2} + 0,\overline{5} - 0,\overline{7}$

b) $0,\overline{8} : 5,\overline{6}$

c) $1,8\overline{3} \cdot 0,5\overline{27}$

8. Considerando $x = 0,1\overline{6}$, $y = 0,25$ e $z = -1,\overline{6}$, calcule o valor das expressões.

a) $x + y + z$ c) $x - (y + z)$

b) $x - y + z$ d) $y + (x - z)$

9. Observe as figuras e faça o que se pede no caderno.

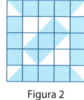

Figura 1   Figura 2

a) Escreva um número racional na forma fracionária que represente a parte colorida de azul em cada uma das figuras.

b) Escreva um número racional na forma decimal que represente a parte branca em cada uma das figuras.

10. Complete o quadrado mágico considerando que a soma dos números de suas linhas, de suas colunas e de suas diagonais é igual a 30.

29

2 A RETA NUMÉRICA

Observe abaixo como podemos dispor os números ordenadamente em uma reta numérica.

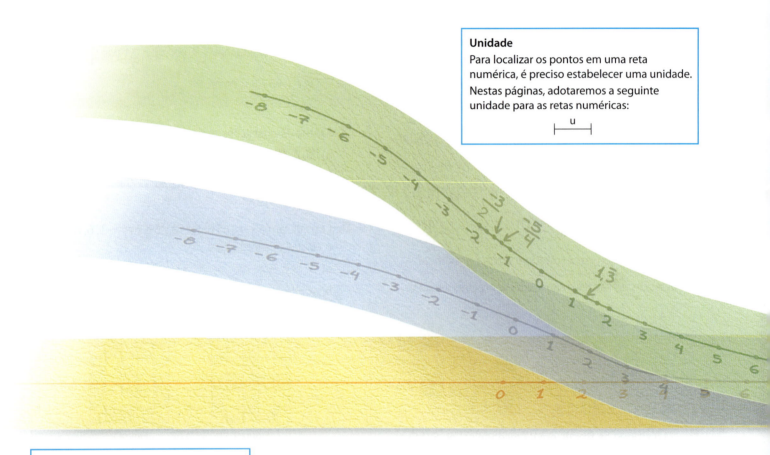

Unidade
Para localizar os pontos em uma reta numérica, é preciso estabelecer uma unidade. Nestas páginas, adotaremos a seguinte unidade para as retas numéricas:

Zero
O ponto que corresponde ao zero na reta numérica serve de base para a localização dos infinitos pontos, à direita e à esquerda, que representam os demais números.

Números naturais
Como já vimos em anos anteriores, podemos localizar na reta numérica os pontos correspondentes aos números naturais. Para isso, marcamos o ponto que representa o zero e, em seguida, usamos uma unidade para determinar a distância entre dois pontos correspondentes a dois números naturais consecutivos.

Números inteiros
Também já vimos que, da mesma forma que localizamos os pontos correspondentes aos números naturais, podemos localizar os números inteiros. Para isso, marcamos, à direita do ponto que corresponde ao número zero na reta numérica, os pontos correspondentes aos números positivos e, à esquerda, os pontos correspondentes aos números negativos.

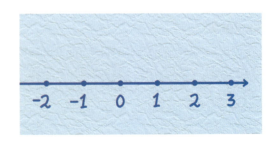

O QUE HÁ ENTRE DOIS NÚMEROS RACIONAIS?

Entre dois números naturais consecutivos não podemos encontrar nenhum outro número natural. Entre 3 e 4, por exemplo, não há nenhum outro número natural.

Isso também vale para os números inteiros. Entre dois números inteiros consecutivos não há nenhum outro número inteiro. Entre -7 e -6, por exemplo, não há nenhum outro número inteiro.

No caso dos números racionais, isso não acontece: entre dois números racionais quaisquer, sempre existe outro número racional. Por exemplo, entre 12,9 e 13 há outros números racionais, como o número 12,95. E entre 12,95 e 13 também há números racionais, como o número 12,955.

Se você continuar listando exemplos, vai verificar que podemos encontrar infinitos números entre 12,9 e 13.

Sentido
A ponta da seta na reta numérica indica o sentido positivo.

ILUSTRAÇÕES: PAULO MANZI

Números racionais

Para localizar os pontos correspondentes aos números racionais que também são inteiros, usamos o procedimento já apresentado.

Porém, quando o número racional não é inteiro, precisamos descobrir entre quais números inteiros consecutivos ele se localiza, quer esteja expresso na forma decimal ou na forma fracionária.

Por exemplo, o número $-\frac{3}{2}$ está entre -2 e -1, pois $-\frac{3}{2} = -1,5$.

O ponto correspondente a $-1,5$ está à mesma distância dos pontos correspondentes a -2 e -1.

O número $-\frac{5}{4}$ também está entre -2 e -1; além disso, está entre $-1,5$ e -1, pois $-\frac{5}{4} = -1,25$. O ponto correspondente a $-1,25$ está à mesma distância dos pontos correspondentes a $-1,5$ e -1.

Já o número racional $1,\overline{3}$ está entre 1 e 2, e sua forma fracionária é $\frac{4}{3} = 1\frac{1}{3}$. Dividindo o segmento determinado pelos pontos correspondentes a 1 e 2 em três partes iguais, $1,\overline{3}$ corresponde ao primeiro ponto à direita do 1.

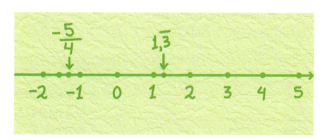

ATIVIDADES

PRATIQUE

1. Consulte a reta numérica e classifique cada número representado utilizando os termos **número negativo**, **número natural**, **número positivo** e **número não positivo**.

   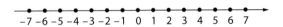

   a) −7
   b) −6
   c) −5
   d) −4
   e) −3
   f) −2
   g) −1
   h) 0
   i) 1
   j) 2
   k) 3
   l) 4
   m) 5
   n) 6
   o) 7

2. Copie a reta numérica e substitua cada ▢ pelo número correspondente a cada ponto.

   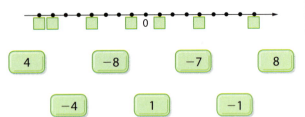

3. Copie a reta numérica e represente nela os números abaixo.

   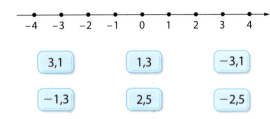

   - Agora, escreva esses números em ordem crescente.

4. Observe cada reta numérica, dividida em partes iguais, e descubra o número correspondente a cada ponto representado por um quadradinho.

   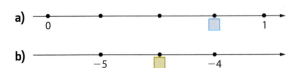

5. Verifique se as afirmações abaixo são verdadeiras. Para isso, represente os números de cada item na reta numérica.

   a) Os números $\frac{1}{3}$ e $-\frac{5}{8}$ estão entre os números −3 e −2.

   b) Entre os números −3 e +3 há somente cinco números racionais.

   c) Não existem números inteiros entre −200 e −199.

6. Dê um exemplo de número racional que esteja entre os números representados em cada reta numérica.

   a) 1 — 11
   b) −3 — 0
   c) 1 — 2
   d) −3 — −2

7. Escreva os números abaixo em ordem decrescente e dê sua localização aproximada na reta numérica.

   $$-\frac{3}{8}, \frac{5}{3}, \frac{7}{6}, -\frac{7}{10}$$

APLIQUE

8. Copie a reta numérica no caderno, represente nela os números da sequência e responda à questão.

   $$\frac{1}{2}, \frac{1}{3}, \frac{1}{4}, \frac{1}{5}, \frac{1}{6}, \frac{1}{7}, \frac{1}{8}, \frac{1}{9}, \frac{1}{10}, \ldots$$

   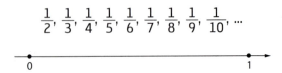

   - O que ocorre quando representamos, na ordem em que aparecem, os termos dessa sequência na reta numérica?

3 CONJUNTO DOS NÚMEROS REAIS

Vimos que todo número que pode ser escrito na forma $\frac{a}{b}$, com a e b inteiros e $b \neq 0$, é um número racional. Também vimos que a representação decimal desses números é sempre um decimal exato ou uma dízima periódica.

Quando a representação decimal de um número é infinita e não periódica, o número não pode ser escrito na forma $\frac{a}{b}$, com a e b inteiros e $b \neq 0$ e, portanto, não é um número racional. Números desse tipo são chamados de **números irracionais**.

Veja alguns exemplos.

- No volume 7 desta coleção, ao estudar circunferências, você conheceu a constante π (pi):

$$\pi = 3{,}14159265\ldots$$

Esse número tem infinitas casas decimais e não tem parte periódica, por isso, é um número irracional.

- $\sqrt{2} = 1{,}4142135\ldots$ é um número irracional.

Já foram feitos muitos cálculos para se chegar ao valor exato de $\sqrt{2}$, mas nunca se encontrou um decimal exato ou uma parte decimal periódica. Os matemáticos provaram que não é possível escrever esse número como quociente de dois inteiros e, por isso, $\sqrt{2}$ não pode ser expresso como um decimal exato ou uma dízima periódica.

- O número ϕ (phi), também conhecido como número de ouro, tem infinitas casas decimais e não tem parte periódica. Esse número é irracional.

$$\phi = 1{,}61803\ldots$$

PARA PESQUISAR

Em grupos, pesquisem curiosidades sobre o número de ouro. Apresentem oralmente as curiosidades para a classe, usando cartazes, fotos, ilustrações, apresentações no computador, ou outro material que acharem adequado.

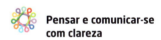
Pensar e comunicar-se com clareza

Se unirmos o conjunto dos números racionais (no qual estão contidos o conjunto dos números inteiros e o conjunto dos números naturais) com o conjunto dos números irracionais, obteremos outro conjunto, chamado **conjunto dos números reais**, que indicamos por $\mathbb{R}$.

Mesmo que representássemos os infinitos números racionais na reta numérica, ainda haveria pontos da reta que não estariam associados a nenhum número racional. Já com a representação de todos os números reais, a reta numérica fica completa, sem "buracos".

> Todo número real tem um único ponto correspondente na reta numérica, e todo ponto da reta numérica corresponde a um único número real.

COMPARE ESTRATÉGIAS

Ana, Lucas e Patrícia estão transformando $\frac{2}{17}$ para a forma decimal usando uma calculadora. Observe a conversa entre eles.

Ana — Dividi 2 por 17 e olha só! $\frac{2}{17}$ é exatamente 0,117647058.

Lucas — Não, $\frac{2}{17}$ é um número irracional, não é possível ver na sua calculadora, mas a representação desse número é infinita e não há uma parte periódica.

Patrícia — Não é possível, esse número é racional, então sua representação deve ser exata ou uma dízima periódica.

REFLITA

a) A divisão 2 ÷ 17 é exatamente 0,117647058? Como você pode verificar?

b) Lucas pode estar certo? Justifique.

DISCUTA E CONCLUA

O visor da calculadora de Ana está limitado a dez dígitos. O mesmo cálculo foi feito em uma calculadora de um computador e o resultado foi esse:

0,1176470588235294117647058823 5294

Com seus colegas, conversem sobre as questões a seguir.

a) Esse número é racional?

b) A representação do número escrito com mais casas decimais sugere que ele é uma dízima periódica? Nesse caso qual seria o período?

c) Com essas atividades, o que vocês podem concluir a respeito da transformação de um número racional da forma fracionária para a decimal usando uma calculadora?

ATIVIDADES

PRATIQUE

1. Observe os números e responda às questões.

   -27 $\dfrac{3}{5}$ $\dfrac{32}{4}$ $1,\overline{35}$ $-\sqrt{2}$ π

   a) Qual desses números pertence ao conjunto dos números naturais?
   b) Quais pertencem ao conjunto dos números inteiros?
   c) Quais números são racionais?
   d) Quais são irracionais?
   e) Quais números são reais e não racionais?
   f) Quais são reais e não irracionais?

2. Dê um exemplo, quando possível, de cada caso.
   a) Um número inteiro e não natural.
   b) Um número real e não racional.
   c) Um número racional e não inteiro.
   d) Um número inteiro e irracional.

3. Verifique se as afirmações abaixo são verdadeiras.
   a) Todo número irracional é um número real.
   b) Todo número racional é um número natural.
   c) Todo número inteiro é um número racional.
   d) Todo número natural é um número inteiro.

APLIQUE

4. Observe as fotos.

   a)
   b)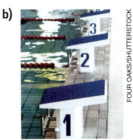
   c)
   d)

   - A quais conjuntos numéricos pertencem os números de cada foto?

5. Escreva dois exemplos de números reais que satisfaçam cada condição.
   a) Números irracionais maiores que 2,5 e menores que 3.
   b) Números racionais maiores que $-\dfrac{7}{8}$ e menores que $-\dfrac{3}{4}$.
   c) Números irracionais maiores que 3 e menores que 3,5.
   d) Números irracionais maiores que 5,3 e menores que 6,1.

4 POTÊNCIA COM EXPOENTE INTEIRO

Em anos anteriores, estudamos potências de base racional e expoente inteiro. Acompanhe as situações.

Observe o quadrado azul (Q_1), de área 4, sobreposto ao quadrado verde (Q_2), cuja área é 4 vezes a área do quadrado azul.

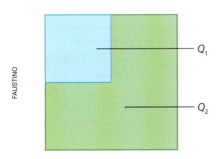

As áreas dos quadrados da página anterior formam uma sequência numérica em que cada termo é o termo anterior multiplicado por 4:

Quadrado	Área
Q_1	4
Q_2	16

· 4

Veja como podemos escrever a área como potência de base 4:

Quadrado	Área	Área escrita na forma de potência
Q_1	4	4^1
Q_2	16	4^2

Se continuarmos construindo quadrados seguindo esse padrão, o próximo quadrado, com 4 vezes a área de Q_2, terá área 4^3.

$$\underset{\text{base}}{4}{\vphantom{4}}^{\overset{\text{expoente}}{3}} = \underset{\text{potência}}{64}$$

(base — 4^3 — potência ; 64 — potência)

Observe que usamos o termo *potência* tanto para designar a expressão 4^3 como para o resultado 64.

Considere agora a sequência de quadrados sobrepostos ao lado, em que a área do primeiro quadrado (q_1) é 4 e cada quadrado seguinte tem $\frac{1}{4}$ da área do quadrado anterior.

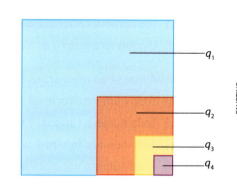

As áreas dos quadrados formam uma sequência numérica em que cada termo é o termo anterior dividido por 4:

Quadrado	Área
q_1	4
q_2	1
q_3	$\frac{1}{4}$
q_4	$\frac{1}{16}$

: 4
: 4
: 4

Escrevendo os números na forma de potências de base 4, temos:

Quadrado	Área	Área escrita na forma de potência
q_1	4	4^1
q_2	1	4^0
q_3	$\frac{1}{4}$	4^{-1}
q_4	$\frac{1}{16}$	4^{-2}

Observe as potências com expoentes negativos:

- $4^{-1} = \dfrac{1}{4}$
- $4^{-2} = \dfrac{1}{16} = \dfrac{1}{4^2}$

Quando a base é um número real, as potências são definidas do mesmo modo que quando a base é um número racional.

POTÊNCIA COM EXPOENTE INTEIRO NÃO NEGATIVO

- Qualquer potência de base real e expoente inteiro maior que 1 é produto dessa base por ela mesma tantas vezes quantas indica o expoente. Assim, sendo a um número real e n um número inteiro maior que 1, temos:

$$a^n = \underbrace{a \cdot a \cdot a \cdot \ldots \cdot a}_{n \text{ fatores}}$$

(expoente / base)

- Qualquer potência de base real e expoente 1 é igual à própria base. Assim, sendo a um número real, temos: $a^1 = a$
- Qualquer potência de base real não nula e expoente zero é igual a 1. Assim, sendo a um número real não nulo, temos: $a^0 = 1$

EXEMPLOS

a) $\left(\dfrac{1}{5}\right)^3 = \underbrace{\dfrac{1}{5} \cdot \dfrac{1}{5} \cdot \dfrac{1}{5}}_{3 \text{ fatores}} = \dfrac{1}{125}$

b) $(1{,}3\overline{2})^2 = \underbrace{1{,}3\overline{2} \cdot 1{,}3\overline{2}}_{2 \text{ fatores}}$

c) $\left(\dfrac{\pi}{2}\right)^1 = \dfrac{\pi}{2}$

d) $(\sqrt{2})^0 = 1$

POTÊNCIA COM EXPOENTE INTEIRO NEGATIVO

Qualquer potência de base real não nula e expoente inteiro negativo é igual à potência que tem como base o inverso da base original e como expoente o oposto do expoente original. Assim, sendo a um número real não nulo e n um número inteiro, temos: $a^{-n} = \left(\dfrac{1}{a}\right)^n$

EXEMPLOS

a) $(\pi)^{-1} = \dfrac{1}{\pi}$

b) $\left(\dfrac{2}{3}\right)^{-2} = \left(\dfrac{3}{2}\right)^2 = \dfrac{3}{2} \cdot \dfrac{3}{2} = \dfrac{9}{4}$

c) $(-0{,}01)^{-3} = \left(-\dfrac{1}{100}\right)^{-3} = (-100)^3 = -1.000.000$

Organize o que você aprendeu fazendo a atividade 1 da página 118.

PENSAMENTO COMPUTACIONAL

Analise a sequência:

(1.024, 512, 256, 128, 64, ...)

a) A partir do segundo termo, como podemos expressar um termo qualquer dessa sequência a partir do(s) termo(s) anterior(es)?

b) Complete as linhas do esquema a seguir de forma que ele nos permita descrever visualmente como obter o enésimo termo da sequência.

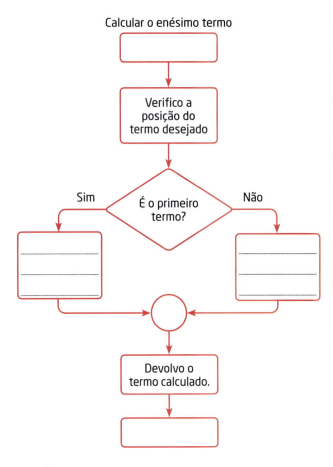

c) É possível escrever o enésimo termo dessa sequência sem a necessidade de se saber o termo anterior. Converse com um colega e descubram como isso pode ser feito. (*Dica*: Escrevam os termos da sequência como potências de base 2.)

ATIVIDADES

PRATIQUE

1. Calcule as potências.

a) 3^3
b) $\left(\dfrac{1}{3}\right)^3$
c) 4^0
d) $(-5)^2$
e) $\left(-\dfrac{1}{5}\right)^3$
f) $(-7)^3$

2. Calcule as potências de expoente negativo.

a) 2^{-1}
b) $\left(-\dfrac{1}{2}\right)^{-4}$
c) $(-2)^{-2}$
d) $(-2)^{-3}$
e) $\left(\dfrac{1}{2}\right)^{-1}$
f) $\left(-\dfrac{1}{2}\right)^{-1}$

3. Calcule as potências:

a) 1^4
b) 1^{-2}
c) 1^0
d) 1^{101}

- Agora, reúna-se com um colega e escrevam uma frase que sintetize esses resultados.

4. Escreva cinco potências cujo expoente seja um número natural e passe para seu colega calcular.

Depois que você e seu colega calcularem todas as potências, responda às questões.

a) As potências cujas bases são positivas tiveram resultado positivo ou negativo?

b) As potências cujas bases são negativas tiveram resultado positivo ou negativo?

5. Calcule o valor das expressões numéricas.

a) $5^0 + (0{,}25)^{-2} - (0{,}5)^{-2} - 2^4$
b) $(2^{-1} - 1)^{-1} + (-2)^3$

R1. Faça o que se pede.

a) Escreva 27 na forma de uma potência cujo expoente seja 3.

b) Escreva $\dfrac{125}{27}$ na forma de uma potência cuja base seja $\dfrac{3}{5}$.

Resolução

a) Aqui, não conhecemos a base da potência. Vamos representá-la por ■.

$$27 = ■^3$$

Como queremos escrever o número 27 na forma de potência, devemos fatorá-lo.

$$\begin{array}{r|l} 27 & 3 \\ 9 & 3 \\ 3 & 3 \\ 1 & \end{array} \quad \left.\begin{array}{l} 27 = ■^3 \\ 27 = 3^3 \end{array}\right\} \Rightarrow ■ = 3$$

Portanto, a potência procurada é 3^3.

b) Neste caso, não conhecemos o expoente da potência. Vamos representá-lo por ■.

$$\dfrac{125}{27} = \left(\dfrac{3}{5}\right)^■ \quad \begin{array}{r|l} 125 & 5 \\ 25 & 5 \\ 5 & 5 \\ 1 & \end{array} \quad \begin{array}{r|l} 27 & 3 \\ 9 & 3 \\ 3 & 3 \\ 1 & \end{array}$$

$$\dfrac{125}{27} = \dfrac{5^3}{3^3} = \left(\dfrac{5}{3}\right)^3$$

Como a fração $\left(\dfrac{5}{3}\right)$ é igual a $\left(\dfrac{3}{5}\right)^{-1}$, concluímos que $\left(\dfrac{5}{3}\right)^3$ é igual a $\left(\dfrac{3}{5}\right)^{-3}$.

Então: $\dfrac{125}{27} = \left(\dfrac{3}{5}\right)^■ = \left(\dfrac{3}{5}\right)^{-3}$

■ $= -3$

Logo, a potência procurada é $\left(\dfrac{3}{5}\right)^{-3}$.

6. Complete o quadro e responda à questão.

Potência	Base	Expoente inteiro	Resultado
2^6			
	$\dfrac{2}{5}$		$\dfrac{4}{25}$
		-3	27
			$\dfrac{1}{32}$

- Há alguma linha desse quadro que permite duas soluções? Comente com um colega em que casos isso é possível.

▶ **R2.** Simplifique a expressão $\left(\dfrac{x^{-1}}{y^{-1}}\right)^{-1}$ de modo que ela fique com expoente positivo.

Resolução

Resolvemos, inicialmente, as potências que estão dentro dos parênteses e, depois, a que está fora dos parênteses.

$$\left(\dfrac{x^{-1}}{y^{-1}}\right)^{-1} = \left(\dfrac{\frac{1}{x}}{\frac{1}{y}}\right)^{-1} = \dfrac{\frac{1}{y}}{\frac{1}{x}} = \dfrac{1}{y} \cdot \dfrac{x}{1} = \dfrac{x}{y}$$

Assim, a expressão simplificada, com expoente positivo, é $\dfrac{x}{y}$.

7. Simplifique as expressões e deixe-as com expoente positivo.

a) $\dfrac{x+y}{(x+y)^{-1}}$

b) $(a^{-2} + b^{-2}) \cdot \left(\dfrac{1}{a}\right)^{-2} \cdot \left(\dfrac{1}{b}\right)^{-2}$

APLIQUE

8. Leia o texto e resolva o problema.

Quando ia a Sto. Ives,
encontrei um homem com sete mulheres,
cada mulher tinha sete sacos,
cada saco tinha sete gatos,
cada gato tinha sete gatinhos.
[...]

Carl B. Boyer. *História da Matemática*.
São Paulo: Edgard Blücher, 2012. p. 33.

- Quantos gatinhos havia?

9. Calcule as potências.

- Agora, imagine a representação desses números na reta numérica. Escreva um texto relacionando os expoentes das potências às posições que os pontos correspondentes a esses números ocupam na reta.

10. Observe a sequência de figuras abaixo.

Figura 1   Figura 2   Figura 3   Figura 4

a) Desenhe a figura 5.
b) Quantas bolinhas formarão a figura 10?

11. Escreva no caderno mais cinco termos de cada sequência:

a) 27, 9, 3, ...

b) $\dfrac{1}{5}, \dfrac{1}{25}, \dfrac{1}{125}, ...$

12. Leia o texto, reproduza o quadro e complete-o.

Como as notícias se espalham! Às 13 h, Tina enviou um e-mail para 4 amigos contando uma novidade. Após 30 minutos, cada um desses amigos encaminhou o e-mail para outros 4 amigos, que após 30 minutos encaminharam o e-mail para outros 4 amigos, e assim sucessivamente.

Horário	Quantidade de pessoas que receberam o e-mail	Potência
	4	
13 h 30 min		4^2

- Quantas pessoas receberam o e-mail até as 14 h 30 min?

NOTAÇÃO CIENTÍFICA

Quando usamos números excessivamente grandes ou extremamente pequenos, podemos escrevê-los como um produto em que um dos fatores é uma potência de base 10. Isso acontece muito na área científica.

Veja as tabelas com alguns exemplos:

Alguns intervalos de tempo (aproximados) em segundo	
Idade do Universo	$5 \cdot 10^{17}$
Idade da pirâmide de Quéops	$1 \cdot 10^{11}$
Período de rotação da Terra em torno de seu eixo (1 dia)	$9 \cdot 10^{4}$
Intervalo entre os batimentos cardíacos de um adulto saudável	$8 \cdot 10^{-1}$
Período típico de rotação de uma molécula	$2 \cdot 10^{-11}$

A pirâmide de Quéops, ou Grande Pirâmide do Egito, foi construída por volta de 2500 a.C. e é a única das Sete Maravilhas do Mundo Antigo que resiste ao tempo. Foto de 2017.

Algumas distâncias (aproximadas) em metro	
Distância da Terra à galáxia Andrômeda	$2 \cdot 10^{22}$
Medida do raio do Sol	$7 \cdot 10^{8}$
Espessura da página de um livro	$1 \cdot 10^{-4}$
Comprimento típico de um vírus	$1 \cdot 10^{-6}$
Medida do raio de um átomo de hidrogênio	$5 \cdot 10^{-11}$

Algumas massas (aproximadas) em quilograma	
Massa de nossa galáxia	$2 \cdot 10^{43}$
Massa da Terra	$6 \cdot 10^{24}$
Massa de um elefante	$4 \cdot 10^{3}$
Massa de uma uva	$3 \cdot 10^{-3}$
Massa de um grão de poeira	$7 \cdot 10^{-10}$
Massa de um elétron	$9 \cdot 10^{-31}$

D. Halliday; R. Resnick; K. S. Krane. *Física 1*. 5. ed. Rio de Janeiro: LTC, 2003. p. 3, 5 e 6.

Os números das tabelas estão representados em **notação científica**.

Essa notação facilita o uso desses números, pois escrever muitos zeros pode confundir a leitura, além de ser preciso contá-los para compreender o valor expresso. É mais fácil usar a medida do raio do Sol, por exemplo, como $7 \cdot 10^{8}$ metros do que como 700.000.000 metros, ou escrever a massa de um grão de poeira como $7 \cdot 10^{-10}$ quilograma do que como 0,0000000007 quilograma.

Um número escrito em notação científica é expresso como um produto $a \cdot 10^{k}$, em que:
- a é um número escrito na forma decimal cuja parte inteira tem um único algarismo diferente de zero;
- k é um número inteiro.

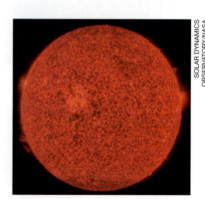

Imagem do Sol obtida por equipamento do Observatório Solar da Nasa. Foto de 2018.

A medida, em metro, do raio do átomo de hidrogênio, elemento químico mais comum no Universo, é $5 \cdot 10^{-11}$. Para escrever essa medida com todos os seus algarismos, primeiro escrevemos 10^{-11} na forma decimal:

$$10^{-11} = \left(\frac{1}{10}\right)^{11} = \frac{1}{10^{11}} = \frac{1}{100.000.000.000} = 0,00000000001$$

Depois fazemos: $5 \cdot 0,00000000001 = 0,00000000005$

Para escrever a maior distância da Terra até o Sol, 152.100.000 km, em notação científica, temos de contar quantas casas a vírgula será deslocada:

1,52.100.000

Deslocar a vírgula 8 casas para a esquerda significa que dividimos o número por 100.000.000. Então, para não alterar o número, temos de multiplicá-lo por 100.000.000 (que em potência de 10 é 10^8). Assim:

$$152.100.000 = 1,521 \cdot 10^8$$

ATIVIDADES

PRATIQUE

1. Expresse os números abaixo em notação científica.

a) 0,02
b) 0,0002
c) 200.000
d) 1.002
e) 0,000012
f) 1.200.000.000
g) 0,000000371
h) 12.560.000.000
i) 0,0000000007
j) 456,987

APLIQUE

2. Analise os números das fichas e escreva-os em ordem crescente.

 • Como você pensou para escrever esses números em ordem crescente? Converse com um colega.

3. Suponha que no Universo existam aproximadamente 100 bilhões de galáxias com, em média, 100 bilhões de estrelas cada uma. Quantas estrelas existem no Universo, em média? Expresse em potência.

4. Reúna-se com um colega e descubram quantos são os possíveis valores de *x*.

Considerem *x* um número natural.

$2,53 \cdot 10^4 < x < 2,54 \cdot 10^4$

5. Veja a explicação de Caio para efetuar a adição:

$$9,56 \cdot 10^{13} + 1,67 \cdot 10^{16}$$

Agora, efetue as operações e dê a resposta em notação científica.

a) $37,3 \cdot 10^{-2} + 0,01 \cdot 10^2$
b) $0,00034 + 25,2 \cdot 10^{-2}$
c) $13.200 \cdot 10^3 - 5,4 \cdot 10^5$

6. Coloque em ordem crescente os números que estão representados em notação científica.

- Comprimento aproximado da circunferência equatorial de Saturno: $3,66 \cdot 10^8$ m
- Medida aproximada do diâmetro do Sol: $1,39 \cdot 10^9$ m
- Altura aproximada do monte Kilimanjaro (Tanzânia, África): $5,89 \cdot 10^3$ m
- Altura da Torre Eiffel (Paris, França): $3,24 \cdot 10^2$ m

5 PROPRIEDADES DA POTENCIAÇÃO PARA POTÊNCIAS COM EXPOENTES INTEIROS

As propriedades a seguir podem auxiliar os cálculos com potências.

Considere que as bases a e b são números reais diferentes de zero e os expoentes m e n são números inteiros.

Para calcular o produto de potências de mesma base, mantemos a base e somamos os expoentes. Essa é a propriedade do **produto de potências de mesma base**.

$$a^m \cdot a^n = a^{m+n}$$

EXEMPLOS

- $(-\pi)^3 \cdot (-\pi)^7 = (-\pi)^{3+7} = (-\pi)^{10}$
- $\left(\dfrac{2}{5}\right)^{-1} \cdot \left(\dfrac{2}{5}\right)^3 = \left(\dfrac{2}{5}\right)^{-1+3} = \left(\dfrac{2}{5}\right)^2$

Para calcular o quociente de potências de mesma base, mantemos a base e subtraímos os expoentes. Essa é a propriedade do **quociente de potências de mesma base**.

$$a^m : a^n = a^{m-n}$$

EXEMPLOS

- $12^8 : 12^{-2} = 12^{8-(-2)} = 12^{8+2} = 12^{10}$
- $\left(-\dfrac{1}{3}\right)^{-3} : \left(-\dfrac{1}{3}\right)^2 = \left(-\dfrac{1}{3}\right)^{-3-2} = \left(-\dfrac{1}{3}\right)^{-5}$

Para calcular a potência de uma potência, mantemos a base e multiplicamos os expoentes. Essa é a propriedade da **potência de uma potência**.

$$(a^m)^n = a^{m \cdot n}$$

EXEMPLOS

- $(3^2)^2 = 3^{2 \cdot 2} = 3^4$
- $[(-1)^3]^{-1} = (-1)^{3 \cdot (-1)} = (-1)^{-3}$

A potência de um produto pode ser transformada em um produto de potências. Essa é a propriedade da **potência de um produto**.

$$(a \cdot b)^m = a^m \cdot b^m$$

EXEMPLOS

- $(3,2 \cdot 5)^2 = 3,2^2 \cdot 5^2$
- $[(-4)]^5$

DESAFIO

Calcule a metade de 2^{100}.

A potência de um quociente pode ser transformada em um quociente de potências. Essa é a propriedade da **potência de um quociente**.

$$(a : b)^m = a^m : b^m$$

EXEMPLO

$$[(-2) : 1]^2 = (-2)^2 : 1^2$$

APLICAÇÕES

Nas expressões em que é possível escrever os números em forma de potência e depois transformá-los em potências de bases iguais, podemos simplificar a expressão aplicando algumas das propriedades da potenciação. Acompanhe o exemplo:

$$(2^3 \cdot 4^2 : 16^{-3})^{-1} : 8$$

Fatorando as bases das potências, temos:

$$(2^3 \cdot 4^2 : 16^{-3})^{-1} : 8$$
$4 = 2^2 \qquad 16 = 2^4 \qquad 8 = 2^3$

Reescrevendo a expressão:

$(2^3 \cdot (2^2)^2 : (2^4)^{-3})^{-1} : 2^3 =$
— potência de potência

$= (2^3 \cdot 2^4 : 2^{-12})^{-1} : 2^3 =$
— produto e quociente de potências de mesma base

$= (2^{3 + 4 - (-12)})^{-1} : 2^3 = (2^{19})^{-1} : 2^3 =$
— potência de potência

$= 2^{19 \cdot (-1)} : 2^3 = 2^{-19} : 2^3 =$
— quociente de potências de mesma base

$= 2^{-19 - 3} = 2^{-22}$

Além de simplificar o cálculo das expressões, as propriedades podem ser muito úteis quando realizamos algumas operações com dados em notação científica.

Por exemplo, veja os dados da população e da área aproximada dos países mais populosos do mundo em 2015:

População e área dos países mais populosos em 2015		
País	Número aproximado de habitantes	Área aproximada (km²)
China	$1{,}397 \cdot 10^9$	$9{,}600 \cdot 10^6$
Índia	$1{,}309 \cdot 10^9$	$3{,}287 \cdot 10^6$
Estados Unidos	$3{,}199 \cdot 10^8$	$9{,}832 \cdot 10^6$
Indonésia	$2{,}582 \cdot 10^8$	$1{,}905 \cdot 10^6$
Brasil	$2{,}060 \cdot 10^8$	$8{,}516 \cdot 10^6$

Dados obtidos em: <htttps://esa.un.org/unpd/wpp/Download/Standard/Population/> e <https://paises.ibge.gov.br/#/pt>. Acesso em: 27 jul. 2018.

PARA CALCULAR

Calcule a densidade demográfica aproximada de cada um dos países da tabela da página anterior. O país que tem a maior população é o que tem a maior densidade demográfica?

Para calcular a densidade demográfica da China em 2015, isto é, a quantidade média de habitantes por quilômetro quadrado, dividimos o número de habitantes pela área. Assim:

$$\frac{1{,}397 \cdot 10^9 \text{ hab.}}{9{,}600 \cdot 10^6 \text{ km}^2} \simeq 0{,}146 \cdot 10^{9-6} \text{ hab./km}^2 =$$

(habitante por quilômetro quadrado)

$$= 0{,}146 \cdot 10^3 \text{ hab./km}^2 = 146 \text{ hab./km}^2$$

Ou seja, a densidade demográfica da China em 2015 era de aproximadamente 146 habitantes por quilômetro quadrado.

COMPARE ESTRATÉGIAS

Veja como três alunos calcularam o valor da expressão $(3 \cdot 7)^2 - \dfrac{2^3}{5^3} + 1$.

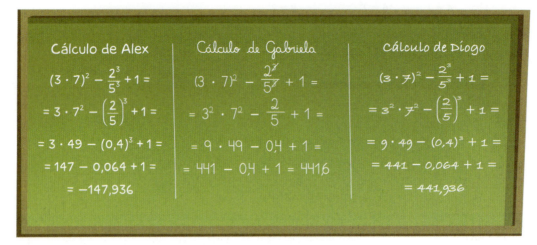

REFLITA

a) O que há de diferente nas estratégias de Alex e Diogo?
b) O que há de diferente nas estratégias de Gabriela e Diogo?
c) Quais deles **não** obtiveram o resultado correto da expressão? Como você sabe?

DISCUTA E CONCLUA

a) Sem usar nenhuma propriedade, calcule o valor de $(3 \cdot 7)^2 - \dfrac{2^3}{5^3} + 1$.
   Siga essa ordem:
   I) Calcule $3 \cdot 7$ e depois eleve o resultado ao quadrado para obter $(3 \cdot 7)^2$.
   II) Calcule 2^3 e 5^3 e depois divida um resultado pelo outro para obter $\dfrac{2^3}{5^3}$.
   III) Usando os resultados obtidos em I e II, calcule $(3 \cdot 7)^2 - \dfrac{2^3}{5^3} + 1$.

b) Converse com seus colegas e verifiquem se $(a \cdot b)^n$ é o mesmo que $a \cdot b^n$. Deem outros exemplos.

c) Converse com seus colegas e verifiquem se $\dfrac{a^m}{b^m}$ é o mesmo que $\dfrac{a}{b}$. Deem outros exemplos.

ATIVIDADES

PRATIQUE

1. Corrija as sentenças falsas.
a) $(3^2)^4 = 3^{2^4}$
b) $-2^4 = (-2)^4$
c) $2^6 - 2 = 2^6 - 2^2$
d) $(4^2)^{-1} = (4^{-1})^2$
e) $5^{1^3} = 5^{3^1}$
f) $2^{-1} \neq \dfrac{1}{2}$

2. Simplifique as expressões, dando a resposta na forma de potência.
a) $5^{(-2)^4} \cdot 5^6$
b) $2^{-2^4} \cdot 2^{10}$
c) $3^{-2^3} : 3^{-2^6}$
d) $(8^{-3})^{3^{-1}}$
e) $[(3^{-1} \cdot 3^5)^{-3}]^{-1} \cdot 3^{-8}$
f) $(1^{-2^3} \cdot 1^4 : 1^{-5})^{-3} : 1^{-3^2}$

R1. Simplifique a expressão $(a^2 \cdot b^2)^{-1} : (a^{-1} : b^{-1})^2$.

Resolução

Primeiro, aplicamos as propriedades da potência de um produto e da potência de um quociente. Em seguida, empregamos a propriedade da potência de uma potência.

$(a^2 \cdot b^2)^{-1} : (a^{-1} : b^{-1})^2 =$
$= [(a \cdot b)^2]^{-1} : [(a : b)^{-1}]^2 =$
$= (a \cdot b)^{2 \cdot (-1)} : (a : b)^{(-1) \cdot 2} =$
$= (a \cdot b)^{-2} : (a : b)^{-2}$

Mais uma vez, aplicamos a propriedade da potência de um quociente e, depois, a propriedade da potência de uma potência.

$(a \cdot b)^{-2} : (a : b)^{-2} =$
$= [(a \cdot b) : (a : b)]^{-2} =$
$= \left[\dfrac{a \cdot b}{a : b}\right]^{-2} =$
$= \left[\dfrac{a \cdot b}{\frac{a}{b}}\right]^{-2} =$
$= \left[b \cdot \dfrac{b}{1}\right]^{-2} =$
$= [b^2]^{-2} =$
$= b^{-4}$

Portanto, a expressão simplificada é b^{-4}.

3. Se $a = (0{,}0001)^{-2}$ e $b = (10^2)^3$, calcule:
a) $a \cdot b$
b) $\dfrac{a}{b}$
c) $\dfrac{b}{a}$

4. Qual é o valor da expressão a seguir para $a = 10^{-1}$ e $b = 10^{-2}$?

$$\dfrac{a \cdot b^{-2} \cdot (a^{-1} \cdot b^2)^4 \cdot (a \cdot b^{-1})^2}{a^{-3} \cdot b \cdot (a^2 \cdot b^{-1}) \cdot (a^{-1} \cdot b)}$$

5. Considerando $x = 1.500.000$ e $y = 0{,}00003$, calcule:
a) $x \cdot y$
b) $\dfrac{x}{y}$
c) $\dfrac{y}{x}$

6. Simplifique as expressões em uma única potência.
a) $(2^3 \cdot 4^2 \cdot 16)^{-1} \cdot 32$
b) $(3^2 : 9^2 \cdot 27^{-3})^2 \cdot 3^{14}$
c) $\dfrac{128 : 4^3}{16}$
d) $\dfrac{(0{,}01)^3 \cdot 10^6}{10^{-4}}$

7. Dê o valor das expressões em notação científica.
a) $(6{,}3 \cdot 10^{-8}) : (0{,}7 \cdot 10^{-14})$
b) $(0{,}4 \cdot 10^7) \cdot (1{,}2 \cdot 10^{-8})$
c) $(6 \cdot 10^3)^2$
d) $[(6{,}2 \cdot 10^{-10}) \cdot (5 \cdot 10^{20})] : (2 \cdot 10^7)$

8. Dado o quadro abaixo, calcule o que se pede.

n	n²	n³
36	1.296	46.656
37	1.369	50.653
38	1.444	54.872

a) $3{,}6^2$
b) 370^2
c) $0{,}38^3$

45

APLIQUE

9. Certo *pen drive* tem capacidade para armazenar até 64 *gigabytes* de memória. Paula quer transferir para o *pen drive* alguns arquivos de 512 *megabytes* cada um. Sendo:
1 *megabyte* = 2^{10} *kbytes* e
1 *gigabyte* = 2^{10} *megabytes*,
quantos arquivos de 512 *megabytes* podem ser armazenados nesse *pen drive*?

10. A calculadora científica apresenta algumas teclas que simplificam as notações. Um exemplo é a tecla EXP, que possibilita escrever números em notação científica. Para introduzir o número $8,49 \cdot 10^{15}$, por exemplo, digitamos:

8 · 4 9 EXP 1 5

E obtemos: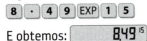

a) Como devemos proceder para introduzir os números abaixo em uma calculadora científica?
- $3,46 \cdot 10^{23}$
- $6,295 \cdot 10^{54}$

b) Como calcular $(8,75 \cdot 10^{51}) : (1,75 \cdot 10^{31})$ utilizando uma calculadora comum?

11. A tabela abaixo mostra, em notação científica, a população aproximada dos estados da região Sul do Brasil em 2007 e em 2017.

População aproximada dos estados da região Sul		
Estado	2007	2017
Paraná	$1,03 \cdot 10^7$	$1,13 \cdot 10^7$
Santa Catarina	$5,87 \cdot 10^6$	$7,00 \cdot 10^6$
Rio Grande do Sul	$1,06 \cdot 10^7$	$1,13 \cdot 10^7$

Dados obtidos em: <https://www.ibge.gov.br/estatisticas-novoportal/sociais/populacao/9103-estimativas-de-populacao.html?=&t=resultados>. Acesso em: 27 jul. 2018.

Considerando as informações da tabela, responda às questões.

a) Qual era a população aproximada total da região Sul do Brasil em 2007?

b) Qual foi o crescimento, da população da região Sul de 2007 para 2017?

6 RAIZ QUADRADA

Acompanhe a situação.

Paulo contratou a arquiteta Júlia para fazer o projeto de construção de sua casa. Veja ao lado o esboço da planta feita por Júlia.

Como Paulo vai comprar móveis para o quarto, ele precisa saber quanto mede o comprimento das paredes.

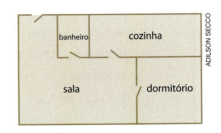

Júlia, o quarto tem a forma de um quadrado, e sua área é 20,25 m². Quanto mede o comprimento de cada parede do quarto?

O comprimento de cada parede mede 4,5 m, pois: 4,5 m × 4,5 m = 20,25 m²

Para descobrir a medida do comprimento de cada parede do quarto, podemos efetuar uma operação: a **radiciação**.

Nesse caso, calculamos a raiz quadrada de 20,25. Veja:

$$\sqrt{20,25} = 4,5, \text{ pois: } 4,5^2 = 20,25$$

A **raiz quadrada** de um número real *x* é um número **não negativo** que elevado ao quadrado resulta em *x*.

OBSERVAÇÃO

Note que há dois números que elevados ao quadrado resultam em 20,25:
$$(4,5)^2 = 20,25 \text{ e } (-4,5)^2 = 20,25$$
Porém, pela definição, a raiz quadrada é um número não negativo. Logo: $\sqrt{20,25} = 4,5$

ANÁLISE DA $\sqrt{x}$

QUANDO *x* É QUADRADO PERFEITO

Se *x* for um número real não negativo e for um quadrado perfeito, então $\sqrt{x}$ será um número **real**.

EXEMPLOS

- $\sqrt{25} = \sqrt{5^2} = 5$
- $\sqrt{\dfrac{169}{16}} = \sqrt{\left(\dfrac{13}{4}\right)^2} = \dfrac{13}{4}$
- $\sqrt{0} = \sqrt{0^2} = 0$
- $\sqrt{0,04} = \sqrt{\dfrac{4}{100}} = \sqrt{\left(\dfrac{2}{10}\right)^2} = \dfrac{2}{10} = 0,2$

Calculus

Resolva as operações matemáticas para explorar este jogo por meio do mapa de fases.
Disponível em <http://mod.lk/afyen>.

QUANDO *x* NÃO É QUADRADO PERFEITO

Se *x* for um número não negativo e **não** for quadrado perfeito, então $\sqrt{x}$ será um número com infinitas casas decimais não periódicas, ou seja, será um número **irracional**.

EXEMPLOS

- 2 não é quadrado perfeito e $\sqrt{2}$ é número irracional.
- 5 não é quadrado perfeito e $\sqrt{5}$ é número irracional.
- 1,2 não é um quadrado perfeito e $\sqrt{1,2}$ é um número irracional.
- $\dfrac{3}{7}$ não é um quadrado perfeito e $\sqrt{\dfrac{3}{7}}$ é um número irracional.

OBSERVAÇÃO

Não existe número no conjunto dos números reais que, elevado ao quadrado, resulte em um número negativo. Então $\sqrt{-2}$, $\sqrt{-4}$ e $\sqrt{-0,1}$ não são números reais.

ATIVIDADES

PRATIQUE

1. Calcule as raízes quadradas quando possível.

a) $\sqrt{225}$

b) $-\sqrt{81}$

c) $\sqrt{\dfrac{100}{144}}$

d) $\sqrt{0{,}09}$

e) $\sqrt{-16}$

f) $-\sqrt{16}$

2. Determine a medida do lado de cada quadrado esquematizado abaixo com base em sua área.

a)

$A = 64\ cm^2$

b)

$A = 30{,}25\ km^2$

c)

$A = \dfrac{169}{100}\ dm^2$

d)

$A = 144\ m^2$

3. Observe a figura, cujas medidas estão expressas em centímetro, e determine o valor de $\left(\sqrt{10}\right)^2$. Registre o resultado no caderno.

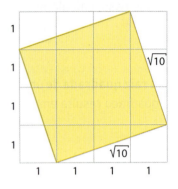

4. Como você faria para calcular:

a) $\left(\sqrt{4}\right)^2$?

b) $\sqrt{\sqrt{16}}$?

• Compare suas resoluções com as de um colega.

5. Leia as afirmações e corrija as que forem falsas.

a) A raiz quadrada de qualquer número racional é um número racional.

b) A raiz quadrada de um número negativo é sempre um número negativo.

APLIQUE

6. Responda às questões e justifique dando um exemplo.

a) A medida do lado de um quadrado é um número irracional. Qual deve ser essa medida para que a área seja um número natural?

b) A área de um quadrado é um número natural que não é quadrado perfeito. A medida do lado desse quadrado é um número irracional?

7. Com uma calculadora, é possível verificar se algumas sentenças são verdadeiras para certos valores.

Podemos experimentar alguns valores não negativos para a e b na sentença $\sqrt{a+b} = \sqrt{a} + \sqrt{b}$ e analisar os resultados.

• Para $a = 16$ e $b = 0$: $\sqrt{16+0} = \sqrt{16} + \sqrt{0}$
$\sqrt{16} = \sqrt{16}$ (verdadeira)

• Para $a = 2$ e $b = 3$: $\sqrt{2+3} = \sqrt{2} + \sqrt{3}$
$\sqrt{5} = \sqrt{2} + \sqrt{3}$

Usando a calculadora e aproximando o resultado, temos: $2{,}23 = 1{,}41 + 1{,}73$ (falsa)

Como a sentença é falsa para $a = 2$ e $b = 3$, ela não é válida para quaisquer a e b não negativos.

Verifique se a sentença $\sqrt{a-b} = \sqrt{a} - \sqrt{b}$ é válida para a e b considerando:

a) $a = 16$ e $b = 0$

b) $a = 10$ e $b = 5$

• Pode-se afirmar que a sentença é válida para quaisquer a e b não negativos? Justifique.

R1. Observe que as duas figuras de cor verde, cujas medidas estão expressas em centímetro, têm a mesma área.

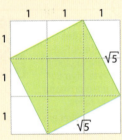

Figura 1

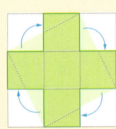

Figura 2

a) Qual é a área de cada figura verde?

b) Quanto é $\left(\sqrt{5}\right)^2$?

Resolução

a) A figura 2, obtida da figura 1 por meio da rotação de cada um dos quatro triângulos retângulos, indicada pela seta, é composta por 5 quadrados de lado 1 cm. Como cada quadrado tem área 1 cm², a figura tem área 5 cm². Como a figura 1 é equivalente à figura 2, então também tem área 5 cm².

b) A figura 1 é um quadrado de lado $\sqrt{5}$ cm, logo, tem área $\left(\sqrt{5}\right)^2$ cm². Assim, de acordo com o item **a**, temos $\left(\sqrt{5}\right)^2$ cm² = 5 cm².

Portanto, $\left(\sqrt{5}\right)^2 = 5$.

48

CÁLCULO DA RAIZ QUADRADA APROXIMADA

Podemos calcular a raiz quadrada de qualquer número real não negativo, como $\sqrt{2}$, $\sqrt{\pi}$, $\sqrt{4}$, $\sqrt{7}$, $\sqrt{5,3}$, $\sqrt{9}$, ... Mas, como já vimos, essa raiz nem sempre é exata. Nos casos em que a raiz é um número irracional, podemos obter um valor aproximado, ou seja, uma **raiz quadrada aproximada**.

Veja como Sabrina obteve, sem calculadora, o valor aproximado da raiz quadrada de 10.

Podemos obter valores mais próximos de $\sqrt{10}$ testando o quadrado de valores, com uma casa decimal, entre 3 e 4, até descobrir dois números entre os quais $\sqrt{10}$ está. Por exemplo, como $\sqrt{10}$ está entre 3 e 4, testaremos os números 3,1 e 3,2.

$(3,1)^2$	$(3,2)^2$
9,61	10,24
menor que 10	maior que 10

10 está entre $(3,1)^2$ e $(3,2)^2$. Logo:
$\sqrt{10}$ está entre 3,1 e 3,2

Portanto, **3,1** é a raiz quadrada aproximada de 10, por falta, com uma casa decimal.

Prosseguindo, vamos obter uma aproximação com duas casas decimais:

$(3,11)^2$	$(3,12)^2$	$(3,13)^2$	$(3,14)^2$	$(3,15)^2$	$(3,16)^2$	$(3,17)^2$
9,6721	9,7344	9,7969	9,8596	9,9225	9,9856	10,0489

10 está entre $(3,16)^2$ e $(3,17)^2$. Logo:
$\sqrt{10}$ está entre 3,16 e 3,17

Assim, a raiz quadrada aproximada de 10, por falta, com duas casas decimais é **3,16**.

Uma localização aproximada de $\sqrt{10}$ na reta numérica é:

PARA PENSAR

Você conhece outro modo de extrair raízes quadradas aproximadas?

PARA PENSAR

Usando a propriedade, determine o valor de:
a) $\sqrt{2} \cdot \sqrt{2}$
b) $\sqrt{5} \cdot \sqrt{5}$
c) $\sqrt{1,42} \cdot \sqrt{1,42}$
d) $\sqrt{n} \cdot \sqrt{n}$, com n real não negativo

CÁLCULO DA RAIZ QUADRADA POR FATORAÇÃO

Uma maneira de calcular a raiz quadrada de um número é usar a fatoração, ou seja, a decomposição desse número em fatores primos, e aplicar a seguinte propriedade:

> A raiz quadrada do produto de dois números reais não negativos é igual ao produto das raízes quadradas desses números. Assim, sendo a e b números reais não negativos, temos:
> $$\sqrt{a \cdot b} = \sqrt{a} \cdot \sqrt{b}$$

Veja como Pedro extraiu a raiz quadrada de 324 e como ele calculou a raiz aproximada de 392.

Inicialmente, fiz a decomposição de 324 em fatores primos.

Depois, escrevi a raiz quadrada do produto como produto das raízes quadradas.

Decomposição:
324	2
162	2
81	3
27	3
9	3
3	3
1	

Logo: $324 = 2^2 \cdot 3^4 = 2^2 \cdot 3^2 \cdot 3^2$

Assim:
$\sqrt{324} = \sqrt{2^2 \cdot 3^2 \cdot 3^2} = \sqrt{2^2} \cdot \sqrt{3^2} \cdot \sqrt{3^2} = 2 \cdot 3 \cdot 3 = 18$
$\sqrt{324} = 18$

PARA CALCULAR

Escolha um dos procedimentos, adotado por Sabrina (página 49) ou por Pedro, e calcule:
a) $\sqrt{8}$
b) $\sqrt{50}$

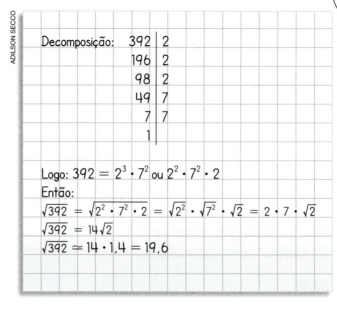

Decomposição:
392	2
196	2
98	2
49	7
7	7
1	

Logo: $392 = 2^3 \cdot 7^2$ ou $2^2 \cdot 7^2 \cdot 2$

Então:
$\sqrt{392} = \sqrt{2^2 \cdot 7^2 \cdot 2} = \sqrt{2^2} \cdot \sqrt{7^2} \cdot \sqrt{2} = 2 \cdot 7 \cdot \sqrt{2}$
$\sqrt{392} = 14\sqrt{2}$
$\sqrt{392} \approx 14 \cdot 1,4 = 19,6$

Como $\sqrt{2}$ é aproximadamente 1,4, então $14\sqrt{2}$ é aproximadamente 19,6.

ATIVIDADES

PRATIQUE

1. Escreva o número natural que é a raiz quadrada aproximada por falta de:
   a) 78
   b) 80
   c) 39
   d) 42
   e) 140
   f) 145
   g) 208
   h) 215

2. Por que algumas respostas do exercício anterior são iguais?

3. Encontre a raiz quadrada aproximada por falta, com uma casa decimal, de:
   a) 57
   b) 69
   c) 78
   d) 87
   e) 94
   f) 105
   g) 130
   h) 147

4. Em cada item, indique no caderno o valor que mais se aproxima da raiz procurada.
   a) $\sqrt{10,8}$ — 3,5 | 3,7 | 4,1
   b) $\sqrt{14,12}$ — 4 | 5 | 6
   c) $\sqrt{25,3}$ — 3,2 | 4,2 | 5,2
   d) $\sqrt{45,1}$ — 6,6 | 6,7 | 6,8
   e) $\sqrt{68,9}$ — 7 | 8 | 9
   f) $\sqrt{80}$ — 8,91 | 8,92 | 8,93
   g) $\sqrt{2.000}$ — 40 | 50 | 60

5. Com uma calculadora, mas sem usar a tecla $\sqrt{}$, encontre a raiz aproximada, com duas casas decimais, de:
   a) 89
   b) 126
   c) 230
   d) 366
   e) 410
   f) 1.715
   g) 1.999
   h) 3.498

6. Com o auxílio de uma calculadora, mas sem usar a tecla $\sqrt{}$, encontre a raiz aproximada com três casas decimais de:
   a) 129
   b) 415
   c) 97
   d) 55,8
   e) 157,3
   f) 386,1

7. Agora, usando a tecla $\sqrt{}$ da calculadora, determine as raízes quadradas das atividades **5** e **6**. Os resultados que você havia calculado estão de acordo com os novos resultados?

8. Efetue a decomposição dos números a seguir em fatores primos.
   a) 3.600
   b) 1.521
   c) 3.969

   • Agora, calcule a raiz quadrada dos números acima.

9. Use os valores aproximados abaixo e a decomposição em fatores primos para, em cada item, encontrar a raiz aproximada.

   $\sqrt{2} \simeq 1,4$

   $\sqrt{3} \simeq 1,7$

   $\sqrt{5} \simeq 2,2$

   a) 405
   b) 882
   c) 88.200
   d) 162
   e) 16.200
   f) 432

10. Calcule as raízes quadradas.
    a) $\sqrt{\dfrac{50}{98}}$
    b) $\sqrt{5,29}$
    c) $\sqrt{\dfrac{12}{2.523}}$
    d) $\sqrt{13,69}$

11. Encontre o **erro** em cada uma das resoluções abaixo.

    a)
    | 208 | 2 |
    | 104 | 2 |
    | 52 | 2 |
    | 26 | 2 |
    | 13 | 3 |
    | 4 | 2 |
    | 2 | 2 |
    | 1 | |

    $\sqrt{208} = \sqrt{2^6 \cdot 3} =$
    $= 2^3\sqrt{3} = 8\sqrt{3}$

    b)
    | 1.568 | 2 |
    | 784 | 2 |
    | 392 | 2 |
    | 196 | 2 |
    | 98 | 2 |
    | 49 | 7 |
    | 7 | 7 |
    | 1 | |

    $\sqrt{1.568} = \sqrt{2^5 \cdot 7^2} =$
    $= 2^2 \cdot 7 = 28$

APLIQUE

12. Junte-se a um colega e descubram os números que atendam às condições de cada item.

a) É um número natural cuja raiz quadrada está entre 8,88 e 8,89.

b) São números inteiros cujas raízes quadradas estão entre 21,1 e 21,2.

c) É um número inteiro positivo que tem raiz quadrada, com aproximação de duas casas decimais, igual a 48,22.

13. Herão, matemático que viveu no século I em Alexandria, no Egito, enunciou um método que calcula a raiz quadrada aproximada de um número.

Se $n = x \cdot y$, então: $\sqrt{n} \simeq \dfrac{x + y}{2}$

Por exemplo:

Se $10 = 5 \cdot 2$, então: $\sqrt{10} \simeq \dfrac{5 + 2}{2} = 3,5$

Aplicando o método de Herão, calcule:

a) $\sqrt{6}$ b) $\sqrt{15}$ c) $\sqrt{25}$

- Agora, calcule essas raízes quadradas com o auxílio de uma calculadora e compare os resultados obtidos com os que você obteve pelo método de Herão.

7 OUTRAS RAÍZES

RAIZ CÚBICA

Vamos analisar um cubo de volume 27 e arestas de medida desconhecida.

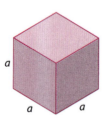

Para calcular a medida da aresta do cubo, temos de encontrar um número que, quando multiplicado três vezes por si mesmo, resulte em 27.

O número procurado é 3, pois $3 \cdot 3 \cdot 3 = 27$.

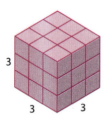

Assim, a **raiz cúbica** de 27 é 3, e indicamos: $\sqrt[3]{27} = 3$, pois $3^3 = 27$.

Veja outros exemplos de raízes cúbicas:

- $\sqrt[3]{8} = 2$, pois $2^3 = 8$
- $\sqrt[3]{343} = 7$, pois $7^3 = 343$
- $\sqrt[3]{-64} = -4$, pois $(-4)^3 = -64$
- $\sqrt[3]{0,001} = 0,1$, pois $(0,1)^3 = 0,001$

Há também raízes cúbicas que são números irracionais e podem ser aproximadas por falta ou por excesso. Por exemplo:

$$\sqrt[3]{2} = 1,25992104989487...$$

Por falta, $\sqrt[3]{2}$ é 1,2; por excesso, $\sqrt[3]{2}$ é 1,3. Observe que em ambos os casos, há aproximação até a 1ª casa decimal ou até os décimos:

$$1,2 < \sqrt[3]{2} < 1,3$$

aproximação por falta — aproximação por excesso

Diferentemente do que ocorre no cálculo da raiz quadrada de um número real, a raiz cúbica de um número real é sempre um número **real**.

OUTRAS RAÍZES

Há também outras raízes: raiz quarta, raiz quinta, raiz sexta etc.

O processo usado para obter o valor dessas outras raízes é semelhante ao das raízes quadrada e cúbica.

Podemos generalizar o índice e estudar raízes de índice n qualquer, ou seja, as raízes enésimas.

A **raiz enésima** de um número real a, que tem como índice um número natural $n \geq 2$, é assim representada:

$\sqrt[n]{a}$ — índice / radicando

O cálculo da raiz enésima pode ser analisado considerando-se dois casos: o **índice n par** e o **índice n ímpar**.

ÍNDICE PAR

A raiz enésima de um número real a ($a \geq 0$) é o número real b ($b \geq 0$) tal que $b^n = a$.

$$\sqrt[n]{a} = b \text{ se e somente se } b^n = a \text{ e } b \geq 0$$

EXEMPLOS

- $\sqrt{100} = 10$, pois $10^2 = 100$ e $10 > 0$
- $\sqrt[8]{256} = 2$, pois $2^8 = 256$ e $2 > 0$
- $\sqrt[4]{81} = 3$, pois $3^4 = 81$ e $3 > 0$
- $\sqrt{0,01} = 0,1$, pois $0,1^2 = 0,01$ e $0,1 > 0$
- $\sqrt[6]{\frac{1}{729}} = \frac{1}{3}$, pois $\left(\frac{1}{3}\right)^6 = \frac{1}{729}$ e $\frac{1}{3} > 0$

Se a for um número real negativo, a raiz enésima de a, com n par, não será um número real. Por exemplo: $\sqrt{-4}$ e $\sqrt[4]{-1}$.

Isso ocorre porque não existe um número real que elevado a um número par resulte em um número negativo.

ÍNDICE ÍMPAR

A raiz enésima de um número real a é o número real b tal que $b^n = a$.

$$\sqrt[n]{a} = b \text{ se e somente se } b^n = a$$

EXEMPLOS

- $\sqrt[3]{-8} = -2$, pois $(-2)^3 = -8$
- $\sqrt[5]{-243} = -3$, pois $(-3)^5 = -243$
- $\sqrt[3]{\frac{1}{1.000}} = \frac{1}{10}$, pois $\left(\frac{1}{10}\right)^3 = \frac{1}{1.000}$
- $\sqrt[7]{-0,0000001} = -0,1$, pois $(-0,1)^7 = -0,0000001$

ATIVIDADES

PRATIQUE

1. Determine.
   a) $\sqrt{25}$
   b) $\sqrt[3]{216}$
   c) $-\sqrt{144}$
   d) $-\sqrt[3]{-343}$
   e) $-\sqrt[3]{729}$
   f) $\sqrt[4]{16}$
   g) $\sqrt[5]{-243}$
   h) $\sqrt{0,01}$
   i) $\sqrt[3]{\frac{1}{8}}$
   j) $\sqrt[5]{\frac{1}{32}}$

2. Identifique quais dos números são reais.
   a) $\sqrt[8]{-2}$
   b) $\sqrt[8]{2}$
   c) $\sqrt[9]{-2}$
   d) $\sqrt[3]{2}$

3. Classifique as sentenças em V (verdadeira) ou F (falsa).
   a) $\sqrt{225} = 15$, pois $15^2 = 225$ e $15 > 0$
   b) $\sqrt{225} = -15$, pois $(-15)^2 = 225$
   c) $\sqrt{-16} = -4$, pois $4^2 = 16$
   d) $-\sqrt[4]{81} = -3$, pois $3^4 = 81$ e $3 > 0$

4. Encontre o valor de cada expressão.

a) $\sqrt{4} - \sqrt[4]{1}$

b) $5\sqrt[3]{8} - \dfrac{7}{2}\sqrt{25}$

5. Calcule mentalmente e anote o resultado.

Cada um dos números abaixo localiza-se entre dois números naturais consecutivos. Quais são esses números em cada caso?

a) $\sqrt{65}$

b) $\sqrt{50}$

c) $\sqrt{105}$

6. A expressão abaixo representa um número real?

$$\sqrt{6 + \sqrt[4]{81}} - \sqrt[3]{29 - \sqrt{4}}$$

7. Para cada valor de x, calcule o valor de $\sqrt{x^2}$ e escreva se esse valor é ou não um número real.

a) $x = 4$

b) $x = 1$

c) $x = 0$

d) $x = -1$

e) $x = -4$

f) $x = -0{,}3$

8. Simplifique cada expressão e responda à questão.

a) $\dfrac{\sqrt[3]{\sqrt[3]{8} - \sqrt{100}}}{\sqrt[4]{16}}$

b) $\sqrt{2\sqrt{16} + 3\sqrt[3]{-27}}$

- Que expressão resulta em um número não real?

APLIQUE

9. Organize as quatro peças de acordo com as regras do dominó.

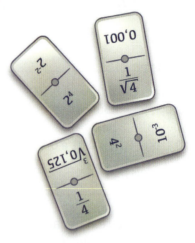

10. Observe as figuras e responda às questões.

Área: 529 m²

Volume: 1.728 m³

a) Qual é a medida do lado do quadrado?

b) Qual é a medida da aresta do cubo?

11. Determine os valores inteiros que x pode assumir para que cada raiz seja real.

a) $\sqrt{x}$ b) $\sqrt[3]{-x}$ c) $\sqrt[4]{\dfrac{1}{x}}$

8 POTÊNCIA COM EXPOENTE FRACIONÁRIO

O expoente de uma potência pode ser um número na forma de fração, por exemplo:

- $5^{\frac{1}{2}}$
- $1{,}8^{\frac{4}{7}}$
- $9^{\frac{3}{5}}$

As propriedades de potências com expoentes inteiros continuam válidas quando o expoente da potência é um número racional e a base é um número real positivo.

Assim, aplicando a propriedade da potência de uma potência e a definição de raiz enésima, temos:

- $\left(5^{\frac{1}{2}}\right)^2 = 5^{\frac{1}{2} \cdot 2} = 5^1$

Como $\left(5^{\frac{1}{2}}\right)^2 = 5^1$ e $5^{\frac{1}{2}} > 0$; então: $\sqrt[2]{5^1} = 5^{\frac{1}{2}}$

- $\left(1{,}8^{\frac{4}{7}}\right)^7 = 1{,}8^{\frac{4}{7} \cdot 7} = 1{,}8^4$

  Como $\left(1{,}8^{\frac{4}{7}}\right)^7 = 1{,}8^4$; então: $\sqrt[7]{1{,}8^4} = 1{,}8^{\frac{4}{7}}$

- $\left(9^{\frac{3}{5}}\right)^5 = 9^{\frac{3}{5} \cdot 5} = 9^3$

  Como $\left(9^{\frac{3}{5}}\right)^5 = 9^3$; então: $\sqrt[5]{9^3} = 9^{\frac{3}{5}}$

Da mesma forma, podemos escrever outras potências de expoente fracionário como raiz.

De modo geral:

Para todo número real positivo a, m inteiro e n natural com $n \geq 2$, temos:
$$a^{\frac{m}{n}} = \sqrt[n]{a^m}$$

OBSERVAÇÃO

Podemos estender a definição para uma potência de base negativa. Como o denominador do expoente será o índice da raiz, se ele for ímpar, a base poderá ser negativa.

EXEMPLOS

- $2^{\frac{5}{3}} = \sqrt[3]{2^5}$
- $\left(\dfrac{1}{8}\right)^{\frac{2}{3}} = \sqrt[3]{\left(\dfrac{1}{8}\right)^2} = \sqrt[3]{\left(\dfrac{1}{2^3}\right)^2} = \sqrt[3]{\dfrac{1}{2^6}} = \dfrac{1}{2^2} = \dfrac{1}{4}$
- $(0{,}3)^{-\frac{2}{7}} = (0{,}3)^{\frac{-2}{7}} = \sqrt[7]{(0{,}3)^{-2}} = \sqrt[7]{\left(\dfrac{3}{10}\right)^{-2}} = \sqrt[7]{\left(\dfrac{10}{3}\right)^2} = \sqrt[7]{\dfrac{100}{9}}$

Trilha de estudo

Vai estudar? Nosso assistente virtual no *app* pode ajudar! <http://mod.lk/trilhas>

ATIVIDADES

PRATIQUE

1. Expresse cada potência na forma de radical.
- a) $2^{\frac{1}{2}}$
- b) $6^{\frac{1}{4}}$
- c) $7^{\frac{2}{3}}$
- d) $1{,}2^{\frac{4}{5}}$
- e) $4{,}5^{0{,}5}$
- f) $10^{0{,}2}$

2. Calcule.
- a) $4^{\frac{1}{2}}$
- b) $256^{\frac{1}{4}}$
- c) $81^{\frac{1}{4}}$
- d) $\left(\dfrac{125}{343}\right)^{-\frac{1}{3}}$
- e) $81^{-\frac{1}{4}}$
- f) $49^{-\frac{3}{2}}$

3. Calcule o valor das expressões.
- a) $4^{\frac{1}{2}} - 8^{\frac{1}{3}}$
- b) $27^{-\frac{1}{3}} + 32^{\frac{1}{5}}$

4. (FGV-SP) $\dfrac{2}{3} \cdot 8^{\frac{2}{3}} - \dfrac{2}{3} \cdot 8^{-\frac{2}{3}}$ é igual a:
- a) 1
- b) −1
- c) 2,5
- d) 0
- e) 23

5. (Fuvest-SP) Calcule: $8^{\frac{2}{3}} + 9^{0{,}5}$

6. Elabore uma expressão que contenha operações com potências de expoente fracionário e cujo valor seja um número inteiro e uma cujo valor seja um número racional.
- Passe as expressões para um colega calcular e calcule o valor das expressões criadas por ele.

APLIQUE

7. Calcule o valor de x.
- a) $32^x = 1.024$
- b) $x^3 = \dfrac{1}{27}$
- c) $x = (2^3)^{\frac{1}{2}}$
- d) $5^{-x} = \dfrac{1}{125}$

8. Compare as potências usando os símbolos > (maior que) ou > (menor que).
- a) $25^{\frac{1}{2}}$ e 25^{-2}
- b) $\left(\dfrac{1}{4}\right)^{\frac{1}{2}}$ e $\left(\dfrac{1}{4}\right)^2$
- c) $\left(\dfrac{1}{10}\right)^{-3}$ e $\left(\dfrac{1}{100}\right)^{-\frac{1}{2}}$
- d) 9^{-2} e $9^{\frac{1}{2}}$
- e) $(64)^{\frac{1}{4}}$ e $(64)^{-1}$
- f) $49^{-\frac{1}{2}}$ e $49^{\frac{1}{2}}$

9. Escreva na forma de potência a expressão: $\sqrt{\dfrac{x}{\sqrt[5]{x^4}}}$

ESTATÍSTICA E PROBABILIDADE
CONSTRUÇÃO DE GRÁFICOS DE LINHA

Os Jogos Pan-Americanos são realizados a cada quatro anos e reúnem atletas de países do continente americano, que competem em diversas modalidades esportivas.

Samuel pesquisou a quantidade de atletas competindo pelo Brasil nos Jogos Pan-Americanos de 1987 a 2015 e organizou os dados na tabela a seguir.

NÚMERO DE ATLETAS DO BRASIL NOS JOGOS PAN-AMERICANOS DE 1987 A 2015	
Ano/Local	Número de atletas
1987 (Indianápolis, Estados Unidos)	309
1991 (Havana, Cuba)	304
1995 (Mar del Plata, Argentina)	401
1999 (Winnipeg, Canadá)	436
2003 (Santo Domingo, República Dominicana)	467
2007 (Rio de Janeiro, Brasil)	660
2011 (Guadalajara, México)	512
2015 (Toronto, Canadá)	590

Dados obtidos em: <https://www.cob.org.br/pt/time-brasil/brasil-nos-jogos>.
Acesso em: 27 jul. 2018.

Depois, Samuel decidiu fazer um gráfico para analisar a variação desses dados. Ele optou pelo gráfico de linha. Observe.

O **gráfico de linha** é indicado quando queremos observar a variação de certo dado ao longo do tempo.

Para construir o gráfico, representei, no eixo horizontal, o ano de cada competição e, no eixo vertical, o número de atletas.
Além disso, escolhi uma **escala** para o eixo vertical: cada 1 cm no meu gráfico corresponde a 100 atletas.

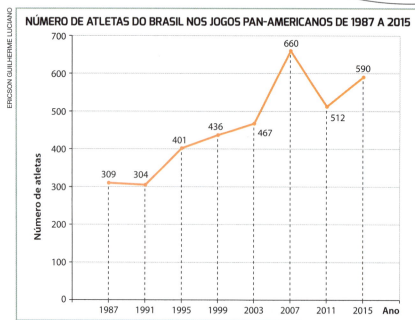

Dados obtidos em: <https://www.cob.org.br/pt/time-brasil/brasil-nos-jogos>.
Acesso em: 27 jul. 2018.

Assim, para determinar, por exemplo, a distância da bolinha correspondente a 309 atletas em relação ao eixo horizontal, basta fazer:

$\left(\dfrac{309}{100}\right)$ cm = 3,09 cm

Aproximadamente 3,1 cm.

ATIVIDADES

1. Observe a tabela ao lado.

   a) Com base nos dados da tabela, construa um gráfico de linha em uma folha de papel sulfite.

   b) Que título você colocou no gráfico? E que fonte?

   c) Quais dados foram apresentados na linha vertical? E na horizontal?

   d) Qual escala você adotou na linha vertical? A quantas medalhas correspondeu cada centímetro da linha vertical?

   e) A quantos centímetros da linha horizontal está cada ponto que representa o número de medalhas em determinado ano?

NÚMERO DE MEDALHAS DO BRASIL NOS JOGOS OLÍMPICOS DE 1980 A 2016	
Ano	Número de medalhas
1980	4
1984	8
1988	6
1992	3
1996	15
2000	12
2004	10
2008	16
2012	17
2016	19

Dados obtidos em: <https://www.cob.org.br/pt/time-brasil/brasil-nos-jogos/medalhas-do-time-brasil>. Acesso em: 27 jul. 2018.

2. Observe a tabela a seguir.

NÚMERO DE EMPREGOS NAS MICRO E PEQUENAS EMPRESAS (MPE) NO BRASIL	
Ano	Números de empregos (em milhões)
2009	13,8
2010	15,0
2011	15,9
2012	16,6
2013	17,1
2014	17,5
2015	17,2

Dados obtidos em: <https://m.sebrae.com.br/Sebrae/Portal%20Sebrae/Anexos/anu%C3%A1rio%20do%20trabalho%202015.pdf>. Acesso em: 27 jul. 2018.

Veja que, na tabela, o número de empregos está indicado em milhão. Assim, no gráfico, o número de empregos nas MPE, em 2009, por exemplo, pode ser indicado por 13,8 milhões ou por 13.800.000. Decidido isso, escolha uma escala adequada para seu gráfico.

a) Com base nos dados da tabela, construa um gráfico de linha em uma folha de papel sulfite.

b) Que título você colocou no gráfico? E que fonte?

c) Qual escala você adotou?

ESTATÍSTICA E PROBABILIDADE

3. A tabela a seguir apresenta a evolução no número de assinaturas das televisões por assinatura no Brasil de 2007 a 2015.

SERVIÇO DE TELEVISÃO POR ASSINATURA NO BRASIL	
Ano	Número de assinaturas (em milhares)
2007	5.349
2008	6.321
2009	7.474
2010	9.769
2011	12.744
2012	16.189
2013	18.020
2014	19.574
2015	19.106

Dados obtidos em: <http://www.anatel.gov.br/dados/2015-02-04-18-43-59>. Acesso em: 27 jul. 2018.

Com base nos dados da tabela, responda às questões.

a) Quantas assinaturas de serviço de televisão havia em 2007?

b) De 2008 para 2011 houve um aumento do número de assinaturas de aproximadamente quantos por cento?

c) Em uma folha de papel sulfite, construa um gráfico de linha com base nos dados da tabela.

d) Que escala você adotou?

4. Observe a tabela a seguir com as temperaturas máximas previstas para a cidade de Rio Branco, Acre, em alguns dias de dezembro de 2017.

TEMPERATURA MÁXIMA PREVISTA PARA RIO BRANCO (DEZEMBRO DE 2017)	
Dia	Temperatura (em °C)
9	34
10	31
11	31
12	32
13	31
14	32
15	32

Dados obtidos em: <http://www.cptec.inpe.br/cidades/tempo/240>. Acesso em: 9 dez. 2017.

- Construa um gráfico de linha para indicar a temperatura máxima no decorrer dos dias.

ATIVIDADES COMPLEMENTARES

1. Descubra os números naturais em cada caso.
   a) O maior número natural composto de sete algarismos e seu sucessor.
   b) A soma de três números naturais consecutivos é 3.018. Quais são esses números?
   c) O menor número natural, seu sucessor e seu antecessor.

2. Observe a tabela e responda às questões.

   Previsão de temperatura para 4/4/2018

Cidade	País	Temperatura máx.	Temperatura mín.
Tóquio	Japão	16 °C	12 °C
Inuvik	Canadá	−10 °C	−20 °C
Darkhan	Mongólia	−3 °C	−9 °C
Tromsoe	Noruega	4 °C	−2 °C

   Dados obtidos em: <https://www.ipma.pt/pt/otempo/prev.mundo/>. Acesso em: 4 abr. 2018.

   a) Qual foi a maior temperatura prevista para o dia pesquisado?
   b) Qual foi a menor temperatura prevista para o dia pesquisado?
   c) Qual foi a diferença entre a temperatura máxima e a mínima prevista, nessa ordem, para cada cidade?

3. Escreva os números racionais na forma decimal.
   a) $\dfrac{5}{4}$ b) $\dfrac{7}{8}$ c) $\dfrac{61}{15}$ d) $2\dfrac{4}{11}$

4. Escreva no caderno os números racionais na forma fracionária.
   a) 2,5
   b) $17,\overline{3}$
   c) $1,\overline{7}$
   d) $1,\overline{25}$
   e) $0,\overline{145}$
   f) $1,\overline{789}$

5. Escreva os números abaixo em ordem crescente e represente-os na reta numérica.

   4,5 $\dfrac{7}{2}$ $\dfrac{24}{5}$ $-6,\overline{4}$ $\dfrac{5}{3}$ $\dfrac{3}{10}$

6. Faça o que se pede.
   a) Usando uma calculadora, identifique um padrão nos períodos das dízimas periódicas de: $\dfrac{1}{11}, \dfrac{2}{11}, \dfrac{3}{11}, \dfrac{4}{11}$ e $\dfrac{5}{11}$.
   b) Calcule mentalmente e escreva na forma decimal os números racionais: $\dfrac{6}{11}, \dfrac{7}{11}, \dfrac{8}{11}, \dfrac{9}{11}$ e $\dfrac{10}{11}$. Depois, com o auxílio de uma calculadora, confira as respostas.

7. (Fuvest-SP) Qual desses números é igual a 0,064?
   a) $\left(\dfrac{1}{80}\right)^2$ c) $\left(\dfrac{2}{5}\right)^3$ e) $\left(\dfrac{8}{10}\right)^3$
   b) $\left(\dfrac{1}{8}\right)^2$ d) $\left(\dfrac{1}{800}\right)^3$

8. Calcule as potências.
   a) 3^{-1} b) $\left(\dfrac{1}{5}\right)^{-3}$ c) $(0,1)^{-6}$

9. Reproduza as sentenças no caderno e substitua cada ■ por > (maior que) ou < (menor que).
   a) $\left(\dfrac{1}{47}\right)^4$ ■ $\left(\dfrac{1}{47}\right)^2$ c) 59^{-23} ■ 59^{22}
   b) $\left(\dfrac{1}{10}\right)^{-5}$ ■ $\left(\dfrac{1}{10}\right)^{-6}$ d) $\left(\dfrac{4}{3}\right)^7$ ■ $\left(\dfrac{4}{3}\right)^{-8}$

10. Simplifique e escreva no caderno o resultado como potência.
    a) $5^2 \cdot 5^3$ d) $3^0 \cdot 2^{-1}$
    b) $2(2^2 \cdot 2)$ e) $10^2 : 5^2$
    c) $5^{-1} \cdot 5^2$ f) $10^{-1} \cdot 10^3$

11. Resolva o problema.

    Observando a reprodução de uma espécie de bactéria, um cientista verificou que, a cada hora, a bactéria se dividia em duas.

    a) Quantas bactérias serão encontradas depois de 3 horas, se ele colocar uma bactéria para se reproduzir na lamínula de observação?
    b) E no final de 10 horas?
    c) E no final de um dia?

ATIVIDADES COMPLEMENTARES

12. Sueli precisava de papéis para fazer um sorteio. Ela pegou, então, uma folha e dobrou ao meio, dividindo-a assim em 2 partes. Em seguida, dobrou a folha novamente, obtendo 4 partes. Ela fez esse procedimento por 6 vezes no total. Em quantas partes a folha ficou dividida?

13. Calcule o valor de:
$$4^2 + 4^2 + 4^2 + 4^2$$

14. Simplifique as expressões no caderno.
a) $(x^5 y^{-2} : x^6 y^{-6})$
b) $(6x^4 y^2) : (3x^2 y^{-2})$
c) $(4x^{-3} y^3) : (2x^{-1} y^{-1})$
d) $(2x^5 y^8) \cdot (5x^{-10} y^{-7})$

15. Determine o expoente da potência de base 5 para que a potência formada seja igual a 15.625.

16. Simplificando a expressão $\dfrac{16 : 8 \cdot 2^{-3}}{2}$ e escrevendo-a na forma de uma única potência, obtemos:
a) 2^{-2}
b) 2^2
c) 2^3
d) 2^{-3}
e) 2^4

17. Se $x = 9.000.000$ e $y = 0,00003$, calcule no caderno:
a) $x \cdot y$
b) $\dfrac{x}{y}$
c) $\dfrac{y}{x}$

18. Responda às questões.
a) Qual é o volume de um cubo cuja aresta mede 20 cm?
b) Qual é o nome da operação que permite calcular esse volume?
c) Quanto mede a aresta de um cubo cujo volume é 1.000 cm³?
d) Qual é o nome da operação que permite calcular a medida dessa aresta?

19. Determine no caderno os valores de ■ para que as sentenças sejam verdadeiras.
a) $\sqrt[3]{■} = -4$
b) $\sqrt[3]{-27} = ■$
c) $\sqrt[■]{-1} = -1$
d) $\sqrt[3]{125} = ■$
e) $\sqrt[■]{1} = 1$
f) $\sqrt[3]{■} = -6$

20. Calcule o valor de cada expressão numérica.
a) $(-1,\overline{2})^2 - \left(\dfrac{1}{3}\right)^2$
b) $\sqrt{0,\overline{1}} - \sqrt{0,09}$
c) $1 - \dfrac{1}{\sqrt{9 + 0,\overline{6}}}$
d) $0,5 \cdot (0,\overline{5})^1$
e) $\left(\dfrac{2}{7}\right)^0 - \sqrt{0,\overline{4}}$

21. (Olimpíada de Matemática)
a) Qual deve ser o valor do número natural n para que $\sqrt{\dfrac{540}{n}}$ seja um número inteiro, o maior possível?
b) Determine o menor número natural a de maneira que $\sqrt{24a}$ seja um número natural não nulo.

22. Considere as informações abaixo.
- A velocidade da luz no vácuo é $3,0 \cdot 10^8$ m/s. Isso significa que, a cada segundo, a luz percorre $3,0 \cdot 10^8$ m.
- 1 ano-luz é a distância percorrida pela luz no vácuo em 1 ano. Lembre-se:
  1 ano tem $365 \cdot 24 \cdot 60 \cdot 60$ segundos.
- A Terra faz parte da Via Láctea, uma galáxia em forma de espiral com diâmetro de aproximadamente 100.000 anos-luz.

Imagem da galáxia espiral NGC 3344 obtida pela Nasa através do telescópio espacial Hubble. Foto de 2018.

Agora, converta para quilômetros, em notação científica, as medidas de comprimento expressas em azul.

Mais questões no livro digital

UNIDADE 2
RETAS E ÂNGULOS

1 RECORDANDO ALGUNS CONCEITOS

Nesta unidade, vamos revisar alguns conceitos estudados em anos anteriores e aprender a fazer algumas construções com régua e compasso.

ELEMENTOS PRIMITIVOS DA GEOMETRIA

Já vimos que na Geometria nem sempre é possível definir um conceito; é o que acontece com as ideias de ponto, reta e plano. Por isso, eles são chamados **conceitos primitivos** ou **elementos primitivos** da Geometria.

Observe esse tabuleiro de futebol de botão. Nele, as marcas de pênalti e a marca no centro do campo dão a ideia de pontos. As linhas que que delimitam o campo dão a ideia de partes de retas, e a superfície do tabuleiro dá a ideia de parte de um plano.

Os **pontos** não têm dimensões. Eles estão presentes em todas as figuras geométricas. Para nomeá-los, geralmente usamos letras maiúsculas do nosso alfabeto. Por exemplo:

•P
ponto P

As **retas** não têm espessura e são ilimitadas nos dois sentidos; por isso, para representar uma reta, desenhamos apenas parte dela. Em uma reta, há infinitos pontos. Para nomeá-la, podemos usar letras minúsculas do nosso alfabeto ou as letras maiúsculas de dois pontos pertencentes a ela. Por exemplo:

Reta r, ou reta $\overleftrightarrow{AB}$, ou reta $\overleftrightarrow{BA}$.

Os **planos** não têm espessura e são ilimitados em todas as direções; por isso, para representá-los, também desenhamos apenas parte deles. Um plano tem infinitos pontos. Para nomeá-lo, geralmente usamos letras gregas minúsculas, como α (alfa) e β (beta).

plano α

61

Retas determinadas por pontos	
Considere **um ponto** pertencente a um plano. Por esse ponto, podemos traçar tantas retas quantas quisermos, ou seja, por esse ponto passam infinitas retas.	
Considere agora **dois pontos** distintos, pertencentes a um mesmo plano. Por esses pontos, podemos traçar uma única reta.	
Considere **três ou mais pontos** distintos, pertencentes a um mesmo plano. Só podemos traçar uma reta que passe ao mesmo tempo por todos os pontos se eles forem colineares, ou seja, se estiverem alinhados.	

SEMIRRETA E SEGMENTO DE RETA

Observe a reta r a seguir e alguns de seus pontos.

De uma reta podemos obter **semirretas** e **segmentos de reta**.

SEMIRRETA

Um ponto P em uma reta r determina duas semirretas em r. Esse ponto é a **origem** das semirretas.

A semirreta que tem origem em P e passa pelo ponto A é indicada por $\overrightarrow{PA}$. E a semirreta de origem P que passa por B é indicada por $\overrightarrow{PB}$.

OBSERVAÇÕES

- As semirretas $\overrightarrow{PR}$ e $\overrightarrow{PQ}$ são **semirretas opostas**.

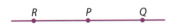

- As semirretas $\overrightarrow{OA}$ e $\overrightarrow{OB}$ são **coincidentes**.

SEGMENTO DE RETA

Considere os pontos A e B da reta r e os pontos compreendidos entre eles.

O segmento de reta $\overline{AB}$ é o conjunto de pontos formado pelo ponto A, pelo ponto B e por todos os pontos da reta compreendidos entre A e B.

Os pontos A e B são as **extremidades** ou **extremos** do segmento de reta.

Nesse caso, a reta r, à qual pertencem os pontos A e B, é chamada **reta suporte** do segmento $\overline{AB}$.

OBSERVAÇÕES

- Quando dois segmentos têm uma extremidade comum, eles são ditos **consecutivos**.
- Quando dois segmentos estão em uma mesma reta suporte, eles são denominados **colineares**.

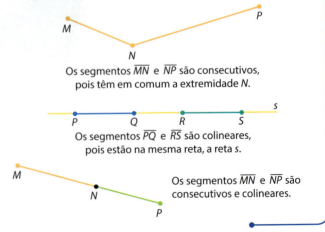

• **MEDIDA DE UM SEGMENTO E SEGMENTOS CONGRUENTES**

Como um segmento de reta tem início e fim, podemos medir seu comprimento.

O que significa medir o comprimento de um segmento $\overline{AB}$?

A medida do comprimento (ou simplesmente comprimento) de um segmento $\overline{AB}$ é o número de vezes que um segmento unitário, tomado como unidade de medida, cabe em $\overline{AB}$. Esse segmento unitário pode ter, por exemplo, 1 centímetro, 1 milímetro, entre outros.

Dependendo da medida do segmento, a régua é o instrumento de medida mais adequado para medi-lo. Nesse caso, é comum o uso do centímetro ou do milímetro como unidade de medida.

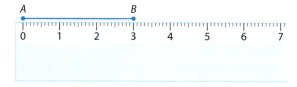

O segmento $\overline{AB}$ apresentado acima tem medida igual a:

- 3 centímetros (se a unidade de medida de comprimento adotada for o centímetro), pois um segmento de 1 centímetro cabe 3 vezes em $\overline{AB}$. Indicamos: $AB = 3$ cm
- 30 milímetros (se a unidade de medida de comprimento adotada for o milímetro), pois um segmento de 1 milímetro cabe 30 vezes em $\overline{AB}$. Indicamos: $AB = 30$ mm

Segmentos que têm a mesma medida são denominados **segmentos congruentes**.

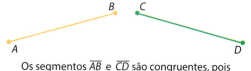

Os segmentos $\overline{AB}$ e $\overline{CD}$ são congruentes, pois têm a mesma medida. Indicamos: $\overline{AB} \cong \overline{CD}$

OBSERVAÇÃO

Quando queremos dizer que as medidas dos segmentos são iguais, escrevemos:

$AB = CD$

E, quando queremos dizer que os segmentos são congruentes, escrevemos:

$\overline{AB} \cong \overline{CD}$

Mesmo se não tivermos uma régua graduada, podemos traçar um segmento congruente a outro usando uma régua não graduada e compasso. Veja como traçar um segmento congruente a um segmento $\overline{AB}$ qualquer.

1	2	3
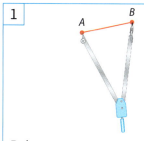	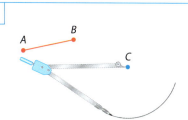	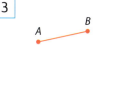
Deixe o compasso com abertura AB.	Marque um ponto C qualquer, que será uma das extremidades do novo segmento. Com a ponta-seca do compasso em C, trace um arco.	Marque um ponto D qualquer nesse arco e com a régua não graduada trace o segmento $\overline{CD}$. Esse segmento é congruente ao segmento $\overline{AB}$.

Note que, como o compasso estava com abertura AB, ao traçar o arco, construímos parte de uma circunferência de centro C e raio medindo AB e, portanto, qualquer ponto desse arco determina com C um segmento congruente a $\overline{AB}$.

ÂNGULOS

Você já estudou o conceito de ângulo e sua representação. Vamos recordar.

Observe as semirretas de mesma origem $\vec{OA}$ e $\vec{OB}$. Elas determinam duas regiões no plano que as contém (a região indicada em laranja e a indicada em azul). Cada região, com as semirretas, forma um ângulo.

Ângulo é a união de duas semirretas de mesma origem em um plano com uma das regiões determinadas por elas.

EXEMPLO

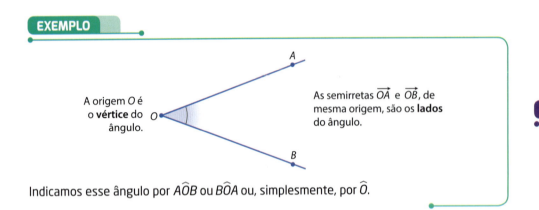

A origem O é o **vértice** do ângulo.

As semirretas $\vec{OA}$ e $\vec{OB}$, de mesma origem, são os **lados** do ângulo.

Indicamos esse ângulo por $A\hat{O}B$ ou $B\hat{O}A$ ou, simplesmente, por $\hat{O}$.

OBSERVAÇÃO

Para não causar confusão, colorimos apenas a região do ângulo de que estamos tratando.

MEDIDA DE UM ÂNGULO E ÂNGULOS CONGRUENTES

Vamos relembrar como medir um ângulo usando o transferidor:

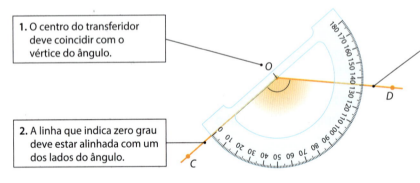

1. O centro do transferidor deve coincidir com o vértice do ângulo.

2. A linha que indica zero grau deve estar alinhada com um dos lados do ângulo.

3. O outro lado estará sobre a marca do transferidor que indica a medida do ângulo. Nesse caso, o ângulo $C\hat{O}D$ mede 135°.

Indicamos a medida de $C\hat{O}D$ por: med($C\hat{O}D$) = 135°

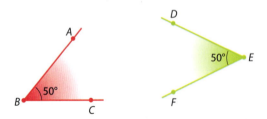

Observe os ângulos $A\hat{B}C$ e $D\hat{E}F$ acima. Eles são congruentes, pois têm a mesma medida. Indicamos: $A\hat{B}C \cong D\hat{E}F$

Quando dois ângulos têm a mesma medida, eles são denominados **ângulos congruentes**.

CLASSIFICAÇÃO DOS ÂNGULOS ATÉ 180°

Veja como um ângulo pode ser classificado de acordo com sua medida.

Ângulo reto	Ângulo agudo	Ângulo obtuso
É o ângulo de medida igual a 90°. O símbolo ⌐ na representação de um ângulo indica sempre que ele mede 90°.	É o ângulo de medida maior que 0° e menor que 90°.	É o ângulo de medida maior que 90° e menor que 180°.
Ângulo nulo	**Ângulo raso**	
É um dos ângulos formados por duas semirretas coincidentes. Tem medida igual a 0°.	É o ângulo formado por duas semirretas opostas. Tem medida igual a 180°.	

OBSERVAÇÕES

- O ângulo reto corresponde ao giro de um quarto de volta.
- O ângulo raso corresponde ao giro de meia volta.

POSIÇÕES ENTRE DUAS RETAS NO PLANO

Duas retas no plano podem estar em diferentes posições.

- Quando as retas não se cruzam, ou seja, não têm pontos em comum, elas são denominadas **retas paralelas**.

  As retas *r* e *t* são paralelas.
  Indicamos: *r* ∥ *t*

- Quando as retas se cruzam em um único ponto, ou seja, possuem apenas um ponto em comum, elas são denominadas **retas concorrentes**.

  As retas *s* e *u* são concorrentes.
  Indicamos: *s* × *u*

- Quando as retas têm todos os pontos em comum, elas são denominadas **retas coincidentes**. Nesse caso, as retas ocupam o mesmo lugar no plano.

  As retas *v* e *x* são coincidentes.
  Indicamos: *v* ≡ *x*

OBSERVAÇÃO

Quando duas retas concorrentes formam ângulos retos entre si, elas são denominadas **retas perpendiculares**.

As retas *a* e *b* são perpendiculares.
Indicamos: *a* ⊥ *b*

> **OBSERVAÇÃO**
>
> As retas *a* e *b* representadas abaixo não têm aparentemente nenhum ponto em comum. Basta, porém, fazer um prolongamento dessas retas para verificar que elas se cruzam, ou seja, são concorrentes.

ATIVIDADES

PRATIQUE

1. Escreva o nome de dois objetos da sala de aula que lembrem:
   a) um ponto;   b) uma reta;   c) um plano.

2. Pense e responda.
   a) Quantas retas passam por um ponto?
   b) Quantas retas podem passar por dois pontos distintos?
   c) Dados três pontos distintos, é sempre possível traçar uma reta que passe, ao mesmo tempo, por esses pontos?

3. Use uma régua para medir os segmentos e responda à questão.

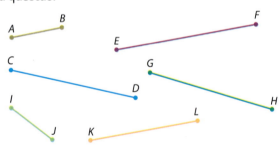

- Quais desses segmentos de reta são congruentes?

4. Que segmentos de reta os pontos *A*, *B*, *C* e *D* determinam na reta *s* representada abaixo?

5. Observe os ângulos indicados na figura.

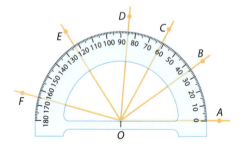

Escreva a medida do ângulo:
a) $A\hat{O}B$ c) $A\hat{O}E$ e) $A\hat{O}F$
b) $A\hat{O}C$ d) $B\hat{O}D$ f) $D\hat{O}F$

6. No caderno, trace um segmento congruente ao segmento abaixo usando régua não graduada e compasso.

APLIQUE

7. Usando um transferidor, meça os ângulos destacados em cada foto e classifique-os em reto, agudo, obtuso ou raso.

a)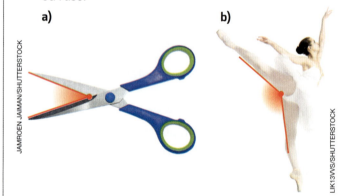

b)

c)

d)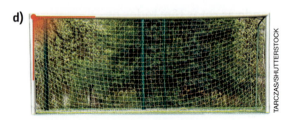

8. Descubra a medida, em grau, dos ângulos em destaque formados pelos ponteiros dos relógios.

a)

b)

c)

d)

9. Uma das ideias associadas a ângulos está relacionada com voltas e giros. Isso pode ser observado quando movimentamos uma bússola e verificamos a mudança na posição do seu ponteiro.

a) Orientada por uma bússola, uma pessoa que caminhava para o norte virou para o leste, seguindo a trajetória do menor ângulo possível. Que ângulo o seu giro determinou?

b) Qual é o ângulo que um giro determina quando uma pessoa vira da direção leste para a oeste?

R1. Descubra o valor de x sabendo que o ângulo $A\hat{O}B$ é reto e med($A\hat{O}B$) = $3x - 15°$.

Resolução

Em exercícios desse tipo, podemos usar a Álgebra para auxiliar a Geometria.

Como o ângulo $A\hat{O}B$ é reto, podemos igualar a 90° a expressão que representa sua medida:

$$3x - 15° = 90°$$
$$3x = 90° + 15°$$
$$3x = 105°$$
$$x = 35°$$

10. Descubra o valor de x em cada item, sabendo que:

a) o ângulo $M\hat{N}P$ é reto e med($M\hat{N}P$) = $4x - 10°$;

b) o ângulo $R\hat{S}T$ é raso e med($R\hat{S}T$) = $3x + 54°$.

2 MEDIATRIZ E PONTO MÉDIO DE UM SEGMENTO

Maria desenhou um segmento $\overline{AB}$ em uma folha de papel. Depois, dobrou a folha de forma que o ponto B coincidisse com o ponto A. No ponto em que essa dobra cruzou o segmento, ela marcou o ponto M, conforme indica a sequência de figuras ao lado.

Nesse caso, o ponto M é o **ponto médio** do segmento $\overline{AB}$.

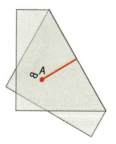

> O **ponto médio** de um segmento é o ponto que divide esse segmento em dois segmentos congruentes.
>
> A reta que passa pelo ponto médio de um segmento e é perpendicular a ele é chamada **mediatriz** do segmento.

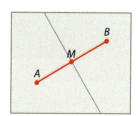

A mediatriz de um segmento pode ainda ser definida como o lugar geométrico formada por todos os pontos do plano que estão à mesma distância de seus extremos.

Acompanhe a construção geométrica, com régua e compasso, da mediatriz e do ponto médio M de um segmento $\overline{AB}$ qualquer.

1
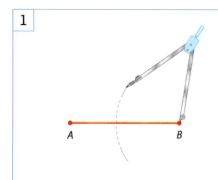

Com a ponta-seca do compasso no ponto B e abertura maior que a metade do comprimento do segmento $\overline{AB}$, trace um arco.

2
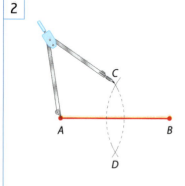

Com a mesma abertura usada no item anterior e a ponta-seca no ponto A, trace um arco que cruze o arco anterior. Nos encontros dos dois arcos, marque os pontos C e D.

3
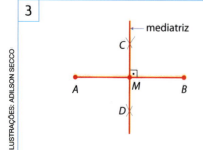

Trace a reta que passa pelos pontos C e D. Essa reta é a **mediatriz** de $\overline{AB}$ e ela cruza o segmento no ponto médio M do segmento $\overline{AB}$.

OBSERVAÇÃO

A justificativa para a validade dessa construção será apresentada na unidade 4.

3 TRAÇANDO RETAS PERPENDICULARES E RETAS PARALELAS COM RÉGUA E COMPASSO

Já vimos, em anos anteriores, como traçar retas paralelas e perpendiculares usando régua e esquadro. Agora, vamos fazer isso usando régua e compasso.

RETAS PERPENDICULARES

Considere uma reta r e um ponto P, fora da reta ou que pertença a ela. Veja como traçar, usando régua e compasso, uma reta perpendicular a r passando por P.

1. Com a ponta-seca do compasso em P, trace um arco que cruze a reta r em dois pontos, A e B.

2. Trace a mediatriz m de $\overline{AB}$. A reta mediatriz m é perpendicular a $\overline{AB}$ e, portanto, perpendicular a r.

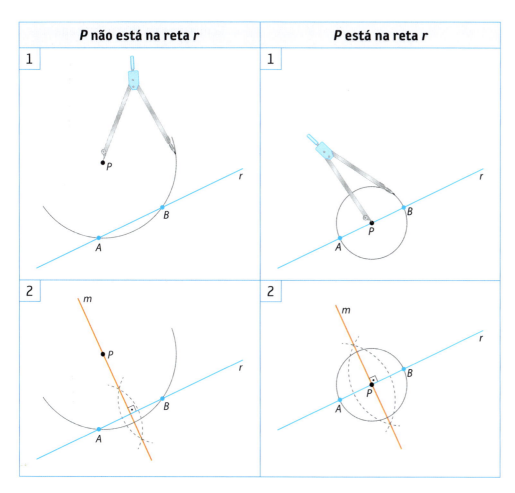

Em ambos os casos, pela construção, os pontos A e B estão à mesma distância de P, ou seja: $PA = PB$, o que garante que P pertence à mediatriz m de $\overline{AB}$ e, portanto, que m é a reta perpendicular a r passando por P.

Quando queremos traçar uma reta perpendicular à reta r sem a condição de passar por um ponto P dado, podemos considerar dois pontos quaisquer A e B na reta e traçar a mediatriz de $\overline{AB}$. Veja ao lado.

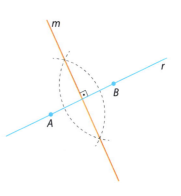

RETAS PARALELAS

Considere uma reta r e um ponto P, fora dela. Veja um modo de traçar, usando régua e compasso, uma reta paralela a r passando por P.

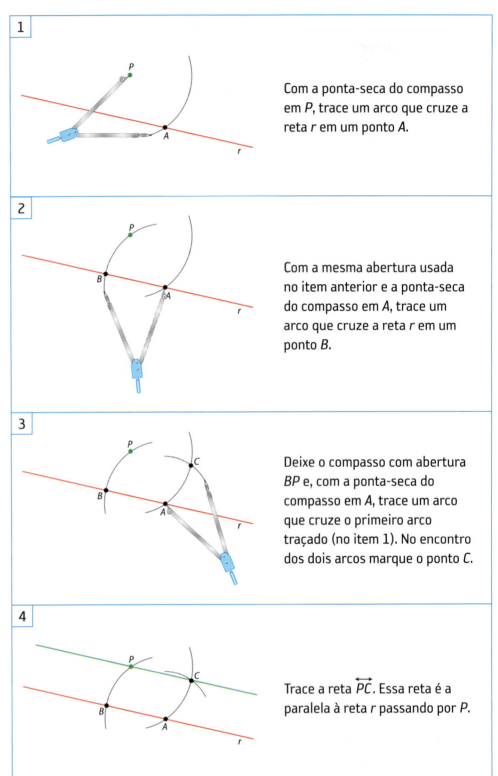

1. Com a ponta-seca do compasso em P, trace um arco que cruze a reta r em um ponto A.

2. Com a mesma abertura usada no item anterior e a ponta-seca do compasso em A, trace um arco que cruze a reta r em um ponto B.

3. Deixe o compasso com abertura BP e, com a ponta-seca do compasso em A, trace um arco que cruze o primeiro arco traçado (no item 1). No encontro dos dois arcos marque o ponto C.

4. Trace a reta $\overleftrightarrow{PC}$. Essa reta é a paralela à reta r passando por P.

OBSERVAÇÃO

A justificativa para a validade dessa construção será apresentada na unidade 4.

Quando queremos traçar uma reta paralela à reta r sem a condição de passar por um ponto P dado, basta considerar um ponto qualquer fora da reta e seguir os passos acima.

ATIVIDADES

PRATIQUE

1. Usando régua não graduada e compasso, trace no caderno um segmento congruente ao segmento a seguir e determine seu ponto médio e sua mediatriz.

2. No caderno, trace uma reta s e um ponto A qualquer fora dessa reta. Em seguida, trace a reta paralela a s passando por A.

3. No caderno, trace uma reta t e um ponto B qualquer fora dessa reta. Trace a reta perpendicular a t passando por B.

4. Construa no caderno um segmento $\overline{AB}$ de 4,5 cm, seu ponto médio M e o ponto médio N do segmento $\overline{MB}$.

APLIQUE

5. Resolva o problema.
   - André, Beatriz e Caio moram na rua Retona, cada um em uma casa.
   - A rua Retona não tem curva.
   - Beatriz mora à mesma distância de André e Caio.

   a) Se André, ao sair de casa, caminha 73 metros em linha reta por essa rua para chegar à casa de Beatriz, qual é a distância entre as casas de André e de Caio?

   b) Se você representar a rua Retona por uma reta e as casas por pontos, qual delas representará o ponto médio do segmento cujas extremidades serão as outras duas casas?

6. Observe a figura que João fez ao lado e responda às questões sem medir os segmentos.

   Sabendo que B é o ponto médio de $\overline{AC}$ e que D é o ponto médio de $\overline{CE}$, determine a medida:

   a) dos segmentos $\overline{BC}$, $\overline{AE}$, $\overline{CD}$ e $\overline{BE}$;

   b) de um segmento $\overline{AF}$, levando em conta que F é o ponto médio de $\overline{AE}$;

   c) de um segmento $\overline{AG}$, considerando que G é o ponto médio do segmento $\overline{CD}$.

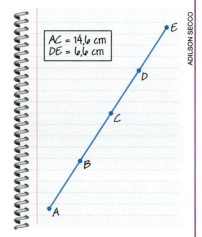

7. Assinale a alternativa correta.

   Gilberto é dono de duas lojas de produtos para animais, representadas abaixo pelos pontos A e B.

   Sabendo que Gilberto tem um depósito localizado em um ponto C que está à mesma distância das duas lojas, ou seja, de modo que $AC = BC$, pode-se afirmar, com certeza, que o depósito está:

   a) no ponto médio do segmento $\overline{AB}$.
   b) em algum ponto da circunferência de centro em B e raio $\overline{AB}$.
   c) em algum ponto da mediatriz do segmento $\overline{AB}$.
   d) em uma perpendicular à reta $\overleftrightarrow{AB}$ passando por A.
   e) em uma perpendicular à reta $\overleftrightarrow{AB}$ passando por B.

A distância entre um ponto e uma semirreta é dada pela medida do segmento perpendicular à semirreta que tem um extremo nela e outro no ponto. Da mesma forma, pode-se determinar a distância entre um ponto e uma reta ou segmento de reta.

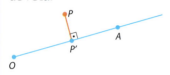

A distância entre P e $\overrightarrow{OA}$ é igual a PP'.

EXEMPLO

A semirreta $\overrightarrow{OR}$ é bissetriz de $A\hat{O}B$, pois os ângulos $A\hat{O}R$ e $R\hat{O}B$ são congruentes: ambos medem 30°.

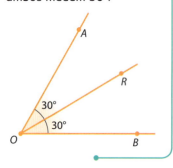

4 BISSETRIZ

A **bissetriz** de um ângulo é a semirreta que tem origem no vértice do ângulo e o divide em dois ângulos congruentes.

A bissetriz de um ângulo pode ainda ser definida como a figura geométrica formada por todos os pontos do plano que estão à mesma distância dos lados desse ângulo.

Vamos ver como construir a bissetriz de um ângulo por meio de dobradura e com régua e compasso.

CONSTRUÇÃO DA BISSETRIZ DE UM ÂNGULO POR MEIO DE DOBRADURA

Separe uma folha, régua, lápis e tesoura e siga os passos.

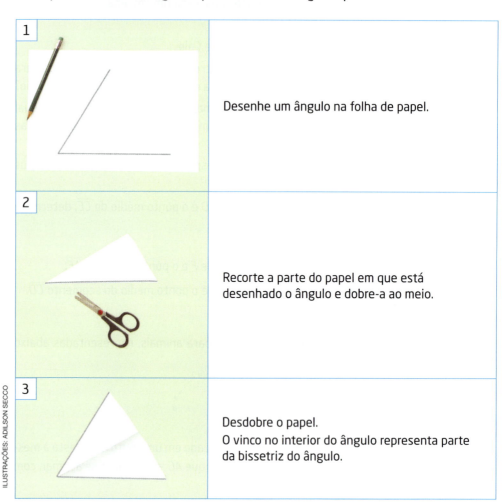

1	Desenhe um ângulo na folha de papel.
2	Recorte a parte do papel em que está desenhado o ângulo e dobre-a ao meio.
3	Desdobre o papel. O vinco no interior do ângulo representa parte da bissetriz do ângulo.

PARA DESENHAR

Um outro modo de traçar a bissetriz de um ângulo é usando o transferidor.

Com o transferidor, desenhe um ângulo de 90° e trace sua bissetriz. A bissetriz dividirá o ângulo em dois ângulos de que medida?

CONSTRUÇÃO DA BISSETRIZ DE UM ÂNGULO COM RÉGUA E COMPASSO

Acompanhe a construção da bissetriz de um ângulo com régua e compasso.

> **OBSERVAÇÃO**
> A justificativa para a validade dessa construção será apresentada na unidade 3.

1 Em uma folha de papel, desenhe um ângulo qualquer $B\widehat{O}C$. Identifique os lados e o vértice, como na figura acima.

2 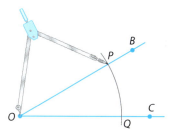 Em seguida, com a ponta-seca do compasso no vértice O e uma abertura qualquer, trace um arco, determinando o ponto P na semirreta $\overrightarrow{OB}$ e o ponto Q na semirreta $\overrightarrow{OC}$.

3 Com a ponta-seca do compasso em P e uma abertura qualquer, trace um pequeno arco. Repita o procedimento colocando a ponta-seca em Q.

4 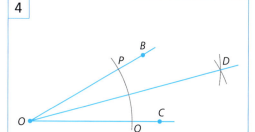 Os dois pequenos arcos interceptam-se no ponto D. A semirreta $\overrightarrow{OD}$ é a bissetriz do ângulo $B\widehat{O}C$.

> Organize o que você aprendeu fazendo a atividade 2 da página 118.

CONSTRUÇÃO DE ALGUNS ÂNGULOS USANDO RÉGUA E COMPASSO

Vamos ver como construir, a partir de uma semirreta $\overrightarrow{OA}$, alguns ângulos usando régua e compasso.

• ÂNGULO DE 90°

Para construir um ângulo de 90°, basta considerar a reta $\overleftrightarrow{OA}$ e traçar a perpendicular a essa reta passando por O. Em seguida, basta considerar uma das semirretas determinadas nessa perpendicular de origem em O.

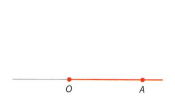 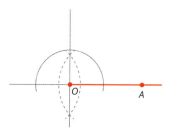 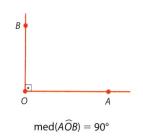

med($A\widehat{O}B$) = 90°

- **ÂNGULO DE 45°**

    Para construir um ângulo de 45°, basta construir um ângulo de 90°, traçar a bissetriz desse ângulo e considerar um dos ângulos determinados por um dos lados do ângulo inicial e pela bissetriz.

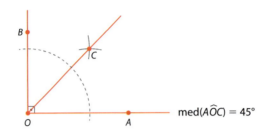

med($A\widehat{O}C$) = 45°

- **ÂNGULO DE 60°**

    Veja um modo de construir um ângulo de 60°.

1	2	3
Com a ponta-seca do compasso em O e abertura qualquer, trace um arco que cruze a semirreta $\overrightarrow{OA}$ em um ponto P.	Com a mesma abertura usada no item anterior e a ponta-seca do compasso em P, trace um arco que cruze o primeiro arco.	No encontro dos arcos marque um ponto B e trace a semirreta $\overrightarrow{OB}$. O ângulo $A\widehat{O}B$ mede 60°.

OBSERVAÇÃO

A justificativa para a validade dessa construção será apresentada na unidade 3.

- **ÂNGULO DE 30°**

    Para construir um ângulo de 30°, basta construir um ângulo de 60°, traçar a bissetriz desse ângulo e considerar um dos ângulos determinados por um dos lados do ângulo inicial e pela bissetriz.

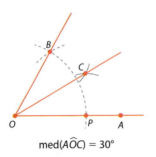

med($A\widehat{O}C$) = 30°

Trilha de estudo

Vai estudar? Nosso assistente virtual no *app* pode ajudar!
<http://mod.lk/trilhas>

ATIVIDADES

PRATIQUE

1. Meça os ângulos com transferidor e depois responda às questões no caderno.

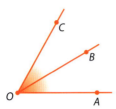

a) Qual é a medida do ângulo $A\hat{O}B$? E a medida do ângulo $B\hat{O}C$?

b) Qual é a relação entre os ângulos $A\hat{O}B$ e $B\hat{O}C$?

c) Qual é a relação entre a semirreta $\vec{OB}$ e o ângulo $A\hat{O}C$?

2. Descubra a medida dos ângulos $A\hat{O}C$ e $B\hat{O}C$ em cada caso, sabendo que $\vec{OC}$ é bissetriz de $A\hat{O}B$.

a) med$(A\hat{O}B) = 120°$ b) med$(A\hat{O}B) = 18°$

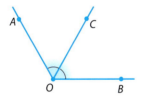 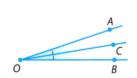

3. Desenhe um ângulo de 180° e trace a bissetriz usando régua e compasso. Quais foram os ângulos formados?

Com um colega, comparem a construção que vocês fizeram com a construção aprendida na página 73 para uma reta perpendicular a outra passando por um ponto pertencente à reta.

APLIQUE

4. O ângulo raso abaixo foi dividido em seis ângulos de mesma medida, e $\vec{OC}$ é bissetriz de $A\hat{O}B$.

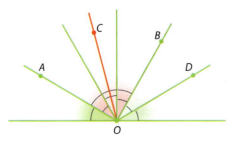

a) Qual é a medida do ângulo $A\hat{O}C$?

b) Qual é a medida do ângulo $C\hat{O}D$?

5. Na figura abaixo, a semirreta $\vec{OR}$ é a bissetriz do ângulo $A\hat{O}C$ e $A\hat{O}B$ é ângulo raso. Quanto mede o ângulo $C\hat{O}D$?

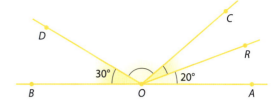

R1. Encontre a medida de $C\hat{O}A$ sabendo que $\vec{OC}$ é bissetriz do ângulo $A\hat{O}B$.

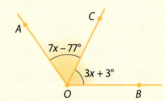

Resolução

Primeiro, vamos encontrar o valor de x. Como $\vec{OC}$ é bissetriz, os ângulos $B\hat{O}C$ e $C\hat{O}A$ são congruentes, ou seja, eles têm a mesma medida. Então, podemos igualar as expressões:

$7x - 77° = 3x + 3°$

$7x - 3x = 3° + 77°$

$4x = 80°$

$x = 20°$

Agora, vamos substituir x por 20° na expressão que indica a medida do ângulo $C\hat{O}A$:

$7x - 77° =$

$= 7 \cdot 20° - 77° =$

$= 140° - 77° = 63°$

Logo, o ângulo $C\hat{O}A$ mede 63°.

6. Calcule a medida do ângulo $A\hat{O}B$ em cada caso, sabendo que $\vec{OC}$ é bissetriz de $A\hat{O}B$.

a)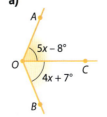

b)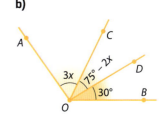

7. Na figura, o ângulo AÔB mede 68°, $\vec{OC}$ é bissetriz de AÔB e $\vec{OD}$ é bissetriz de AÔC. Determine a medida do ângulo DÔB.

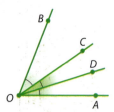

8. Observe a figura ao lado e considere que o ângulo EÔA é raso.

    a) Determine o valor de x, em grau, sabendo que a semirreta $\vec{OC}$ é bissetriz do ângulo BÔD.

    b) Determine a medida do ângulo AÔD.

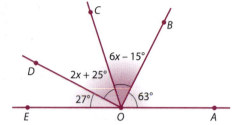

9. Desenhe, usando régua e compasso, um ângulo medindo 15°. Como você fez para traçar esse ângulo?

10. O lugar do plano formado por todos os pontos que estão à mesma distância de duas semirretas de mesma origem é denominado:

    a) mediatriz;
    b) ponto médio;
    c) bissetriz;
    d) circunferência.

11. Gustavo, Mariana, Ricardo, Fernanda e Carmem mediram um ângulo AÔB com o transferidor e afirmaram:

- Gustavo: A bissetriz do ângulo o divide em dois ângulos de 46°.
- Mariana: AÔB é obtuso.
- Ricardo: AÔB é agudo.
- Fernanda: AÔB é reto.
- Carmem: A medida de AÔB é menor que a medida de um ângulo raso.

• Se três deles estão certos, quem está enganado?

INFORMÁTICA E MATEMÁTICA

Mediatriz e ponto médio

CONSTRUA

Inicialmente, construa um segmento de reta $\overline{AB}$ em um software de geometria dinâmica.

Seguindo o passo a passo do livro para a construção com régua e compasso (página 68), construa a mediatriz m e o ponto médio M do segmento $\overline{AB}$ usando o software.

> Quando na construção em papel usamos o compasso, no software de geometria dinâmica usamos ou a ferramenta para traçar circunferência (quando, no traçado do arco, o compasso pode ter qualquer abertura), ou a ferramenta para traçar circunferência com raio definido (quando, no traçado do arco, o compasso tem a mesma abertura usada anteriormente ou a abertura determinada pela medida de algum segmento).

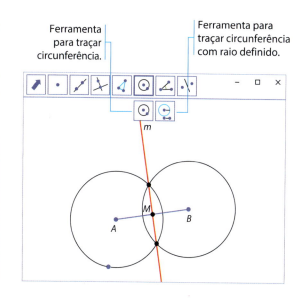

INVESTIGUE

- Meça os segmentos de reta $\overline{AM}$ e $\overline{MB}$ e o ângulo formado entre m e o segmento $\overline{AB}$. Agora, movimente a construção geométrica através dos pontos móveis (A e B). Que relação podemos observar entre as medidas obtidas?
- Ao realizar no software a construção apresentada no livro, pôde-se verificar que M é, de fato, o ponto médio de $\overline{AB}$ e que m é sua mediatriz?
- Marque um ponto G qualquer sobre a reta m e meça os segmentos $\overline{AG}$ e $\overline{BG}$. O que podemos perceber em relação às medidas realizadas? O que acontece quando movimentamos o ponto G ao longo da reta?

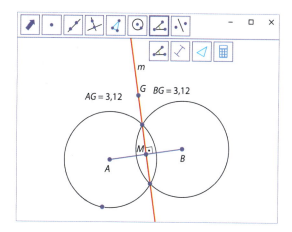

Bissetriz

CONSTRUA

Inicialmente, construa um ângulo $B\hat{O}C$ qualquer. Para isso, trace duas semirretas de mesma origem O, $\overrightarrow{OB}$ e $\overrightarrow{OC}$.

Seguindo o passo a passo do livro para a construção com régua e compasso (página 73), construa a bissetriz $\overrightarrow{OD}$ do ângulo $B\hat{O}C$.

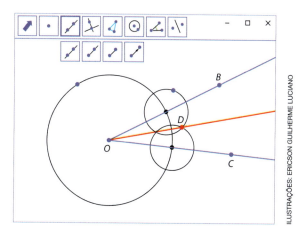

INFORMÁTICA E MATEMÁTICA

INVESTIGUE

- Meça os ângulos $D\hat{O}B$ e $C\hat{O}D$. Qual é a relação entre essas medidas? Movimente os pontos móveis da construção para verificar se a relação se mantém.
- Ao realizar no *software* a construção apresentada no livro, pôde-se verificar que $\overrightarrow{OD}$ é, de fato, a bissetriz do ângulo $B\hat{O}C$?
- Marque um ponto E qualquer na semirreta $\overrightarrow{OD}$. Trace uma reta r, perpendicular a $\overrightarrow{OB}$ passando por E, e uma reta s, perpendicular a $\overrightarrow{OC}$ passando por E, e então marque F e G, intersecções das perpendiculares com os lados do ângulo.
Meça os segmentos $\overline{EF}$ e $\overline{EG}$. O que essas medidas representam? Agora, movimente o ponto E sobre a semirreta $\overrightarrow{OD}$. Que relação podemos observar entre as medidas realizadas?

> Alguns *softwares* possuem uma ferramenta para esconder construções. É interessante utilizar esse recurso e esconder alguns traçados, permitindo melhor visualização nas investigações.

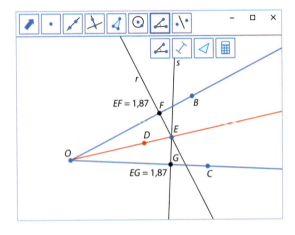

Ângulo de 60°

CONSTRUA

Inicialmente, construa uma semirreta $\overrightarrow{AB}$.

Seguindo o passo a passo do livro para a construção com régua e compasso (página 74), construa o ângulo $B\hat{A}D$.

INVESTIGUE

Meça o ângulo $B\hat{A}D$ e movimente os pontos móveis da construção. Ao realizar no *software* a construção apresentada no livro, pôde-se verificar que o ângulo $B\hat{A}D$ mede realmente 60°?

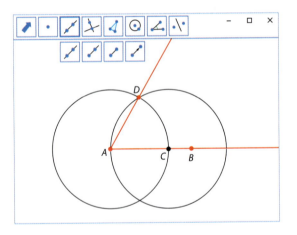

PARA EXPLORAR

Construa, no *software* de geometria dinâmica, um ângulo de 90°, um ângulo de 45° e um ângulo de 30°. Explore as ferramentas do *software* e veja se há formas de construir esses ângulos diferentes das que vimos.

 Converse com um colega e verifique se vocês fizeram as construções da mesma maneira. Caso tenham feito de maneiras diferentes, expliquem um ao outro como cada um fez.

 Pensar com flexibilidade

ESTATÍSTICA E PROBABILIDADE
LEITURA E INTERPRETAÇÃO DE GRÁFICOS DE LINHA

Observe, no gráfico de linha a seguir, a receita cambial turística do Brasil de 2007 a 2017.

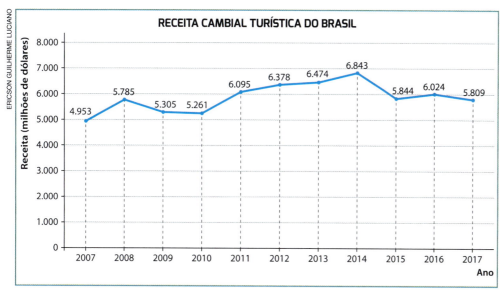

A receita cambial turística representa os gastos de visitantes estrangeiros no país. Como a receita está apresentada em milhões de dólares, as quantidades indicadas no gráfico devem ser multiplicadas por 1.000.000.

Dados obtidos em: <http://dadosefatos.turismo.gov.br/images/Receita_e_Despesa_Turistica_Cambial-Serie_Historica-Ano_Mes-1990-Fev2018.pdf>. Acesso em: 28 jul. 2018.

- Qual foi a receita cambial turística do Brasil em 2008?
- Em que ano do período considerado a receita cambial turística do Brasil foi menor? E maior?
- Em que anos houve uma queda na receita em relação ao ano anterior?

Para responder a essas questões, devemos observar quais informações estão indicadas no gráfico. Na linha horizontal, temos os anos; na linha vertical, temos a receita cambial.

Associando as informações dessas duas linhas, verificamos que em 2008 a receita foi de 5.785 milhões de dólares, ou seja, 5.785.000.000 de dólares.

A receita foi menor no ano representado pelo ponto mais baixo do gráfico, ou seja, em 2007. E foi maior no ano representado pelo ponto mais alto do gráfico, ou seja, em 2014.

Os anos que apresentaram queda na receita em relação ao ano anterior foram: 2009, 2010, 2015 e 2017. Como, pelo gráfico, não é possível saber a receita cambial turística em 2006, não é possível saber se em 2007 houve queda ou aumento na receita em relação ao ano anterior.

Observe que, mesmo que não tivéssemos os valores expressos junto a cada ponto do gráfico, ainda poderíamos responder às duas últimas questões apenas observando a localização aproximada dos pontos e a inclinação das linhas que compõem o gráfico.

PARA PESQUISAR

Pergunte para familiares ou pesquise na internet qual grande evento internacional ocorreu no Brasil em 2014. Você acha que esse evento fez com que os gastos de turistas estrangeiros no Brasil nesse ano fossem maiores que nos outros anos?

ESTATÍSTICA E PROBABILIDADE

ATIVIDADES

1. Leia os dados do gráfico e responda às questões.

Dados obtidos em: <http://www.anatel.gov.br/dados/2015-02-04-18-43-59>. Acesso em: 28 jul. 2018.

Na linha vertical do gráfico, o símbolo ⧸ indica que no trecho de zero a 600 a escala adotada (de 100 em 100) não está sendo obedecida.

a) A que assunto o gráfico se refere?

b) O gráfico apresenta dados referentes a quantos anos?

c) Quantos telefones públicos havia no Brasil em 2012?

d) Comparando o número de telefones em 2009 e em 2015, podemos dizer que aumentou ou diminuiu o número de telefones de uso público? Em quanto?

2. A escola Alegria de Viver implantou um programa de prevenção de cáries. Para analisar o resultado desse programa, a cada ano a escola faz uma contagem do número de alunos com cárie. Observe o gráfico construído a partir dessas contagens.

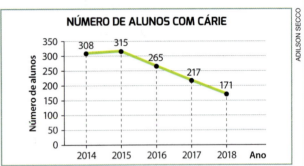

Dados obtidos pela escola Alegria de Viver em dezembro de 2018.

a) Podemos dizer que o número de alunos com cárie sempre decresceu?

b) No período apresentado, em qual ano houve mais alunos com cárie?

c) Em qual ano havia 217 alunos com cárie nessa escola?

d) O que aconteceu com o número de alunos com cárie de 2015 a 2018?

3. Observe o gráfico a seguir.

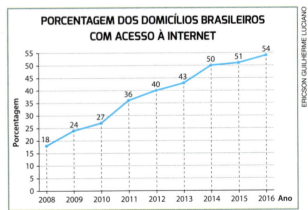

Dados obtidos em: <http://www.cetic.br/media/docs/publicacoes/2/TIC_DOM_2016_LivroEletronico.pdf>. Acesso em: 28 jul. 2018.

a) O que ocorreu com a porcentagem de domicílios com acesso à internet de 2008 a 2016?

b) Considerando o período apresentado no gráfico, em que ano(s) mais da metade dos domicílios tinha acesso à internet?

ATIVIDADES COMPLEMENTARES

1. Quatro pontos distintos (A, B, C e D) estão, nessa ordem, dispostos na reta r.
   Sabendo que AC = 50,32 mm, BC = 33,73 mm e BD = 46,91 mm, responda à questão: Qual é a medida dos segmentos $\overline{CD}$ e $\overline{AD}$?

2. Desenhe, no caderno, os segmentos $\overline{AB}$ e $\overline{CD}$ tais que AB = 5,5 cm e CD = 6,9 cm. Em seguida, com o auxílio de régua e compasso, determine o ponto médio desses segmentos.

3. Observe os ângulos abaixo.

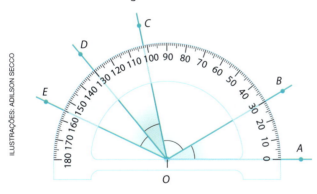

   a) Quais são os ângulos obtusos?
   b) Quanto mede cada um desses ângulos obtusos?

4. Classifique cada uma das afirmações em V (verdadeira) ou F (falsa).
   a) Um ângulo que mede 29° é chamado ângulo obtuso.
   b) Qualquer ângulo agudo é menor que um ângulo reto.
   c) Um ângulo raso é maior que um ângulo agudo.
   d) Qualquer ângulo obtuso é maior que 85°.

5. Paula desenhou quatro ângulos: um agudo, um obtuso, um reto e um raso. A medida do ângulo agudo é um terço da medida do ângulo reto. A medida do ângulo obtuso é o quíntuplo do agudo. Quanto mede o ângulo obtido pela bissetriz do ângulo obtuso?

6. Na figura abaixo, sabe-se que med($A\widehat{O}B$) = 40° e que med($B\widehat{O}C$) = 80°.

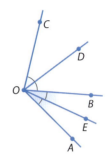

   a) Quanto mede o ângulo $A\widehat{O}C$?
   b) Se $\overrightarrow{OD}$ é bissetriz de $B\widehat{O}C$ e $\overrightarrow{OE}$ é bissetriz de $A\widehat{O}B$, quanto mede $D\widehat{O}E$?
   c) Quanto deveria medir o ângulo $A\widehat{O}C$ para que o ângulo formado pelas bissetrizes $\overrightarrow{OD}$ e $\overrightarrow{OE}$ medisse 70°?

7. A ilustração a seguir mostra uma praça que fica na esquina entre a Rua da Alegria e a Rua Coronel. Deseja-se instalar um monumento nessa praça que fique à mesma distância das duas ruas.

   • Descreva um possível local para a instalação do monumento. Há somente uma possibilidade para a escolha desse local?

ATIVIDADES COMPLEMENTARES

8. A figura a seguir representa um projeto para a construção de um parque.

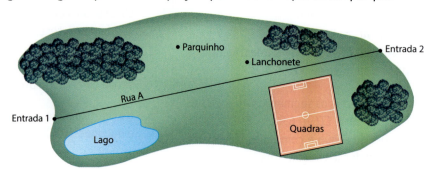

Deseja-se inserir nesse projeto um ponto para representar a localização de um banheiro, que fique na Rua A e esteja à mesma distância do parquinho e da lanchonete.

a) Converse com um colega sobre como é possível determinar esse ponto.

b) Em uma folha, copiem, da figura acima, os pontos que representam o parquinho e a lanchonete e o segmento que representa a Rua A. Usando régua e compasso, encontre o ponto que representa a localização do banheiro.

9. A figura a seguir mostra a vista aérea de um lago e duas passarelas, $\overline{AB}$ e $\overline{AC}$, que cruzam esse lago.

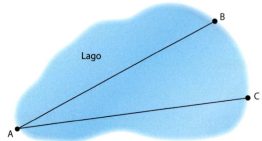

Deseja-se construir uma fonte nesse lago atendendo às seguintes condições:
- a fonte deve estar à mesma distância das duas passarelas;
- a distância entre a fonte e o ponto A deve ser igual a BC.

Para atender às condições, a fonte deverá ficar:

a) no ponto de encontro entre a mediatriz do segmento $\overline{BC}$ e a bissetriz do ângulo $B\hat{A}C$.

b) no ponto de encontro entre a circunferência de centro B e raio medindo BC e a bissetriz do ângulo $B\hat{A}C$.

c) no ponto de encontro entre a circunferência de centro A e raio medindo BC e a mediatriz do segmento $\overline{BC}$.

d) no ponto de encontro entre a circunferência de centro A e raio medindo BC e a bissetriz do ângulo $B\hat{A}C$.

e) no ponto médio do segmento $\overline{BC}$.

- Agora, reproduzam a figura em uma folha e determinem, usando régua e compasso, a localização da fonte de acordo com a alternativa que você escolheu.

Mais questões no livro digital

UNIDADE 3
CONGRUÊNCIA DE TRIÂNGULOS

1 TRIÂNGULOS

Os triângulos são constantemente utilizados nas mais diversas áreas, como Arte, Arquitetura, Engenharia, Computação, entre outras. É comum também a utilização de triângulos na construção de figuras não planas.

Nos anos anteriores, você conheceu o triângulo e alguns de seus elementos. Viu também como os triângulos podem ser classificados de acordo com as medidas dos lados ou ângulos. Nesta unidade, você relembrará alguns desses assuntos e verá novos conteúdos relacionados a essa figura geométrica.

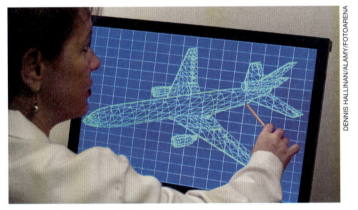

Imagem de avião em 3-D composta por triângulos em tela de computador.

Estruturas triangulares em Biosphere, museu dedicado ao meio ambiente, em Montreal, no Canadá, em 2017.

Rigidez do triângulo

Assista ao vídeo e veja por que o triângulo é uma forma geométrica muito utilizada nas construções.

Considere o triângulo ABC a seguir.

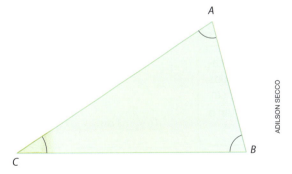

OBSERVAÇÃO

Podemos indicar um triângulo ABC por: △ABC

Podemos destacar alguns de seus elementos:

- **Vértices:** pontos A, B e C
- **Lados:** segmentos $\overline{AB}$, $\overline{BC}$ e $\overline{CA}$
- **Ângulos internos:** ângulos $A\hat{B}C$, $B\hat{C}A$ e $C\hat{A}B$

83

Em cada um dos vértices, vamos prolongar um dos lados do triângulo ABC para obter seus **ângulos externos**.

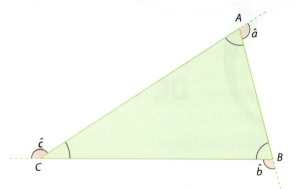

- **Ângulos externos:** ângulos $\hat{a}$, $\hat{b}$ e $\hat{c}$

OBSERVAÇÕES

- Se um ângulo interno e um externo de um triângulo possuem o mesmo vértice, eles são ângulos **adjacentes**.
- Em cada vértice do triângulo, o ângulo interno e o externo são adjacentes **suplementares**, ou seja, a soma de suas medidas é igual a 180°.

  Assim, no triângulo ABC acima, temos:

  $$\text{med}(\hat{a}) + \text{med}(C\hat{A}B) = 180°$$
  $$\text{med}(\hat{b}) + \text{med}(A\hat{B}C) = 180°$$
  $$\text{med}(\hat{c}) + \text{med}(B\hat{C}A) = 180°$$

CONDIÇÃO DE EXISTÊNCIA DE UM TRIÂNGULO

O contorno de todo triângulo é formado por três segmentos, que são seus lados. Porém, nem sempre três segmentos podem formar o contorno de um triângulo.

Veja como construir, com régua e compasso, um triângulo com lados de medidas 3 cm, 2,5 cm e 2 cm.

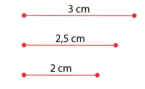

PARA CONSTRUIR

Agora, tente construir no caderno um triângulo com lados de medidas 7 cm, 3 cm e 2 cm. Você conseguiu construir o triângulo? Por quê?

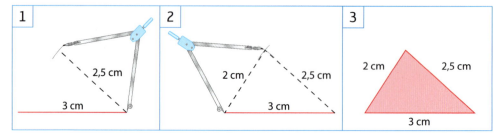

Para que exista um triângulo com lados de determinadas medidas, ele deve atender à condição de existência de um triângulo:

> Em qualquer triângulo, a medida de um lado é sempre menor que a soma das medidas dos dois lados.

CLASSIFICAÇÃO DOS TRIÂNGULOS

Observe, no quadro a seguir, como um triângulo pode ser classificado de acordo com as medidas de seus lados ou ângulos.

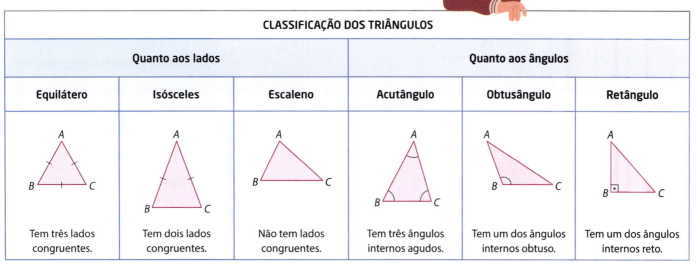

Note que os triângulos equiláteros também são isósceles, pois possuem dois lados congruentes.

CLASSIFICAÇÃO DOS TRIÂNGULOS					
Quanto aos lados			Quanto aos ângulos		
Equilátero	Isósceles	Escaleno	Acutângulo	Obtusângulo	Retângulo
Tem três lados congruentes.	Tem dois lados congruentes.	Não tem lados congruentes.	Tem três ângulos internos agudos.	Tem um dos ângulos internos obtuso.	Tem um dos ângulos internos reto.

ATIVIDADES

PRATIQUE

1. Identifique os vértices, os ângulos internos, os ângulos externos e os lados do triângulo abaixo.

2. Usando régua e transferidor, classifique os triângulos pelas medidas dos lados e dos ângulos.

a)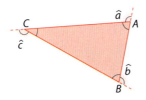

d)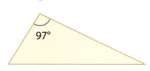

b)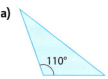

e)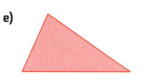

c)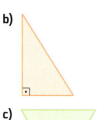

f)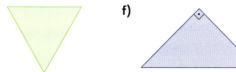

3. Quais itens contêm medidas de segmentos que permitem a construção de um triângulo?

   a) 3,5 cm, 4,5 cm e 6,5 cm
   b) 90 cm, 45 cm e 45 cm
   c) 6 cm, 5,9 cm e 6,1 cm
   d) 10 cm, 2 cm e 3 cm

APLIQUE

4. Responda às questões.

   a) Sabendo que as medidas de dois lados de um triângulo isósceles são 2 cm e 3 cm, quais são as possíveis medidas do terceiro lado?

   b) As medidas de dois lados de um triângulo escaleno são 7 cm e 3 cm. Quais são as possíveis medidas do outro lado, sabendo que elas são menores que 8 cm e correspondem a um número natural?

   c) As medidas de dois lados de um triângulo escaleno são 6 cm e 9 cm. Quais são as possíveis medidas do terceiro lado, sabendo que elas são menores que 11 cm e representadas por um número natural par?

5. Observe o triângulo que Jonas desenhou.

- Agora, analise as afirmações de Cátia, Bia e Flávia.

  - Esse triângulo é equilátero.
  - Esse triângulo é acutângulo.
  - Esse triângulo não é escaleno.

- Quais afirmações são verdadeiras?

6. No quadro a seguir, são apresentadas as medidas dos segmentos $\overline{AB}$, $\overline{BC}$ e $\overline{AC}$, expressas em centímetro, em cinco situações (I, II, III, IV e V). Em todas elas os pontos A, B e C não estão alinhados.

	I	II	III	IV	V
AB	2	3	2	4	4
BC	3	1,5	3	4	4
AC	6	4	4	4	6

- Resolva as questões e, depois, confira suas respostas com as de um colega.

   a) Verifique em quais situações é possível construir o △ABC.

   b) Considere as situações indicadas no item anterior e construa os triângulos usando régua e compasso.

   c) Meça os ângulos internos de cada triângulo construído e escreva as medidas em grau.

   d) Classifique os triângulos em relação às medidas dos lados e dos ângulos.

7. Quantos triângulos isósceles é possível construir com o lado não congruente medindo 6 cm?

2 ÂNGULOS NOS TRIÂNGULOS

SOMA DAS MEDIDAS DOS ÂNGULOS INTERNOS

Observe o △ABC, cujos ângulos internos medem a, b e c.

Consideremos a reta r, paralela ao lado $\overline{BC}$, passando pelo vértice A.

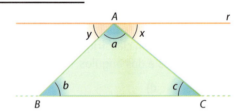

OBSERVAÇÃO

Dadas duas retas paralelas cortadas por uma transversal, podemos destacar alguns pares de ângulos.

- Ângulos **correspondentes**: $\hat{a}$ e $\hat{e}$; $\hat{b}$ e $\hat{f}$; $\hat{c}$ e $\hat{g}$; $\hat{d}$ e $\hat{h}$

- Ângulos **alternos** $\begin{cases} \textbf{internos:} \ \hat{b} \text{ e } \hat{h}; \hat{c} \text{ e } \hat{e} \\ \textbf{externos:} \ \hat{a} \text{ e } \hat{g}; \hat{d} \text{ e } \hat{f} \end{cases}$

Já vimos, no ano anterior, que quaisquer dois ângulos correspondentes são congruentes e, como consequência, quaisquer dois ângulos alternos (internos ou externos) são congruentes.

De acordo com o triângulo ABC da página anterior, temos:

- $x = c$, pois os ângulos de medidas x e c são alternos internos;
- $y = b$, pois os ângulos de medidas y e b são alternos internos;
- $x + a + y = 180°$.

Então, temos: $c + a + b = 180°$

Assim, mostramos que:

> Em qualquer triângulo, a soma das medidas dos ângulos internos é 180°.

RELAÇÃO ENTRE UM ÂNGULO EXTERNO E DOIS ÂNGULOS INTERNOS NÃO ADJACENTES

Observe a figura a seguir.

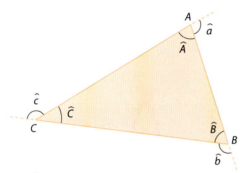

De acordo com a figura, temos:

$\text{med}(\hat{A}) + \text{med}(\hat{a}) = 180°$

Daí:

$\text{med}(\hat{A}) = 180° - \text{med}(\hat{a})$ (I)

Sabemos que:

$\text{med}(\hat{A}) + \text{med}(\hat{B}) + \text{med}(\hat{C}) = 180°$ (II)

Substituindo I em II, obtemos:

$\text{med}(\hat{A}) + \text{med}(\hat{B}) + \text{med}(\hat{C}) = 180°$

$180° - \text{med}(\hat{a}) + \text{med}(\hat{B}) + \text{med}(\hat{C}) = 180°$

$\text{med}(\hat{B}) + \text{med}(\hat{C}) = 180° - 180° + \text{med}(\hat{a})$

$\text{med}(\hat{B}) + \text{med}(\hat{C}) = \text{med}(\hat{a})$

Considerando cada um dos outros ângulos externos da figura, chegaremos a:

$\text{med}(\hat{C}) + \text{med}(\hat{A}) = \text{med}(\hat{b})$

$\text{med}(\hat{B}) + \text{med}(\hat{A}) = \text{med}(\hat{c})$

Assim:

> Em qualquer triângulo, a medida de um ângulo externo é igual à soma das medidas dos ângulos internos não adjacentes a ele.

Dominó de triângulos

Neste jogo, determine a medida dos ângulos internos e externos de triângulos para encaixar as peças de dominó. Disponível em <http://mod.lk/ulfrp>.

EXEMPLO

Vamos determinar o valor de x.

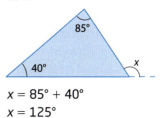

$x = 85° + 40°$
$x = 125°$

ATIVIDADES

PRATIQUE

1. Encontre a medida x, em grau, para cada caso.

a)

c)

b)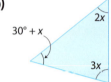

d)

2. Determine as medidas a, b, c e d no triângulo ABC a seguir.

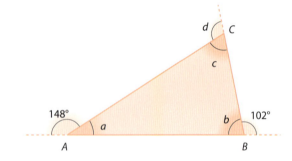

3. Determine x e y, em grau.

a)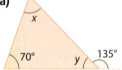

b)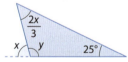

c)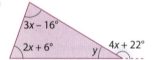

APLIQUE

R1. Em um triângulo, um dos ângulos internos mede 62°. A diferença entre as medidas dos outros dois ângulos é igual a 18°. Quais são as medidas dos ângulos desse triângulo?

Resolução

Inicialmente, escrevemos uma equação que representa a relação entre as medidas dos dois ângulos desconhecidos. Denominamos y a medida do maior ângulo e x a medida do menor.

$y - x = 18°$

$y = x + 18°$

Depois, aplicamos a relação que expressa a soma das medidas dos ângulos internos de um triângulo.

$62° + x + y = 180°$

$62° + x + x + 18° = 180°$

$2x + 80° = 180°$

$x = 50°$

Medida y:

$y = x + 18° = 50° + 18° = 68°$

Logo, as medidas dos ângulos desse triângulo são: 50°, 62° e 68°.

4. Faça o que se pede.

a) Calcule as medidas dos ângulos internos de um triângulo sabendo que dois dos ângulos externos desse triângulo medem 100° e 135°.

b) Calcule as medidas dos ângulos externos de um triângulo sabendo que dois dos ângulos internos desse triângulo medem 45° e 67°.

c) Calcule as medidas dos ângulos internos e dos ângulos externos de um triângulo sabendo que um ângulo externo mede 104° e que um ângulo interno não adjacente a esse ângulo externo mede 32°.

5. Responda às questões.

a) Quais são as medidas dos ângulos externos de um triângulo se as medidas de seus ângulos internos são x, x + 10° e x + 20°?

b) Um dos ângulos internos de um triângulo mede 35°. A diferença entre as medidas dos outros dois ângulos é igual a 37°. Quais são as medidas dos ângulos internos desse triângulo?

c) Os ângulos internos de um triângulo medem 26°, 5x + 3° e 4x + 7°. Qual é o valor de x, em grau?

3 PONTOS NOTÁVEIS DE UM TRIÂNGULO

Há quatro pontos em um triângulo que possuem propriedades importantes e, por isso, são denominados **pontos notáveis**: baricentro, incentro, circuncentro e ortocentro. Vamos estudar um pouco sobre cada um desses pontos.

INTERSECÇÃO DAS MEDIANAS: BARICENTRO

As **medianas** de um triângulo são segmentos que têm uma extremidade em um dos vértices do triângulo e a outra extremidade no ponto médio do lado oposto ao vértice.

Observe como construir, usando régua e compasso, uma das medianas de um triângulo.

1	2	3
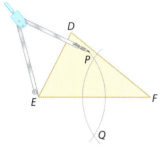	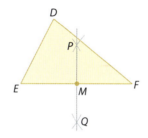	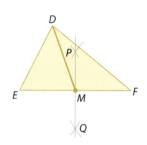
Para obter a mediana relativa ao lado $\overline{EF}$, inicialmente determinamos o ponto médio desse lado. Já vimos como obter o ponto médio de um segmento na página 68 da unidade 2. Trace dois arcos com a mesma abertura: um com a ponta-seca do compasso em E e o outro, em F. Para que os arcos se cruzem, o compasso deve ter abertura maior que a metade de $\overline{EF}$. Na intersecção dos arcos obtêm-se dois pontos, P e Q.	Trace a reta auxiliar que passa pelos pontos P e Q e cruza o lado $\overline{EF}$. Desse modo, obtém-se o ponto M, ponto médio de $\overline{EF}$.	Trace o segmento que une o vértice D ao ponto M. $\overline{DM}$ é a mediana relativa ao lado $\overline{EF}$.

A intersecção das medianas de um triângulo determina um único ponto chamado **baricentro**.

Observe o $\triangle ABC$ ao lado.

- M_1 é o ponto médio de $\overline{BC}$; então, $\overline{AM_1}$ é a mediana relativa ao lado $\overline{BC}$;
- M_2 é o ponto médio de $\overline{AC}$; então, $\overline{BM_2}$ é a mediana relativa ao lado $\overline{AC}$;
- M_3 é o ponto médio de $\overline{AB}$; então, $\overline{CM_3}$ é a mediana relativa ao lado $\overline{AB}$;
- G é o baricentro do $\triangle ABC$.

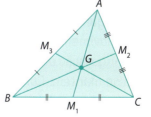

PARA FAZER

Esforçar-se por exatidão e precisão

O baricentro de um corpo qualquer é considerado seu centro de gravidade (ou centro de massa). Se apoiarmos um corpo em seu baricentro, ele ficará em equilíbrio. Vamos verificar?

a) Faça um triângulo de cartolina, recorte-o e determine seu baricentro.
b) Apoie o ponto que representa o baricentro do triângulo na ponta de um lápis.
c) O triângulo se manteve em equilíbrio?

INFORMÁTICA E MATEMÁTICA

Nesta seção você vai utilizar um *software* de geometria dinâmica para construir e investigar uma propriedade do baricentro.

CONSTRUA

1º) Construa um triângulo ABC qualquer.
2º) Construa D, E e F, pontos médios dos lados $\overline{AB}$, $\overline{BC}$ e $\overline{AC}$, respectivamente.
3º) Trace a mediana relativa a cada lado do triângulo unindo, com um segmento de reta, o ponto médio de um lado ao vértice oposto a esse lado.
4º) Marque o ponto G, intersecção das medianas do triângulo. Este ponto é o baricentro.

INVESTIGUE

Meça as distâncias AG e GE. Você consegue perceber alguma relação entre essas medidas?

Agora, meça as distâncias BG e GF e observe-as. Repita o procedimento com CG e GD.

É possível perceber alguma relação entre os pares de medidas? Movimente os pontos A, B e C, mudando a configuração do triângulo e veja se a relação se mantém. Converse com um colega e veja se ele observou a mesma relação que você.

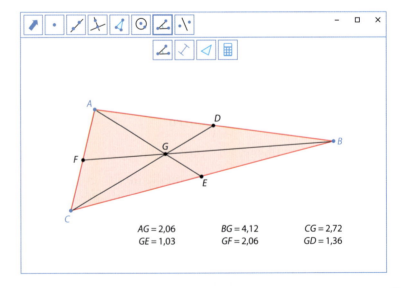

AG = 2,06   BG = 4,12   CG = 2,72
GE = 1,03   GF = 2,06   GD = 1,36

INTERSECÇÃO DAS ALTURAS: ORTOCENTRO

As **alturas** de um triângulo são segmentos que têm uma extremidade em um dos vértices do triângulo e a outra extremidade na reta suporte do lado oposto ao vértice, formando um ângulo de 90° com esse lado.

Observe como construir, usando régua e compasso, uma das alturas de um triângulo.

1
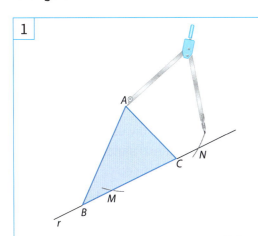

Para obter a altura relativa ao lado $\overline{BC}$, trace a reta suporte desse lado. Chame-a de r. Note que a altura estará na reta perpendicular a r passando pelo vértice A. Podemos traçar essa perpendicular pelo modo visto na página 69 da unidade 2. Trace um arco com centro em A que cruze a reta r em dois pontos, M e N.

2
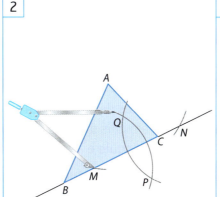

Trace dois arcos de mesma abertura (maior que a metade de $\overline{MN}$), com centros em N e em M, e obtenha dois pontos, P e Q.

3
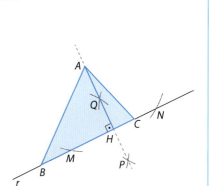

Trace a reta $\overline{PQ}$, que interceptará a reta suporte do lado $\overline{BC}$ no ponto H.
$\overline{AH}$ é a altura relativa ao lado $\overline{BC}$.

O ponto de encontro das retas suportes das alturas é denominado **ortocentro**.
Observe as alturas e o ortocentro de diferentes tipos de triângulos.

a) Triângulo acutângulo

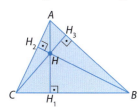

- $\overline{AH_1}$ é a altura relativa ao lado $\overline{BC}$;
- $\overline{BH_2}$ é a altura relativa ao lado $\overline{AC}$;
- $\overline{CH_3}$ é a altura relativa ao lado $\overline{AB}$;
- H é o ortocentro do $\triangle ABC$.

Nesse caso, as alturas encontram-se na região interna do triângulo.

b) Triângulo retângulo

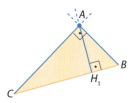

- $\overline{AH_1}$ é a altura relativa ao lado $\overline{BC}$;
- $\overline{BA}$ é a altura relativa ao lado $\overline{AC}$;
- $\overline{CA}$ é a altura relativa ao lado $\overline{AB}$;
- A é o ortocentro do $\triangle ABC$.

Nesse caso, uma das alturas coincide com o lado $\overline{AB}$, outra altura, com o lado $\overline{AC}$, e o ortocentro coincide com o vértice A.

> **OBSERVAÇÃO**
> Para obter a reta suporte de um segmento, basta prolongá-lo para os dois sentidos.
>

> **OBSERVAÇÃO**
> Uma das extremidades de uma altura é o vértice. A outra é um ponto denominado **pé da altura**.
>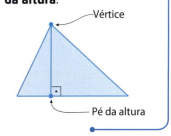

🎯 DESAFIO

Sabendo que $\overline{AD}$ é a altura relativa ao lado $\overline{BC}$ do △ABC, calcule a medida do ângulo $C\widehat{A}D$.

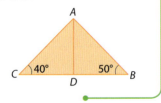

c) Triângulo obtusângulo

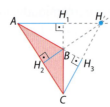

- $\overline{AH_1}$ é a altura relativa ao lado $\overline{BC}$;
- $\overline{BH_2}$ é a altura relativa ao lado $\overline{AC}$;
- $\overline{CH_3}$ é a altura relativa ao lado $\overline{AB}$;
- H é o ortocentro do △ABC.

Nesse caso, as retas suportes das alturas de um triângulo obtusângulo encontram-se na região externa do triângulo.

INTERSECÇÃO DAS BISSETRIZES: INCENTRO

As **bissetrizes** de um triângulo são os segmentos que dividem os seus ângulos internos em dois ângulos congruentes e têm uma extremidade em um dos vértices do triângulo e a outra no lado oposto a esse vértice.

Observe como construir, usando régua e compasso, uma das bissetrizes de um triângulo.

1

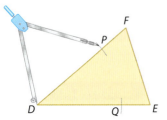

Para obter a bissetriz relativa ao ângulo $F\widehat{D}E$, podemos seguir os passos vistos na página 73 da unidade 2. Com a ponta-seca do compasso no vértice D e uma abertura qualquer, trace um arco que cruze os dois lados do triângulo que possuem o vértice D, obtendo dois pontos, P e Q.

2

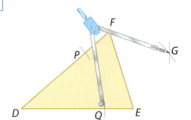

Trace dois arcos com a mesma abertura, um com a ponta-seca em P e o outro, em Q. Na intersecção desses arcos, obtém-se um ponto G.

3

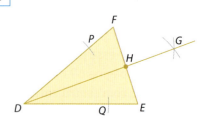

Trace a semirreta $\overrightarrow{DG}$ (bissetriz do ângulo $F\widehat{D}E$). A intersecção com o lado $\overline{EF}$ determina um ponto H. $\overline{DH}$ é a bissetriz do triângulo relativa ao ângulo $F\widehat{D}E$.

As três bissetrizes de um triângulo possuem um ponto de intersecção denominado **incentro**.

No △ABC a seguir, temos:

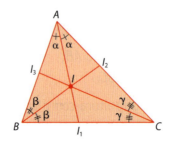

- $\overline{AI_1}$ é a bissetriz relativa ao ângulo $B\widehat{A}C$;
- $\overline{BI_2}$ é a bissetriz relativa ao ângulo $A\widehat{B}C$;
- $\overline{CI_3}$ é a bissetriz relativa ao ângulo $A\widehat{C}B$;
- I é o incentro do △ABC.

OBSERVAÇÃO

Já vimos que a bissetriz equidista dos lados que formam o ângulo. Então, como o incentro é a intersecção das bissetrizes, esse ponto é equidistante dos três lados do triângulo, ou seja, a distância é sempre a mesma entre o incentro e qualquer um dos lados do triângulo.

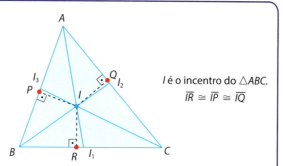

I é o incentro do $\triangle ABC$.
$\overline{IR} \cong \overline{IP} \cong \overline{IQ}$

Essa propriedade permite traçar uma circunferência de centro I e raio $\overline{IP}$ que contém apenas um ponto em comum com cada lado do triângulo. Essa circunferência é denominada **inscrita ao triângulo**.

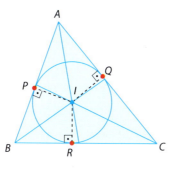

INTERSECÇÃO DAS MEDIATRIZES: CIRCUNCENTRO

As **mediatrizes** de um triângulo são as mediatrizes de cada um de seus lados, ou seja, as retas perpendiculares aos seus lados que passam pelo ponto médio do lado correspondente.

Observe como construir, usando régua e compasso, uma das mediatrizes de um triângulo.

1
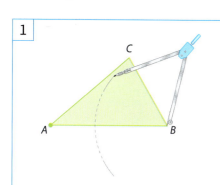

Para traçar a mediatriz do lado $\overline{AB}$, basta seguir os procedimentos estudados na página 68 da unidade 2. Com a ponta-seca do compasso no vértice B e abertura maior que a metade da medida do lado $\overline{AB}$, trace um arco.

2
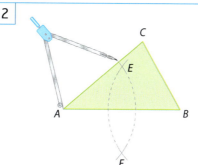

Com a mesma abertura e a ponta-seca no vértice A, trace outro arco que cruza o primeiro, obtendo dois pontos, E e F.

3
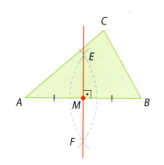

Trace a reta que passa pelos pontos E e F.
Essa reta é a mediatriz do triângulo relativa ao lado $\overline{AB}$ e M é o ponto médio desse lado.

Um triângulo tem três mediatrizes. A intersecção delas determina um ponto chamado **circuncentro**.

No $\triangle ABC$ ao lado, temos:

- m_1 é a mediatriz relativa ao lado $\overline{BC}$;
- m_2 é a mediatriz relativa ao lado $\overline{AC}$;
- m_3 é a mediatriz relativa ao lado $\overline{AB}$;
- O é o circuncentro do $\triangle ABC$.

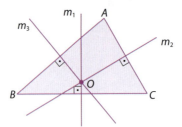

Organize o que você aprendeu fazendo a atividade 3 da página 118.

OBSERVAÇÃO

Já vimos que cada mediatriz equidista dos extremos do segmento. Então, como o circuncentro é a intersecção das mediatrizes, esse ponto é equidistante dos três vértices do triângulo, ou seja, a distância entre o circuncentro e qualquer um dos vértices do triângulo é sempre a mesma.

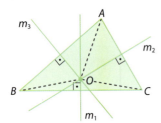

O é o circuncentro do $\triangle ABC$.
$\overline{AO} \cong \overline{BO} \cong \overline{CO}$

Essa propriedade permite traçar uma circunferência de centro O e raio $\overline{AO}$ que contém exatamente os três vértices do triângulo. Essa circunferência é denominada **circunscrita ao triângulo**.

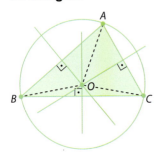 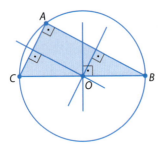 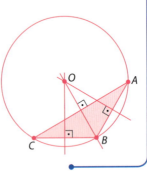

Em alguns triângulos, assim como ocorre com o ortocentro, o circuncentro pode estar localizado na região externa, como neste triângulo rosa.

ATIVIDADES

PRATIQUE

1. Observe o $\triangle ACE$ e escreva o nome de cada elemento indicado.
   a) $\overline{AB}$
   b) $\overline{CD}$
   c) $A\hat{C}B$
   d) $A\hat{E}C$

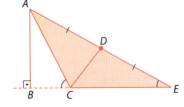

2. Observe a figura e responda à questão.

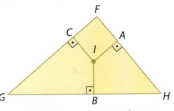

- Sabendo que I é o incentro do $\triangle FGH$, que relação existe entre $\overline{IA}$, $\overline{IB}$ e $\overline{IC}$?

94

3. Classifique as afirmações em V (verdadeira) ou F (falsa).

a) O ponto de encontro entre as mediatrizes de um triângulo chama-se baricentro.

b) Circuncentro é o nome dado ao centro da circunferência inscrita em um triângulo.

c) O ortocentro de um triângulo retângulo é o vértice do ângulo reto.

d) O incentro pode estar localizado na região externa de um triângulo.

e) Incentro é o nome dado ao centro da circunferência inscrita em um triângulo.

APLIQUE

4. Um quadro ficará em posição de equilíbrio se o ponto pelo qual for pendurado estiver na mesma linha vertical que seu centro de gravidade.

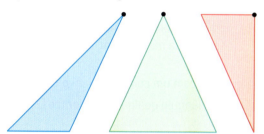

- Qual dos quadros triangulares acima fica em equilíbrio quando pendurado pelo ponto indicado?

R1. No $\triangle ACE$, $\overline{EH}$ é a altura relativa ao lado $\overline{AC}$ e $\overline{EM}$ é a bissetriz relativa ao ângulo $A\hat{E}C$. Qual é o valor de x, em grau?

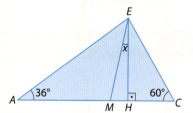

Resolução

Considerando o $\triangle ACE$, temos:

$\text{med}(A\hat{E}C) + 36° + 60° = 180°$

$\text{med}(A\hat{E}C) + 96° = 180°$

$\text{med}(A\hat{E}C) = 180° - 96° = 84°$

Como $\overline{EM}$ é a bissetriz de $A\hat{E}C$, temos:

$x + \text{med}(H\hat{E}C) = 84° : 2$

$x + \text{med}(H\hat{E}C) = 42°$ (I)

Como $\overline{EH}$ é altura do $\triangle ACE$, a medida do ângulo $C\hat{H}E$ é $90°$.

Considerando o $\triangle HEC$, temos:

$\text{med}(H\hat{E}C) + 60° + 90° = 180°$

$\text{med}(H\hat{E}C) + 150° = 180°$

$\text{med}(H\hat{E}C) = 180° - 150° = 30°$

Substituindo $\text{med}(H\hat{E}C)$ em (I), temos:

$x + \text{med}(H\hat{E}C) = 42°$

$x + 30° = 42°$

$x = 42° - 30°$

Portanto: $x = 12°$

5. Faça o que se pede.

a) O $\triangle ABC$ é isósceles, tal que $\overline{AC}$ é o lado não congruente, e $\overline{BM}$ é a mediana relativa ao lado $\overline{AC}$. Calcule a medida x, em centímetro, sabendo que o perímetro do triângulo é igual a 17 cm.

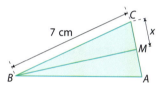

b) Calcule x, em grau, sabendo que $\overline{AH}$ é a altura relativa ao lado $\overline{BC}$.

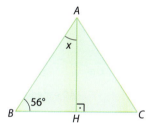

6. No $\triangle ABC$, $\overleftrightarrow{AD}$ é a mediatriz e $\overline{AD}$ é a altura, relativas ao lado $\overline{BC}$.

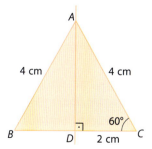

a) Qual é a medida do ângulo $D\hat{A}C$?

b) Qual é o perímetro do $\triangle ABC$?

7. Calcule a medida do ângulo $M\hat{R}N$ sabendo que $\overline{MR}$ é uma bissetriz do $\triangle PMN$.

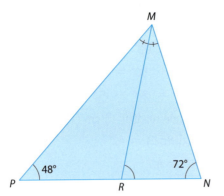

8. Calcule o perímetro do $\triangle BEC$ sabendo que $\overline{EM}$ é a mediana relativa ao lado $\overline{BC}$.

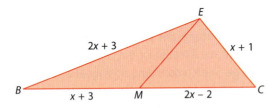

9. Calcule x, em grau, e o perímetro, em centímetro, do $\triangle ABC$.

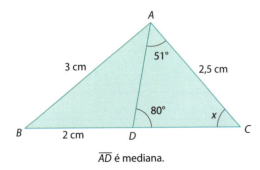

$\overline{AD}$ é mediana.

10. Os lados congruentes de um triângulo isósceles medem 18 cm. A mediana relativa ao outro lado desse triângulo divide esse lado em dois segmentos com medidas que podemos representar por $2x$ e $\dfrac{x}{2} + 6$. Qual é o perímetro desse triângulo?

11. Durante a construção de um condomínio formado por três prédios, a construtora pretende estocar os materiais em um único local que esteja à mesma distância dos três prédios. Sabendo que esses prédios não estarão alinhados, como é possível, na planta do condomínio, encontrar esse ponto?

12. Calcule a medida de cada ângulo indicado na figura, sabendo que I é incentro do triângulo ABC, med($A\hat{B}C$) = $x - 40°$, med($B\hat{A}C$) = x e med($A\hat{C}B$) = $40°$.

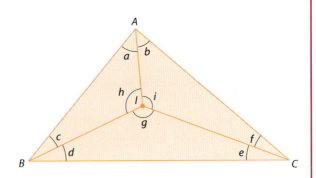

13. Construa um triângulo equilátero e encontre o baricentro, o ortocentro e o incentro dele.

a) O que você observou?

b) Converse com um colega e verifiquem se vocês chegaram à mesma conclusão.

14. Reúna-se com um colega e leiam o texto.

Em um triângulo qualquer, o incentro (I) do triângulo é único.

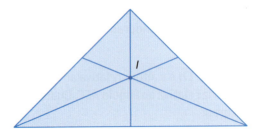

Por isso é possível traçar apenas uma circunferência inscrita nesse triângulo.

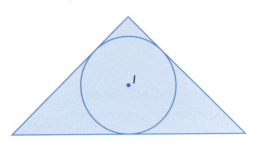

• Agora, respondam:

Dada uma circunferência, é possível traçar apenas um triângulo de maneira que essa circunferência seja inscrita nele?

4 CONGRUÊNCIA

Você já estudou que segmentos congruentes são aqueles que têm mesma medida. Viu também que ângulos congruentes são os que têm mesma medida. Agora, vamos ampliar o estudo sobre a congruência de duas figuras planas.

Para entender o conceito de congruência de duas figuras, imagine que seja possível "deslocar" uma delas até que fique perfeitamente sobreposta à outra. Essa é a ideia da congruência.

Dizemos que dois polígonos são congruentes quando atendem simultaneamente a estas duas condições:
- os lados correspondentes são congruentes;
- os ângulos correspondentes são congruentes.

Observe os triângulos na malha a seguir.

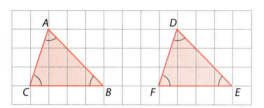

Os lados correspondentes são congruentes:

$\overline{AB} \cong \overline{DE}$, $\overline{BC} \cong \overline{EF}$ e $\overline{CA} \cong \overline{FD}$

Os ângulos correspondentes são congruentes:

$\hat{A} \cong \hat{D}$, $\hat{B} \cong \hat{E}$ e $\hat{C} \cong \hat{F}$

Logo, o △ABC é congruente ao △DEF. Indicamos essa congruência assim:

$$\triangle ABC \cong \triangle DEF$$

Observe que, para concluir que os triângulos são congruentes, verificamos as congruências entre os lados correspondentes e entre os ângulos correspondentes. Porém, para descobrir se dois triângulos são congruentes, não é necessário checar todas essas medidas: se verificarmos a congruência de alguns elementos, escolhidos convenientemente, a congruência dos outros já estará garantida.

A seguir, veremos casos de congruência que relacionam condições mínimas para garantir a congruência de dois triângulos.

OBSERVAÇÃO

Usamos o símbolo $\cong$ para indicar a congruência entre dois segmentos, entre dois ângulos ou entre dois polígonos.

OBSERVAÇÃO

É importante observar que há uma ordem correta para representar a congruência. Devemos escrever os vértices na ordem em que ocorrem as correspondências dos ângulos e dos lados.

Veja que, no exemplo acima, o △ABC não é congruente ao △FDE, pois os ângulos $\hat{A}$ e $\hat{F}$, $\hat{B}$ e $\hat{D}$, e $\hat{C}$ e $\hat{E}$ não são congruentes, assim como não são congruentes os lados $\overline{AB}$ e $\overline{FD}$, $\overline{BC}$ e $\overline{DE}$, e $\overline{CA}$ e $\overline{EF}$.

PARA ANALISAR

Observe os triângulos ABC e PQR.

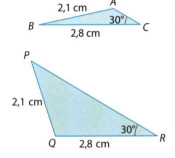

a) Os triângulos têm dois lados correspondentes congruentes?

b) Os triângulos têm um ângulo correspondente congruente?

c) Podemos dizer que esses triângulos são congruentes pelo caso LAL? Justifique.

CASOS DE CONGRUÊNCIA DE TRIÂNGULOS

CASO LADO-ÂNGULO-LADO (LAL)

Se dois triângulos têm um ângulo correspondente congruente e os dois lados correspondentes que formam esse ângulo também congruentes, então esses triângulos são congruentes. Veja.

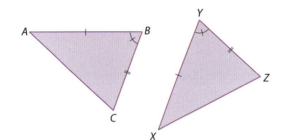

- Lado → $\overline{AB} \cong \overline{XY}$
- Ângulo → $\hat{B} \cong \hat{Y}$
- Lado → $\overline{BC} \cong \overline{YZ}$

Então: $\triangle ABC \cong \triangle XYZ$

CASO LADO-LADO-LADO (LLL)

Se dois triângulos têm os três lados correspondentes congruentes, então esses triângulos são congruentes.

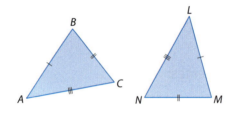

- Lado → $\overline{AB} \cong \overline{LM}$
- Lado → $\overline{BC} \cong \overline{MN}$
- Lado → $\overline{CA} \cong \overline{NL}$

Logo: $\triangle ABC \cong \triangle LMN$

Vamos verificar se os triângulos ABC e CDA abaixo são congruentes.

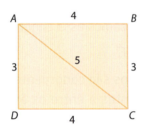

- Lado → $AB = CD = 4$
- Lado → $BC = DA = 3$
- Lado → $AC = 5$ ($\overline{AC}$ é comum aos dois triângulos.)

Logo: $\triangle ABC \cong \triangle CDA$

CASO ÂNGULO-LADO-ÂNGULO (ALA)

Se dois triângulos têm, respectivamente, um lado congruente e os dois ângulos adjacentes a esse lado também congruentes, os dois triângulos são congruentes.

Observe os dois triângulos ABC e STU abaixo.

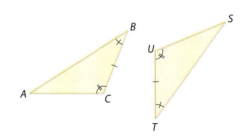

- Ângulo → $\hat{B} \cong \hat{T}$
- Lado → $\overline{BC} \cong \overline{TU}$
- Ângulo → $\hat{C} \cong \hat{U}$

Então: $\triangle ABC \cong \triangle STU$

PARA ANALISAR

Observe os triângulos ABC e DEF.

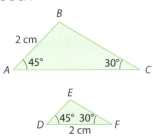

Podemos dizer que esses triângulos são congruentes pelo caso ALA? Justifique.

Vamos verificar se os triângulos ABC e EDC abaixo são congruentes.

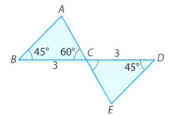

- Ângulo → med($A\hat{B}C$) = med($C\hat{D}E$) = 45°
- Lado → BC = DC = 3
- Ângulo → med($B\hat{C}A$) = med($D\hat{C}E$) = 60°

Então: △ABC ≅ △EDC

RECORDE

Quando dois ângulos têm o vértice comum e os lados de um deles são semirretas opostas aos lados do outro, eles são denominados **opostos pelo vértice (o.p.v.)**. Dois ângulos opostos pelo vértice são sempre congruentes.

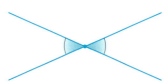

Logo, nos triângulos acima, os ângulos $B\hat{C}A$ e $D\hat{C}E$ são congruentes porque são opostos pelo vértice (o.p.v.).

CASO LADO-ÂNGULO-ÂNGULO OPOSTO (LAA$_o$)

Se dois triângulos têm um lado correspondente congruente e se um dos ângulos adjacentes a esse lado e o ângulo oposto a ele também são congruentes aos respectivos ângulos correspondentes, então esses triângulos são congruentes.

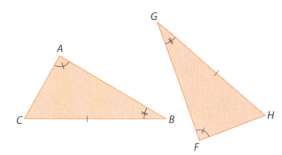

- Lado → $\overline{BC} \cong \overline{GH}$
- Ângulo → $\hat{B} \cong \hat{G}$
- Ângulo oposto → $\hat{A} \cong \hat{F}$

Então: △ABC ≅ △FGH

Vamos verificar se os triângulos ABC e EDC a seguir são congruentes.

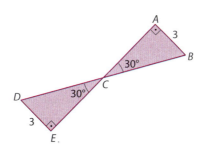

- Lado → AB = ED = 3
- Ângulo → med($B\hat{A}C$) = med($D\hat{E}C$) = 90°
- Ângulo oposto → med($D\hat{C}E$) = med($B\hat{C}A$) = 30°

Logo: △ABC ≅ △EDC

CASO ESPECIAL DO TRIÂNGULO RETÂNGULO: HIPOTENUSA-CATETO (HC)

Sabemos que um triângulo é denominado **triângulo retângulo** quando um de seus ângulos internos é reto, ou seja, tem medida igual a 90°.

Em um triângulo retângulo, os lados recebem nomes especiais:

- os lados que determinam o ângulo reto são denominados **catetos**;
- o lado oposto ao ângulo reto é denominado **hipotenusa**.

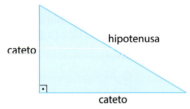

Os outros casos de congruência estudados podem ser aplicados em qualquer tipo de triângulo, mas o caso a seguir só pode ser utilizado se considerarmos um triângulo retângulo.

Se um triângulo retângulo tem um dos catetos e a hipotenusa congruentes aos lados correspondentes de outro triângulo retângulo, então esses triângulos são congruentes.

 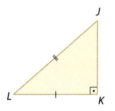

- Hipotenusa → $\overline{AC} \cong \overline{JL}$
- Cateto → $\overline{BC} \cong \overline{KL}$

Então: $\triangle ABC \cong \triangle JKL$

Vamos verificar se os triângulos ABC e FED são congruentes.

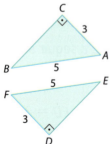

- Cateto → $AC = FD = 3$
- Hipotenusa → $AB = FE = 5$

Logo: $\triangle ABC \cong \triangle FED$

ATIVIDADES

PRATIQUE

1. Entre as figuras abaixo, encontre os pares de triângulos congruentes e indique qual dos casos de congruência se aplica a eles.

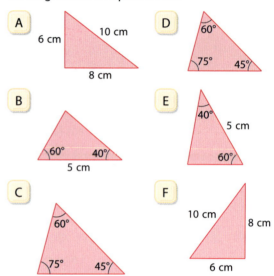

2. Em cada figura a seguir há um par de triângulos congruentes. Identifique essa congruência de triângulos e o caso de congruência. Justifique sua resposta.

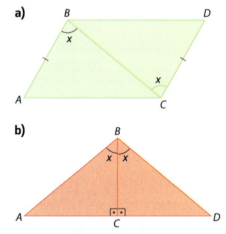

3. Classifique em **V** (verdadeira) ou **F** (falsa) as afirmações a seguir.

a) Se dois triângulos têm os três ângulos respectivamente congruentes, esses triângulos são congruentes.

b) Para construir um triângulo retângulo, basta conhecer a medida dos dois catetos.

c) Se, em dois triângulos retângulos, os catetos são congruentes, os triângulos são congruentes pelo caso LAL.

4. Determine a medida x em cada caso.

a)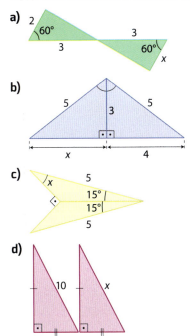

b)

c)

d)

APLIQUE

5. Observe os triângulos formados na figura abaixo e identifique os triângulos congruentes sabendo que r ∥ s ∥ t e que a ∥ b.

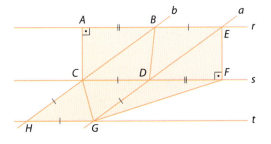

5 TRIÂNGULOS ISÓSCELES E EQUILÁTEROS

Você já viu como os triângulos podem ser classificados conforme a medida de seus lados.

Um triângulo equilátero é aquele que tem todos os lados congruentes; já um triângulo isósceles é aquele que tem dois lados congruentes. Todo triângulo equilátero também é isósceles.

No caso de um triângulo isósceles não equilátero, o lado não congruente é denominado **base** do triângulo. Quando o triângulo isósceles é equilátero, qualquer dos lados pode ser considerado base.

Veja o triângulo isósceles ABC:

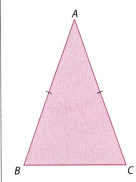

Nesse triângulo, temos:
- Lados congruentes → $\overline{AB} \cong \overline{AC}$
- Base → $\overline{BC}$
- Ângulos da base → $\hat{B}$ e $\hat{C}$

Vamos estudar algumas propriedades dos triângulos isósceles e equiláteros.

PROPRIEDADE DOS ÂNGULOS DA BASE DE UM TRIÂNGULO ISÓSCELES

Em um triângulo isósceles, os ângulos da base são congruentes.

Veja a demonstração dessa propriedade.

Considere o △ABC a seguir, com $\overline{AB} \cong \overline{AC}$ e sendo $\overline{AI}$ a bissetriz relativa ao ângulo $\hat{A}$.

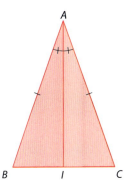

Considerando os triângulos AIB e AIC na figura acima, temos:
- $\overline{AI}$ é comum → lado
- $I\hat{A}B \cong I\hat{A}C$, pois $\overline{AI}$ é bissetriz → ângulo
- $\overline{AB} \cong \overline{AC}$, pois o triângulo é isósceles → lado

Portanto, pelo caso LAL, temos: △AIB ≅ △AIC

Como os triângulos AIB e AIC são congruentes, temos: $\hat{B} \cong \hat{C}$

Assim, concluímos que os ângulos da base de um triângulo isósceles são congruentes.

101

PROPRIEDADE DOS ÂNGULOS INTERNOS DE UM TRIÂNGULO EQUILÁTERO

Em qualquer triângulo equilátero, os três ângulos internos são congruentes, medindo 60° cada um.

Vamos demonstrar essa propriedade.

Observe o $\triangle ABC$ equilátero e a mediana $\overline{AM}$ relativa ao lado $\overline{BC}$.

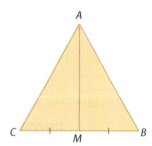

Considerando os triângulos AMB e AMC, temos:

- $\overline{AM}$ é comum → lado
- $\overline{BM} \cong \overline{CM}$, pois M é o ponto médio de $\overline{BC}$ → lado
- $\overline{AB} \cong \overline{AC}$, pois o $\triangle ABC$ é equilátero → lado

Portanto, pelo caso LLL, temos: $\triangle AMB \cong \triangle AMC$

Logo: $\hat{B} \cong \hat{C}$ (I)

Vamos, agora, traçar a mediana $\overline{BN}$ relativa ao lado $\overline{AC}$.

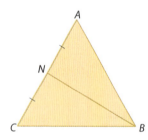

Considerando os triângulos BNA e BNC, temos:

- $\overline{BN}$ é comum → lado
- $\overline{AN} \cong \overline{CN}$, pois N é o ponto médio de $\overline{AC}$ → lado
- $\overline{BA} \cong \overline{BC}$, pois o $\triangle ABC$ é equilátero → lado

Portanto, pelo caso LLL, temos: $\triangle BNA \cong \triangle BNC$

Logo: $\hat{A} \cong \hat{C}$ (II)

De I e II vem: $\hat{A} \cong \hat{B} \cong \hat{C}$

Como med($\hat{A}$) + med($\hat{B}$) + med($\hat{C}$) = 180°, temos:

med($\hat{A}$) = med($\hat{B}$) = med($\hat{C}$) = 60°

Assim, demonstramos que os ângulos internos de um triângulo equilátero são congruentes e medem, cada um, 60°.

INFORMÁTICA E MATEMÁTICA

Antes de apresentar a próxima propriedade, vamos utilizar um *software* de geometria dinâmica para fazer algumas investigações.

CONSTRUA

Triângulo isósceles

Inicialmente, vamos construir um triângulo isósceles.

1º) Trace um segmento $\overline{AB}$ qualquer.

2º) Trace a circunferência de centro em *A* passando por *B*.

3º) Escolha um ponto *C* qualquer nesta circunferência e trace o triângulo *ABC*. Mesmo com a movimentação dos vértices, pela construção, esse triângulo será isósceles.

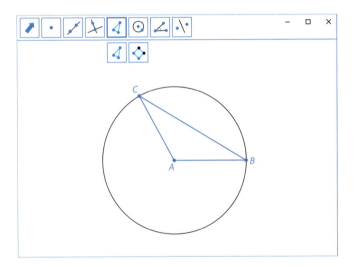

Triângulo equilátero

Agora, vamos construir um triângulo equilátero.

1º) Trace um segmento $\overline{DE}$ qualquer.

2º) Trace a circunferência de centro em *D* passando por *E*, e a circunferência de centro em *E* passando por *D*.

3º) Em uma das intersecções das circunferências marque o ponto *F* e trace o triângulo *DEF*. Mesmo com a movimentação dos vértices *D* e *E*, pela construção, esse triângulo será equilátero.

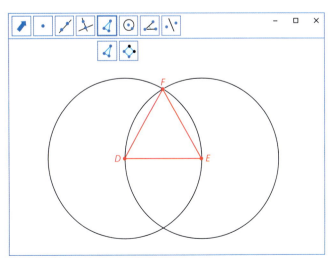

INFORMÁTICA E MATEMÁTICA

Pontos notáveis

Agora, usando o passo a passo visto nesta unidade ou as ferramentas imediatas do *software* (alguns *softwares* possuem ferramentas próprias que já traçam pontos médios, mediatrizes, bissetrizes e retas perpendiculares), para cada um dos triângulos, trace:

- as medianas do triângulo e o ponto G (baricentro), intersecção dessas medianas;
- as alturas do triângulo e o ponto H (ortocentro), intersecção dessas alturas;
- as bissetrizes do triângulo e o ponto I (incentro), intersecção dessas bissetrizes;
- as mediatrizes do triângulo e o ponto O (circuncentro), intersecção dessas mediatrizes.

Esconda as construções auxiliares, deixando somente os triângulos e os pontos notáveis. No caso do triângulo isósceles, **não** esconda a mediatriz, a altura e a mediana relativas à base $\overline{BC}$ e a bissetriz relativa ao ângulo $\hat{A}$.

Alguns *softwares* possuem uma ferramenta para esconder construções. É interessante utilizar esse recurso e esconder alguns traçados, permitindo melhor visualização nas investigações.

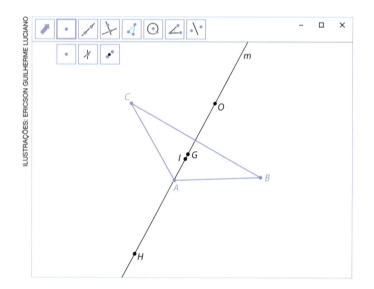
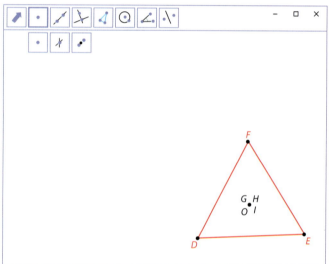

INVESTIGUE

a) Movimente os vértices do triângulo isósceles construído de modo a modificar sua configuração.
  - O que acontece com a mediatriz, a altura e a mediana relativas à base $\overline{BC}$ e a bissetriz relativa ao ângulo oposto?
  - Os pontos notáveis do triângulo isósceles estão alinhados? Isso acontece mesmo quando movimentamos o triângulo?

b) Movimente os vértices móveis do triângulo equilátero construído de modo a modificar sua configuração. O que você observa em relação aos pontos notáveis de um triângulo equilátero?

104

PROPRIEDADE DA MEDIANA, ALTURA E BISSETRIZ DE UM TRIÂNGULO ISÓSCELES

Em qualquer triângulo isósceles, a mediana relativa à base e a altura relativa à base coincidem com a bissetriz do ângulo do vértice oposto à base.

Vamos demonstrar essa propriedade.

Considere o $\triangle ABC$ isósceles a seguir, com $\overline{AB} \cong \overline{AC}$ e mediana $\overline{AM}$ relativa à base $\overline{BC}$.

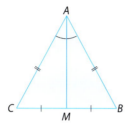

1) Vamos demonstrar, inicialmente, que $\overline{AM}$ também é a bissetriz relativa ao ângulo $\hat{A}$.

   Considerando os triângulos AMB e AMC, podemos afirmar que:

   - $\overline{AM}$ é comum → lado
   - $\overline{BM} \cong \overline{CM}$, pois M é o ponto médio de $\overline{BC}$ → lado
   - $\overline{AB} \cong \overline{AC}$, pois o $\triangle ABC$ é isósceles → lado

   Portanto, pelo caso LLL, temos: $\triangle AMB \cong \triangle AMC$

   Assim: $M\hat{A}B \cong M\hat{A}C$

   Portanto, $\overline{AM}$ é a bissetriz relativa ao ângulo $\hat{A}$.

2) Agora, vamos demonstrar que $\overline{AM}$ também é a altura relativa à base $\overline{BC}$.

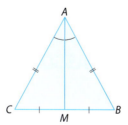

   Como foi demonstrado acima, os triângulos AMB e AMC são congruentes.

   Portanto, temos $A\hat{M}B \cong A\hat{M}C$. Além disso, temos que $A\hat{M}B$ e $A\hat{M}C$ são suplementares. Então:

   $\text{med}(A\hat{M}B) + \text{med}(A\hat{M}C) = 180°$

   $\text{med}(A\hat{M}B) + \text{med}(A\hat{M}B) = 180°$

   $2 \cdot \text{med}(A\hat{M}B) = 180°$

   $\text{med}(A\hat{M}B) = 90°$

   Portanto, $\overline{AM}$ é a altura relativa à base $\overline{BC}$.

OBSERVAÇÕES

- Pela propriedade demonstrada, temos que, em um triângulo isósceles:
  - a mediatriz relativa à base é reta suporte da altura e da mediana relativas à base e da bissetriz do ângulo oposto;
  - os pontos notáveis são colineares.

  Veja nos triângulos abaixo a posição dos pontos O (circuncentro), G (baricentro), I (incentro) e H (ortocentro).

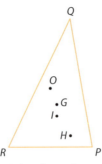

Triângulo escaleno

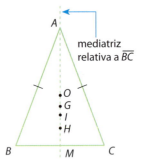

Triângulo isósceles

- Como um triângulo equilátero é também isósceles, teremos que a mediatriz relativa a cada lado será reta suporte da bissetriz, mediana e altura relativas a esse lado. Assim, os pontos notáveis de um triângulo equilátero coincidem. Indicamos: $C \equiv G \equiv I \equiv O$

Triângulo equilátero

6 JUSTIFICATIVA DE ALGUMAS CONSTRUÇÕES COM RÉGUA E COMPASSO

- **BISSETRIZ**

Retome a construção com régua e compasso (feita na página 73 da unidade 2) da **bissetriz** de um ângulo $B\hat{O}C$.

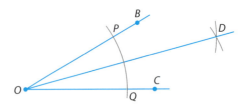

Vamos verificar que, de fato, com os passos realizados, $\overline{OD}$ é a bissetriz do ângulo $B\hat{O}C$.

Podemos considerar dois triângulos, POD e QOD.

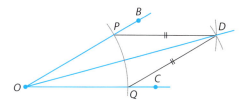

Pela construção realizada, temos que:
- $\overline{OP} \cong \overline{OQ}$,
- $\overline{PD} \cong \overline{QD}$
- $\overline{OD}$ → lado comum

Logo, pelo critério LLL: $\triangle POD \cong \triangle QOD$

Então, $B\hat{O}D \cong C\hat{O}D$ e, portanto, $\overrightarrow{OD}$ é a bissetriz do ângulo $B\hat{O}C$.

• ÂNGULO DE 60°

Retome a construção com régua e compasso (feita na página 74 da unidade 2) de um **ângulo de 60°**.

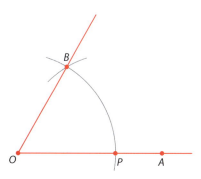

Vamos verificar que, com a construção realizada, o ângulo $A\hat{O}B$ mede, de fato, 60°. Podemos considerar o triângulo OBP.

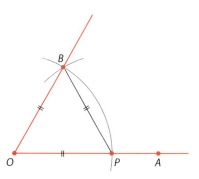

Pelos passos realizados na construção, temos que: $\overline{OB} \cong \overline{OP} \cong \overline{PB}$.

Logo, o triângulo OPB é equilátero e, portanto, seus ângulos internos medem 60°. Então, med($A\hat{O}B$) = 60°.

Trilha de estudo

Vai estudar? Nosso assistente virtual no *app* pode ajudar!
<http://mod.lk/trilhas>

ATIVIDADES

PRATIQUE

1. Os triângulos abaixo são isósceles. Determine o valor de *a* e de *x* em cada caso.

a)

b)

c)
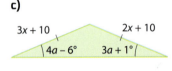

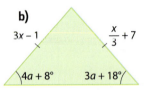

2. Considere que um △RST tem ângulos de medidas $3x + 30°$, $5x + 10°$ e $8x - 20°$.

Classifique esse triângulo quanto à medida de seus lados e justifique sua conclusão.

3. O ângulo do vértice oposto à base de um triângulo isósceles mede 60°. Quanto mede cada um dos ângulos da base?

APLIQUE

4. Calcule o valor de *x*, em grau, sabendo que o △ABC é isósceles de base $\overline{AB}$ e que *I* é seu incentro.

5. Considere o triângulo azul a seguir. Sabendo que $BC = 28$ cm, calcule a medida do:

a) ângulo interno $A\hat{B}C$;
b) segmento $\overline{DC}$;
c) segmento $\overline{AD}$.

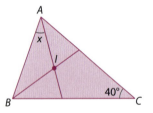

6. Em cada caso encontre o valor de *x*.

a)

b)

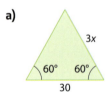

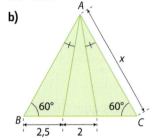

7. Determine, em cada caso, a medida *x*, em grau.

a)
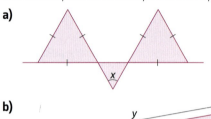

b)
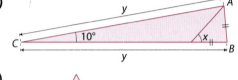

c)
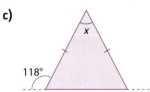

8. Em um △ABC, retângulo em *A*, foram traçadas a altura $\overline{AH}$ e a mediana $\overline{AM}$ relativas ao lado $\overline{BC}$. Sabendo que o △AMC é isósceles de base $\overline{AC}$, calcule as medidas *a*, *b*, *c* e *d*, em grau.

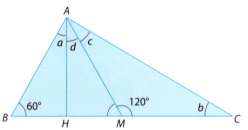

9. Dado um triângulo isósceles AEF ($AF = AE$) com um caminho de cinco segmentos congruentes A-B-C-D-E-F, encontre a medida, em grau, do ângulo $\hat{A}$.

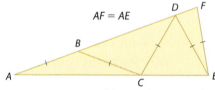

MILAUSKAS, George. Problemas de geometria criativos podem levar à resolução criativa de problemas criativos. In: LINDQUIST, Mary Montgomery; SHULTE, Albert P. (Org.). *Aprendendo e ensinando geometria*. Trad. Hygino H. Domingues. São Paulo: Atual, 1996. p. 93.

10. Sabendo que *M*, *N* e *P* são pontos médios dos lados do triângulo equilátero ABC, mostre que o △MNP é equilátero.

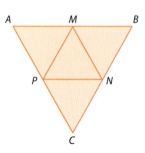

108

ESTATÍSTICA E PROBABILIDADE
LEITURA E INTERPRETAÇÃO DE GRÁFICOS

Em muitas situações do dia a dia, você deve ter se deparado com informações transmitidas nos mais diversos tipos de gráfico. Para que a informação seja transmitida da forma clara, é preciso, entre outras coisas, que o modelo de gráfico seja adequado ao tipo de informação.

Você já viu, neste volume e em anos anteriores, como interpretar gráficos de barras, de setores, de linha e pictogramas. Porém, mesmo ao se deparar com um gráfico de tipo diferente do que você conhece, é importante saber analisar os elementos do novo gráfico e usar seu conhecimento prévio para interpretá-lo.

Observe os gráficos a seguir, publicados por um jornal.

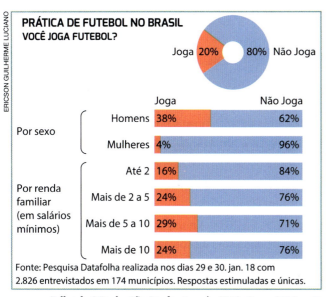

Folha de S.Paulo, São Paulo, 4 maio 2018, Copa 2018, p. 5.

No segundo gráfico ao lado, o total de cada categoria é representado por uma barra (total de homens, de mulheres, de pessoas com renda familiar até 2 salários mínimos etc.), e cada barra é dividida de acordo com a porcentagem de cada categoria que joga ou não joga futebol.

Esse tipo de gráfico permite a comparação das respostas dentro de cada categoria, como no gráfico de setores, e ainda facilita a comparação entre categorias, como também acontece no gráfico de barras.

A análise desses gráficos nos permite tirar várias conclusões. Entre elas, por exemplo:

- a pesquisa foi realizada com 2.826 entrevistados, em 29 e 30 de janeiro de 2018;
- 20% das pessoas pesquisadas joga e 80% não joga futebol;
- mais da metade dos homens não joga futebol;
- a porcentagem dos homens que joga futebol é maior que a das mulheres;
- a porcentagem das pessoas com renda familiar de mais de 5 a 10 salários mínimos que joga futebol é maior que a das outras faixas salariais.

Note que, a partir dos gráficos, só é possível comparar as **porcentagens** de cada categoria que joga ou não futebol. Não é possível afirmar, por exemplo, que há a mesma quantidade de pessoas que joga futebol com renda familiar de mais de 2 a 5 salários mínimos e com mais de 10 salários mínimos, pois não sabemos o total de pessoas correspondente a cada uma dessas faixas de renda (24% de quantidades totais diferentes correspondem a valores diferentes).

ESTATÍSTICA E PROBABILIDADE

ATIVIDADES

1. Analise o gráfico de barras e escolha a alternativa correta.

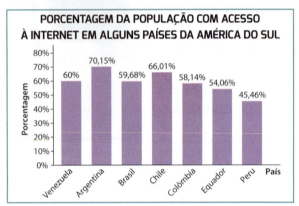

Dados obtidos em: <http://www.itu.int/en/ITU-D/Statistics/Documents/statistics/2017/Individuals_Internet_2000-2016.xls>. Acesso em: 29 jul. 2018.

Da leitura do gráfico, pode-se afirmar que, em relação aos países apresentados:

a) a Venezuela tem a menor porcentagem da população com acesso à internet.

b) o Equador tem uma porcentagem da população com acesso à internet menor que o Peru.

c) o Chile tem uma porcentagem da população com acesso à internet maior que o Brasil.

d) a Colômbia tem a maior porcentagem da população com acesso à internet.

e) mais da metade da população do Peru tem acesso à internet.

2. Observe o gráfico a seguir.

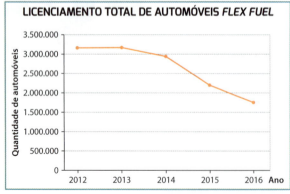

Dados obtidos em: <http://www.anfavea.com.br/estatisticas-2016.html>. Acesso em: 29 jul. 2018.

De acordo com o gráfico, é **incorreto** afirmar que:

a) em 2014, houve menos de 3 milhões de licenciamentos de automóveis *flex fuel*.

b) de 2012 a 2013, houve uma queda no número de automóveis *flex fuel* licenciados.

c) em 2016, cerca de 1.750.000 automóveis *flex fuel* foram licenciados.

d) de 2013 a 2016, o número de automóveis *flex fuel* licenciados caiu a cada ano.

e) em todos os anos apresentados no gráfico, o número de licenciamentos foi superior a 1 milhão.

3. O gráfico de barras abaixo apresenta o consumo médio doméstico *per capita* de água em alguns estados do Brasil em 2015.

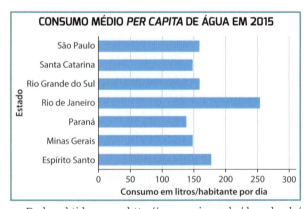

Dados obtidos em: <http://www.snis.gov.br/downloads/diagnosticos/ae/2015/Diagnostico_AE2015.zip>. Acesso em: 29 jul. 2018.

Per capita significa "por pessoa".

Segundo a Organização das Nações Unidas (ONU), cada pessoa necessita de cerca de 110 litros de água por dia para atender as necessidades de consumo e higiene.

PARA PENSAR

Você tem ideia de quanto gasta de água por dia? Que medidas você pode tomar para diminuir o desperdício de água em sua casa?

PARA REFLETIR

Você acha justo que haja diferença entre a renda das pessoas somente por causa de seu gênero ou raça? Converse com os colegas.

Com base nas informações do gráfico, é **incorreto** afirmar que, em 2015:

a) o consumo de água *per capita* em São Paulo era de mais de 150 litros.
b) os consumos de água *per capita* em Santa Catarina, Paraná e Minas Gerais eram de menos de 150 litros.
c) o Rio de Janeiro era o estado em que o consumo *per capita* era maior.
d) Santa Catarina era o estado em que o consumo *per capita* era menor.
e) os consumos *per capita* de Santa Catarina e Minas Gerais eram muito próximos.

4. Observe as informações no gráfico a seguir.

Folha de S.Paulo, São Paulo, 15 abr. 2018, Cotidiano, B6.

Da leitura do gráfico **não** se pode afirmar que:

a) em 2016, a mulher negra ganhava menos da metade da renda média do homem branco.
b) tanto em 1992 como em 2016 a mulher branca ganhava mais que a mulher negra.
c) tanto em 1992 como em 2016 o homem negro ganhava mais que a mulher negra.
d) em 2016, o homem negro ganhava mais que as mulheres, brancas ou negras.
e) a renda média do homem branco era maior que a das mulheres em qualquer dos anos apresentados.

5. Observe as informações no gráfico ao lado e escolha a alternativa correta.

Com base nas informações do gráfico, pode-se afirmar que no 1º trimestre de 2018:

a) os Estados Unidos venderam 35 milhões e 800 mil *smartphones*.
b) a região que mais vendeu *smartphones* foi a que corresponde a África e Oriente Médio.
c) a China produziu 109,6 milhões de *smartphones*.
d) 10% das vendas de *smartphones* no mundo ocorreu na América Latina.
e) a China foi responsável por mais de 30% das vendas de *smartphones* do mundo.

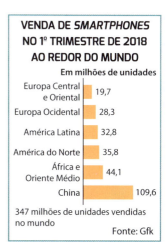

Folha de S.Paulo, São Paulo, 9 maio 2018, Mercado, A15.

6. Analise o gráfico a seguir.

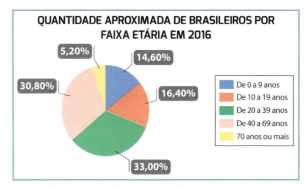

Dados obtidos em: <https://teen.ibge.gov.br/sobre-o-brasil/populacao/piramide-etaria.html>. Acesso em: 29 jul. 2018.

a) Escreva um parágrafo com três conclusões que você pode tirar a partir desse gráfico.
b) Converse com dois colegas e veja se alguma das conclusões que eles escreveram foi igual às suas.

ATIVIDADES COMPLEMENTARES

1. (CFSDFN-RJ) Dois lados de um triângulo medem 9 cm e 6 cm. Qual das seguintes medidas pode ser escolhida para o terceiro lado?

   a) 2 cm   b) 15 cm   c) 12 cm   d) 3 cm

2. Verifique qual triângulo ficará equilibrado se for apoiado no ponto G indicado em cada caso.

   a)
   b)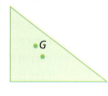

3. Calcule o valor de x.

   a)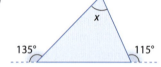

   b)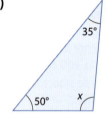

   c)

   d)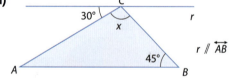
   $r \parallel \overleftrightarrow{AB}$

4. (Faap-SP) Observe a figura:

   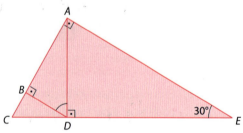

   Qual é a medida do ângulo $B\hat{D}A$?

   a) 60°   b) 30°   c) 45°   d) 90°   e) 40°

5. Quais são os pares de triângulos congruentes? Havendo congruência, escreva no caderno o caso de congruência correspondente.

   a)

   c)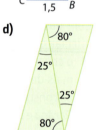
   M é ponto médio de $\overline{AB}$.

   b)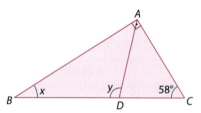

   d)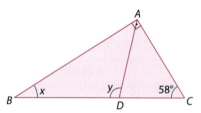

6. Determine as medidas x e y, em grau, sabendo que o $\triangle ABC$ é retângulo, o ângulo $\hat{A}$ é reto e o segmento $\overline{AD}$ é uma de suas bissetrizes.

7. Observe a figura abaixo e determine, em grau, a medida do ângulo externo $\hat{T}$, sabendo que o segmento $\overline{SU}$ é bissetriz do ângulo $R\hat{S}T$.

   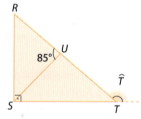

8. (Unimep-SP) Se $A(0, 0)$, $B(2, 0)$ e $C(0, 2)$ são os vértices de um triângulo no plano cartesiano, então esse triângulo é:

   a) retângulo e não isósceles.
   b) equilátero.
   c) retângulo e isósceles.
   d) isósceles e não retângulo.
   e) escaleno e retângulo.

9. Reinaldo vai perfurar um poço em sua propriedade. Ele quer que o poço fique à mesma distância de três casas. Por isso, fez um esquema representando a posição das casas nos vértices de um triângulo. Explique como Reinaldo deverá proceder para encontrar o local onde ficará o poço.

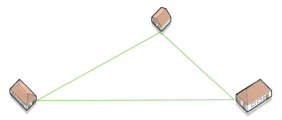

10. Observe o projeto de um telhado.

Se o △ABC é isósceles e $\overline{AH}$ é sua altura, qual é a medida x, em grau?

11. Na figura abaixo, o ponto I corresponde ao incentro do △ABC. Nessas condições, determine as medidas x, y e z, em grau.

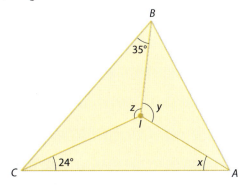

12. Em um triângulo isósceles ABC, a mediana relativa à base $\overline{BC}$ divide o ângulo do vértice A em duas partes cujas medidas são expressas por $2x + 15°$ e $4x - 5°$. Determine a medida, em grau, dos ângulos internos dos vértices A, B e C desse triângulo.

13. A seguir, temos um triângulo ABC e outros três triângulos. Eles são congruentes ao △ABC? Se forem, identifique os casos de congruência.

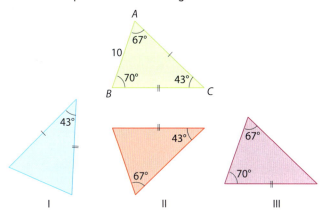

14. Observe a figura e determine a, b e o perímetro do triângulo ABC.

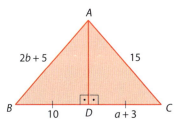

15. (UFSC) Considere as afirmações:

  I. Se num triângulo a altura relativa a um lado coincide com a bissetriz do ângulo oposto a ele, o triângulo é necessariamente isósceles.

  II. Num triângulo isósceles qualquer, as três medianas são necessariamente iguais.

  III. Se um triângulo tem duas alturas iguais, então ele é necessariamente equilátero.

  a) I e II são corretas, III é falsa.
  b) Todas são falsas.
  c) I é correta, II e III são falsas.
  d) I e III são corretas, II é falsa.
  e) II é correta, I e III são falsas.

16. (Fuvest-SP) Observando a figura ao lado, qual afirmativa é FALSA?

  a) O triângulo ABC é equilátero.
  b) O triângulo ADC é isósceles.
  c) O triângulo BCD é retângulo.
  d) A medida do ângulo $\hat{y}$ é 120°.
  e) A medida do ângulo $\hat{w}$ é 90°.

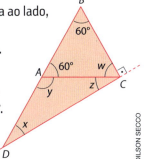

Mais questões no livro digital

COMPREENDER UM TEXTO

PROJEÇÕES

Truque de espelho é o nome genérico de uma tecnologia óptica, conhecida há séculos, usada em shows de mágica, atrações de circo e peças de teatro para iludir os espectadores. Atualmente, com o uso de novos materiais e equipamentos digitais, esses truques foram incorporados aos grandes espetáculos. No entanto, continuam a depender de projeções luminosas com ângulos de incidência e reflexão cuidadosamente estudados para produzir imagens que parecem reais do ponto de vista do público.

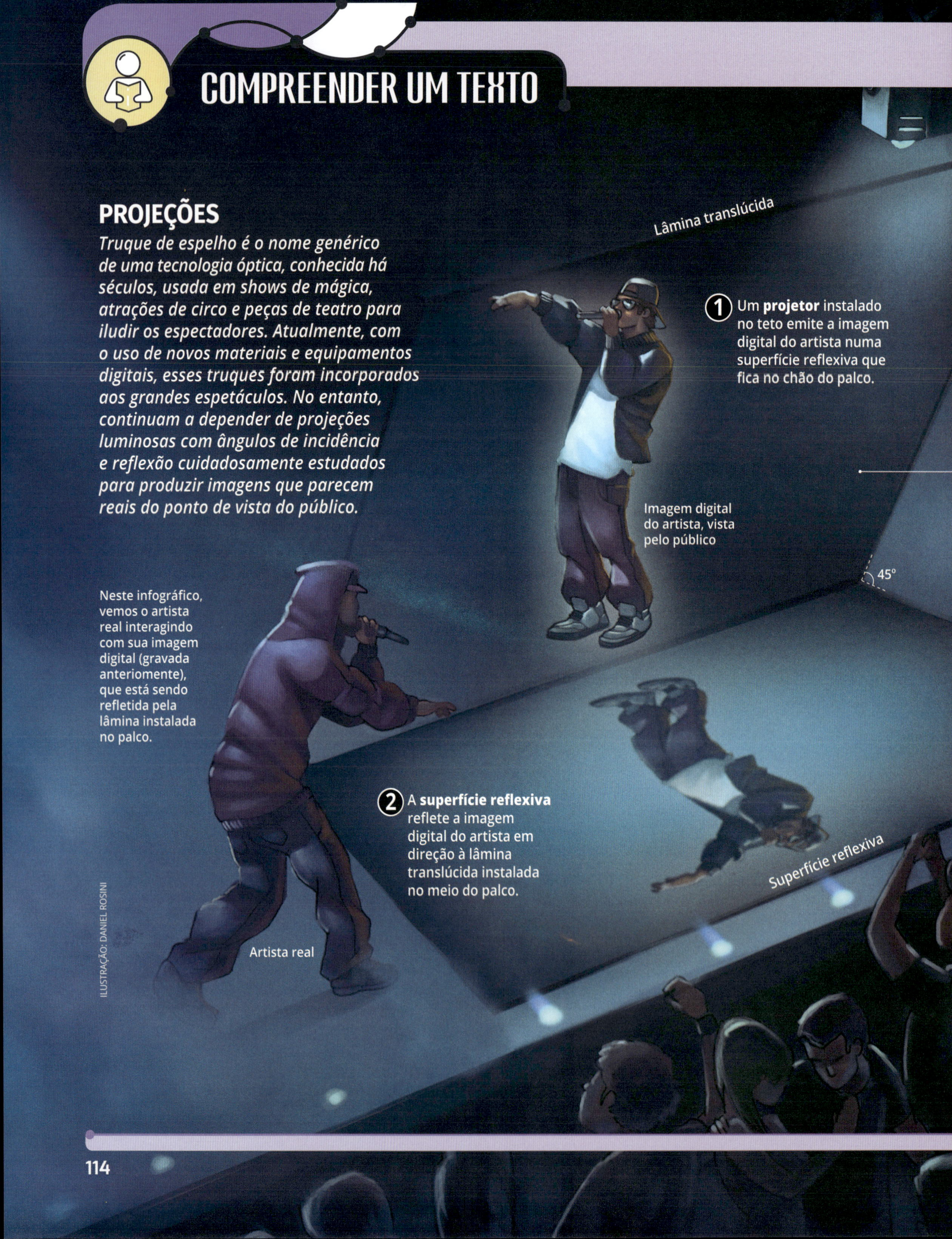

Lâmina translúcida

① Um **projetor** instalado no teto emite a imagem digital do artista numa superfície reflexiva que fica no chão do palco.

Imagem digital do artista, vista pelo público

45°

Neste infográfico, vemos o artista real interagindo com sua imagem digital (gravada anteriormente), que está sendo refletida pela lâmina instalada no palco.

② A **superfície reflexiva** reflete a imagem digital do artista em direção à lâmina translúcida instalada no meio do palco.

Superfície reflexiva

Artista real

ILUSTRAÇÃO: DANIEL ROSINI

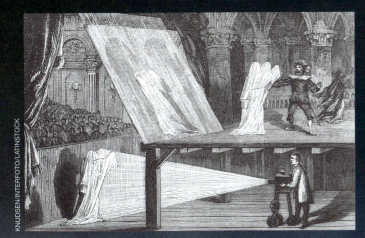

O fantasma do teatro

O desenho ao lado mostra um truque sendo usado em 1863 numa montagem teatral do conto *O homem e o espectro*, de Charles Dickens, em Londres.

Sob forte luz, um ator interpretava o fantasma em um fosso na frente do palco, oculto do público. No palco havia uma lâmina de vidro que refletia a imagem do fantasma em direção à plateia. Em uma cena da peça, o público via sobre o palco um ator tentando atingir o fantasma com uma espada, como representado na ilustração, num *show* de efeitos especiais que causou muito espanto na época.

Transparente como vidro, a lâmina é posicionada em relação à plateia e às luzes do palco de modo que pareça invisível para o público.

③ A **lâmina translúcida** reflete a imagem digital do artista em direção aos olhos dos que estão na frente do palco.

Como funciona

Veja neste esquema o caminho percorrido pelo feixe de luz, do projetor (1) até os olhos do público.

Os ângulos de incidência e reflexão do feixe de luz na superfície reflexiva (2) e na lâmina translúcida (3) são fundamentais.

ATIVIDADES

Observe o esquema acima e responda às perguntas.

1. Qual é a medida do ângulo entre a lâmina translúcida e a superfície reflexiva?
2. Classifique o ângulo obtido na atividade 1 em ângulo reto, agudo ou obtuso.

EDUCAÇÃO FINANCEIRA
INDO AO SUPERMERCADO

Quando você e seus familiares vão ao supermercado, vocês fazem um planejamento ou decidem o que comprar quando estão passando pelos produtos?

Observe as situações.

Situação 1

Situação 2 — **Situação 3**

O QUE VOCÊ FARIA?

Imagine-se no lugar do rapaz da situação 1 apresentada acima. O que você faria ao chegar em casa e ver que comprou produtos que já tinha, mas que esqueceu de comprar o leite que você precisava para fazer uma receita?

Leia as atitudes a seguir e veja se alguma delas se encaixa no que você faria. Converse com os colegas e escrevam outras atitudes que poderiam ser tomadas.

Atitude A: Voltaria ao mercado levando os produtos que já tinha em casa para serem trocados; compraria o leite e pediria o dinheiro da diferença entre os valores.

Atitude B: Voltaria ao mercado apenas para comprar leite.

Atitude C: Ficaria sem o leite.

CALCULE

Observe um trecho do folheto de promoções do supermercado Em conta. Depois faça os cálculos e responda às questões.

a) Calcule o preço do quilograma de cebola se optarmos por comprar um pacote com 1 kg, com 2 kg e com 3 kg.

b) Janaína ficou empolgada com o preço do quilograma de cebola no pacote de 3 kg. Ela mora sozinha e não costuma cozinhar com frequência. Você acha que para ela vale a pena aproveitar essa promoção?

c) Observe os preços dos pacotes de papel higiênico no anúncio. Você percebe algo nessa promoção? Converse com um colega.

d) Caso uma pessoa precise comprar 3 pacotes de papel higiênico, o que vale mais a pena: comprar os 3 pacotes juntos ou comprar separadamente 2 pacotes e mais 1 pacote? Calcule o preço total e quanto sairá cada pacote em cada um dos casos.

e) No supermercado Baratão, o pacote de papel higiênico da mesma marca e com a mesma quantidade de rolos foi anunciado por R$ 22,00 o pacote. Sabendo que no supermercado Em conta, caso você leve o anúncio do concorrente, paga o menor preço, avalie se vale a pena apresentar o anúncio do supermercado Baratão para comprar 2 pacotes de papel. De quanto será a economia nesse caso.

f) Calcule quanto você pagaria em apenas uma camisa polo, sem aproveitar a promoção.

g) Caso você queira apenas uma camisa, você acha que vale a pena aproveitar essa promoção?

REFLITA

Faça um grupo com seus colegas e conversem sobre as situações apresentadas. Procurem debater alguns aspectos, como os levantados nas questões a seguir.

- Você acha que fazer compras com fome, ansioso ou triste pode fazer com que você compre coisas desnecessárias?
- Verificar a despensa antes de sair de casa para ir ao mercado é uma boa ideia? Por quê?
- Quando fazemos uma lista de compras significa que só podemos comprar o que está nela? Você acha que fazer uma lista é interessante?
- Além de listas para ir ao supermercado, em que outras situações você ou seus familiares já fizeram listas de compras?
- Sempre vale a pena comprar algo que está em promoção? Todas as promoções são interessantes para todas as pessoas?
- Você já passou por situações em que comprou algo em promoção e depois percebeu que não fez um bom negócio?
- Você conhecia a dica apresentada na situação 2? Já fez algo parecido ao fazer compras?
- Que atitudes podem ser tomadas para economizar dinheiro e evitar compras desnecessárias?

ORGANIZAR O CONHECIMENTO

1. Os conceitos de potência estão organizados no esquema abaixo. Escreva o desenvolvimento de cada potência e dê um exemplo para cada caso.

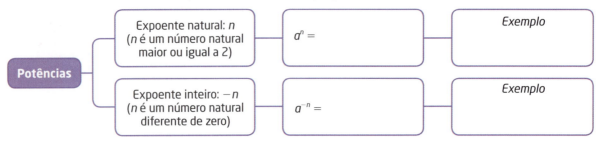

Potências
- Expoente natural: n (n é um número natural maior ou igual a 2) — $a^n =$ — Exemplo
- Expoente inteiro: $-n$ (n é um número natural diferente de zero) — $a^{-n} =$ — Exemplo

2. Complete as definições e faça as construções com régua e compasso.

Mediatriz de um segmento

Definições

Reta que passa pelo _____ de um segmento e é _____ a ele.

Lugar geométrico formado por todos os _____ do plano que estão à mesma distância de seus _____.

Construção com régua e compasso

Bissetriz de um ângulo

Definições

Semirreta que tem origem no _____ do ângulo e o divide em dois ângulos _____.

Lugar geométrico formado por todos os pontos do plano que estão à mesma distância dos _____ do ângulo.

Construção com régua e compasso

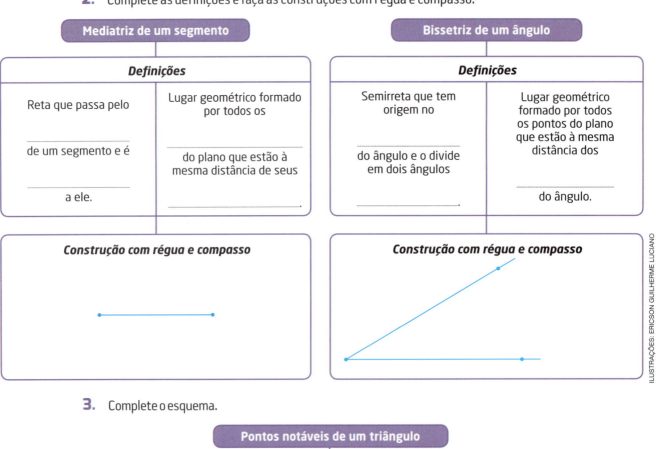

3. Complete o esquema.

Pontos notáveis de um triângulo

- Baricentro — Intersecção das _____ do triângulo.
- _____ — Intersecção das bissetrizes do triângulo.
- Circuncentro — Intersecção das _____ do triângulo.
- _____ — Intersecção das alturas do triângulo.

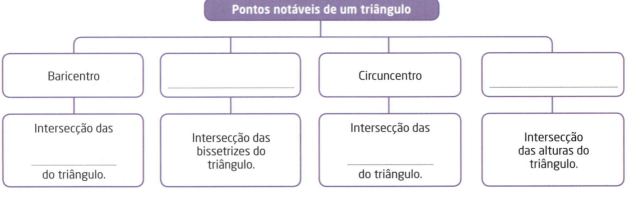

TESTES

1. (Saresp) Leia a notícia abaixo.

> Uma onda de frio já causou 46 mortes nos últimos dias nos países da Europa Central. No centro da Romênia, a temperatura chegou a −32 °C na noite passada. No noroeste da Bulgária, a temperatura era de −22 °C e as ruas ficaram cobertas por uma camada de 10 cm de gelo. Foram registradas as marcas de −30 °C na República Tcheca e de −23 °C na Eslováquia.

Segundo a notícia, o país em que a temperatura estava mais alta é:

a) Romênia.
b) Bulgária.
c) República Tcheca.
d) Eslováquia.

2. (Enem) As exportações de soja do Brasil totalizaram 4,129 milhões de toneladas no mês de julho de 2012, e registraram um aumento em relação ao mês de julho de 2011, embora tenha havido uma baixa em relação ao mês de maio de 2012.

> Disponível em: www.noticiasagricolas.com.br.
> Acesso em: 2 ago. 2012.

A quantidade, em quilogramas, de soja exportada pelo Brasil no mês de julho de 2012 foi de:

a) $4{,}129 \times 10^3$.
b) $4{,}129 \times 10^6$.
c) $4{,}129 \times 10^9$.
d) $4{,}129 \times 10^{12}$.
e) $4{,}129 \times 10^{15}$.

3. Entre as medidas de segmentos a seguir, identifique as que permitem construir um triângulo.

a) 18 m, 9 m, 9 m
b) 7 cm, 9 cm, 13 cm
c) 9 dm, 6 dm, 3 dm
d) 3 cm, 5 cm, 1 cm
e) 34 dm, 12 dm, 20 dm

4. (Fatec-SP) Das três sentenças abaixo:

I. $2^{x+3} = 2^x \cdot 2^3$
II. $(25)^x = 5^{2x}$
III. $2^x + 3^x = 5^x$

a) somente a I é verdadeira;
b) somente a II é verdadeira;
c) somente a III é verdadeira;
d) somente a II é falsa;
e) somente a III é falsa.

5. (Mackenzie-SP) Considere as seguintes afirmações:

1) $(0{,}001)^{-3} = 10^9$
2) $-2^2 = \dfrac{1}{4}$
3) $(a^{-1} + b^{-1})^{-2} = a^2 + b^2$

Associando V ou F a cada afirmação nesta ordem, conforme seja Verdadeiro ou Falso, tem-se:

a) V V V.
b) V V F.
c) V F V.
d) F V F.
e) V F F.

6. (Obmep) Na figura, os pontos A, B e C estão alinhados.

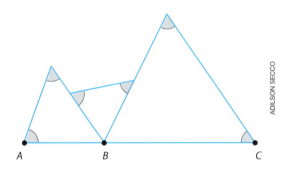

Qual é a soma dos ângulos marcados em cinza?

a) 120°
b) 180°
c) 270°
d) 360°
e) 540°

TESTES

7. (UFTM-MG) Sobre potências e raízes, marque V para as afirmativas verdadeiras e F para as falsas.

( ) $\sqrt[3]{-8} \cdot \sqrt{4} = -4$

( ) $(3^2)^2 \div \sqrt[3]{-27} + 27 = 0$

( ) Se $a = 2$ e $b = -2$, então $\sqrt{a^2 + b^2} = 0$

Assinale a sequência correta.

a) V, F, V
b) V, V, F
c) F, V, F
d) F, F, V

8. A professora de Matemática pediu a seus alunos que resolvessem a atividade abaixo.

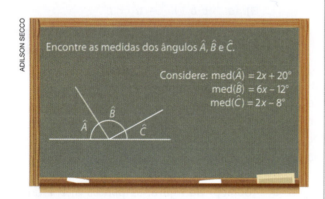

Observe as respostas que três de seus alunos deram:

Rodrigo	Sueli	Rosângela
med($\hat{A}$) = 56°	med($\hat{A}$) = 50°	med($\hat{A}$) = 56°
med($\hat{B}$) = 90°	med($\hat{B}$) = 86°	med($\hat{B}$) = 96°
med($\hat{C}$) = 28°	med($\hat{C}$) = 44°	med($\hat{C}$) = 28°

Com base nas respostas de cada um, assinale a alternativa correta.

a) Rosângela errou no cálculo das medidas dos ângulos $\hat{A}$, $\hat{B}$ e $\hat{C}$.
b) Rodrigo errou apenas a medida do ângulo $\hat{B}$.
c) Sueli acertou as medidas dos ângulos $\hat{A}$ e $\hat{B}$.
d) Rosângela acertou apenas a medida do ângulo $\hat{A}$.

9. Na figura, as retas $\overleftrightarrow{AB}$ e $\overleftrightarrow{CD}$ são paralelas e M é o ponto médio do segmento $\overline{AD}$.

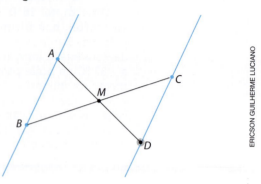

Assim, é possível afirmar que os triângulos ABM e DCM são:

a) equiláteros.
b) isósceles.
c) congruentes.
d) retângulos.

10. (Saresp) Na figura, o triângulo ABC é retângulo e está inscrito no círculo de centro O.

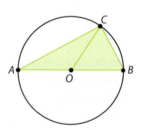

Em relação à hipotenusa AB do triângulo, o raio OC é:

a) bissetriz do ângulo oposto $A\hat{C}B$.
b) altura.
c) mediana.
d) mediatriz.

11. (UFRJ) A figura mostra um triângulo isósceles de base BC. Sendo BM a bissetriz do ângulo $A\hat{B}C$ e CM bissetriz do ângulo $A\hat{C}B$, o valor de x é:

a) 70°.
b) 90°.
c) 100°.
d) 110°.
e) 140°.

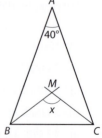

120

ATITUDES PARA A VIDA

1. Leia os seguintes relatos.

Relato 1

Consegui muitas informações sobre o número de ouro, agora preciso selecionar algumas mais interessantes, organizá-las e ver a melhor forma de apresentá-las.

Relato 2

Que legal! Você usou uma ferramenta diferente da que eu usei para fazer a construção. Ficou muito mais fácil.

Relato 3

Puxa, acho que não tracei as medianas do triângulo direito, pois as três não se encontraram em um único ponto. Melhor recomeçar e traçar todas de novo.

Agora, responda: qual desses relatos é de uma pessoa:

a) que procura fazer as coisas com precisão?

b) que ouve a opinião dos outros e pensa com flexibilidade?

c) preocupada em organizar o pensamento e comunicar-se com clareza?

2. Observe a conversa entre Patrícia e Jair.

- Antes de ler o próximo quadrinho, responda também à questão de Patrícia. O que você vê na imagem?

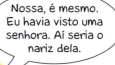

- Algum dos dois está errado?
- Uma mudança na perspectiva pode fazer com que vejamos as coisas de outro modo?
- Você acha que é importante conversar com outras pessoas para conhecer outras ideias, pontos de vista e outras formas de ver o mesmo problema?

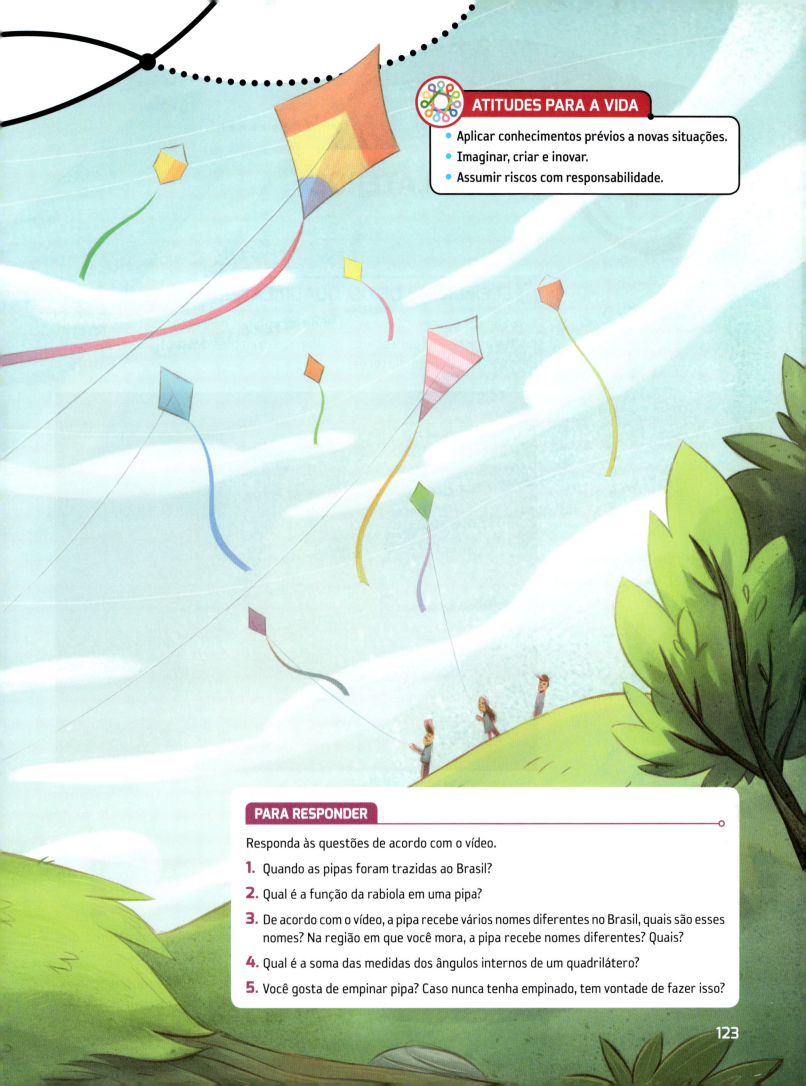

ATITUDES PARA A VIDA

- Aplicar conhecimentos prévios a novas situações.
- Imaginar, criar e inovar.
- Assumir riscos com responsabilidade.

PARA RESPONDER

Responda às questões de acordo com o vídeo.

1. Quando as pipas foram trazidas ao Brasil?
2. Qual é a função da rabiola em uma pipa?
3. De acordo com o vídeo, a pipa recebe vários nomes diferentes no Brasil, quais são esses nomes? Na região em que você mora, a pipa recebe nomes diferentes? Quais?
4. Qual é a soma das medidas dos ângulos internos de um quadrilátero?
5. Você gosta de empinar pipa? Caso nunca tenha empinado, tem vontade de fazer isso?

UNIDADE 4
QUADRILÁTEROS

1 ELEMENTOS DE UM QUADRILÁTERO

É comum observar figuras geométricas planas representadas nas obras de muitos artistas. Na obra abaixo, há diversos exemplos dessas figuras, das quais, destacamos os **quadriláteros**.

Paul Klee. *Fogo na lua cheia*, 1933, 44 cm × 57 cm.

Veja alguns deles.

Nesta unidade, vamos aprofundar um pouco o estudo dos quadriláteros, que você já estudou anteriormente.

Os principais elementos de um quadrilátero são: vértices, lados, diagonais, ângulos internos e ângulos externos.

Observe o quadrilátero ABCD a seguir.

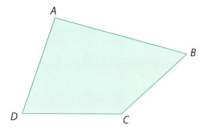

Nele, destacamos os vértices, os lados e as diagonais.

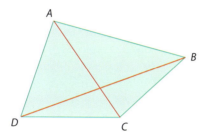

- **Vértices:** A, B, C e D
- **Lados:** $\overline{AB}$, $\overline{BC}$, $\overline{CD}$ e $\overline{DA}$
- **Diagonais:** $\overline{AC}$ e $\overline{BD}$

Agora, veja em destaque os ângulos internos e externos do quadrilátero ABCD.

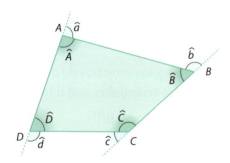

OBSERVAÇÃO

Os ângulos externos são obtidos quando prolongamos, em cada vértice, um dos lados do quadrilátero.

- **Ângulos internos:** $D\hat{A}B$ (ou $\hat{A}$), $A\hat{B}C$ (ou $\hat{B}$), $B\hat{C}D$ (ou $\hat{C}$) e $C\hat{D}A$ (ou $\hat{D}$)
- **Ângulos externos:** $\hat{a}$, $\hat{b}$, $\hat{c}$ e $\hat{d}$

A seguir, apresentamos alguns pares de lados e de ângulos importantes no estudo dos quadriláteros.

Ângulos opostos	Lados consecutivos	Lados opostos
$\hat{A}$ e $\hat{C}$; $\hat{B}$ e $\hat{D}$	$\overline{AB}$ e $\overline{BC}$; $\overline{BC}$ e $\overline{CD}$; $\overline{CD}$ e $\overline{DA}$; $\overline{DA}$ e $\overline{AB}$	$\overline{AB}$ e $\overline{CD}$; $\overline{BC}$ e $\overline{DA}$

SOMA DAS MEDIDAS DOS ÂNGULOS INTERNOS DE UM QUADRILÁTERO

Vamos considerar um quadrilátero qualquer.

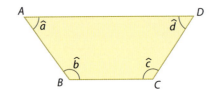

Sempre é possível decompor qualquer quadrilátero em dois triângulos.

Considerando o triângulo ABD, temos os ângulos $\hat{a}$, $\hat{x}$, e $\hat{z}$, onde a soma desses três ângulos é 180°. Da mesma maneira, no triângulo BCD, temos os ângulos $\hat{y}$, $\hat{c}$, e $\hat{w}$, que juntos somam 180°. Então:

$$a + x + z = 180° \quad e \quad y + c + w = 180°$$

OBSERVAÇÃO

As medidas dos ângulos são indicadas, respectivamente, por a, x, z, y, c e w.

Para descobrirmos quanto vale a soma dos ângulos internos do quadrilátero, basta adicionarmos os ângulos internos dos dois triângulos que o formam.

$$a + x + z + y + c + w = 180° + 180°$$
$$a + x + y + c + z + w = 360°$$

Como $x + y = b$ e $z + w = d$, então:

$$a + b + c + d = 360°$$

Assim, como a soma das medidas dos ângulos internos de cada triângulo é 180°, a soma das medidas dos ângulos internos de um quadrilátero é 2 · 180°, ou seja, 360°.

EXEMPLOS

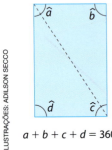

$a + b + c + d = 360°$

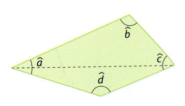

$a + b + c + d = 360°$

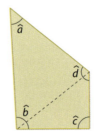

$a + b + c + d = 360°$

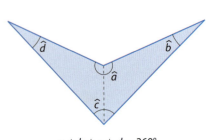

$a + b + c + d = 360°$

ATIVIDADES

PRATIQUE

1. Observe o quadrilátero ABCD abaixo e indique:
   a) os ângulos internos;
   b) os ângulos externos;
   c) os vértices;
   d) os lados;
   e) as diagonais.

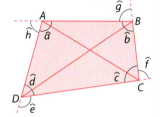

2. Um quadrilátero pode ter os ângulos internos de medidas 123°, 24°, 56° e 167°? Justifique sua resposta.

APLIQUE

R1. Três ângulos de um quadrilátero medem 121°, 83° e 54°. Qual é a medida do quarto ângulo desse quadrilátero?

Resolução

Indicando por x a medida do ângulo desconhecido, temos:

$121° + 83° + 54° + x = 360°$

$x = 360° - 258°$

$x = 102°$

3. Em um quadrilátero, as medidas dos ângulos internos são expressas por x, $x + 25°$, $x + 30°$ e $x + 5°$. Quais são as medidas dos ângulos internos desse quadrilátero?

R2. Determine a medida x, em grau.

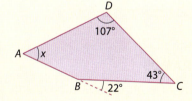

Resolução

Como no vértice B os ângulos interno e externo são suplementares, ou seja, formam um ângulo de medida 180°, podemos calcular o ângulo interno desse vértice:

$22° + \text{med}(A\hat{B}C) = 180°$

$\text{med}(A\hat{B}C) = 180° - 22°$

$\text{med}(A\hat{B}C) = 158°$

Sabemos ainda que a soma das medidas dos ângulos internos de um quadrilátero é 360°. Então:

$x + 107° + 43° + 158° = 360°$

$x + 308° = 360°$

$x = 360° - 308°$

$x = 52°$

4. Calcule no caderno a medida y, em grau.

a) 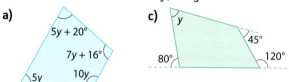 c)

b) 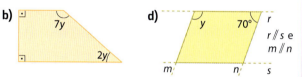 d)

5. Quais são as medidas a, b, c e d dos ângulos internos do quadrilátero ABCD abaixo?

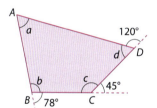

6. O quadrado é um quadrilátero que tem os quatro lados congruentes e os quatro ângulos internos de mesma medida.

Observe a figura ao lado, em que ABCD é um quadrado e os triângulos ADE e ABF são equiláteros.

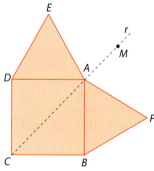

Sabendo que os pontos C, A e M pertencem à reta r, calcule:

a) as medidas dos ângulos internos dos triângulos ADE e ABF;

b) a medida do ângulo $F\hat{A}C$;

c) a medida do ângulo $F\hat{A}M$.

127

2 QUADRILÁTEROS NOTÁVEIS

Os quadriláteros que possuem lados opostos paralelos, recebem uma classificação especial e são denominados **quadriláteros notáveis**. Dependendo do número de pares de lados opostos paralelos, o quadrilátero pode ser classificado como paralelogramo ou trapézio.

Nesta imagem, temos uma porta pantográfica, na qual é possível observar vários paralelogramos. Destacamos em vermelho dois deles.

PARALELOGRAMOS

Os paralelogramos são um tipo de quadrilátero notável.

> Todo quadrilátero que tem os dois pares de lados opostos paralelos é um **paralelogramo**.

O quadrilátero ABCD a seguir é um paralelogramo.

Observe que:

- os lados opostos $\overline{AB}$ e $\overline{DC}$ são paralelos ($\overline{AB} \parallel \overline{DC}$); os lados opostos $\overline{AD}$ e $\overline{BC}$ também são paralelos ($\overline{AD} \parallel \overline{BC}$);
- o lado $\overline{AB}$ é uma das **bases** do paralelogramo (qualquer um dos lados do paralelogramo pode ser considerado base);
- o segmento $\overline{DE}$ é uma **altura** do paralelogramo relativa à base $\overline{AB}$;
- os ângulos $B\hat{A}D$ e $B\hat{C}D$ são opostos; os ângulos $A\hat{D}C$ e $A\hat{B}C$ também são opostos;
- traçando os segmentos $\overline{DB}$ e $\overline{AC}$, teremos as **diagonais** do paralelogramo;
- a soma das medidas dos ângulos internos é 360°.

CLASSIFICAÇÃO DOS PARALELOGRAMOS

Veja, abaixo, os nomes especiais que alguns paralelogramos recebem de acordo com particularidades de seus lados ou de seus ângulos.

Losangos	Retângulos	Quadrados
Paralelogramos que têm os quatro lados congruentes.	Paralelogramos que têm os quatro ângulos medindo 90°.	Paralelogramos que têm os quatro lados congruentes e os quatro ângulos medindo 90°.

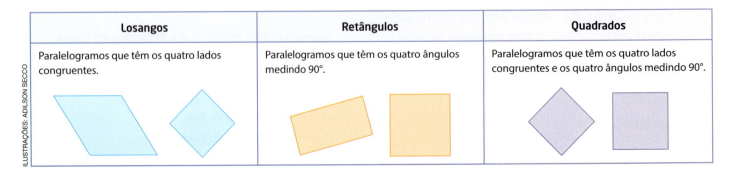

PARA PENSAR

Observe o que Marina diz.

Todo quadrado é um retângulo e um losango!

Acho que não...

Analisando o que Marina disse e o que Augusto pensou, converse com um colega e identifiquem quem está certo: Marina ou Augusto?

TRAPÉZIOS

Agora, vamos estudar outro quadrilátero notável, o trapézio.

Observando de frente o móvel mostrado ao lado, podemos identificar o contorno de um trapézio, destacado em verde.

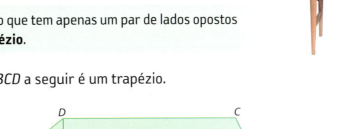

Todo quadrilátero que tem apenas um par de lados opostos paralelos é um **trapézio**.

O quadrilátero ABCD a seguir é um trapézio.

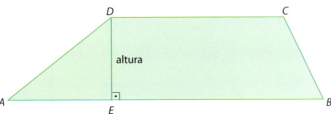

Nele destacamos que:
- os lados paralelos $\overline{AB}$ e $\overline{DC}$ são as **bases**;
- o lado $\overline{AB}$ é a **base maior** e o lado $\overline{DC}$ é a **base menor**;
- a **altura** $\overline{DE}$ do trapézio é um segmento perpendicular às duas bases;
- os ângulos $B\hat{A}D$ e $A\hat{D}C$ são suplementares, juntos somam 180°, assim como os ângulos $A\hat{B}C$ e $B\hat{C}D$;
- traçando os segmentos $\overline{AC}$ e $\overline{BD}$, teremos as **diagonais** do trapézio;
- a soma das medidas dos ângulos internos é 360°.

Vamos mostrar que os ângulos $B\hat{A}D$ e $A\hat{D}C$ são suplementares e somam 180°. Observe.

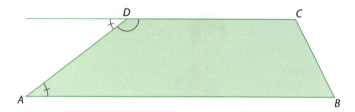

Quando prolongamos o lado $\overline{CD}$ do trapézio, obtemos o ângulo externo, que é congruente ao ângulo $B\hat{A}D$, pois esses dois ângulos são alternos internos. Esse ângulo externo e o ângulo $A\hat{D}C$ somam 180°. Assim, concluímos que $B\hat{A}D$ e $A\hat{D}C$ são suplementares, somando 180°.

De modo análogo, notamos que os ângulos $A\hat{B}C$ e $B\hat{C}D$ também somam 180°.

DESAFIO

Rafael fez um trapézio, formado por 8 triângulos equiláteros do mesmo tamanho, utilizando 16 canudinhos plásticos. Ajude-o a formar um paralelogramo movimentando apenas dois canudinhos.

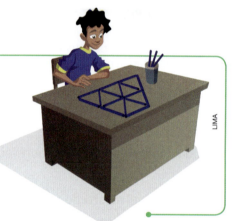

CLASSIFICAÇÃO DOS TRAPÉZIOS

Veja, abaixo, os nomes especiais que alguns trapézios recebem de acordo com seus lados ou ângulos.

Trapézio isósceles	Trapézio escaleno	Trapézio retângulo
Trapézio cujos lados não paralelos são congruentes.	Trapézio cujos lados não paralelos não são congruentes.	Trapézio que tem um lado perpendicular às bases.
$\overline{AD} \cong \overline{BC}$	$\overline{AD}$ não é congruente a $\overline{BC}$.	$\overline{BC} \perp \overline{AB}$ e $\overline{BC} \perp \overline{DC}$

OBSERVAÇÃO

Todo trapézio retângulo é também escaleno.

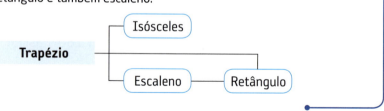

Organize o que você aprendeu fazendo a atividade 1 da página 188.

130

INFORMÁTICA E MATEMÁTICA

Verificando algumas propriedades dos paralelogramos

Nesta seção, você vai utilizar um *software* de geometria dinâmica para construir um paralelogramo qualquer e investigar suas propriedades.

CONSTRUA

Paralelogramo e suas diagonais

Siga os passos a seguir para construir um paralelogramo.

1º) Construa o segmento de reta $\overline{AB}$.
2º) Marque um ponto C qualquer, tal que $C \notin \overline{AB}$.
3º) Trace a reta r, paralela ao segmento de reta $\overline{AB}$, passando por C.
4º) Trace o segmento de reta $\overline{BC}$.
5º) Trace a reta s, paralela ao segmento de reta $\overline{BC}$, passando por A.
6º) Marque o ponto D, intersecção das retas r e s.
7º) Construa o paralelogramo ABCD.
8º) Se desejar, esconda as construções auxiliares.
9º) Trace o segmento de reta $\overline{AC}$ e o segmento de reta $\overline{BD}$ diagonais do paralelogramo.
10º) Marque o ponto M, intersecção das diagonais.

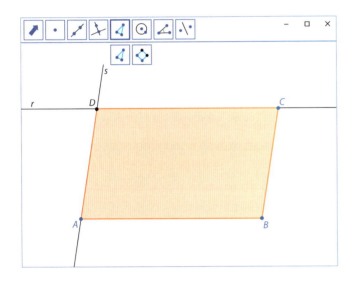
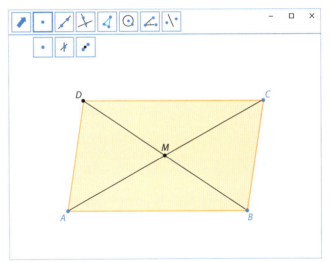

INVESTIGUE

- Meça os lados do paralelogramo e movimente os pontos móveis da construção. O que podemos observar quanto às medidas dos lados? É possível perceber alguma propriedade?
- Meça os ângulos internos do paralelogramo. É possível verificar alguma propriedade observando as medidas de seus ângulos internos?
- Meça agora os segmentos $\overline{AM}$ e $\overline{MC}$ e observe. Faça o mesmo com os segmentos $\overline{BM}$ e $\overline{MD}$. O que é possível verificar?

3 PROPRIEDADES DOS PARALELOGRAMOS

Vamos estudar agora três propriedades dos paralelogramos.

OS LADOS OPOSTOS DE UM PARALELOGRAMO SÃO CONGRUENTES

Observe o paralelogramo ABCD a seguir.

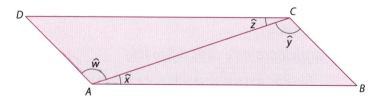

Ao traçar a diagonal $\overline{AC}$, obtemos o $\triangle ABC$ e o $\triangle CDA$.

Comparando os triângulos, percebemos que:

$\hat{x} \cong \hat{z}$ ⟶ ângulos alternos internos

$\overline{AC} \cong \overline{AC}$ ⟶ lado comum

$\hat{y} \cong \hat{w}$ ⟶ ângulos alternos internos

Então, pelo caso de congruência ALA (ângulo-lado-ângulo), concluímos que $\triangle ABC \cong \triangle CDA$.

Portanto, $\overline{AB} \cong \overline{CD}$ e $\overline{BC} \cong \overline{AD}$, ou seja, em um paralelogramo, os lados opostos são congruentes.

Também podemos enunciar que um quadrilátero que tem lados opostos congruentes é um paralelogramo. Essa afirmação pode ser demonstrada, mas não a faremos aqui.

OS ÂNGULOS OPOSTOS DE UM PARALELOGRAMO SÃO CONGRUENTES

Observe o paralelogramo ABCD a seguir.

Ao traçar a diagonal $\overline{BD}$, obtemos o $\triangle ABD$ e o $\triangle CDB$.

Comparando os triângulos, percebemos que:

$\hat{x} \cong \hat{w}$ ⟶ ângulos alternos internos

$\overline{BD} \cong \overline{BD}$ ⟶ lado comum

$\hat{y} \cong \hat{z}$ ⟶ ângulos alternos internos

Então, pelo caso de congruência ALA, concluímos que $\triangle ABD \cong \triangle CDB$.

Portanto, temos $B\hat{A}D \cong D\hat{C}B$.

Como $\hat{x} \cong \hat{w}$ e $\hat{z} \cong \hat{y}$, temos que: $x = w$ e $z = y$; então: $x + z = w + y$. Portanto, $A\hat{B}C \cong C\hat{D}A$.

Logo, os ângulos opostos de um paralelogramo são congruentes.

Também podemos enunciar que, se um quadrilátero tem ângulos opostos congruentes, ele é um paralelogramo. Essa afirmação também pode ser demonstrada, mas não a faremos aqui.

AS DIAGONAIS DE UM PARALELOGRAMO CRUZAM-SE NOS RESPECTIVOS PONTOS MÉDIOS

Estas propriedades valem para todos os paralelogramos.

- Os lados opostos de um paralelogramo são congruentes.
- Os ângulos opostos de um paralelogramo são congruentes.
- As diagonais de um paralelogramo cruzam-se nos respectivos pontos médios.

Observe o paralelogramo ABCD a seguir.

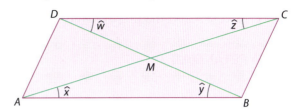

Ao traçar as diagonais $\overline{AC}$ e $\overline{BD}$, que se cruzam no ponto M, obtemos o △AMB e o △CMD.

Comparando esses triângulos, percebemos que:

$\hat{x} \cong \hat{z}$ ⟶ ângulos alternos internos

$\overline{AB} \cong \overline{DC}$ ⟶ lados opostos de um paralelogramo

$\hat{y} \cong \hat{w}$ ⟶ ângulos alternos internos

Então, pelo caso de congruência ALA, concluímos que △AMB ≅ △CMD.

Portanto, $\overline{AM} \cong \overline{CM}$ e $\overline{BM} \cong \overline{DM}$, ou seja, as diagonais de um paralelogramo cruzam-se nos respectivos pontos médios.

Também podemos enunciar que um quadrilátero cujas diagonais se cruzam no ponto médio é um paralelogramo. Essa afirmação também pode ser demonstrada, mas não a faremos aqui.

ATIVIDADES

PRATIQUE

1. Quais afirmações são verdadeiras?

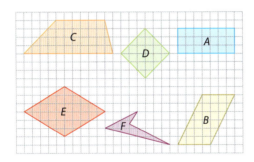

a) A é quadrado.
b) B é paralelogramo.
c) C é paralelogramo.
d) D é quadrado.
e) E é losango.
f) F é retângulo.

2. Escreva em seu caderno o nome de cada figura.

a)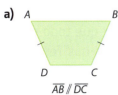
$\overline{AB} \parallel \overline{DC}$

b)

APLIQUE

3. (Unesp) Considere as seguintes proposições:

I. todo quadrado é um losango;
II. todo quadrado é um retângulo;
III. todo retângulo é um paralelogramo;
IV. todo triângulo equilátero é isósceles.

Pode-se afirmar que:

a) só uma é verdadeira.
b) todas são verdadeiras.
c) só uma é falsa.
d) duas são verdadeiras e duas são falsas.
e) todas são falsas.

4. Um paralelogramo tem 18 cm de perímetro, 2 cm de altura e um de seus lados mede o triplo da altura. Quais são as medidas dos outros lados?

5. Determine os valores de x e y nos paralelogramos.

a)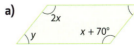
b)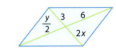

133

PROPRIEDADE DOS RETÂNGULOS

O fato de os retângulos serem paralelogramos garante que suas diagonais se cruzem no ponto médio. Além disso, os retângulos têm mais uma propriedade:

AS DIAGONAIS DE UM RETÂNGULO SÃO CONGRUENTES

Observe o retângulo ABCD a seguir.

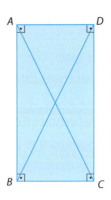

Ao traçar as diagonais $\overline{AC}$ e $\overline{BD}$, obtemos o $\triangle ABC$ e o $\triangle BAD$.

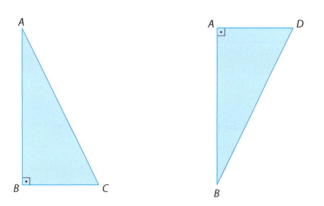

Comparando esses triângulos, percebemos que:

$\overline{BC} \cong \overline{AD}$ ⟶ lados opostos de um paralelogramo

$A\hat{B}C \cong B\hat{A}D$ ⟶ ângulos retos

$\overline{AB} \cong \overline{BA}$ ⟶ lado comum

Então, pelo caso de congruência LAL (lado-ângulo-lado), concluímos que $\triangle ABC \cong \triangle BAD$.

Portanto, $\overline{AC} \cong \overline{BD}$, ou seja, as diagonais de um retângulo têm a mesma medida. Essa propriedade vale para todos os retângulos.

Também podemos enunciar que todo quadrilátero cujas diagonais são congruentes é um retângulo. Essa afirmação também pode ser demonstrada, mas não a faremos aqui.

PROPRIEDADE DOS LOSANGOS

O fato de os losangos serem paralelogramos garante que suas diagonais se cruzem no ponto médio. Além disso, os losangos têm mais uma propriedade:

AS DIAGONAIS DE UM LOSANGO ESTÃO CONTIDAS NAS RESPECTIVAS BISSETRIZES DOS ÂNGULOS INTERNOS E SÃO PERPENDICULARES ENTRE SI

Observe o losango ABCD a seguir.

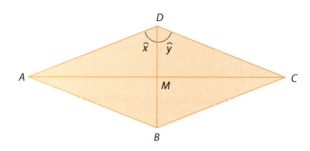

Ao traçar as diagonais $\overline{AC}$ e $\overline{BD}$, cujo ponto médio é M, obtemos o $\triangle AMD$ e o $\triangle CMD$.

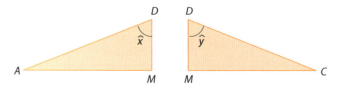

Comparando esses triângulos, percebemos que:

$\overline{AD} \cong \overline{CD}$ ⟶ lados do losango

$\overline{AM} \cong \overline{CM}$ ⟶ M é ponto médio de $\overline{AC}$

$\overline{MD} \cong \overline{MD}$ ⟶ lado comum

Então, pelo caso de congruência LLL (lado-lado-lado), concluímos que $\triangle AMD \cong \triangle CMD$.

Logo, $\hat{x} \cong \hat{y}$ e, portanto, $\overrightarrow{DB}$ é bissetriz do ângulo $C\hat{D}A$. Da mesma forma, podemos provar que $\overrightarrow{BD}$ é bissetriz de $A\hat{B}C$, $\overrightarrow{CA}$ é bissetriz de $B\hat{C}D$ e $\overrightarrow{AC}$ é bissetriz de $D\hat{A}B$.

Além disso, $\overline{AC}$ e $\overline{BD}$ são perpendiculares, pois $A\hat{M}D$ e $C\hat{M}D$ são congruentes e suplementares, ou seja, são ângulos retos.

As congruências entre os triângulos obtidos traçando as diagonais, assim como as conclusões acima, valem para todos os losangos.

Também podemos enunciar que todo quadrilátero cujas diagonais estão contidas nas respectivas bissetrizes dos ângulos internos e são perpendiculares entre si é um losango. Essa afirmação também pode ser demonstrada, mas não a faremos aqui.

PROPRIEDADE DOS QUADRADOS

Por ser um paralelogramo, um retângulo, e também, um losango, um quadrado possui todas as propriedades que valem para esses quadriláteros.

Assim, em um quadrado as diagonais são congruentes, estão contidas nas respectivas bissetrizes dos ângulos internos, são perpendiculares entre si e cruzam-se nos respectivos pontos médios.

JUSTIFICATIVA DE ALGUMAS CONSTRUÇÕES COM RÉGUA E COMPASSO

MEDIATRIZ E PONTO MÉDIO

Retome a construção com régua e compasso (feita na página 68 da unidade 2) da **mediatriz** e do **ponto médio** de um segmento de reta $\overline{AB}$.

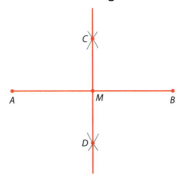

Vamos verificar que, de fato, o ponto M é ponto médio de $\overline{AB}$ e a reta $\overleftrightarrow{CD}$ é sua mediatriz.

Pela construção realizada, temos que: $BC = BD = AC = AD$

Assim, o quadrilátero ADBC é um losango de diagonais $\overline{AB}$ e $\overline{CD}$, que se cruzam em M.

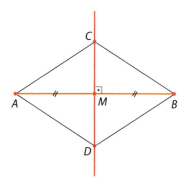

Pelas propriedades dos quadriláteros que estudamos, as diagonais de um losango se cruzam em seu ponto médio e são perpendiculares entre si. Assim, M é ponto médio de $\overline{AB}$ e $\overleftrightarrow{CD}$ é sua mediatriz.

Note que, qualquer que seja o ponto P diferente de M, pertencente a $\overleftrightarrow{CD}$, teremos que $\triangle AMP \cong \triangle BMP$ pelo critério LAL (pois $\overline{AM} \cong \overline{BM}$, $\overline{MP}$ é lado comum e $A\widehat{M}P \cong B\widehat{M}P$). E, portanto, $AP = BP$, ou seja, qualquer ponto da reta $\overleftrightarrow{CD}$ está a mesma distância de A e de B. Esse é um outro modo de mostrar que, de fato, com a construção realizada, $\overleftrightarrow{CD}$ é mediatriz de $\overline{AB}$.

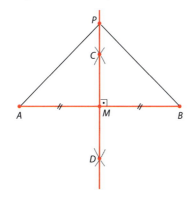

RETAS PARALELAS

Retome a construção com régua e compasso (feita na página 70 da unidade 2) da **reta paralela** a uma reta *r* passando por um ponto *P* que não pertence a ela.

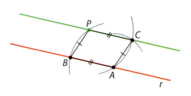

Pela construção realizada, temos que: $AB = CP$ e $BP = AC$

Vimos, nesta unidade, que um quadrilátero que tem lados opostos congruentes é um paralelogramo. Assim, ABPC é um paralelogramo e, portanto, $\overleftrightarrow{PC} \parallel r$.

ATIVIDADES

PRATIQUE

1. (UFMS) Dadas as proposições a seguir, identifique quais são as verdadeiras.
   a) Em um retângulo qualquer, as diagonais são congruentes.
   b) Em um losango qualquer, as diagonais são congruentes.
   c) Em um quadrado qualquer, as diagonais são congruentes.
   d) Em um retângulo qualquer, as diagonais são perpendiculares entre si.
   e) Em um losango qualquer, as diagonais são perpendiculares entre si.

2. Determine o valor de *x* e de *y* para que as figuras abaixo sejam retângulos.
   a)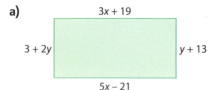
   b)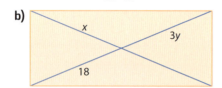

3. Considere ABCD um retângulo e M o ponto médio de $\overline{AC}$ e de $\overline{BD}$. Qual é a medida de $\overline{AC}$ se $AM = x + 7$ e $DM = 2x - 4$?

4. (ITA-SP) Dadas as afirmações:
   I. Quaisquer dois ângulos opostos de um quadrilátero são suplementares.
   II. Quaisquer dois ângulos adjacentes a um lado de um paralelogramo são suplementares.
   III. Se as diagonais de um paralelogramo são perpendiculares entre si e se cruzam em seu ponto médio, então esse paralelogramo é um losango.

   Podemos então garantir que:
   a) todas são verdadeiras.
   b) apenas I e II são verdadeiras.
   c) apenas II e III são verdadeiras.
   d) apenas II é verdadeira.
   e) apenas III é verdadeira.

APLIQUE

R1. Observe o retângulo MNOP.

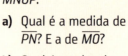

a) Qual é a medida de $\overline{PN}$? E a de $\overline{MO}$?
b) Qual é o valor de *x*, *y* e *z*, em grau?

Resolução

a) Como em um retângulo as diagonais se cruzam no ponto médio, Q é o ponto médio de $\overline{PN}$. Então:
$$PN = 2 \cdot PQ = 2 \cdot 5 = 10$$

Em um retângulo, temos ainda que as diagonais são congruentes; logo, $\overline{MO} \cong \overline{PN}$. Então:

$$MO = 10$$

b) As diagonais do retângulo formam, com lados opostos, ângulos alternos internos e, com lados consecutivos, ângulos complementares.

Assim, $O\widehat{P}N \cong M\widehat{N}P$ (ângulos alternos internos). Logo, $x = 27°$.

Como $O\widehat{P}N$ e $N\widehat{P}M$ são ângulos complementares, então: $27° + y = 90°$, ou seja, $y = 63°$.

$\hat{z}$ é ângulo externo do triângulo isósceles NMQ, cujos ângulos da base medem $27°$. Logo, a medida de $\hat{z}$ é a soma das medidas dos ângulos internos não adjacentes.

$z = \text{med}(N\widehat{M}Q) + \text{med}(M\widehat{N}P)$

$z = 27° + 27° = 54°$

5. Calcule o perímetro de um paralelogramo que tem dois lados consecutivos medindo 5 cm e 8 cm.

6. Sabendo que o quadrilátero $ABCD$ a seguir é um paralelogramo e que o perímetro de $ABCD$ é 20 cm, responda às questões.

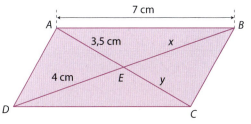

a) Qual é a medida x?
b) Qual é a medida y?
c) Qual é o perímetro do triângulo DEC?
d) Qual é o perímetro do triângulo ABD?
e) Qual é o perímetro do triângulo AED?

7. Observe o losango e responda à questão.

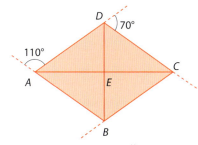

- Quais são as medidas dos ângulos internos do triângulo BCE?

8. Observe o prisma abaixo, cujas faces são paralelogramos, e responda às questões.

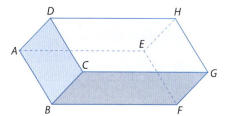

a) $\overline{AB}$ e $\overline{HG}$ são congruentes? Por quê?
b) $D\widehat{A}B$ e $H\widehat{G}F$ são congruentes? Por quê?

9. Calcule as medidas dos ângulos do paralelogramo $ABCD$ sabendo que os ângulos obtusos medem o dobro dos ângulos agudos.

10. Na figura abaixo, $ABCD$ é um quadrado e os pontos P, Q, R e S são pontos médios dos lados desse quadrado.

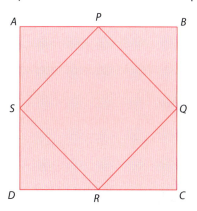

a) Os segmentos $\overline{AP}$ e $\overline{PB}$ são congruentes? Por quê?
b) Os ângulos $\hat{A}$ e $\hat{B}$ são congruentes? Quanto medem?
c) Os segmentos $\overline{AS}$ e $\overline{BQ}$ são congruentes? Por quê?
d) Os triângulos SAP e PBQ são congruentes?
e) Quais são as medidas dos ângulos $A\widehat{P}S$, $B\widehat{P}Q$ e $S\widehat{P}Q$?
f) No quadrilátero $PQRS$, qual é a relação entre os lados? E entre os ângulos internos?
g) O quadrilátero $PQRS$ é um quadrado?

11. Mateus recortou vários paralelogramos iguais à figura abaixo.

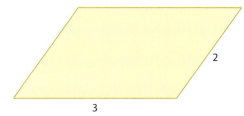

Ele quer juntá-los, lado a lado, para formar um losango. Qual é o menor número de paralelogramos necessário para isso?

INFORMÁTICA E MATEMÁTICA

Verificando algumas propriedades dos trapézios isósceles

Nesta seção, você vai utilizar um *software* de geometria dinâmica para construir um trapézio isósceles e investigar suas propriedades.

CONSTRUA

Trapézio isósceles e suas diagonais

Siga os passos a seguir para construir um trapézio isósceles.

1º) Construa o segmento de reta $\overline{AB}$.

2º) Trace a mediatriz m de $\overline{AB}$.

3º) Marque um ponto P qualquer na mediatriz.

4º) Trace os segmentos de retas $\overline{PA}$ e $\overline{PB}$.

5º) Marque um ponto C qualquer em $\overline{PB}$, com $C \neq P$ e $C \neq B$.

6º) Trace uma reta r, paralela a $\overline{AB}$, passando por C.

7º) Marque D, intersecção da reta r com o $\overline{PA}$.

8º) Construa o trapézio $ABCD$.

9º) Se desejar, esconda as construções de suporte.

10º) Trace o segmento de reta $\overline{AC}$ e o segmento de reta $\overline{BD}$, diagonais do trapézio.

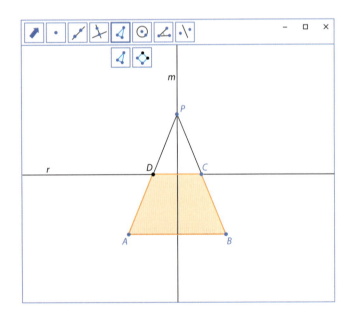
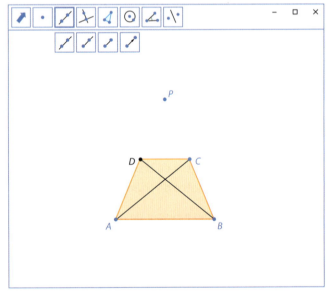

INVESTIGUE

- Meça os ângulos internos do trapézio isósceles. Observe essas medidas e movimente a construção. É possível verificar alguma propriedade?
- Meça agora as diagonais do trapézio. O que é possível concluir?

4 PROPRIEDADES DOS TRAPÉZIOS

Agora, estudaremos duas propriedades dos trapézios isósceles.

OS ÂNGULOS ADJACENTES A UMA DAS BASES DE UM TRAPÉZIO ISÓSCELES SÃO CONGRUENTES

Observe o trapézio isósceles ABCD a seguir.

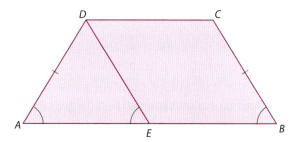

Ao traçar pelo vértice D um segmento paralelo a $\overline{BC}$, determinamos um ponto E na base maior e obtemos o triângulo AED e o paralelogramo EBCD.

Como $\overline{DE} \cong \overline{CB}$ (lados opostos do paralelogramo) e $\overline{BC} \cong \overline{AD}$ (trapézio isósceles), temos $\overline{DE} \cong \overline{CB} \cong \overline{AD}$, ou seja, $\overline{DE} \cong \overline{AD}$. Logo, o triângulo AED é isósceles.

Como $D\hat{A}E \cong D\hat{E}A$ (pois o triângulo AED é isósceles) e $D\hat{E}A \cong C\hat{B}A$ (pois são ângulos correspondentes), temos $D\hat{A}E \cong C\hat{B}A$, isto é, os ângulos adjacentes à base maior são congruentes.

Traçando pelo vértice C um segmento paralelo a $\overline{AD}$ e seguindo os mesmos passos, podemos mostrar que $A\hat{D}C \cong B\hat{C}D$ (os ângulos adjacentes à base menor são congruentes).

AS DIAGONAIS DE UM TRAPÉZIO ISÓSCELES SÃO CONGRUENTES

Observe o trapézio isósceles ABCD a seguir.

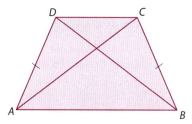

Ao traçar as diagonais $\overline{AC}$ e $\overline{BD}$, obtemos os $\triangle ABC$ e $\triangle BAD$.

Comparando esses triângulos, percebemos que:

$\overline{BC} \cong \overline{AD}$ ⟶ lados não paralelos do trapézio isósceles

$A\hat{B}C \cong B\hat{A}D$ ⟶ ângulos adjacentes à base $\overline{AB}$ do trapézio isósceles

$\overline{AB} \cong \overline{BA}$ ⟶ lado comum

Como ocorreu o caso de congruência LAL (lado-ângulo-lado) nos dois triângulos, concluímos que os $\triangle ABC$ e $\triangle BAD$ são congruentes.

Portanto, $\overline{AC} \cong \overline{BD}$, isto é, as diagonais de um trapézio isósceles são congruentes.

> **CÁLCULO MENTAL**
>
> ABCD é um trapézio isósceles de bases $\overline{AB}$ e $\overline{DC}$.
>
>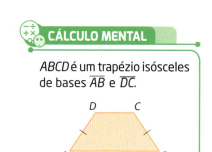
>
> Calcule:
> - med($D\hat{A}B$) se med($A\hat{B}C$) = = 18°
> - BD se AC = 110
> - med($A\hat{B}C$) se med($B\hat{C}D$) = = 162°
> - AD se BC = 32

BASE MÉDIA

- Uma **base média de um triângulo** é um segmento cujos vértices são os pontos médios de dois lados, como o segmento $\overline{MN}$ da figura abaixo.

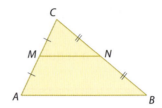

Enunciamos, sem demonstrar, a propriedade a seguir.

A base média de um triângulo é paralela ao terceiro lado do triângulo (a base), e sua medida é a metade da medida desse lado.

- A **base média de um trapézio** é o segmento cujos vértices são os pontos médios de dois lados não paralelos, como o segmento $\overline{MN}$ da figura abaixo.

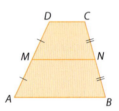

Trilha de estudo

Vai estudar? Nosso assistente virtual no *app* pode ajudar!
<http://mod.lk/trilhas>

Enunciamos, sem demonstrar, a propriedade a seguir.

A base média de um trapézio é paralela às bases, e sua medida é a metade da soma das medidas das bases.

ATIVIDADES

PRATIQUE

1. Considerando o trapézio isósceles ABCD com bases $\overline{AB}$ e $\overline{CD}$, responda às questões.
   a) Qual é a medida de $\overline{AD}$ se BC = 39,2 cm?
   b) Qual é a medida de $C\hat{D}A$ se med($A\hat{B}C$) = 66°?

2. EFGH é um trapézio isósceles. A medida da diagonal $\overline{EG}$ é expressa por $4x - 20$, e a medida da diagonal $\overline{FH}$, por $\dfrac{4x}{3}$. Qual é a medida de cada diagonal?

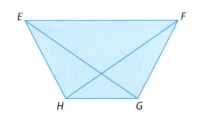

3. Corrija as afirmações a seguir.
   a) A medida da base de um triângulo é AB = 26. Como M e N são, respectivamente, os pontos médios de $\overline{AC}$ e $\overline{BC}$, então MN = 52.
   b) As medidas das bases de um trapézio são AB = 11 e CD = 7. Como M e N são, respectivamente, os pontos médios de $\overline{AD}$ e $\overline{BC}$, então MN = 8.

APLIQUE

4. As medidas das bases de um trapézio isósceles são 23 cm e 12 cm. Sabendo que o perímetro do trapézio é igual a 80 cm, quanto medem os lados não paralelos do trapézio?

5. Em um trapézio retângulo, a medida do ângulo obtuso é o triplo da medida do ângulo agudo. Determine as medidas dos ângulos desse trapézio.

ESTATÍSTICA E PROBABILIDADE
LEITURA E INTERPRETAÇÃO DE INFORMAÇÕES QUE SE COMPLEMENTAM

Os gráficos nos ajudam a expressar informações visualmente e facilitam a análise de dados. Eles estão presentes no dia a dia das pessoas e são muito usados em algumas áreas de estudo, tornando os dados mais claros e informativos. Proporcionando, assim, uma análise mais rápida e objetiva.

Dependendo da análise que se desejar fazer, precisamos buscar informações em diferentes tipos de gráficos, textos ou tabelas, de maneiras que essas se complementem.

Observe, por exemplo, os gráficos a seguir que tratam de uma pesquisa realizada no Brasil, em 2015, sobre doações.

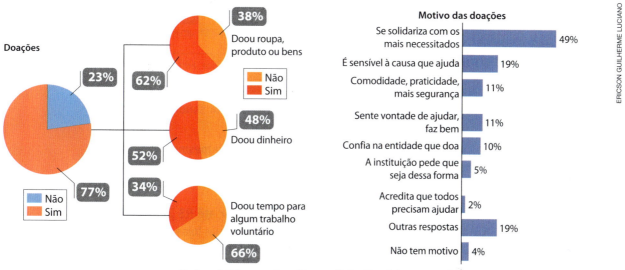

Dados obtidos em: *Jornal Joca*, edição 83, página 3, set. de 2016.

Os gráficos de setores trazem informações a respeito de quem fez a doação e o tipo de doação realizada, enquanto o gráfico de barras horizontais traz informações sobre os motivos das doações.

A partir desses gráficos, pode-se concluir que:
- A maioria dos entrevistados fez doação em 2015. E dos que doaram, a maioria doou roupa, produto ou algum bem;
- O tempo para algum trabalho voluntário é o que as pessoas menos doam;
- O maior motivo das doações é a solidariedade com os mais necessitados;
- 4% dos entrevistados não tem um motivo específico para fazer as doações;
- Além dos motivos apresentados, 19% dos entrevistados têm outros motivos para realizar as doações.

As conclusões se deram por meio da análise dos dados apresentados em dois tipos de gráficos. Assim, os dados de ambos os gráficos se complementam, enriquecendo e aprofundando as informações a respeito do tema estudado.

ESTATÍSTICA E PROBABILIDADE

ATIVIDADES

1. Leia o trecho de uma reportagem a respeito do investimento em saúde pública e observe o gráfico ao lado.

    O Brasil, que tem o SUS (Sistema Único de Saúde), e os países que também oferecem médicos e tratamentos de saúde gratuitos para toda a população estão enfrentando o aumento de casos de câncer e das despesas para tratar a doença. [...] Para cada habitante, o Canadá investe US$ 5.292 em saúde. Na França, o gasto é de US$ 4.959 por pessoa. [...]

    Informações disponíveis em: *Jornal Joca*, edição 82, página 2, em set. de 2016.

    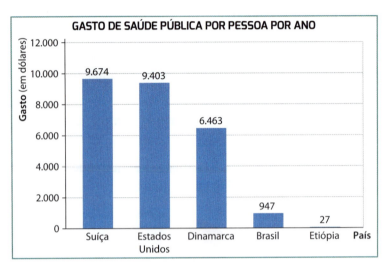

    Dados obtidos em: *Jornal Joca*, edição 82, página 2, em set. de 2016.

    a) Qual é o tema das informações contidas no texto e no gráfico?

    b) De todos os países citados acima, quais investem mais do que a França em saúde pública por pessoa por ano?

    c) Apesar dos dois meios, texto e gráfico, apresentarem informações sobre o mesmo tema, seria possível saber, apenas lendo o texto, qual dos países citados é o que mais investe em saúde pública por pessoa por ano?

2. Regina pesquisou TVs de sua marca preferida em duas lojas. Ela quer gastar até R$ 3.000,00 na compra de uma TV. Observe abaixo a tabela com as formas de pagamento nas duas lojas pesquisadas e o gráfico que mostra os valores encontrados por Regina nessas lojas.

Loja	Pagamento	
	À vista	A prazo
A	10% de desconto	15× sem juros
B	12% de desconto	10× sem juros

    Dados obtidos em: Pesquisa de Regina, em set. de 2018.

    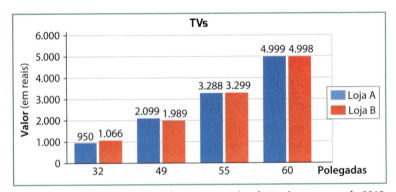

    Dados obtidos em: Pesquisa de Regina, em set. de 2018.

    Agora, responda às questões.

    a) Quais TVs Regina poderá escolher para comprar?

    b) Se Regina escolhesse comprar a TV de 55 polegadas à vista, em qual das duas lojas ela gastaria menos?

    c) Observando apenas o gráfico, é possível decidir em qual loja a TV desejada será mais barata? Justifique sua resposta.

ATIVIDADES COMPLEMENTARES

1. Sabendo que o perímetro dos quadriláteros abaixo é 27 cm, determine a medida dos lados desses quadriláteros.

a)
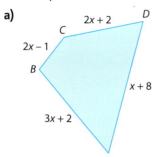

b)
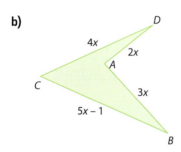

2. Faça o que se pede.

ABCD é um trapézio em que P é ponto médio de $\overline{AD}$ e Q é ponto médio de $\overline{BC}$.

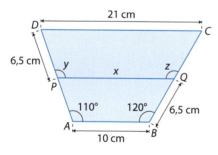

- Calcule x, y, z e o perímetro do trapézio.

3. Copie as afirmações verdadeiras no caderno.

a) As diagonais de um losango são congruentes.

b) As diagonais de um quadrado estão contidas nas respectivas bissetrizes dos ângulos internos.

c) As diagonais de um losango são perpendiculares entre si.

d) As diagonais de um retângulo são perpendiculares entre si.

e) As diagonais de um quadrado são congruentes.

4. Responda às questões.

a) Em um paralelogramo, um ângulo agudo e um ângulo obtuso são complementares ou suplementares?

b) Dois ângulos adjacentes ao mesmo lado de um paralelogramo são sempre congruentes?

5. Considere as afirmações a seguir.

I. As diagonais de um paralelogramo se interceptam nos respectivos pontos médios.

II. Se as diagonais se interceptam perpendicularmente nos respectivos pontos médios, o quadrilátero é um losango.

III. As diagonais de um trapézio isósceles são congruentes.

Podemos afirmar que é(são) verdadeira(s):

a) apenas II.

b) apenas III.

c) apenas I e II.

d) apenas I e III.

e) I, II e III.

6. Corrija as afirmações a seguir no caderno.

a) As diagonais de um paralelogramo dividem-no em 4 triângulos congruentes.

b) As diagonais de um losango dividem-no em 4 triângulos não congruentes.

c) A base média de um trapézio divide-o em dois trapézios de mesma área.

d) As diagonais de um retângulo dividem os ângulos internos em quatro ângulos congruentes.

e) Ao traçar a diagonal de um quadrado, obtemos dois triângulos equiláteros.

7. Observe o losango KLMN e responda às questões.

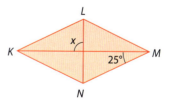

a) Qual é a medida de x, em grau?

b) Quais são as medidas dos ângulos internos do losango KLMN?

ATIVIDADES COMPLEMENTARES

8. Calcule as medidas x, em grau.

a) Retângulo
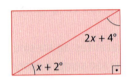

d) Trapézio
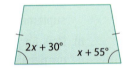

b) Paralelogramo
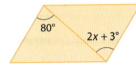

e) Trapézio
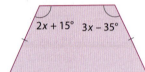

c) Losango
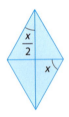

f) Trapézio
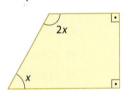

9. Em um quadrilátero, as medidas dos ângulos são representadas por x, $2x + 10°$, $3x - 32°$ e $x - 10°$. Determine quanto mede cada ângulo desse quadrilátero.

10. (OBM) Seis retângulos idênticos são reunidos para formar um retângulo maior, conforme indicado na figura. Qual é a área desse retângulo maior?

a) 210 cm²
b) 280 cm²
c) 430 cm²
d) 504 cm²
e) 588 cm²

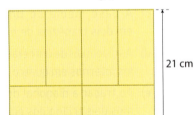

11. Considere o losango $ABCD$ e mostre que, no losango $ABCD$, $y = \dfrac{x}{2}$.

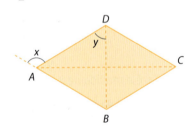

12. Copie no caderno a afirmação correta.

Em um trapézio isósceles, uma diagonal está contida na bissetriz de um ângulo adjacente à base maior. Isso significa que:

a) as diagonais se interceptam formando ângulos retos.
b) a base menor tem medida igual à dos lados oblíquos.
c) os ângulos adjacentes à base maior não são congruentes.
d) a base maior tem medida igual à dos lados oblíquos.

13. Os pontos assinalados sobre os lados não paralelos do trapézio $ABCD$ vão dividir esses lados em partes de mesma medida.

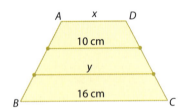

• Quais são os valores de x e de y?

14. A professora de Cauê e Gabriela entregou uma folha de papel sulfite para cada um e pediu a eles que a dobrassem ao meio duas vezes e, depois, que marcassem um ângulo reto, observando o modelo.

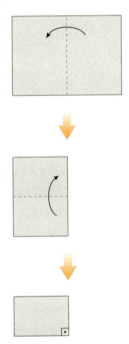

144

Em seguida, eles marcaram dois pontos nos lados desse ângulo reto, fizeram um corte retilíneo passando pelos pontos assinalados e desdobraram a parte recortada que continha o ângulo reto.

Recorte do Cauê   Recorte da Gabriela

a) Que figura Cauê obteve, sabendo que os pontos estavam a igual distância do vértice do ângulo reto?

b) Que figura Gabriela obteve considerando que os pontos estavam a distâncias diferentes do vértice do ângulo reto?

15. Observe a malha triangular e um trapézio isósceles desenhado sobre ela.

a) É possível cobrir toda a malha, formando um mosaico, com o trapézio desenhado?

b) Quantos trapézios haverá no mosaico?

16. Paula disse a Gustavo que consegue dividir um trapézio isósceles formado por 3 triângulos equiláteros em 4 figuras congruentes, mas Gustavo disse que isso é impossível.

• Ajude Gustavo a descobrir como dividir o trapézio isósceles em 4 figuras congruentes.

17. Um projetista de uma indústria de cerâmicas estava estudando inovações sobre o formato de azulejos para cobrir pisos.

Assinale os formatos de azulejos que possibilitem recobrir uma área sem que sobrem espaços entre eles ou sem que os azulejos tenham que ser cortados.

a)    d)

b) 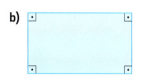   e)

c)    f)

18. (UFMG) Na figura, ABCD é um quadrado e BCE é um triângulo equilátero. A medida do ângulo AÊB, em grau, é:

a) 30.
b) 49.
c) 60.
d) 75.
e) 90.

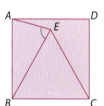

19. (Unip-SP) O quadrilátero ABCD na figura é um quadrado e o triângulo CDE é equilátero. A medida do ângulo DB̂E é igual a:

a) 15°.
b) 20°.
c) 25°.
d) 30°.
e) 35°.

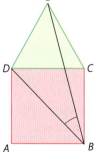

Mais questões no livro digital

145

UNIDADE 5
POLÍGONOS

1 POLÍGONOS E SEUS ELEMENTOS

Você já aprendeu que uma linha poligonal fechada e simples com sua região interna é um **polígono**.

Veja exemplos de polígonos a seguir.

> **OBSERVAÇÃO**
>
> As figuras a seguir não são polígonos.
>
>
>
>

Observe o polígono abaixo.

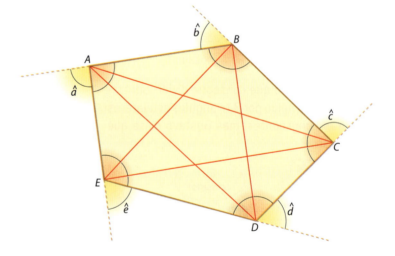

Identificando os elementos do polígono acima, temos:

- **Vértices**: A, B, C, D e E
- **Lados**: $\overline{AB}$, $\overline{BC}$, $\overline{CD}$, $\overline{DE}$ e $\overline{EA}$
- **Diagonais**: $\overline{AC}$, $\overline{AD}$, $\overline{BE}$, $\overline{BD}$ e $\overline{CE}$
- **Ângulos internos**: $E\hat{A}B$, $A\hat{B}C$, $B\hat{C}D$, $C\hat{D}E$ e $D\hat{E}A$ (também podem ser indicados por: $\hat{A}$, $\hat{B}$, $\hat{C}$, $\hat{D}$ e $\hat{E}$, respectivamente.)
- **Ângulos externos**: $\hat{a}$, $\hat{b}$, $\hat{c}$, $\hat{d}$ e $\hat{e}$

> **OBSERVAÇÃO**
>
> Um polígono pode ser convexo ou não convexo.
>
> Veja os exemplos de polígonos **convexos**.
>
>
>
> Agora, veja os exemplos de polígonos **não convexos**.
>
>

2 NÚMERO DE DIAGONAIS DE UM POLÍGONO

Observe o polígono convexo abaixo.

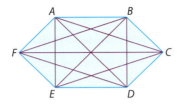

Os segmentos $\overline{AC}$, $\overline{AD}$, $\overline{AE}$, $\overline{BD}$, $\overline{BE}$, $\overline{BF}$, $\overline{CE}$, $\overline{CF}$ e $\overline{DF}$ são suas diagonais.

Note que a diagonal $\overline{AC}$ tem extremidades em A e em C. Por isso, a diagonal $\overline{AC}$ também pode ser identificada por $\overline{CA}$.

RECORDE

Diagonal de um polígono é um segmento que tem por extremidades dois vértices não consecutivos do polígono.

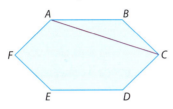

Se quisermos saber, por exemplo, quantas diagonais podemos traçar a partir do vértice A, no polígono acima, teremos de desconsiderar três vértices: o próprio vértice A e os vértices consecutivos B e F.

Observe as diagonais traçadas nos polígonos convexos abaixo e verifique a quantidade de diagonais que partem de um só vértice.

EXEMPLO

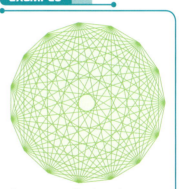

Representação de todas as diagonais possíveis num polígono de 15 lados.

número de vértices: 7
número de diagonais relativas a um dos vértices: 4

número de vértices: 8
número de diagonais relativas a um dos vértices: 5

número de vértices: 9
número de diagonais relativas a um dos vértices: 6

Considerando um polígono convexo de n lados, podemos traçar $(n - 3)$ diagonais relativas a um único vértice.

Como acabamos de ver, o número de diagonais que partem de um vértice de um polígono convexo depende do número de lados desse polígono. Logo, o **número total de diagonais** de um polígono convexo também dependerá do número de lados desse polígono.

Vejamos como relacionar o número total de diagonais d com o número de lados n de um polígono convexo.
- De um único vértice partem $(n - 3)$ diagonais.
- Há n vértices, então são $n(n - 3)$ diagonais.
- Cada diagonal tem extremidades em dois vértices, por isso será contada duas vezes.

Então, temos:

O número de diagonais d de um polígono convexo de n lados é a metade de $n(n - 3)$, ou seja:
$$d = \frac{n(n - 3)}{2}$$

EXEMPLO

Vamos calcular o número de diagonais de um polígono convexo de 17 lados.

$$d = \frac{17 \cdot (17 - 3)}{2}$$

$d = 119$

Logo, um polígono convexo de 17 lados tem 119 diagonais.

ATIVIDADES

PRATIQUE

1. Observe o polígono e responda à questão.

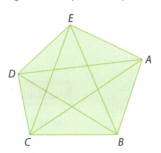

- Quais são as diagonais desse polígono?

2. Complete a tabela a seguir.

Polígono	Número de vértices	Número de diagonais em um vértice	Número de diagonais do polígono
Quadrilátero			
Pentágono			
	6		
Heptágono			
		5	
			6
Icoságono	20		

APLIQUE

R1. Descubra qual é o polígono convexo cujo número de lados é igual ao dobro do número de diagonais.

Resolução

Sendo n o número de lados e d o número de diagonais, o valor de n deve satisfazer a equação $n = 2d$.

Como $d = \dfrac{n(n-3)}{2}$, temos:

$\cancel{n} = \cancel{2} \cdot \dfrac{n(n-3)}{\cancel{2}}$

$1 = n - 3$

$n = 4$

Então, o polígono convexo é um quadrilátero.

Outra forma de resolver esse problema é atribuir valores para n e calcular d até descobrir o polígono que satisfaz $n = 2d$.

Para $n = 3$, $d = \dfrac{3 \cdot (3-3)}{2} = \dfrac{3 \cdot (0)}{2} = 0$

Para $n = 4$, $d = \dfrac{4 \cdot (4-3)}{2} = \dfrac{4 \cdot 1}{2} = 2$

Como 4 é o dobro de 2, o polígono convexo é um quadrilátero.

3. Responda às questões.

a) Qual é o polígono que não tem diagonais?

b) Qual é o polígono convexo cujo número de diagonais é igual ao número de lados?

4. (Saresp) Seis cidades estão localizadas nos vértices de um hexágono regular, como mostra a figura. Há um projeto para interligá-las, duas a duas, por meio de estradas. Algumas dessas estradas correspondem aos lados do polígono, e as demais correspondem às diagonais. Nessas condições, quantas estradas devem ser construídas?

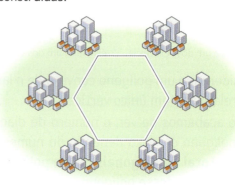

5. Um polígono regular com exatamente 35 diagonais tem:

a) 6 lados.
b) 9 lados.
c) 10 lados.
d) 12 lados.
e) 20 lados.

6. Seja um octógono convexo ABCDEFGH. Quantas são as diagonais que não contêm os vértices A nem D?

3 ÂNGULOS DE UM POLÍGONO CONVEXO

RELAÇÃO ENTRE OS ÂNGULOS INTERNOS E EXTERNOS DE UM POLÍGONO CONVEXO

No polígono convexo abaixo, destacamos os ângulos internos e externos.

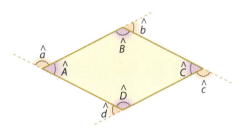

Observe que os ângulos internos e externos, com vértice comum, são adjacentes suplementares. Assim, a soma das medidas de cada par deles é igual a 180°.

med($\hat{A}$) + med($\hat{a}$) = 180°   med($\hat{C}$) + med($\hat{c}$) = 180°

med($\hat{B}$) + med($\hat{b}$) = 180°   med($\hat{D}$) + med($\hat{d}$) = 180°

> Em um polígono convexo, os ângulos internos e externos com vértice comum são adjacentes suplementares.

SOMA DAS MEDIDAS DOS ÂNGULOS INTERNOS E SOMA DAS MEDIDAS DOS ÂNGULOS EXTERNOS DE UM POLÍGONO CONVEXO

Já vimos que a soma das medidas dos ângulos internos de um triângulo é igual a 180°. Vimos também que todo quadrilátero pode ser decomposto em dois triângulos traçando uma de suas diagonais.

Assim como fizemos para os quadriláteros, podemos encontrar a soma das medidas dos ângulos internos de um polígono convexo qualquer a partir da soma das medidas dos ângulos internos de um triângulo, pois todo polígono convexo também pode ser decomposto em triângulos.

Traçando as diagonais que partem de um mesmo vértice, é possível decompor qualquer polígono convexo em triângulos. Veja alguns exemplos.

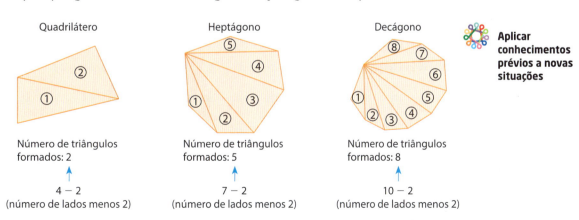

Fixando um dos vértices de um polígono convexo e traçando as diagonais que partem desse vértice, o polígono de n lados fica decomposto em $(n - 2)$ triângulos.

149

Veja como encontrar a soma das medidas dos ângulos internos de alguns polígonos.

	Triângulo	Quadrilátero	Pentágono	Heptágono	Octógono	Decágono
Número de lados	3	4	5	7	8	10
Número de triângulos formados	(3 − 2) = 1	(4 − 2) = 2	(5 − 2) = 3	(7 − 2) = 5	(8 − 2) = 6	(10 − 2) = 8
Soma das medidas dos ângulos internos	1 · 180° = 180°	2 · 180° = 360°	3 · 180° = 540°	5 · 180° = 900°	6 · 180° = 1.080°	8 · 180° = 1.440°

Para deduzir a fórmula que relaciona o número de lados (n) com a soma (S) das medidas dos ângulos internos do polígono, usamos os seguintes dados:

- um polígono de n lados pode ser decomposto em ($n - 2$) triângulos pelas diagonais que partem de um mesmo vértice;
- a soma das medidas dos ângulos internos de um triângulo é igual a 180°.

Logo, temos:

> A soma S_i das medidas dos ângulos internos de um polígono convexo de n lados é dada por:
> $$S_i = (n - 2) \cdot 180°$$

A partir da soma dos ângulos internos e da relação entre os ângulos internos e externos com vértice comum, podemos calcular a soma S_e das medidas dos ângulos externos de um polígono convexo de n lados. Acompanhe:

$$e_1 + i_1 = 180°$$
$$e_2 + i_2 = 180°$$
$$e_3 + i_3 = 180°$$
$$\vdots \qquad \vdots$$
$$\underline{e_n + i_n = 180°}$$
$$S_e + S_i = n \cdot 180°$$

$$S_e + S_i = n \cdot 180°$$
$$S_e + (n - 2) \cdot 180° = n \cdot 180°$$
$$S_e + n \cdot 180° - 360° = n \cdot 180°$$
$$S_e - 360° = 0$$
$$S_e = 360°$$

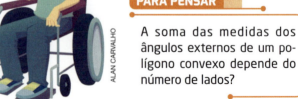

PARA PENSAR

A soma das medidas dos ângulos externos de um polígono convexo depende do número de lados?

Assim, concluímos:

> A soma S_e das medidas dos ângulos externos de um polígono convexo é igual a 360°.
> $$S_e = 360°$$

ATIVIDADES

PRATIQUE

1. Calcule a soma das medidas dos ângulos internos de um polígono convexo de:
   a) 11 lados;
   b) 8 lados;
   c) 15 lados;
   d) 20 lados.

2. Responda às questões.
   a) Um ângulo interno de um triângulo mede 35° e outro mede 40°. Qual é a medida do terceiro ângulo desse triângulo?
   b) Dois ângulos de um triângulo medem 27° e 75°. Quanto mede o terceiro ângulo?

3. Em cada caso, calcule o valor de x em grau.

4. Calcule a medida de todos os ângulos deste polígono convexo.

   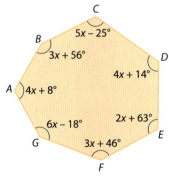

5. Calcule quantos lados tem o polígono convexo cuja soma das medidas dos ângulos internos é:
   a) 540°;   b) 1.800°;   c) 1.620°;   d) 1.440°.

6. Responda às questões.
   a) A soma das medidas dos ângulos internos de um polígono convexo é 1.080°. Que polígono é esse? Quantas diagonais ele tem?
   b) A soma das medidas dos ângulos internos de um polígono convexo é 1.620°. Qual é o número de diagonais desse polígono?

7. Em cada item a seguir temos a medida de um dos ângulos externos de um polígono que possui todos os ângulos internos com a mesma medida. Descubra qual é o polígono convexo correspondente a cada caso.
   a) 36°   b) 120°   c) 18°   d) 30°

R1. Calcule as medidas a e b, em grau.

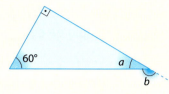

Resolução

Para encontrar o valor de a, é possível usar a relação que expressa que a soma das medidas dos ângulos internos de um triângulo é 180°.

$$60° + a + 90° = 180°$$
$$a + 150° = 180°$$
$$a = 30°$$

E, para encontrar o valor de b, pode-se empregar a relação que estabelece que os ângulos de medidas a e b são adjacentes suplementares.

$$30° + b = 180°$$
$$b = 150°$$

Portanto, $a = 30°$ e $b = 150°$.

8. Calcule as medidas a, b e c, em grau, nos triângulos.

   a) 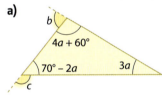   b)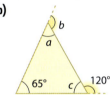

9. Determine as medidas x, y e z, em grau.

   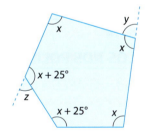

APLIQUE

10. Desenhe um hexágono qualquer e pinte cada um dos seus ângulos internos de uma cor. Em seguida, recorte esses ângulos e junte-os para mostrar que a soma de todos eles é igual a 720°.
    - Como você resolveu esse problema? Explique para seus colegas de classe.

11. Um ângulo interno de um paralelogramo tem medida igual a 90°.
    a) Desenhe esse paralelogramo.
    b) Qual é a medida dos outros ângulos internos desse paralelogramo?

4 POLÍGONO REGULAR

Um polígono que possui todos os lados congruentes e todos os ângulos internos congruentes é denominado **polígono regular**.

Veja um exemplo de polígono regular, o octógono regular:

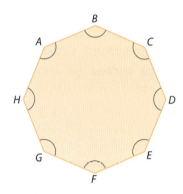

$$\overline{AB} \cong \overline{BC} \cong \overline{CD} \cong \overline{DE} \cong \overline{EF} \cong \overline{FG} \cong \overline{GH} \cong \overline{HA}$$
$$\hat{A} \cong \hat{B} \cong \hat{C} \cong \hat{D} \cong \hat{E} \cong \hat{F} \cong \hat{G} \cong \hat{H}$$

 Omegamemória
Neste jogo, teste sua memória e encontre as cartas equivalentes.

EXEMPLO

Observe outros polígonos regulares.

Triângulo equilátero | Quadrado | Pentágono regular | Hexágono regular

ÂNGULOS NOS POLÍGONOS REGULARES

O quadrado *ABCD* é um polígono regular.

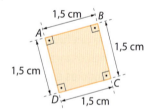

Agora, vamos estudar a relação entre as medidas dos ângulos de um polígono regular e o número de lados.

Você já aprendeu que a soma das medidas dos ângulos internos de um hexágono é igual a 720°, pois $(6 - 2) \cdot 180° = 720°$.

Mas você sabe qual é a medida de cada ângulo interno de um hexágono regular?

Os alvéolos dão ideia de uma composição formada por qual figura geométrica?

Como os ângulos internos de um polígono regular são congruentes, isto é, têm a mesma medida, em um hexágono regular temos seis ângulos de mesma medida.

$6a = 720°$

$a = \dfrac{720°}{6}$

$a = 120°$

Portanto, a medida de um ângulo interno do hexágono regular é 120°.

Observe agora um pentágono regular, cuja soma das medidas dos ângulos internos é: $(5 - 2) \cdot 180° = 540°$.

$5a = 540°$

$a = \dfrac{540°}{5}$

$a = 108°$

Logo, a medida de um ângulo interno do pentágono regular é 108°.

Relacionando as medidas dos ângulos internos com a soma S_i dessas medidas, temos:

A medida a_i do ângulo interno de um polígono regular de n lados é dada por:

$$a_i = \dfrac{S_i}{n} = \dfrac{(n - 2) \cdot 180°}{n}$$

PARA CALCULAR

Observe as moedas abaixo.

1 centésimo de dólar jamaicano

1 dólar jamaicano

Em cada moeda, podemos identificar um polígono regular. Quantos lados têm esses polígonos? Calcule a medida de um ângulo interno de cada um dos polígonos.

Organize o que você aprendeu fazendo a atividade 2 da página 188.

PARA PENSAR

Qual é a medida de cada ângulo externo de um polígono regular de n lados?

ATIVIDADES

PRATIQUE

1. Observe a foto e responda à questão.

- A teia da aranha dá ideia de um conjunto de contornos de polígonos. São polígonos regulares ou não regulares?

R1. Determine a medida de um ângulo externo e a medida de um ângulo interno de um octógono regular.

Resolução

Como a soma das medidas dos ângulos externos de um polígono é 360°, para determinar a medida de um ângulo externo de um octógono regular basta dividir 360° por 8.

```
360 | 8
 40   45
  0
```

Portanto, cada um dos ângulos externos de um octógono regular mede 45°.

Para determinar a medida do ângulo interno, primeiro calculamos a soma das medidas dos ângulos internos e depois dividimos o resultado por 8.

$$S_i = (8 - 2) \cdot 180°$$
$$S_i = 6 \cdot 180°$$
$$S_i = 1.080°$$

1.080 | 8
280   135
  40
   0

Logo, cada ângulo interno de um octógono regular mede 135°.

Outra forma de determinar a medida do ângulo interno é relacionar os ângulos interno e externo. Assim, após determinar o valor do ângulo externo, fazemos:

$$a_i + a_e = 180°$$
$$a_i + 45° = 180°$$
$$a_i = 180° - 45° = 135°$$

2. Calcule a medida dos ângulos interno e externo de cada polígono regular.

a) quadrado
b) pentágono
c) hexágono
d) decágono
e) dodecágono
f) icoságono

3. O ângulo externo de um polígono regular mede 18°.
a) Quantos lados tem esse polígono?
b) Qual é a soma das medidas de seus ângulos internos?

4. As figuras abaixo mostram partes de polígonos regulares.

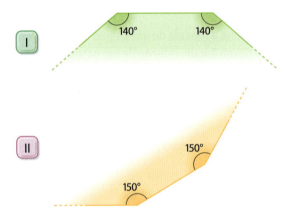

a) Quantos lados tem cada um desses polígonos?
b) Qual é a soma das medidas dos ângulos internos desses polígonos?

5. Determine, se possível, o polígono regular com base na medida a do ângulo interno.
a) $a = 90°$
b) $a = 108°$
c) $a = 180°$

APLIQUE

R2. A medida do ângulo interno de um polígono regular é o dobro da medida de seu ângulo externo. Qual é esse polígono?

Resolução

Ângulo externo: a
Ângulo interno: $2a$

Como os ângulos interno e externo de um polígono convexo são suplementares, temos:

$$2a + a = 180°$$
$$3a = 180°$$
$$a = 180° : 3 = 60°$$

Logo, a medida do ângulo interno desse polígono é:

$$2a = 2 \cdot 60° = 120°$$

Como a medida do ângulo interno é 120°, basta aplicar a seguinte relação:

$$120° = \frac{(n - 2) \cdot 180°}{n}$$
$$120°n = 180°n - 360°$$
$$60°n = 360°$$
$$n = 6$$

Portanto, o polígono é um hexágono regular.

6. No caderno, calcule a e b, em grau, no polígono regular a seguir.

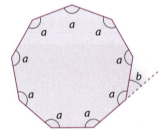

7. Junte-se a um colega e resolvam os problemas.
a) A medida do ângulo interno de um polígono regular é o triplo da medida do seu ângulo externo. Qual é esse polígono?
b) Qual é a medida do ângulo interno de um polígono regular que tem 6 diagonais a partir de um vértice?

8. Mosaico é um desenho formado por um ou mais tipos de figura geométrica, em que as peças se encaixam perfeitamente cobrindo uma superfície. O mosaico abaixo é formado por polígonos regulares. Qual é a soma das medidas de todos os ângulos formados com vértice em A?

Composição de polígonos

Assista ao vídeo e aprenda como compor polígonos.

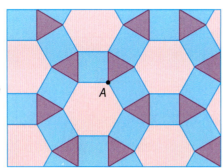

Eduardo tentou resolver esse problema, mas cometeu um erro. Veja a solução dele.

Hexágono: $a = \frac{(6-2) \cdot 180°}{6} = \frac{4 \cdot 180°}{6} = 120°$

Quadrilátero: $a = \frac{(4-2) \cdot 180°}{4} = \frac{2 \cdot 180°}{4} = 90°$

Triângulo: $a = \frac{(3-2) \cdot 180°}{3} = \frac{1 \cdot 180°}{3} = 60°$

$120° + 90° + 60° = 270°$

Os ângulos com vértice em A formam um ângulo de 270°.

a) Qual foi o erro cometido por Eduardo?
b) Há outra forma de resolver o problema. Descubra-a e registre no caderno.

9. Observe abaixo dois octógonos regulares idênticos com um lado comum.

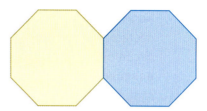

- Se você formar um mosaico com esses octógonos, que outro polígono poderá ser usado para completar o mosaico?

10. Determine a, b e c, em grau, no polígono regular a seguir.

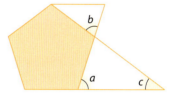

11. No mosaico abaixo, formado apenas por polígonos regulares, qual é a medida da diagonal em destaque no hexágono? Justifique sua resposta.

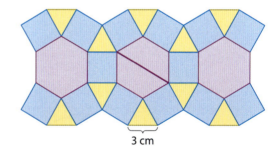

3 cm

POLÍGONO REGULAR INSCRITO EM UMA CIRCUNFERÊNCIA

Nos polígonos regulares sempre é possível traçar uma circunferência circunscrita a eles. Dizemos, então, que todo polígono regular pode ser **inscrito** em uma circunferência. Em um polígono inscrito em uma circunferência, todos os vértices pertencem à circunferência, como observamos no hexágono regular abaixo.

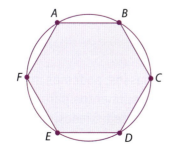

A seguir, vamos ver alguns elementos importantes existentes nos polígonos regulares inscritos em uma circunferência.

No triângulo equilátero inscrito, destacamos o centro O da circunferência, que é o **centro do polígono**. O segmento $\overline{OB}$ é o raio da circunferência.

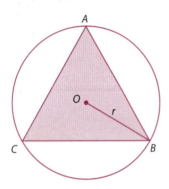

No hexágono regular inscrito, destacamos o ângulo $B\hat{A}F$, um **ângulo interno** do hexágono.

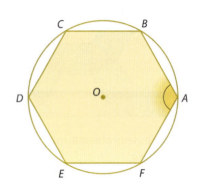

No quadrado inscrito, destacamos o **ângulo central** $A\hat{O}B$.

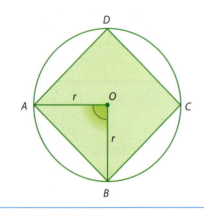

No pentágono regular inscrito, destacamos o segmento $\overline{OM}$ (M é o ponto médio do lado $\overline{EF}$, e $\overline{OM}$ é perpendicular a $\overline{EF}$). Esse segmento é o **apótema** do pentágono.

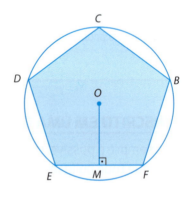

Todo polígono regular inscrito em uma circunferência tem centro, ângulo interno, ângulo central e apótema.

Dada uma circunferência e seguindo certos passos, podemos inscrever nela qualquer polígono regular. Veja a seguir os procedimentos para inscrever um pentágono regular. Repare que, como um pentágono tem 5 lados, a circunferência na qual ele será inscrito deve ser dividida em 5 partes iguais.

1	2	3
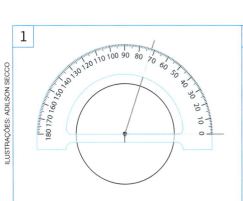	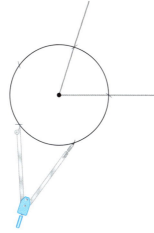	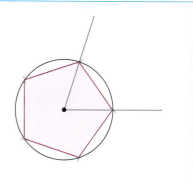
Como o ângulo central de uma circunferência mede 360°, dividimos 360° por 5 e obtemos o ângulo central do pentágono, que é 72°. Traçamos uma circunferência e, com o transferidor, marcamos um ângulo de 72°.	Em seguida, utilizando um compasso, usamos a abertura do ângulo de 72° e dividimos essa circunferência em 5 partes iguais.	Cada ponto que encontramos na divisão da circunferência corresponde a um vértice do pentágono. Então, para finalizar, traçamos segmentos de reta com extremidades em dois pontos consecutivos.

PENSAMENTO COMPUTACIONAL

Um hexágono regular tem ângulo central de 60°. É possível construir um hexágono regular a partir de seis triângulos equiláteros com um vértice em comum. Veja a imagem ao lado.

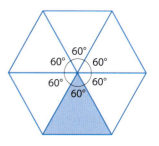

Uma forma de construirmos um triângulo equilátero, utilizando o compasso, é por meio de circunferências. Vamos construir o triângulo por meio de duas delas.

1º passo: Dados pontos A e B quaisquer do plano, desenhamos uma circunferência de centro A que passa pelo ponto B, e outra circunferência de centro B que passa pelo ponto A. Depois, escolhemos uma das intersecções e marcamos o ponto C. Em seguida, traçamos os segmentos $\overline{AB}$, $\overline{BC}$ e $\overline{CA}$.

OBSERVAÇÃO

$\overline{AB}$ é raio comum a ambas as circunferências e $\overline{AC}$ e $\overline{BC}$ também são raios. Como as circunferências têm o mesmo raio, $\overline{AB}$, $\overline{BC}$ e $\overline{CA}$ têm mesma medida. Portanto, $\triangle ABC$ é equilátero e med($A\hat{C}B$) = 60°. Vamos considerar que $A\hat{C}B$ é um dos seis ângulos centrais do hexágono regular.

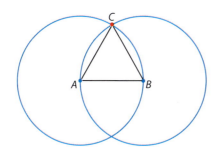

2º passo: Para continuar a construção do hexágono, traçamos agora a circunferência de centro *C* que passa por *B*, isso nos permitirá encontrar a intersecção *D* e construir △*BCD* equilátero.

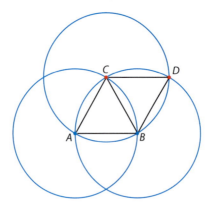

Agora, em seu caderno, faça o que se pede.

a) Descreva mais quatro passos para a construção do hexágono regular.
b) O que há de parecido com os passos que você descreveu no item **a**?
c) Analise o esquema a seguir e complete as linhas com uma breve descrição do que pode ser feito para construir um hexágono regular.

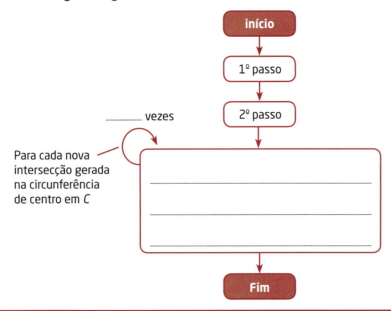

POLÍGONO REGULAR CIRCUNSCRITO A UMA CIRCUNFERÊNCIA

Em todos os polígonos regulares é possível inscrever uma circunferência. Nesse caso, o polígono regular fica circunscrito à circunferência.

Em um polígono convexo **circunscrito** a uma circunferência, cada um dos lados tem apenas um ponto em comum com a circunferência, como observamos no triângulo equilátero ao lado.

O lado $\overline{AC}$ do triângulo equilátero toca a circunferência apenas no ponto *D*, chamado **ponto de tangência**. O mesmo acontece com os pontos *E* e *F*.

O segmento $\overline{OE}$ é perpendicular ao lado $\overline{BC}$. Ou seja, o raio da circunferência que contém o ponto de tangência forma um ângulo reto com o lado do polígono.

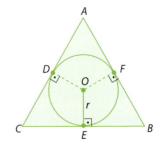

158

Acompanhe a seguir os passos para construir uma circunferência inscrita em um pentágono regular.

| 1 | Para fazer essa construção, partiremos de um pentágono regular inscrito em uma circunferência. O centro da circunferência que vamos inscrever no pentágono deve coincidir com o centro dessa circunferência circunscrita. | 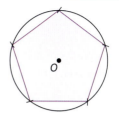 |

| 2 | A circunferência inscrita em um polígono regular tangencia todos os lados desse polígono. Para descobrir os pontos de tangência e, consequentemente, o raio da circunferência, será necessário traçar um segmento perpendicular a um dos lados do polígono.
Depois, prolongamos um dos lados e, com a ponta-seca do compasso no centro do polígono, traçamos um arco que cruza o prolongamento em dois pontos, A e B. | 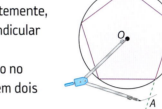 |

| 3 | A partir dos pontos A e B obtidos, traçamos dois arcos utilizando a mesma abertura do compasso e obtemos o ponto P.
Em seguida, ligamos esse ponto ao centro da circunferência e encontramos o ponto E na intersecção com o lado do pentágono. Esse é um dos pontos de tangência da circunferência inscrita. | 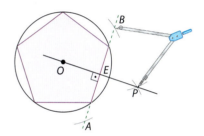 |

| 4 | A distância OE é a medida do raio da circunferência inscrita no pentágono regular. Para finalizar, basta abrir o compasso usando essa medida e, com a ponta seca em O, traçar a circunferência. | 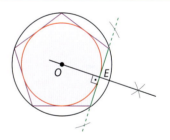 |

OBSERVAÇÃO

A circunferência inscrita em um polígono regular tangencia os lados desse polígono nos respectivos pontos médios.

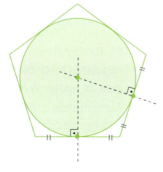

Trilha de estudo

Vai estudar? Nosso assistente virtual no *app* pode ajudar!
<http://mod.lk/trilhas>

ATIVIDADES

PRATIQUE

1. Identifique o elemento pedido em cada polígono a seguir.

   a) raio da circunferência que está destacado

   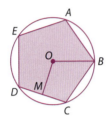

   b) ângulo central que está destacado

   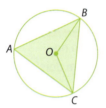

   c) um ângulo interno

   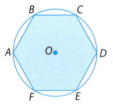

   d) apótema destacado

   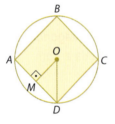

2. Calcule a medida do ângulo central de cada polígono regular.

   a) quadrado
   b) hexágono
   c) heptágono
   d) dodecágono
   e) icoságono

3. Quantos lados tem o polígono regular cuja medida do ângulo central é 15°?

4. Desenhe o que se pede a seguir.

   a) Um hexágono regular inscrito em uma circunferência de raio medindo 5 cm. Depois, desenhe uma circunferência inscrita nesse hexágono.

   b) Um triângulo equilátero inscrito em uma circunferência de raio medindo 4 cm. Depois, desenhe uma circunferência inscrita nesse triângulo.

5. Leia a afirmação abaixo e corrija-a no caderno, caso seja falsa.

   > Dado um polígono qualquer, o centro da circunferência inscrita nesse polígono coincide com o centro da circunferência circunscrita a ele.

APLIQUE

6. A professora de uma turma do 8º ano pediu que os alunos descrevessem um modo de construir um quadrado inscrito em uma circunferência.

   - Como você faria essa descrição?

7. Retome os resultados da atividade 2 e responda.

   a) Se aumentarmos o número de lados dos polígonos regulares inscritos em uma circunferência, a medida do ângulo central aumentará ou diminuirá? Por quê?

   b) Qual é a medida do ângulo central de um polígono regular de n lados?

8. Nas figuras abaixo, estão destacados o raio e o apótema de cada polígono. Observe as figuras e responda às questões.

   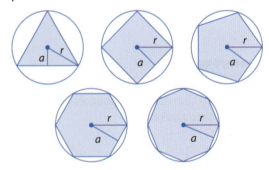

   a) Se aumentarmos o número de lados dos polígonos regulares inscritos em uma circunferência, a medida do apótema aumentará ou diminuirá?

   b) Aumentando o número de lados de um polígono regular inscrito em uma circunferência de raio r, a medida do apótema se aproxima de que valor?

PENSAMENTO COMPUTACIONAL

1. Dada uma sequência repetitiva, podemos utilizar algumas estratégias numéricas para determinar o elemento de alguma posição. Veja o exemplo ao lado para uma sequência das letras *A*, *B* e *C*.

Elemento	A	B	C	A	B	...	?
Posição	a_1	a_2	a_3	a_4	a_5	...	a_n

Como é uma sequência repetitiva, podemos deduzir que a letra *A* aparece no 1º, 4º, 7º, 10º, 13º membros, e assim por diante. A letra *B* aparece no 2º, 5º, 8º membros, e assim por diante. Por fim, a letra *C* aparece no 3º, 6º, 9º membros, e assim por diante. Ou seja, os elementos se repetem a cada 3 posições. Se dividirmos o valor da posição de um termo por 3 (número de elementos da sequência repetitiva), encontraremos um padrão. Veja o caso para as posições da letra *A* nesta sequência.

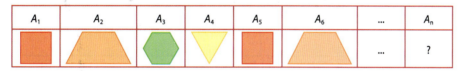

O resto é sempre 1.

a) Efetue a divisão por 3, assim como fizemos para a letra *A*, para as posições da letra *B* na sequência. Qual é o valor do resto?

b) Faça o mesmo para a letra *C*. Qual é o valor do resto?

c) Qual a letra que aparecerá na posição 57? Por quê?

2. Analise a sequência repetitiva a seguir e, em seu caderno, faça o que se pede.

A_1	A_2	A_3	A_4	A_5	A_6	...	A_n
						...	?

a) Qual a figura que aparece na posição 31? E nas posições 32, 33 e 34?

b) Observe o esquema a seguir e complete-o.

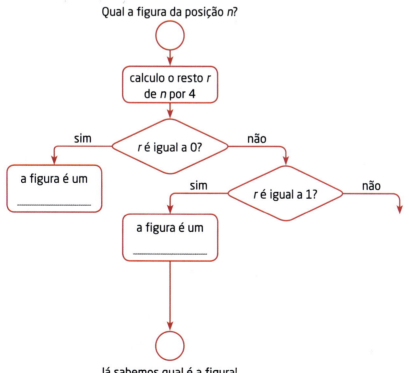

ESTATÍSTICA E PROBABILIDADE
COMPARAÇÃO DE DADOS REPRESENTADOS EM DIFERENTES TIPOS DE GRÁFICO

Os gráficos abaixo apresentam, de duas formas diferentes, os resultados de uma pesquisa sobre a prática de esportes por alunos da Escola Felicidade.

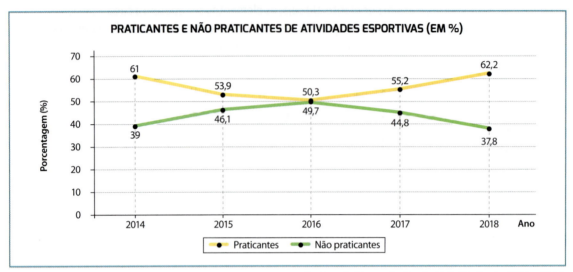

Dados obtidos pela Escola Felicidade, de 2014 a 2018.

Dados obtidos pela Escola Felicidade, de 2014 a 2018.

▸ Em 2014, a maior parte dos alunos praticava algum esporte?
▸ Em qual ano houve a maior porcentagem de praticantes de atividades esportivas?
▸ Em qual dos gráficos é possível observar com mais clareza a evolução da porcentagem dos praticantes ou não de alguma atividade esportiva?

Observando os gráficos, percebemos que mais da metade dos alunos da Escola Felicidade praticava algum esporte em 2014.

Comparando os valores por ano, verificamos que em 2018 houve a maior porcentagem de alunos que praticam atividades esportivas.

Apesar de os dois gráficos apresentarem os mesmos dados, percebemos que algumas informações estão mais claras em um deles.

No gráfico de linhas, pode ser mais fácil comparar a mesma informação no decorrer do tempo. Por exemplo, ao observar a linha amarela, percebemos que a porcentagem de alunos praticantes de atividades esportivas diminuiu de 2014 a 2016, chegando a seu menor valor nesse período, e aumentou de 2016 a 2018.

Já no gráfico de setores, pode ser mais fácil perceber as porcentagens de cada ano. Por exemplo, no gráfico de setores, identificamos mais facilmente que, em 2014, o setor menor, relativo à quantidade de alunos não praticantes de atividades esportivas, corresponde a aproximadamente 40% do total (círculo) de alunos.

Assim, dependendo da situação, do que se pretende analisar e das informações, um tipo de gráfico pode ser mais adequado que outro.

ATIVIDADES

1. A prefeitura da cidade de Vida Longa fez uma pesquisa para identificar os problemas que fazem os carros parar independentemente da ação do motorista. Observe os gráficos que apresentam esses dados e, depois, responda às questões.

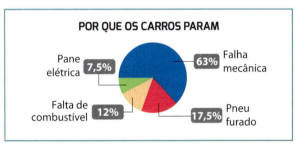

Dados obtidos pela prefeitura da cidade de Vida Longa em setembro de 2018.

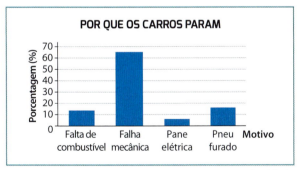

Dados obtidos pela prefeitura da cidade de Vida Longa em setembro de 2018.

a) Em sua opinião, que gráfico fornece de forma mais clara essas informações?
b) A maioria dos carros para em decorrência de qual motivo?

163

ESTATÍSTICA E PROBABILIDADE

2. Observe os dados da tabela e, depois, faça o que se pede.

TOTAL DA FROTA DE AUTOMÓVEIS DO ESTADO DE SANTA CATARINA – DE 2012 A 2017	
Ano	Quantidade aproximada (em milhões)
2012	27
2013	28
2014	30
2015	31
2016	32
2017	33

Dados obtidos em: <http://www.detran.sc.gov.br/index.php/estatistica/veiculos>. Acesso em: 30 jul. 2018.

a) Em qual tipo de gráfico você acha que os dados da tabela seriam mais bem representados?

b) Construa um gráfico com os dados da tabela.

c) O que podemos dizer sobre o total da frota de automóveis do estado de Santa Catarina? Está aumentando ou diminuindo?

3. Antônio é proprietário de uma fazenda onde há alguns pomares. Para saber em qual fruta deverá investir mais na próxima produção, ele coletou alguns dados e fez uma tabela abaixo com o lucro (em reais) obtido com cada uma delas. O lucro foi calculado pela diferença entre o que ele gastou para cultivar cada fruta e quanto ele recebeu com as vendas.

LUCRO	
Fruta	Quantia (reais)
Laranja	3.000
Limão	1.900
Caqui	1.200
Maçã	3.300
Pera	1.600

Dados obtidos por Antônio em outubro de 2018.

a) Escolha o gráfico mais adequado para representar os dados contidos na tabela acima e, depois, compare seu gráfico com o do colega e discutam sobre eles.

b) É possível construir um gráfico de linhas com os dados da tabela **Lucro**?

c) Analisando o gráfico que você construiu, qual fruta Antônio deve investir mais na próxima produção?

4. O Brasil é um dos países com maior reserva de água doce no mundo. Veja abaixo os gráficos que mostram como a água é consumida no país.

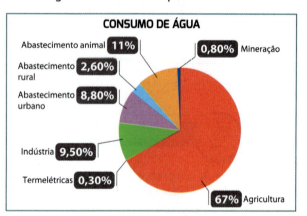

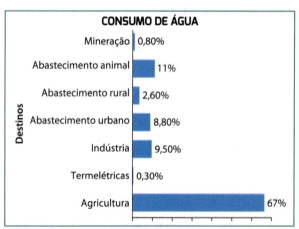

Dados obtidos em: *Folha de S.Paulo*, cotidiano, p. B5, 18 mar. 2018.

Agora, responda:

a) Observando o gráfico de setores, onde o consumo de água é maior?

b) Considerando o gráfico de barras, onde o consumo de água é mais da metade do consumo total?

c) Se nos dois gráficos acima as porcentagens não fossem apresentadas, qual deles seria mais fácil visualizar onde o consumo de água representa mais da metade de todo o consumo?

ATIVIDADES COMPLEMENTARES

1. (FEI-SP) A sequência a seguir representa o número de diagonais *d* de um polígono regular de *n* lados:

n	3	4	5	6	7	—	13
d	0	2	5	9	14	—	x

O valor de *x* é:

a) 44.   b) 60.   c) 65.   d) 77.   e) 91.

2. Desenhe um heptágono convexo no caderno e trace todas as diagonais.

a) Quantas diagonais partem de cada vértice?

b) Qual é o número de diagonais desse polígono?

c) Qual é o polígono que, de cada vértice, partem 7 diagonais?

d) Quantas diagonais tem o polígono do item **c**?

3. Descubra a medida do ângulo interno que falta em cada triângulo.

	Medidas dos ângulos internos		
△**ABC**	30°	45°	
△**DEF**	22,5°	75°	
△**GHI**		23,5°	13,7°

4. (Ufam) Observe a figura abaixo e diga qual é a medida do ângulo externo $\hat{C}$, sabendo que o segmento $\overline{BD}$ é bissetriz do ângulo $A\hat{B}C$.

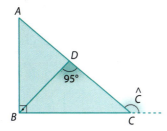

5. Os números que expressam a quantidade de lados de três polígonos convexos são consecutivos, e a soma dos ângulos internos dos três polígonos é 2.700°. Dadas essas informações, descubra quais são esses três polígonos.

6. Calcule a medida de cada ângulo interno do polígono.

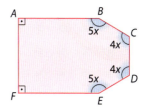

7. Calcule:

a) a medida do ângulo interno de um triângulo equilátero;

b) a soma das medidas dos ângulos internos de um polígono de 13 lados;

c) a medida do ângulo interno de um octógono regular;

d) a medida dos ângulos externos de um decágono regular;

e) a soma das medidas dos ângulos externos de um polígono regular de 12 lados.

8. Classifique em **V** (verdadeira) ou **F** (falsa).

a) Todos os polígonos podem ser inscritos em uma circunferência.

b) Todos os polígonos regulares podem ser inscritos em uma circunferência.

c) Podemos decompor qualquer polígono regular em triângulos equiláteros.

d) Em um polígono regular inscrito em uma circunferência, o apótema é o segmento que tem como extremidades o centro da circunferência e um vértice do polígono.

9. (Fuvest-SP) Na figura adiante, ABCDE é um pentágono regular. A medida, em grau, do ângulo $\hat{x}$ é:

a) 32°.
b) 34°.
c) 36°.
d) 38°.
e) 40°.

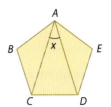

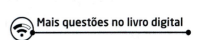

UNIDADE 6
ÁREA E VOLUME

1 SUPERFÍCIES

COBRINDO UMA SUPERFÍCIE

O mosaico abaixo está decorando a fachada do restaurante de Alberto.

Observe as figuras que compõem o mosaico.

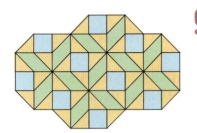

RECORDE

Mosaico é um desenho composto de uma ou mais figuras que se encaixam perfeitamente, cobrindo uma superfície.

Foram usadas: 10 ◻   34 ◸   13 ▰

Nesse mosaico, uma figura ◻ tem a mesma área de uma figura ▰ e cada figura ◻ tem o dobro da área de cada figura ◸.

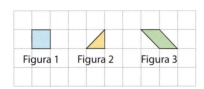

Figura 1   Figura 2   Figura 3

Observe que a figura 1 é formada por duas figuras 2:

A figura 3 também é formada por duas figuras 2:

As figuras 1 e 3 são formadas pela mesma quantidade de figuras 2, ou seja, as áreas dessas duas figuras (1 e 3) são iguais.

Quando duas figuras têm a mesma área, dizemos que são **equivalentes**.

Assim, considerando como unidade de medida de área a figura 2, a área da superfície coberta pelo mosaico equivale a 80 ◸.

PARA PENSAR

Qual é a área da superfície do mosaico, usando como unidade de medida de área a figura 1?

ÁREA DE UMA SUPERFÍCIE

Podemos calcular as mais variadas áreas de uma superfície, seja de um mosaico, do chão de uma garagem ou de uma figura geométrica plana, por exemplo.

Pensando no mosaico da fachada do restaurante de Alberto, responda: quantos metros quadrados ele ocupa?

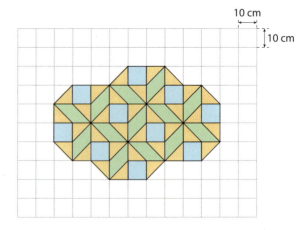

O mosaico foi reproduzido em uma malha quadriculada que representa as dimensões reais. Dessa maneira observamos que o mosaico ocupa 40 quadradinhos inteiros da malha. Como cada quadradinho tem 100 cm^2 de área, sabemos que a área de superfície desse mosaico é 4.000 cm^2, ou seja, 40 m^2.

Veja outro exemplo de área de superfície.

No pátio da escola de Jorge foi reservada uma parte quadrada com lado de 5 m para fazer um espaço recreativo para os alunos.

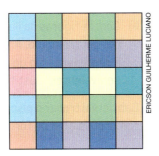

Observe que esse espaço foi coberto com 25 placas quadradas de EVA, que medem 1 m de lado.

A medida da superfície do espaço recreativo é igual à medida da superfície das 25 placas de EVA.

Como **1 metro quadrado** é a medida da superfície de um quadrado cujo lado mede 1 m, podemos considerar que a medida da superfície da cada placa de EVA é igual a 1 metro quadrado (ou 1 m^2).

Assim, podemos dizer que a medida da superfície do espaço recreativo é igual a 25 m^2, ou seja, a **área** do espaço é igual a 25 m^2.

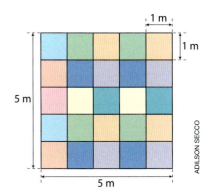

ATIVIDADES

APLIQUE

1. Observe o mosaico abaixo que decora uma das paredes do quarto de Marilu.

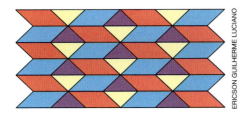

DICAS

- Cada peça tem o dobro da área de cada peça .
- Cada peça tem 100 cm^2 de área.

a) Considerando a peça como unidade de medida de área, responda: qual é a área total do mosaico?

b) Quantos centímetros quadrados tem, ao todo, o mosaico?

2. Observe as duas figuras abaixo e responda à questão.

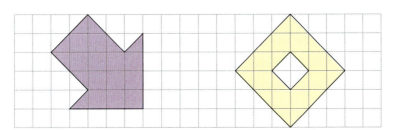

- Essas figuras são equivalentes? Justifique.

3. Se cada quadradinho da malha tem 1 cm², qual é a área de cada figura da atividade **2**?

4. Quantos metros quadrados de carpete seriam necessários para revestir seu quarto? Como você faria para descobrir?

5. Observe atentamente a sequência de figuras.

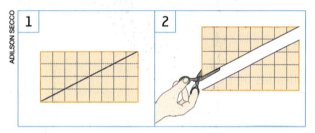

• Agora, responda às questões.

a) A ilustração 2 apresenta duas figuras obtidas com a decomposição da figura da ilustração 1. Essas duas figuras obtidas são equivalentes?

b) Com as figuras da ilustração 2 podemos representar um triângulo. A representação do triângulo e a representação do retângulo da ilustração 1 são equivalentes? Justifique sua resposta.

6. Gabriel vai trocar o piso da sala de sua casa. Para isso, comprou lajotas de formato quadrado de área igual a 0,25 m².

a) Se Gabriel utilizou 48 lajotas para revestir toda a sala, qual é a área dessa sala?

b) Sabendo que a medida do comprimento da sala é 4 m, faça um esquema para representar a disposição em que as lajotas ficarão.

2 CÁLCULO DE ÁREA DE FIGURAS PLANAS

Observe a situação a seguir.

Em sua aula de Geometria, Heloísa representou cinco figuras geométricas planas em uma folha de papel retangular de 30 cm de comprimento e 21 cm de altura, como mostrado abaixo.

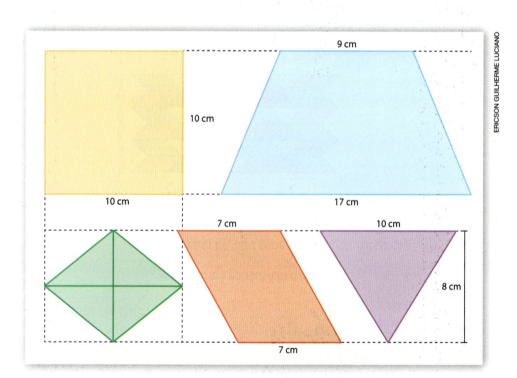

OBSERVAÇÃO

Não se esqueça de que, para obter a área de qualquer figura, as medidas usadas no cálculo devem estar expressas em uma mesma unidade de medida de comprimento.

Depois, as recortou e descartou o restante da folha.

Qual foi a área total da folha que Heloísa descartou?

Uma maneira de descobrir a área total descartada por Heloísa é calcular a soma das áreas das figuras planas e tirá-las da área total da folha retangular.

Primeiro, calculamos a área de cada figura plana.

- Área do quadrado:
  $A = \ell \cdot \ell = 10 \cdot 10 = 100$
  A área do quadrado é 100 cm².

- Área do trapézio:
  $A = \dfrac{(B + b) \cdot h}{2} = \dfrac{(17 + 9) \cdot 10}{2} = 130$
  A área do trapézio é 130 cm².

- Área do losango:
  $A = \dfrac{d \cdot D}{2} = \dfrac{10 \cdot 8}{2} = 40$
  A área do losango é 40 cm².

- Área do paralelepípedo:
  $A = b \cdot h = 7 \cdot 8 = 56$
  A área do paralelepípedo é 56 cm².

- Área do triângulo:
  $A = \dfrac{b \cdot h}{2} = \dfrac{10 \cdot 8}{2} = 40$
  A área do triângulo é 40 cm².

A soma das áreas é:

$A_{figuras} = 100 + 130 + 40 + 56 + 40 = 366$

A área total das figuras é 366 cm².

Agora, calculamos a área da folha retangular:

$A = b \cdot h = 30 \cdot 21 = 630$

Assim, a área da folha retangular é 630 cm².

Subtraindo a soma da área das figuras planas da área da folha, temos:

$A_{descartada} = A_{folha} - A_{figuras} = 630 - 366 = 264$

A área da folha descartada é de 264 cm².

OBSERVAÇÃO

As expressões usadas nessa situação foram estudadas anteriormente e podem ser usadas para calcular a área de qualquer figura geométrica plana com medidas representadas por qualquer número real positivo.

ATIVIDADES

APLIQUE

1. Os quadrados 1 e 2 foram divididos em quadrados menores. Observe-os e responda às questões.

   Quadrado 1  Quadrado 2

   2 cm

   a) Qual é a área do quadrado 1?
   b) Qual deve ser a área de cada quadradinho do quadrado 2 para que a área do quadrado 1 seja igual à do quadrado 2?
   c) Em uma malha quadriculada com quadradinhos de lado medindo 1 cm, desenhe um quadrado que tenha a mesma área do quadrado 1.

2. Com o auxílio de uma régua, calcule a área aproximada, em centímetro quadrado, das figuras abaixo.

   a) trapézio   d) quadrado

   b) retângulo   e) triângulo

   c) losango   f) paralelogramo

   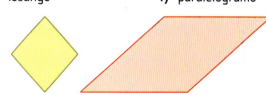

3. A professora de Carla pediu a ela que calculasse a área de um losango com diagonais medindo 32 cm e 16 cm. Carla respondeu que a área desse losango é 24 cm². O valor da área calculada está correto ou errado? Se estiver errado, qual é o possível erro de Carla no cálculo da área?

4. Nas figuras abaixo, considere que o lado de cada quadradinho mede 1,5 cm. Calcule a área de cada figura.

a)

b)

c)

d)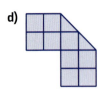

5. A comunidade onde Luís mora resolveu recuperar o antigo campo de futebol. Quantos metros quadrados de grama serão necessários para cobrir o campo, que tem 102 m de comprimento e 68 m de largura?

6. Observe os desenhos do painel e responda à questão.

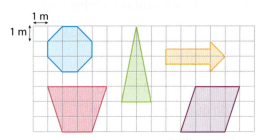

- Um pintor está fazendo um painel com desenhos geométricos. Para cada metro quadrado pintado, é usado 0,2 L de tinta. Para pintar as figuras do painel, quantos litros de cada cor de tinta o pintor usará aproximadamente?

7. Em uma parede retangular com 14 m de comprimento e 4 m de altura, Daniel pintou um painel que parece um trapézio de bases de 10 m e 6 m e altura de 3,5 m. Qual área da parede permaneceu sem pintura?

8. Elabore um problema cuja resolução seja a diferença entre a área de um losango, de diagonais 56 cm e 32 cm, e um triângulo de base 24 cm e de altura 15 cm.

3 CÁLCULO APROXIMADO DE ÁREAS

Lucas é engenheiro e precisava calcular a área aproximada de um terreno de formato irregular. Para isso ele representou essa área em uma folha de papel quadriculado, no qual cada quadradinho representava 10 m² do terreno. Veja a seguir como ele fez.

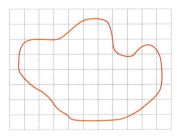

Primeiro, Lucas coloriu o desenho de bege e contou a quantidade de quadradinhos inteiros que cobriam a superfície do terreno.	Depois, dividiu cada quadradinho da malha em 4 quadradinhos menores, colorindo de rosa os novos quadradinhos inteiros, conforme a figura.	Em seguida, novamente dividiu cada quadradinho da malha em 4 quadradinhos menores, colorindo de verde os novos quadradinhos inteiros.
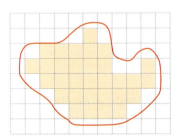	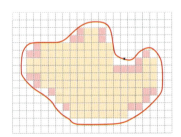	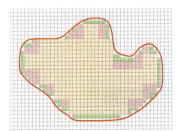
Lucas encontrou 31 quadradinhos bege.	Lucas encontrou 24 quadradinhos rosa.	Lucas encontrou 72 quadradinhos verdes.

Depois, Lucas fez o seguinte cálculo.

Como cada quadradinho bege representa $10\,m^2$, então, $31 \cdot 10\,m^2 = 310\,m^2$.

Como cada quadradinho rosa representa $\frac{10}{4}\,m^2$, então, $24 \cdot \frac{10}{4}\,m^2 = 60\,m^2$.

Como cada quadradinho verde representa $\frac{10}{16}\,m^2$, então, $72 \cdot \frac{10}{16}\,m^2 = 45\,m^2$.

Portanto, a área aproximada do terreno é: $310\,m^2 + 60\,m^2 + 45\,m^2 = 415\,m^2$.

ATIVIDADES

APLIQUE

1. Calcule a área aproximada das figuras, considerando que cada lado do quadradinho representa 1 centímetro.

   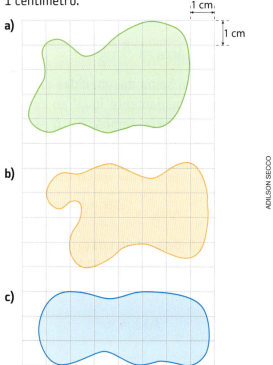

   a)
   b)
   c)

2. Observe como Fernanda fez para calcular a área aproximada de um terreno irregular e responda às questões.

   Primeiro, ela representou o terreno em uma folha. Depois, traçou duas figuras retangulares, uma interna e outra externa ao terreno, conforme o esquema abaixo.

   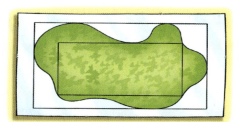

   Fernanda sabia que cada 1 cm desenhado na folha representava, na realidade, 100 m. Então, ela calculou a área das duas figuras retangulares em valores reais. Depois, para encontrar a área aproximada do terreno, calculou a média dessas duas áreas.

   a) Faça como Fernanda e encontre a área aproximada do terreno.
   b) Analisando a maneira de cálculo usada por Lucas, vista anteriormente, com o uso de uma malha quadriculada, e a maneira usada por Fernanda nessa atividade, responda: com qual das duas você achou mais fácil encontrar o valor aproximado de uma área irregular?
   c) O que você achou das estratégias empregadas por Lucas e por Fernanda para resolver o problema?

3. Faça uma estimativa da área do estado do Paraná.

   Elaborado com base em: IBGE. Atlas *geográfico escolar*. 6. ed. Rio de Janeiro: IBGE, 2012. p. 175.

   Reúna-se com um colega para responder às questões.
   a) Como vocês fizeram para calcular a área desse estado?
   b) Encontraram o mesmo valor para a área? Se não, por quê?
   c) Pesquisem na internet ou em um atlas a área do estado do Paraná e verifiquem se o resultado obtido por vocês está próximo do real.

4 ÁREA DE REGIÕES CIRCULARES

ÁREA DO CÍRCULO

Para determinar a área de um polígono regular qualquer inscrito em uma circunferência, podemos decompô-lo em triângulos.

Veja a decomposição de alguns polígonos regulares.

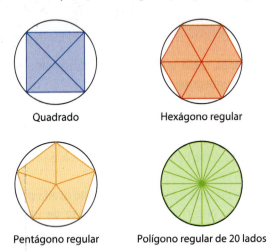

Quadrado   Hexágono regular

Pentágono regular   Polígono regular de 20 lados

Observe que, à medida que aumentamos o número de lados do polígono regular inscrito na circunferência, mais a sua forma se aproxima da forma circular. Assim, a área desses polígonos também tende a se aproximar da área do círculo.

Agora, considere um círculo de centro O e raio de medida r. Esse círculo pode ser decomposto em n setores circulares congruentes (em que n é um número muito grande). Observe:

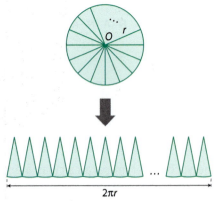

Círculo dividido em n setores congruentes.

OBSERVAÇÃO

Setor circular é a região do círculo delimitada por um de seus ângulos centrais.

Cada setor é tão pequeno que sua área se aproxima da área de um triângulo. Quanto maior for a quantidade n de setores em que dividirmos o círculo, melhor será essa aproximação.

Setor circular   Triângulo

Como os setores são congruentes, os triângulos a eles associados têm a mesma área: $\dfrac{b \cdot h}{2}$. Assim, considerando que a área do círculo é aproximadamente igual à soma das áreas dos n triângulos, temos:

$$\text{Área} \simeq n \cdot \dfrac{b \cdot h}{2}$$

$$\text{Área} \simeq \dfrac{n \cdot b \cdot h}{2}$$

Considerando a soma das medidas das bases dos triângulos aproximadamente igual ao comprimento total da circunferência, temos: $n \cdot b \simeq 2\pi r$. Além disso, a altura de cada um dos triângulos aproxima-se da medida do raio, ou seja, podemos considerar $h \simeq r$. Assim:

$$\text{Área} \simeq \dfrac{2\pi r \cdot r}{2}$$

A partir dessa ideia, podemos provar que a área de um círculo de raio medindo r é dada por:

$$\text{Área} = \pi r^2$$

No século XVII, o japonês Seki Kowa (1642-1708) calculou a área de um círculo por meio da decomposição em retângulos e chamou esse método de *yenri*, que significa "teoria do círculo".

ÁREA DE UM SETOR CIRCULAR

Observe o setor circular ao lado, cujo ângulo central mede a.

Em um círculo de raio r, a área de um setor circular é diretamente proporcional à medida do ângulo central.

Assim, é possível estabelecer uma regra de três simples que relaciona a área A de um setor com a medida a, em grau, do ângulo central correspondente.

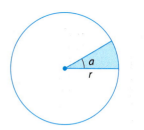

Quadrinhos e cinema

Assista ao vídeo e veja como figuras geométricas podem ser usadas para a criação de personagens de histórias em quadrinhos e animações.
Disponível em <http://mod.lk/xvcro>.

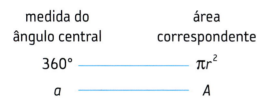

Como as medidas do ângulo e da área são diretamente proporcionais, temos:

$$\frac{360°}{a} = \frac{\pi r^2}{A}$$

Portanto, a área de um setor circular de raio r e ângulo central de medida a, em grau, é dada por:

$$A = \frac{a \cdot \pi r^2}{360°}$$

EXEMPLO

Vamos calcular a área do setor circular destacado.

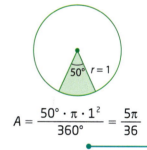

$$A = \frac{50° \cdot \pi \cdot 1^2}{360°} = \frac{5\pi}{36}$$

ÁREA DA COROA CIRCULAR

Chamamos de **coroa circular** a região entre duas circunferências concêntricas que estão em um mesmo plano e têm raios de medidas diferentes. Observe a coroa circular ao lado.

A área de uma coroa circular (A) é dada pela diferença entre a área do círculo de maior raio (A_R) e a área do círculo de menor raio (A_r).

$$A = \pi \cdot R^2 - \pi \cdot r^2$$

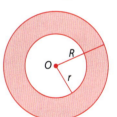

Vamos, por exemplo, calcular a área da região dourada de uma das faces da moeda de 1 real, sabendo que ela tem 2,7 cm de diâmetro e que a região prateada tem aproximadamente 1,8 cm de diâmetro.

Para isso, vamos considerar $\pi = 3,14$ e fazer:

$A = A_R - A_r$

$A = \pi \cdot (1,35)^2 - \pi \cdot (0,9)^2$

$A = 3,14 \cdot 1,8225 - 3,14 \cdot 0,81$

$A = 5,72265 - 2,5434$

$A = 3,17925$

Portanto, a área da região dourada de uma das faces da moeda de 1 real é, aproximadamente, 3,18 cm².

Organize o que você aprendeu fazendo a atividade 3 da página 188.

ATIVIDADES

PRATIQUE

1. Calcule a área dos círculos.

   a)

   b)

   c)

   d)

2. Dadas as áreas, encontre a medida do raio de cada círculo. (Considere $\pi = 3{,}14$.)

   a) 314 cm^2

   b) $78{,}5 \text{ cm}^2$

   c) $150{,}72 \text{ cm}^2$

   d) $28{,}26 \text{ cm}^2$

3. Calcule a área de cada setor circular lilás.

   a)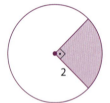

   b)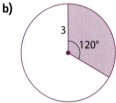

   c)

   d)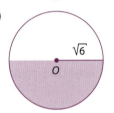

4. Calcule a área das coroas circulares.

   a)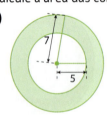

   c)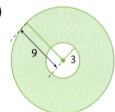

   b)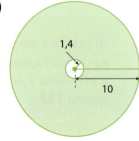

5. Calcule a área da parte verde de cada figura.

   a) O lado do quadrado mede 3 cm.

   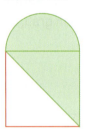

   c) O raio do círculo mede 2 cm.

   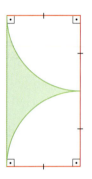

   b) O perímetro do retângulo é igual a 30 cm.

6. Na figura abaixo, a área da coroa circular é igual a $75\pi \text{ cm}^2$. Calcule a medida r.

   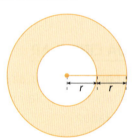

APLIQUE

7. Uma pizzaria fez a seguinte promoção:

   Leve duas *pizzas* médias com 30 cm de diâmetro pelo preço de uma grande, do mesmo sabor, com 45 cm de diâmetro!

   • Você acha que essa promoção será vantajosa para quem comprar as *pizzas* médias? Explique.

8. Na Confeitaria dos Sonhos, a torta mede 30 centímetros de diâmetro e é vendida em dez pedaços. Na Confeitaria Verão, o mesmo tipo de torta é vendido em seis pedaços e tem 24 centímetros de diâmetro, apesar de ser produzida com a mesma receita e com o mesmo custo. (Considere $\pi = 3{,}14$.)

a) Quais são as áreas da face superior da torta nas duas confeitarias?

b) Em qual das duas confeitarias a face superior do pedaço de torta é maior?

c) Se na Confeitaria Verão o pedaço de torta custa 5 reais, quanto a Confeitaria dos Sonhos deve cobrar para que ambas tenham o mesmo lucro?

R1. Calcule a área da parte verde da figura. (Considere $\pi = 3{,}14$.)

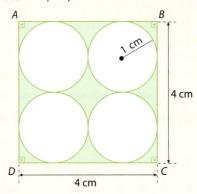

Resolução

Para calcular a área da parte verde da figura, vamos calcular a área do quadrado $ABCD$ e subtrair, do valor encontrado, a área dos quatro círculos.

Área do quadrado: $4^2 = 16$

Área de cada círculo: $\pi \cdot 1^2 = \pi = 3{,}14$

Portanto, a área da parte verde da figura será:

$A = 16 - 4 \cdot 3{,}14$

$A = 16 - 12{,}56 = 3{,}44$

Portanto, a área procurada é $3{,}44\ cm^2$.

9. Encontre a área da parte rosa considerando que as quatro circunferências menores têm o mesmo raio. (Considere $\pi = 3{,}14$.)

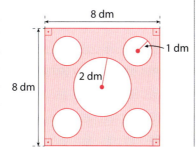

10. Sabendo que os raios dos círculos menores medem 6 cm e 3 cm, calcule a área da parte vermelha da figura.

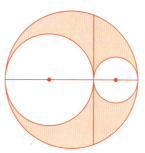

11. O fundo de uma piscina circular será revestido com pastilhas azuis e brancas, formando uma figura como a apresentada abaixo.

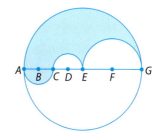

Sabendo que $AC = CE = EF = 4$ m e que todas as curvas da figura são arcos de circunferência, calcule a área da parte que terá pastilhas azuis.

12. O prefeito de uma cidade decidiu fazer um mosaico em parte de uma praça circular, conforme o esquema abaixo.

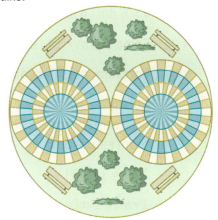

Sabe-se que a medida do diâmetro da praça é 50 metros e a mão de obra custa R$ 9,50 por metro quadrado. Determine o valor que será gasto em mão de obra. (Considere $\pi = 3{,}14$.)

13. Dois círculos são concêntricos de tal forma que a medida r do raio de um é o triplo da medida r do raio do outro. Calcule, em função de r, a área da coroa circular determinada por esses círculos.

5 VOLUME E CAPACIDADE

Veja o aquário que Mariana comprou para seu filho.

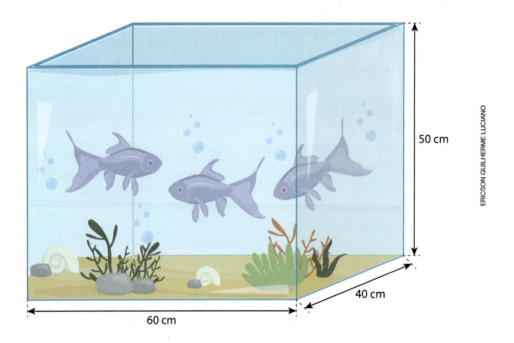

O aquário tem o formato de um paralelepípedo com 6 dm de comprimento, 4 dm de largura e 5 dm de altura.

Para saber quantos litros de água cabem nesse aquário, devemos primeiro multiplicar as medidas de suas três dimensões:

$V = 6 \text{ dm} \cdot 4 \text{ dm} \cdot 5 \text{ dm} = 120 \text{ dm}^3$

Como $1 \text{ dm}^3 = 1 \text{ L}$, então $120 \text{ dm}^3 = 120 \text{ L}$.

Portanto, nesse aquário cabem 120 litros de água.

Note que para resolver o problema anterior usamos o fato de que 1 decímetro cúbico corresponde a 1 litro. Veja outras relações entre unidades de volume que já foram estudadas:

$1 \text{ m}^3 = 1.000 \text{ L}$

$1 \text{ cm}^3 = 1 \text{ mL}$

RECORDE

O volume de um paralelepípedo, em que *a* representa a medida do comprimento, *b* a da largura e *c* a da altura, é dado por:

$$V = a \cdot b \cdot c$$

Essa expressão pode ser usada para calcular o volume de qualquer paralelepípedo com medidas representadas por números reais positivos.

Volume de uma pirâmide de base triangular

Assista ao vídeo e veja como calcular o volume de uma pirâmide de base triangular.

ATIVIDADES

PRATIQUE

1. Calcule o volume, em metros cúbicos, de cada figura.

Não se esqueça de que, para obter o volume de um paralelepípedo, as medidas usadas no cálculo devem estar expressas em uma mesma unidade de medida de comprimento.

a)
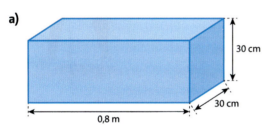

b)
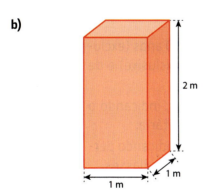

2. Responda às questões.

a) Quantos litros cabem em 10 m³?

b) Qual deve ser o volume, em centímetros cúbicos, de um recipiente, para que 56 mL ocupem toda sua capacidade?

c) Podemos preencher, completamente, quantos recipientes de 12 dm³, cada um, com 72 L?

APLIQUE

3. Sofia e André fizeram uma experiência na aula de Matemática. Cada um escolheu um recipiente e calculou seu volume.

O meu recipiente tem volume igual a 24 dm³.

O volume do meu recipiente é igual a 24.000 cm³.

- O que podemos concluir sobre a capacidade dos recipientes?

4. Karen comprou vasos que se parecem com paralelepípedos. Observe, a seguir, as dimensões de cada vaso e elabore um problema que envolva volume, em metros cúbicos, e capacidade, em litros. Depois, peça a um colega que resolva o seu problema e resolva o problema elaborado por ele.

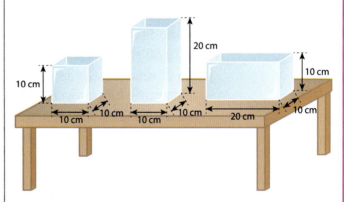

5. Daniel convidou 6 amigos para um lanche em sua casa. Ele calculou dois copos cheios de suco para cada amigo. Se cada copo lembra um paralelepípedo com 5 cm de comprimento, 5 cm de largura e 12 cm de altura, quantos litros de suco, no mínimo, Daniel deve comprar para servir seus amigos?

177

ESTATÍSTICA E PROBABILIDADE
DETERMINAÇÃO DA FREQUÊNCIA ABSOLUTA E DA FREQUÊNCIA RELATIVA DE UMA AMOSTRA DE POPULAÇÃO

Em uma pesquisa, os dados coletados podem ser apresentados na forma de números absolutos e/ou relativos. Vejamos, por exemplo, dois modos de apresentar dados dos 200 funcionários de uma empresa em relação à idade.

Pela tabela ao lado, podemos verificar que o grupo com mais funcionários é o que tem pessoas a partir de 30 anos e com menos de 40 anos.

DISTRIBUIÇÃO DOS FUNCIONÁRIOS DA EMPRESA A POR IDADE		
Idade	Número de funcionários	Porcentagem de funcionários
A partir de 20 anos e com menos de 30 anos	62	31%
A partir de 30 anos e com menos de 40 anos	79	39,5%
A partir de 40 anos e com menos de 50 anos	30	15%
A partir de 50 anos e com menos de 60 anos	29	14,5%
Total	200	100%

Dados obtidos pela empresa A, em out. 2018.

Frequência absoluta e frequência relativa

Com a leitura dos dados dessa tabela, observamos que:

- as idades foram divididas em quatro classes: de 20 a 30 anos (exclusive), de 30 a 40 anos (exclusive), de 40 a 50 anos (exclusive) e de 50 a 60 anos (exclusive);
- na 2ª coluna estão apresentados os **dados absolutos**, indicando o número de funcionários correspondente a cada faixa etária;
- na 3ª coluna estão apresentados os **dados relativos**, indicando percentuais de frequência de funcionários em cada uma das classes.

Em Estatística, temos as seguintes ideias relacionadas à tabela anterior:

Frequência absoluta é o número de elementos correspondentes a determinada classe.

Frequência relativa é a razão entre o número de elementos de determinada classe e o número total de elementos analisados.

Veja outra forma de representar os dados:

DISTRIBUIÇÃO DOS FUNCIONÁRIOS DA EMPRESA A POR IDADE		
Idade (em anos)	Frequência absoluta	Frequência relativa
20 ⊢ 30	62	0,31
30 ⊢ 40	79	0,395
40 ⊢ 50	30	0,15
50 ⊢ 60	29	0,145
Total	200	1

Dados obtidos pela empresa A, em out. 2018.

> Nessa tabela, a porcentagem dos funcionários está representada com números decimais para indicar a frequência relativa.

O símbolo "⊢" indica a inclusão do valor situado à sua esquerda e a exclusão do valor situado à sua direita.

Amostra de uma população

Ainda no estudo da Estatística, duas ideias muito importantes estão presentes nas pesquisas:

> **População** é o conjunto de todos os elementos que contêm uma característica que se quer estudar.
> **Amostra de uma população** é uma parte da população que queremos estudar.

Em uma pesquisa sobre o número de filhos dos funcionários de uma franquia com 25 lanchonetes, por exemplo, temos:

- população – todos os funcionários das 25 lanchonetes.
- amostra – funcionários de 6 das 25 lanchonetes dessa franquia.

ATIVIDADES

1. Uma das medidas para melhorar a educação de um país é elevar o número médio de anos concluídos, por pessoa, entre sua população. Veja a tabela com dados do país A em 2018 e, depois, responda às questões.

a) Que classe tem a maior frequência?

b) Qual é o total de unidades da federação que corresponde às três maiores frequências?

Dados obtidos pelo Instituto Nacional de Pesquisas Educacionais do país A.

DISTRIBUIÇÃO DAS UNIDADES DA FEDERAÇÃO DO PAÍS A SEGUNDO O NÚMERO MÉDIO DE ANOS CONCLUÍDOS (2018)	
Número médio de anos concluídos	Frequência: quantidade de unidades da federação
4 ou 5	8
5 ou 6	7
6 ou 7	9
7 ou 8	2
8 ou 9	1

ESTATÍSTICA E PROBABILIDADE

2. Considere os dados da tabela abaixo, referentes a 2017-2018 no país A, e responda às questões.

DISTRIBUIÇÃO DAS UNIDADES DA FEDERAÇÃO DO PAÍS A SEGUNDO A FAIXA DE REPETÊNCIA ESCOLAR, EM % (2017-2018)	
Faixa de repetência escolar, em %	Frequência: quantidade de unidades da federação
0 a 10 (exclusive)	1
10 a 20 (exclusive)	7
20 a 30 (exclusive)	12
30 a 40 (exclusive)	7

Dados obtidos pelo Instituto Nacional de Pesquisas Educacionais do país A.

a) De acordo com essa tabela de repetência escolar no país A, qual é a faixa de maior frequência?

b) E a de menor frequência?

c) Qual é a diferença entre as frequências encontradas nos itens **a** e **b**?

3. Com base em uma pesquisa realizada em maio de 2019 com 120 pessoas que frequentam a rede de supermercados Planejamos Juntos, foi construído o gráfico a seguir, referente ao estado civil desses consumidores.

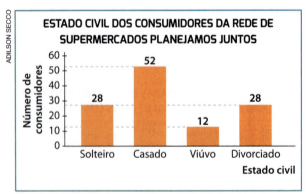

Dados obtidos pela rede de supermercados Planejamos Juntos em maio de 2019.

Construa, no caderno, a tabela de frequência relativa e absoluta com os dados desse gráfico.

4. A prefeitura da cidade Flores Coloridas realizou uma pesquisa com 120 pessoas sobre o grau de escolaridade dos participantes de uma feira de livros que ocorre anualmente.

DISTRIBUIÇÃO DOS PARTICIPANTES DA FEIRA DE LIVROS SEGUNDO O GRAU DE ESCOLARIDADE	
Grau de escolaridade	Frequência relativa
Ensino Fundamental	0,10
Ensino Médio	0,25
Ensino Superior	0,35
Pós-graduação	0,30

Dados obtidos pela prefeitura de Flores Coloridas.

a) Copie a tabela no caderno e insira uma nova coluna com a frequência absoluta referente a cada grau de escolaridade.

b) Construa no caderno um gráfico que represente esses resultados.

c) Escreva uma conclusão possível a respeito desses participantes.

5. Observe, na tabela abaixo os dados obtidos pela Pnad sobre a população brasileira referente ao número de domicílios particulares em 2015.

NÚMERO DE DOMICÍLIOS PARTICULARES EM 2015	
Região	Quantidade (em milhões)
Norte	5,1
Nordeste	17,9
Sudeste	29,5
Sul	10,4
Centro-Oeste	5,2

Dados obtidos em: <https://biblioteca.ibge.gov.br/visualizacao/livros/liv98965.pdf>. Acesso em: 31 jul. 2018.

a) Construa uma tabela indicando a frequência relativa dos dados apresentados e a porcentagem para cada região brasileira. Deixe a frequência relativa indicada com três casas após a vírgula.

b) Qual região teve maior frequência relativa? Qual é essa frequência?

ATIVIDADES COMPLEMENTARES

1. (Saresp) Os triângulos desenhados abaixo têm, cada um, 2 cm² de área, e o quadrado tem 4 cm² de área.

Formei três figuras (I, II e III) usando em cada uma delas os três polígonos acima descritos.

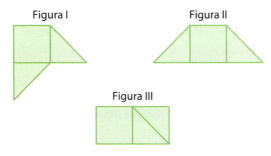

É correto afirmar que:

a) as áreas das três figuras são iguais.

b) a área da figura II é maior que a área da figura III.

c) a área da figura I é maior que a área da figura II.

d) a área da figura I é maior que a área da figura III.

2. Quatro triângulos retângulos isósceles, cada um de área igual a 8 cm², foram justapostos a um quadrado, conforme a figura, de maneira que o lado de cada triângulo que está apoiado no quadrado tem a mesma medida do lado desse quadrado.

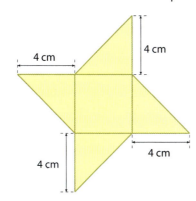

a) A composição formou qual polígono?

b) Qual é a área do polígono obtido?

3. Determine a área da parte vermelha da figura em função de r. O raio do círculo maior mede o dobro do raio r do círculo menor.

4. Calcule a área das coroas.

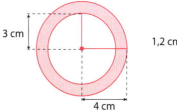 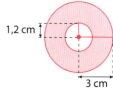

- Agora, responda: qual das duas coroas tem maior área?

5. Uma piscina olímpica tem 50 m de comprimento, 25 m de largura e 2 m de profundidade. Já uma piscina semiolímpica tem 25 m de comprimento, 20 m de largura e 2 m de profundidade.

a) Calcule o volume, em litro, de cada piscina.

b) É possível encher completamente uma piscina olímpica com o volume de duas piscinas semiolímpicas?

6. Uma construtora pretende comprar um terreno para construir um conjunto residencial. Para isso, fez uma pesquisa de preços de terrenos em uma região e descobriu que um terreno com 40 m² custava R$ 12.000,00.

ATIVIDADES COMPLEMENTARES

Observe, na figura abaixo, um esquema do terreno que a construtora pretende comprar.

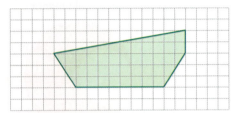

a) Considerando que cada quadradinho do esquema corresponde a 20 m² na realidade, qual é a área desse terreno?

b) De acordo com os preços pesquisados pela construtora, calcule o preço do terreno.

7. Uma pista de corrida tem o formato da figura abaixo.

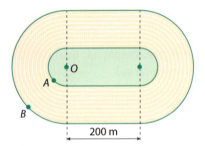

Calcule a área dessa pista sabendo que $AO = 20$ m e $OB = 60$ m.

8. Calcule a área da parte colorida de cada figura sabendo que o lado do quadrado mede 4 e que todas as curvas são arcos de circunferência.

a)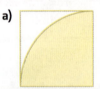

b)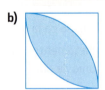

9. Um centro educacional está construindo uma piscina em sua sede. A empresa contratada vai revestir a piscina com azulejos brancos e fazer um desenho no fundo utilizando azulejos de outra cor. Veja o desenho a seguir.

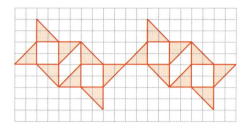

- Considerando que cada quadradinho corresponde a 1 m² na realidade, para revestir apenas o fundo da piscina, quantos metros quadrados de azulejos coloridos devem ser comprados?

10. Marina desenhou um quadrado em uma folha quadriculada. Depois, recortou esse quadrado e o dividiu em várias peças, conforme a figura abaixo. Usando algumas dessas peças, Marina formou um octógono.

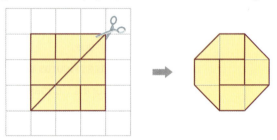

a) Qual é a medida dos ângulos internos do octógono?

b) Algumas peças do quadrado foram descartadas para formar o octógono. As peças descartadas totalizam que fração do quadrado?

11. Observe os dois recipientes abaixo, usados em uma experiência.

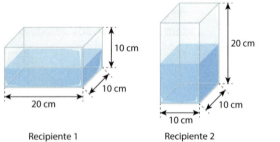

Recipiente 1   Recipiente 2

Sabendo que os dois recipientes estão com água até a metade de sua capacidade, responda:

a) Quantos litros de água há em cada recipiente?

b) Ao mergulharmos uma peça com volume igual a 200 cm³ dentro de cada recipiente, o nível da água subirá. Em qual dos dois recipientes o nível da água subirá mais em relação ao nível inicial?

182

c) Pensando na resposta do item anterior, responda: por que isso ocorre?

12. Helena resolveu colocar tela ondulada em volta de toda a sua chácara, gastando um total de R$ 1.280,00 somente com a tela.

a) Se o metro de tela custa R$ 8,00 e o terreno tem a forma de um quadrado, quais são as dimensões da chácara de Helena?

b) Seria possível construir nesse terreno uma casa com 400 m²? Justifique.

c) Se o item **b** for possível, considere que Helena vai utilizar o restante do espaço para montar um pomar. Quantos metros quadrados terá esse pomar?

13. Um helicóptero precisa pousar em uma região demarcada, como mostra a figura.

Sabendo que o raio do círculo menor é 3 m e que a área da coroa circular delimitada pelos dois círculos é 16π m², calcule o raio do círculo maior.

14. Ivo é pintor e foi contratado para pintar, com sua equipe, 150 quartos de um novo hotel.

Ele tem de fazer uma estimativa de quantas latas de tinta serão necessárias para pintar os quartos. Em cada quarto, será aplicada uma camada de tinta de fundo e uma de tinta de acabamento.

Os quartos são idênticos, e as quatro paredes, assim como o teto, devem ser pintadas. Todos os quartos medem 4,20 m de comprimento, 4,80 m de largura e 3 m de altura.

Nos cálculos, não é preciso considerar portas e janelas.

a) Calcule a área total a ser pintada com uma camada de tinta.

b) Se uma lata de tinta de fundo é suficiente para pintar até 40 m² e a lata de tinta de acabamento é suficiente para pintar 25 m², quantas latas de cada tipo serão necessárias?

15. (UEL-PR) Na figura, *ABCD* é um quadrado cujo lado mede *a*. Um dos arcos está contido na circunferência de centro *C* e raio *a*, e o outro é uma semicircunferência de centro no ponto médio de $\overline{BC}$ e de diâmetro *a*.

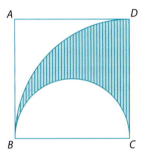

A área da região hachurada é:

a) um quarto da área do círculo de raio *a*.

b) um oitavo da área do círculo de raio *a*.

c) o dobro da área do círculo de raio $\frac{a}{2}$.

d) igual à área do círculo de raio $\frac{a}{2}$.

e) a metade da área do quadrado.

16. Calcule a área da parte colorida da figura, sabendo que todas as curvas são arcos de circunferência, que $AO = O'A' = 5$ cm e que $OB = O'B' = 10$ cm.

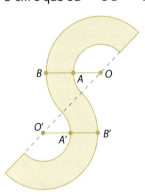

Mais questões no livro digital

COMPREENDER UM TEXTO

Imaginar, criar e inovar

Uma pequena lenda

Um imperador chinês chamou um de seus melhores artistas e ordenou que saísse pelos seus domínios e retratasse as coisas mais belas que pudesse encontrar, levando apenas uma prancha quadrada. Apesar da dificuldade da proposta, lá se foi o artista China afora, para tentar cumpri-la. No caminho, ao atravessar um riacho, ele caiu, e a prancha quebrou em sete pedaços. Precisava reuni-los, e após muitas tentativas percebeu que, ao arrumar as peças, conseguia formar uma figura diferente. Voltou rapidamente para mostrar aquela maravilha ao imperador, que ficou muito satisfeito com a possibilidade de retratar todas as coisas, usando apenas aquelas sete peças. Assim é o *tangram*, um quebra-cabeça formado por sete peças com formas geométricas bem conhecidas. Sua idade e inventor são desconhecidos. Os chineses o conhecem por "Tch'i Tch'iao Pan", ou as Sete Tábuas da Habilidade.

Enquanto a maioria dos quebra-cabeças são compostos por um grande número de peças, com formas complicadas e arrumadas num único caminho, o *tangram*, com apenas sete peças, permite uma extraordinária variedade de caminhos para compor as figuras.

Carlos A. Gênova. *Brincando com* tangram *e origami*. São Paulo: Global, 2002. p. 10, 19.

No mesmo livro em que encontramos o texto acima, o autor sugere a possibilidade de montar um *tangram* por meio da arte *origami*. Se quiser montar o seu *tangram*, pegue uma folha de papel quadrada e acompanhe os passos, vincando bem nos lugares indicados antes de recortar.

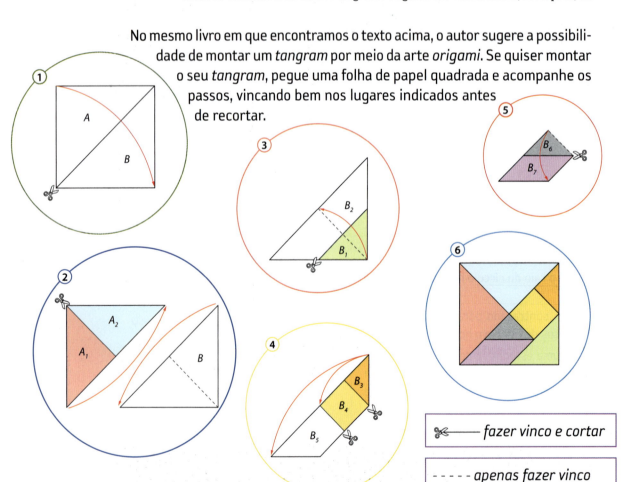

ATIVIDADES

1. Qual é a ideia principal do texto?
   a) Apresentar uma das versões da origem do *tangram*.
   b) Narrar os caprichos de um imperador que propunha desafios complicados a seus súditos.
   c) Explicar os tipos de quebra-cabeça existentes e mostrar que o *tangram* é o melhor.

2. Pense e responda às questões.
   a) O que você sabe sobre *origami*? Você já fez algum?
   b) Você tem o hábito de montar quebra-cabeças? De que tipo?

3. Responda às questões.
   a) Que figuras geométricas compõem o *tangram*?
   b) Quais são as medidas dos ângulos internos de cada uma dessas figuras?
   c) Alguma dessas figuras tem ângulo interno obtuso? Qual?
   d) Quais figuras têm ângulo interno medindo 90°?

4. Construa seu *tangram*.
   Recorte um quadrado com 15 cm de lado e, a partir dele, forme um *tangram*.

5. Observe as figuras feitas com as peças do *tangram*.

   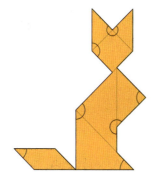
   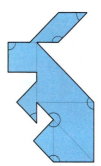

   • Sem usar o transferidor, indique as medidas dos ângulos destacados.

6. Usando a criatividade, monte figuras com as peças do *tangram*. (Sugestões: uma casa, um pássaro, um rosto, uma criança correndo). Depois, compare suas criações com as de seus colegas. Como na atividade anterior, indique as medidas de alguns ângulos determinados pelas figuras.

7. A história contada aqui é apenas uma das lendas sobre o surgimento do *tangram*. Como você imagina que ele tenha realmente surgido?

8. Pesquisem, em livros ou na internet, modelos de *tangram* diferentes do tradicional. Escolham um dos modelos, reproduzam o *tangram* escolhido e montem um cartaz com figuras formadas com as peças desse *tangram*.

EDUCAÇÃO FINANCEIRA
ESTÁ NA HORA DE TROCAR?

Fazer compras pode se tornar um ato corriqueiro em nossa vida. Afinal, para viver, precisamos de alimentos, roupas e outros produtos. No entanto, às vezes essas compras são exageradas ou feitas sem uma necessidade real, apenas por impulso ou vontade.

Observe as situações a seguir e reflita sobre elas. Você já presenciou algo parecido ou passou por isso?

O QUE VOCÊ FARIA?

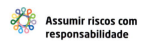
Assumir riscos com responsabilidade

Agora é sua vez de opinar sobre consumo. Leia cada uma das situações apresentadas e opte pela possibilidade de ação que combina com o que você pensa. Se não optar por nenhuma, escreva no caderno o que considera mais adequado fazer em cada situação.

Situação	Possibilidades de ação
A geladeira não tem o que preciso para preparar uma receita que vi na internet. Será que eu compro os ingredientes ou faço outro prato com o que tenho em casa?	• Comprar os ingredientes certos e deixar para outro dia os que estão na geladeira. • Mudar o cardápio do almoço, aproveitando os ingredientes que já estão na geladeira para que não estraguem.
Minha filha não se interessa mais por seus brinquedos, pois ela cresceu. Devo guardá-los e comprar novos, mais adequados para a idade dela?	• Comprar brinquedos novos, mas guardar os antigos, porque a criança pode querer brincar com eles em outro momento. • Guardar apenas dois ou três brinquedos como recordação e doar o restante a entidades que trabalham com comunidades carentes.
Recebi um convite para uma festa de 15 anos e é preciso usar traje a rigor. Não tenho esse tipo de roupa, mas meu primo tem e ofereceu a dele para eu usar. O que faço?	• Comprar uma roupa nova porque não lhe agrada a ideia de usar uma roupa que alguém já usou. • Pedir emprestado o traje do primo porque é o tipo de roupa que você não vai usar com frequência.
Meu aparelho de DVD não está mais lendo os DVDs. Outro dia não pude assistir ao filme que queria. Será que compro um novo?	• Procurar uma assistência técnica e fazer um orçamento de conserto do DVD para avaliar se é mais vantajoso consertá-lo ou comprar outro aparelho. • Buscar um local que recicle peças de aparelhos eletrônicos para descartar o DVD quebrado.

CALCULE

O desafio nesta seção é fazer cálculos aproximados de quanto se perde com materiais ou produtos desperdiçados. Procure em *sites* de empresas e organizações dados sobre o desperdício de alimentos e de materiais descartáveis em um restaurante e, com seus colegas de grupo, exponha-os em um painel.

REFLITA

Você sabia que é possível evitar o desperdício? Veja alguns exemplos.

- Esportistas profissionais que adquirem novos equipamentos para melhorar o desempenho competitivo podem doar seus antigos equipamentos para iniciantes no esporte.
- Flores usadas como ornamentos em casamentos e formaturas podem ser reaproveitadas para enfeitar e levar mais alegria a asilos e casas de repouso.
- Campanhas que incentivam a doação de livros usados em locais públicos podem facilitar o acesso aos livros e disseminar a cultura da leitura.

Converse com seus amigos e procurem mais exemplos de situações em que aquilo que não tem mais valor para uma pessoa pode ser muito útil para outra.

Em 2001, chegou ao Brasil uma ação chamada *bookcroosing*, que consiste em deixar um livro num local público para ser encontrado e lido por outro leitor, que por sua vez deverá fazer o mesmo. O objetivo do *bookcrossing*, presente em 132 países, é "transformar o mundo inteiro numa biblioteca". Na foto, uma pessoa deixa um livro na estação Sumaré do metrô, em São Paulo, 2012.

ORGANIZAR O CONHECIMENTO

1. Complete o esquema com o que você aprendeu sobre a classificação dos quadriláteros.

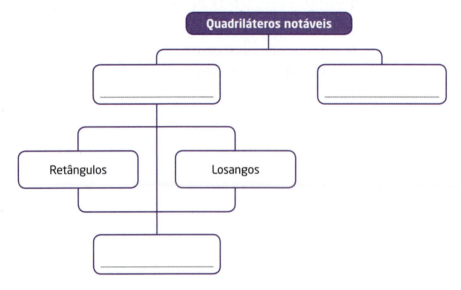

2. Complete o esquema.

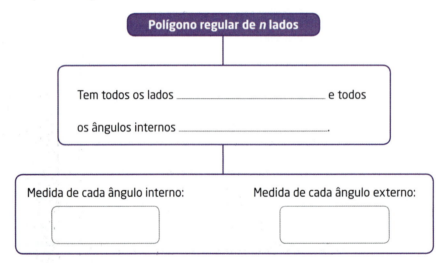

3. Complete o esquema.

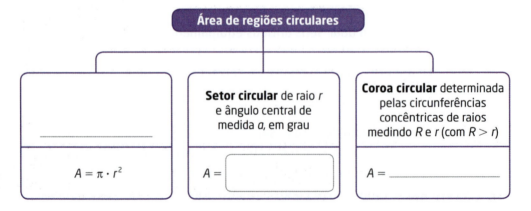

TESTES

1. (Saresp) O número de diagonais da figura abaixo é:

a) 1. b) 2. c) 3. d) 4.

2. (Saresp) Para proteger um palco foram colocadas estacas com uma corda passando por elas, conforme indicado na figura abaixo. A distância entre estacas adjacentes é a mesma. Os ângulos internos do polígono formado são todos iguais.

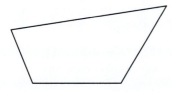

O valor desse ângulo é:

a) 30°. c) 120°.
b) 90°. d) 150°.

3. (Enem) O Esquema I mostra a configuração de uma quadra de basquete. Os trapézios em cinza, chamados de garrafões, correspondem a áreas restritivas.

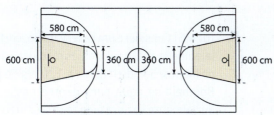

Esquema I: área restritiva antes de 2010

Visando atender as orientações do Comitê Central da Federação Internacional de Basquete (Fiba) em 2010, que unificou as marcações das diversas ligas, foi prevista uma modificação nos garrafões das quadras, que passariam a ser retângulos, como mostra o Esquema II a seguir.

Esquema II: área restritiva a partir de 2010

Após executadas as modificações previstas, houve uma alteração na área ocupada por cada garrafão, que corresponde a um(a):

a) aumento de 5.800 cm².
b) aumento de 75.400 cm².
c) aumento de 214.600 cm².
d) diminuição de 63.800 cm².
e) diminuição de 272.600 cm².

4. (Enem) Um petroleiro possui reservatório em formato de um paralelepípedo retangular com as dimensões dadas por 60 m × 10 m de base e 10 m de altura. Com o objetivo de minimizar o impacto ambiental de um eventual vazamento, esse reservatório é subdividido em três compartimentos, A, B e C, de mesmo volume, por duas placas de aço retangulares com dimensões de 7 m de altura e 10 m de base, de modo que os compartimentos são interligados, conforme a figura. Assim, caso haja rompimento no casco do reservatório, apenas uma parte de sua carga vazará.

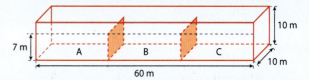

Suponha que ocorra um desastre quando o petroleiro se encontra com sua carga máxima: ele sofre um acidente que ocasiona um furo no fundo do compartimento C.

Para fins de cálculo, considere desprezíveis as espessuras das placas divisórias. Após o fim do vazamento, o volume de petróleo derramado terá sido de:

a) $1{,}4 \cdot 10^3$ m³.   d) $3{,}2 \cdot 10^3$ m³.
b) $1{,}8 \cdot 10^3$ m³.   e) $6{,}0 \cdot 10^3$ m³.
c) $2{,}0 \cdot 10^3$ m³.

TESTES

5. (Enem) Uma empresa especializada em conservação de piscinas utiliza um produto para tratamento da água cujas especificações técnicas sugerem que seja adicionado 1,5 mL desse produto para cada 1.000 L de água da piscina. Essa empresa foi contratada para cuidar de uma piscina de base retangular, de profundidade constante igual 1,7 m, com largura e comprimento iguais a 3 m e 5 m, respectivamente. O nível da lâmina d'água dessa piscina é mantido a 50 cm da borda da piscina. A quantidade desse produto, em mililitro, que deve ser adicionada a essa piscina de modo a atender às suas especificações técnicas é:

a) 11,25.
b) 27.
c) 28,8.
d) 32,25.
e) 49,5.

6. (Enem) Para economizar em suas contas mensais de água, uma família de 10 pessoas deseja construir um reservatório para armazenar a água captada das chuvas, que tenha capacidade suficiente para abastecer a família por 20 dias. Cada pessoa da família consome, diariamente, 0,08 m³ de água.

Para que os objetivos da família sejam atingidos, a capacidade mínima, em litros, do reservatório a ser construído deve ser:

a) 16.
b) 800.
c) 1.600.
d) 8.000.
e) 16.000.

7. (Enem)
A cerâmica constitui-se em um artefato bastante presente na história da humanidade. Uma de suas várias propriedades é a retração (contração), que consiste na evaporação da água existente em um conjunto ou bloco cerâmico quando submetido a uma determinada temperatura elevada. Essa elevação de temperatura, que ocorre durante o processo de cozimento, causa uma redução de até 20% nas dimensões lineares de uma peça.

Disponível em. www.arq.ufsc.br Acesso em: 3 mar. 2012.

Suponha que uma peça, quando moldada em argila, possuía uma base retangular cujos lados mediam 30 cm e 15 cm. Após o cozimento, esses lados foram reduzidos em 20%.

Em relação à área original, a área da base dessa peça, após o cozimento, ficou reduzida em:

a) 4%.
b) 20%.
c) 36%.
d) 64%.
e) 96%.

8. (Obmep) A figura é formada por 5 trapézios isósceles iguais.

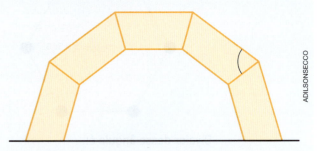

Qual é a medida do ângulo indicado?

a) 72°
b) 74°
c) 76°
d) 78°
e) 80°

9. (UFMG) Considere um reservatório, em forma de paralelepípedo retângulo, cujas medidas são 8 m de comprimento, 5 m de largura e 120 cm de profundidade. Bombeia-se água para dentro desse reservatório, inicialmente vazio, a uma taxa de 2 litros por segundo. Com base nessas informações, é CORRETO afirmar que, para se encher completamente esse reservatório, serão necessários:

a) 40 min.
b) 240 min.
c) 400 min.
d) 480 min.

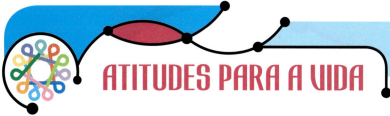

ATITUDES PARA A VIDA

1. Observe a situação a seguir.

- Selecione, entre as atitudes a seguir, as que você considera importantes para fazer trabalhos como o que os estudantes acima estão fazendo. Converse com um colega e justifiquem suas escolhas.

Ter precisão	Usar a imaginação	Pensar com flexibilidade
Ser criativo	Escutar o colega	Comunicar-se de maneira clara
Assumir riscos	Persistir	Levantar problemas

2. Você já aplicou conhecimentos aprendidos na escola em situações do seu dia a dia? Registre alguma experiência em que isso aconteceu.

_____
_____
_____
_____
_____

3. Que medidas você pode adotar antes de tomar uma decisão que envolve riscos, como, a de fazer um empréstimo para comprar algo?

_____
_____
_____
_____

PARTE 3

- UNIDADE 7 CÁLCULO ALGÉBRICO
- UNIDADE 8 PROBLEMAS DE CONTAGEM
- UNIDADE 9 FRAÇÕES ALGÉBRICAS

O DESENVOLVIMENTO DA ÁLGEBRA

A Álgebra é a parte da Matemática que estuda, entre outros conceitos, as equações e os cálculos com incógnitas e variáveis por meio do emprego de letras.

Muitos estudiosos contribuíram para o desenvolvimento da Álgebra, mas esse desenvolvimento foi irregular. Algumas contribuições levaram anos para ser incorporadas ao trabalho de outros matemáticos. Veja no mapa ao lado alguns estudiosos que colaboraram para a evolução desse ramo da Matemática e a época em que isso ocorreu.

François Viète
Séc. XVI d.C.
Sua maior contribuição para a Matemática foi o desenvolvimento da **Álgebra simbólica** (apresentada na obra *In artem analyticem isagoge*), muito próxima da Álgebra usada hoje.

Paris

Euclides
Séc. III a.C.
Em sua obra *Os elementos*, Euclides de Alexandria empregou figuras e palavras para resolver problemas algébricos.

A NOTAÇÃO ALGÉBRICA

O desenvolvimento da notação algébrica passou pelos seguintes estágios:

Álgebra retórica
Os argumentos da resolução de um problema eram descritos em prosa, sem abreviações ou símbolos específicos.

  "O quadrado do dobro da idade mais um é igual ao quádruplo do quadrado da idade mais o quádruplo da idade mais um."

Álgebra sincopada
São adotadas abreviações para as quantidades e as operações que aparecem com maior frequência.

  "ς β̄ M̊ ᾱ □ᵒˢ ἐστί Δᵧ δ̄ ς δ̄ M̊ ᾱ"

Álgebra simbólica
São estabelecidos símbolos arbitrários, sem relação direta com os entes que representam.

  "$(2x + 1)^2 = 4x^2 + 4x + 1$"

ATITUDES PARA A VIDA

- Persistir.
- Questionar e levantar problemas.
- Escutar os outros com atenção e empatia.

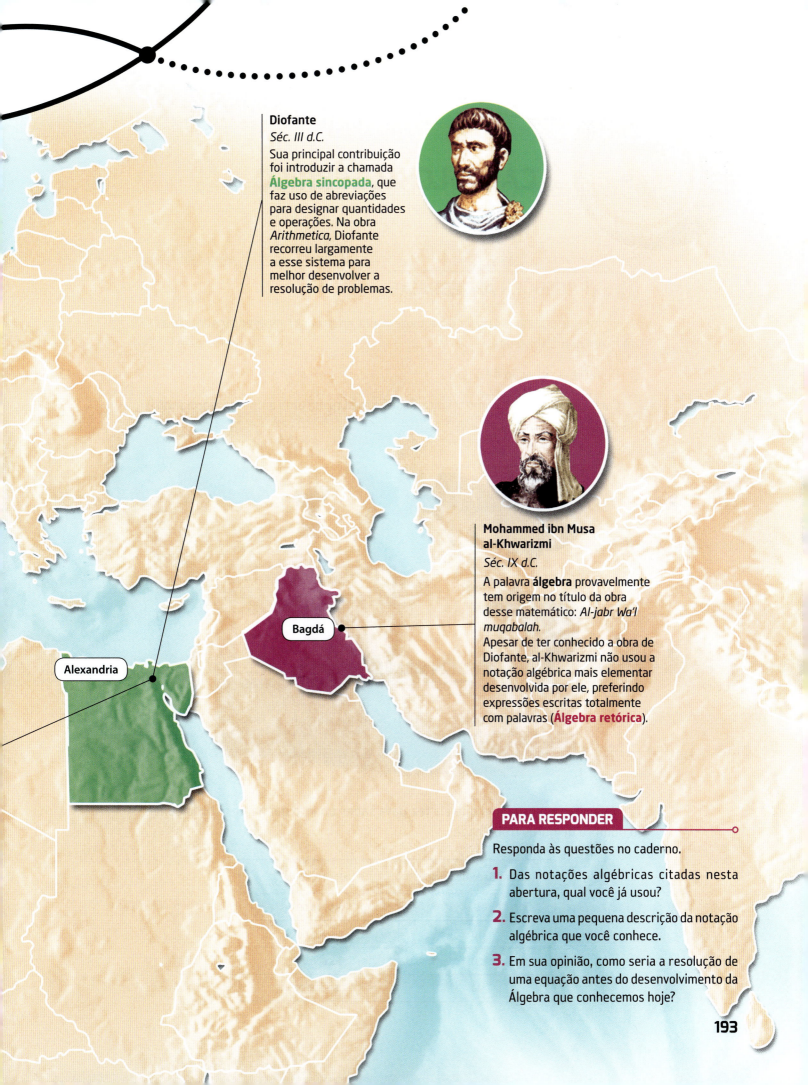

Diofante

Séc. III d.C.

Sua principal contribuição foi introduzir a chamada **Álgebra sincopada**, que faz uso de abreviações para designar quantidades e operações. Na obra *Arithmetica*, Diofante recorreu largamente a esse sistema para melhor desenvolver a resolução de problemas.

Mohammed ibn Musa al-Khwarizmi

Séc. IX d.C.

A palavra **álgebra** provavelmente tem origem no título da obra desse matemático: *Al-jabr Wa'l muqabalah*.
Apesar de ter conhecido a obra de Diofante, al-Khwarizmi não usou a notação algébrica mais elementar desenvolvida por ele, preferindo expressões escritas totalmente com palavras (**Álgebra retórica**).

Bagdá

Alexandria

PARA RESPONDER

Responda às questões no caderno.

1. Das notações algébricas citadas nesta abertura, qual você já usou?

2. Escreva uma pequena descrição da notação algébrica que você conhece.

3. Em sua opinião, como seria a resolução de uma equação antes do desenvolvimento da Álgebra que conhecemos hoje?

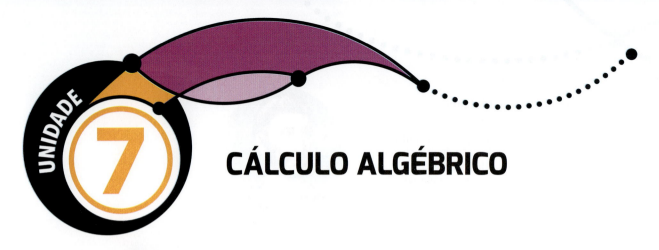

UNIDADE 7 — CÁLCULO ALGÉBRICO

1 EXPRESSÕES ALGÉBRICAS

Vimos que podemos utilizar a linguagem algébrica para representar sentenças ou fazer generalizações.

Observe a situação a seguir.

Carla presta serviço como técnica de informática em uma empresa, ganhando R$ 40,00 por hora trabalhada.

Veja abaixo o esquema que ela fez para saber quanto ganha de acordo com o número de horas trabalhadas.

Quantidade de horas	Valor recebido
5	R$ 200,00
10	R$ 400,00
20	R$ 800,00
40	R$ 1.600,00

Indicando por x a quantidade de horas trabalhadas, podemos representar o valor recebido por 40 · x.

Também podemos utilizar a linguagem algébrica para expressar regularidades encontradas em sequências numéricas.

Vamos considerar a sequência dos números naturais positivos múltiplos de 10 que começa no número 10.

(10, 20, 30, 40, 50, ...)

Nessa sequência, temos que:

- 1º termo é 10, ou seja: 10 · 1;
- 2º termo é 20, ou seja: 10 · 2;
- 20º termo é 200, ou seja: 10 · 20;
- nº termo pode ser expresso por: 10 · n.

OBSERVAÇÃO

Em uma sequência, chamamos de nº termo (lê-se enésimo termo) o termo de ordem n.

Expressões como 4 · x e 10 · n são exemplos de **expressões algébricas**. As letras que formam essas expressões são denominadas **variáveis**.

EXEMPLOS

São exemplos de expressões algébricas:

a) $2m + 1$
b) $p^2 - q^2$
c) $(x + y) \cdot (x - y)$
d) $\dfrac{2x}{5} - \dfrac{1}{2}$

ATIVIDADES

PRATIQUE

1. Escreva uma expressão algébrica que represente o perímetro de cada figura geométrica.

a)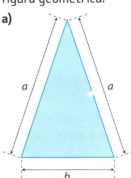

b)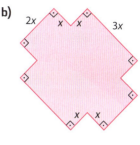

2. Represente de forma simbólica:
a) a adição de três números consecutivos;
b) o quadrado da soma de dois números;
c) a soma dos quadrados de dois números.

3. Escreva uma sentença que generalize as igualdades abaixo.

$$5 + (-5) = 0$$

$$\left(-\frac{7}{4}\right) + \left(\frac{7}{4}\right) = 0$$

$$(-\sqrt{6}) + \sqrt{6} = 0$$

4. O elemento neutro da adição é zero, e o da multiplicação é 1. Que expressões podem generalizar a propriedade da existência do elemento neutro nessas operações?

5. Usando apenas letras, escreva sentenças que generalizem as igualdades.
a) $3 + (4 + 8) = (3 + 4) + 8$
b) $7 \cdot 8 = 8 \cdot 7$
c) $2 \cdot (3 \cdot 5) = (2 \cdot 3) \cdot 5$

R1. Mara trabalha como taxista. Na cidade em que ela trabalha, o passageiro deve pagar R$ 4,40 pela bandeirada e R$ 2,50 por quilômetro percorrido pelo táxi. Nicole fez um percurso de 7,5 km com esse táxi. Quanto ela pagou pela corrida?

Resolução

O preço em real da corrida pode ser generalizado pela expressão 4,40 + x · 2,50 ou 4,40 + 2,50 · x, em que a variável x representa o número de quilômetros percorridos.

Veja como fazemos esse cálculo:

$$4{,}40 + 2{,}50 \cdot 7{,}5 = 4{,}40 + 18{,}75 = 23{,}15$$

Para o percurso de 7,5 km, Nicole pagou R$ 23,15.

6. O marceneiro Renato tinha um molde para fazer um porta-retrato de forma retangular. Suas dimensões eram:
- comprimento x
- largura y

Ele fez algumas modificações nesse molde.

1. Cortou um pedaço, reduzindo seu comprimento em 4 cm.
2. Depois fez outro corte, reduzindo sua largura em 1 cm.

a) Que expressão algébrica representa o novo comprimento do molde?
b) E a nova largura?
c) Com esses cortes, o molde de Renato ficou quadrado. Qual era a diferença entre o comprimento e a largura antes dos cortes?
d) Seria possível fazer apenas um corte para tornar quadrado o molde de Renato? Em caso afirmativo, explique como deveria ser o corte.

VALOR NUMÉRICO DE UMA EXPRESSÃO ALGÉBRICA

Vamos analisar as situações a seguir.

Situação 1

Para uma festa, um bufê cobra taxa de R$ 800,00 mais R$ 20,00 por criança até 12 anos e R$ 30,00 por convidado acima dessa idade.

No aniversário de Aninha havia 34 crianças e 16 pessoas com mais de 12 anos. O bufê cobrou R$ 1.960,00.

Veja como verificar se esse cálculo está correto:

$$34 \cdot 20 + 16 \cdot 30 + 800 = 680 + 480 + 800 = 1.960$$

Generalizando esse cálculo, a expressão algébrica que esse bufê aplica ao fazer o orçamento de uma festa para c crianças e p pessoas acima de 12 anos é $c \cdot 20 + p \cdot 30 + 800$ ou $20c + 30p + 800$.

Assim, o valor numérico da expressão para $c = 34$ e $p = 16$ é 1.960.

Situação 2

O volume (V) de um cubo com aresta de medida x pode ser expresso por x^3. Qual é o volume de um cubo com aresta de 10 cm?

Para responder a essa questão, basta substituir a letra x por 10.

Logo, $V = 10^3 = 1.000$, ou seja, $V = 1.000$ cm^3.

O número 1.000 é o valor numérico da expressão x^3 para $x = 10$.

Situação 3

O valor numérico da expressão $\dfrac{20b}{a-3}$ para $a = -3$ e $b = 9$ é -30, pois:

$$\dfrac{20 \cdot 9}{-3 - 3} = \dfrac{180}{-6} = -30$$

Note que, seja qual for o valor de b, essa expressão não tem valor numérico para $a = 3$, pois o denominador seria igual a zero.

> O **valor numérico** de uma expressão algébrica é o número que se obtém ao substituir as variáveis por números e efetuar as operações indicadas.

OBSERVAÇÃO

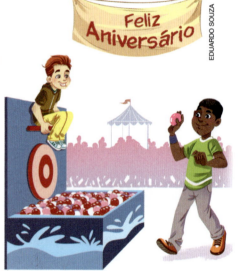

1.000 cm^3 de água é o mesmo que 1 litro de água.

Balança com sólidos

Nesse jogo você irá usar uma balança para descobrir a massa dos sólidos.
Disponível em <http://mod.lk/q8uq6>.

ATIVIDADES

PRATIQUE

1. Calcule o valor numérico da expressão $b^2 - 4 \cdot a \cdot c$ para:

a) $a = 1, b = 5$ e $c = -6$
b) $a = -1, b = -5$ e $c = 6$
c) $a = 1, b = -4$ e $c = 4$
d) $a = 2, b = -4$ e $c = 4$

2. Escreva no caderno a expressão algébrica correspondente a cada sentença.

a) O dobro de um número s.
b) O consecutivo de um número y.
c) O quadrado de um número z.
d) O triplo de um número x adicionado à metade de x.
e) A terça parte de um número m adicionada ao número s.

APLIQUE

R1. Responda às questões.

a) Qual é a soma dos 10 primeiros números ímpares?
b) Qual é a soma dos 50 primeiros números ímpares?

Resolução

a) Escrevemos os 10 primeiros números ímpares e fazemos a adição.

```
  1  _____ 1º termo
  3  _____ 2º termo
  5  _____ 3º termo
  7  _____ 4º termo
  9  _____ 5º termo
 11  _____ 6º termo
 13  _____ 7º termo
 15  _____ 8º termo
 17  _____ 9º termo
 19  _____ 10º termo
 ___
100  _____ soma dos 10 primeiros
              números ímpares
```

Outro modo de calcular é escrever cada parcela como a diferença de quadrados. Assim, podemos cancelar as parcelas opostas e obter a soma.

$$\text{Soma} = 1 + 3 + 5 + 7 + 9 + 11 + 13 + 15 + 17 + 19$$
$$\text{Soma} = (1^2 - 0^2) + (2^2 - 1^2) + (3^2 - 2^2) + (4^2 - 3^2) + (5^2 - 4^2) + (6^2 - 5^2) + (7^2 - 6^2) + (8^2 - 7^2) + (9^2 - 8^2) + (10^2 - 9^2)$$
$$\text{Soma} = \cancel{1^2} - 0^2 + \cancel{2^2} - \cancel{1^2} + \cancel{3^2} - \cancel{2^2} + \cancel{4^2} - \cancel{3^2} + \cancel{5^2} - \cancel{4^2} + \cancel{6^2} - \cancel{5^2} + \cancel{7^2} - \cancel{6^2} + \cancel{8^2} - \cancel{7^2} + \cancel{9^2} - \cancel{8^2} + 10^2 - \cancel{9^2}$$
$$\text{Soma} = 10^2 = 100$$

b) Para adicionar os 50 primeiros números ímpares ($n = 50$), substituímos as parcelas 1, 3, 5, 7, 9, ... pelas diferenças de quadrados $(1^2 - 0^2)$, $(2^2 - 1^2)$, $(3^2 - 2^2)$, $(4^2 - 3^2)$, $(5^2 - 4^2)$, ...

O quadragésimo nono número ímpar é 97, pois $2 \cdot 49 - 1 = 97$, e o quinquagésimo é 99, pois $2 \cdot 50 - 1 = 99$, que podem ser substituídos respectivamente por $(49^2 - 48^2)$ e por $(50^2 - 49^2)$.

$$\text{Soma} = 1 + 3 + 5 + 7 + 9 + \ldots + 97 + 99$$
$$\text{Soma} = (1^2 - 0^2) + (2^2 - 1^2) + (3^2 - 2^2) + (4^2 - 3^2) + (5^2 - 4^2) + \ldots + (49^2 - 48^2) + (50^2 - 49^2)$$
$$\text{Soma} = 1^2 - 0^2 + 2^2 - 1^2 + 3^2 - 2^2 + 4^2 - 3^2 + 5^2 - 4^2 + \ldots + 49^2 - 48^2 + 50^2 - 49^2$$
$$\text{Soma} = 50^2 = 2.500$$

3. Responda às questões.

a) Que expressão representa a soma dos n primeiros números ímpares?
b) Calcule a soma dos 75 primeiros números ímpares.

4. Observe a balança e resolva o problema.

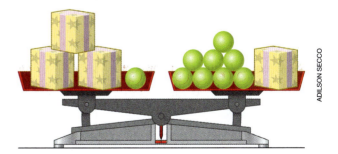

A massa de cada bolinha é 1 kg, e a balança está em equilíbrio.

197

a) Aplique o conceito de igualdade e use a álgebra simbólica para representar a situação.

b) O que acontecerá com a balança se retirarmos 1 caixa e 1 bolinha de cada prato? Represente a nova situação algebricamente com uma igualdade.

c) Use a expressão obtida no item **b** para calcular a massa de cada caixa.

d) Se a massa de cada caixa for igual a 7 kg, qual deverá ser a massa de cada bolinha para que a balança continue em equilíbrio?

5. A máquina ao lado associa cada número x da coluna da esquerda a um número n da mesma linha na coluna da direita.

a) O número da direita é o dobro do número à sua esquerda?

b) Escreva com palavras a regra de correspondência entre os números das colunas.

c) Escreva essa regra usando uma expressão algébrica.

6. As caixas registradoras das redes de *fast-food* têm teclas associadas a alguns produtos. Apertando a tecla e indicando a quantidade do produto, o preço já aparece calculado. Veja a tabela de preços de uma dessas redes:

PREÇOS DE ALGUNS PRODUTOS			
Produto	X-Bolão	Oba-Cola	Sorvete
Preço (R$)	5	1,5	3

Danilo reuniu os pedidos dos amigos que estavam à mesa e foi até o caixa.

a) Quanto a turma gastou se, ao todo, foram pedidos 15 sanduíches X-Bolão, 11 refrigerantes Oba-Cola e 10 sorvetes?

b) Escreva uma expressão algébrica que indique o valor gasto ao serem pedidos x sanduíches, y refrigerantes e z sorvetes.

2 MONÔMIO

Ricardo reformará o piso da garagem de sua casa, colocando lajotas retangulares. O esquema abaixo mostra a quantidade de lajotas que serão necessárias para cobrir todo o piso da garagem. Nesse esquema x e y indicam o comprimento e a largura, em centímetros, de cada lajota.

> Sabendo que a lajota mede 80 cm de comprimento por 50 cm de largura, qual é a área do piso da garagem de Ricardo, desconsiderando os espaços para rejuntes?

Piso da garagem

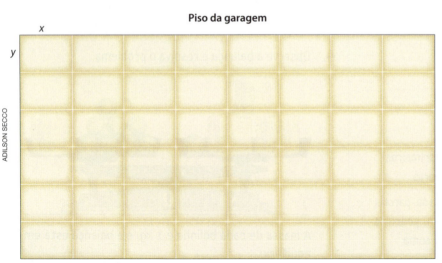

198

Desconsiderando o espaço para os rejuntes entre as lajotas, podemos dizer que o comprimento da garagem, em centímetro, pode ser indicado por 8 · x, a largura, em centímetro, por 6 · y, e a área, em centímetro quadrado, por 48 · x · y.

As expressões 8x, 6y e 48xy são exemplos de **monômio**, ou **termo algébrico**, ou ainda **termo**.

> **Monômio** é um número ou uma expressão algébrica inteira na qual há apenas multiplicação entre números e letras. Essas letras devem sempre ser expressas na forma de potência com expoentes naturais.

OBSERVAÇÃO

Costuma-se omitir o sinal de multiplicação nos monômios. O monômio $2 \cdot x \cdot y^2$, por exemplo, pode ser representado por $2xy^2$.

Em geral, podemos identificar duas partes nos monômios: o **coeficiente** e a **parte literal**. O coeficiente corresponde à parte numérica, e a parte literal corresponde às variáveis, incluindo seus expoentes.

EXEMPLOS

a) $5y^2$ — coeficiente / parte literal

b) $-\dfrac{3}{7}x^2yz$ — coeficiente / parte literal

PARA PENSAR

Leia a tirinha.

Agora, responda.
a) Qual foi a intenção do tucano quando respondeu "$xyzw^2abc$"?
b) Qual é o coeficiente e a parte literal do monômio que aparece na tirinha?

OBSERVAÇÕES

- Todo número real não nulo é um monômio sem parte literal.
- O número zero chama-se monômio nulo.
- Costumam-se omitir os coeficientes 1 e −1 dos monômios.
  Por exemplo:
  $1x = x$; $-1a^2b = -a^2b$

ATIVIDADES

PRATIQUE

1. Copie no caderno as expressões algébricas que podem ser classificadas como monômios.

a) $-\dfrac{x}{y}$ c) $-a^2bx$ e) $\dfrac{3x}{2ab}$ g) $3x^{-2}$ i) 2^x

b) $75ax$ d) $\dfrac{1}{3}xy$ f) $9a^2b^3xy$ h) $x^2 + y$

2. Escreva no caderno o coeficiente e a parte literal dos monômios.

a) $-3a^2b$ c) $3vbg$ e) z g) $\dfrac{1}{2}xy$

b) $-x^2y$ d) $7xy$ f) 2 h) $-\dfrac{3}{5}x$

3. Escreva dois monômios que tenham:
a) o coeficiente igual a -1;
b) a parte literal igual a pq^2;
c) o coeficiente igual a $\dfrac{1}{5}$;
d) a parte literal igual a z.

4. Escreva três monômios que tenham:
a) a mesma parte literal e coeficientes diferentes;
b) o mesmo coeficiente e partes literais diferentes.

APLIQUE

5. Escreva o monômio para cada caso.
a) Número de alunos que vão ao parque de diversões em c ônibus com 45 alunos em cada um.

b) Preço de x calças *jeans*, cada uma custando n reais.

6. Escreva o monômio que representa o perímetro dos seguintes polígonos com lados de medidas x:
a)
b)

7. Represente com um monômio a área de cada figura.
a) Quadrado
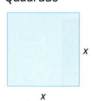
b) Retângulo
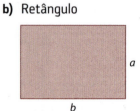

- Agora, calcule a área de cada figura considerando $x = 3$ cm, $a = 2$ cm e $b = 4$ cm.

MONÔMIOS SEMELHANTES

Observe os monômios:

$$4xy^2z,\ -xy^2z,\ \dfrac{xy^2z}{3}\ \text{e}\ 15xy^2z$$

Eles têm em comum a parte literal (xy^2z). Nesse caso, dizemos que são **monômios semelhantes**.

EXEMPLO

$-\dfrac{1}{2}a^3x^2$ e $11a^3x^2$ são monômios semelhantes, pois têm a mesma parte literal (a^3x^2).

Monômios com a mesma parte literal são chamados **monômios semelhantes**.

OBSERVAÇÃO

$0{,}2ab^2$ e $0{,}2a^2b$ não são monômios semelhantes, pois a parte literal do primeiro (ab^2) é diferente da parte literal do segundo (a^2b).

Note que, nesse caso, o fato de os dois monômios terem o mesmo coeficiente não faz deles monômios semelhantes.

ATIVIDADES

PRATIQUE

1. Observe os quatro monômios da tabela e responda às questões.

A	B	C	D
$7xy^4$	$7x^4y$	$2j^2k^2$	$-2j^2k^2$

   a) Quais são semelhantes?
   b) Quais têm o mesmo coeficiente?

2. Observe os monômios e identifique os que são semelhantes.

3. Um monômio é semelhante ao monômio $8p^3q^3r^4$ e tem coeficiente $\frac{1}{2}$. Qual é esse monômio?

4. Corrija as afirmações falsas.

   a) Os monômios $\frac{3}{4}ab^2c$ e $3abc^2$ têm a mesma parte literal.
   b) O monômio $7x^2za$ tem o mesmo coeficiente dos monômios $\frac{1}{7}x^2za$ e $-7x^2za$.
   c) Os monômios 5, $5mn$ e $5p^2$ têm o mesmo coeficiente, mas não são semelhantes.

APLIQUE

5. O volume da pilha do meio é dado pelo monômio $2xyz$.

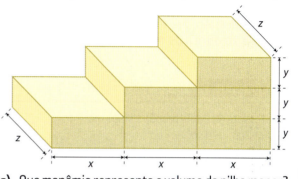

   a) Que monômio representa o volume da pilha menor? E o volume da pilha maior?
   b) As expressões dos volumes das três pilhas são monômios semelhantes?

3 OPERAÇÕES COM MONÔMIOS

ADIÇÃO DE MONÔMIOS

Observe a figura com as medidas dos lados indicadas por monômios.

O perímetro dessa figura pode ser representado pela seguinte adição algébrica de monômios: $z + 2z + 2z + z + z + 2z + 2z + z$

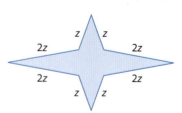

Obtemos o resultado dessa adição aplicando a propriedade distributiva em relação à adição:

$$1z + 2z + 2z + 1z + 1z + 2z + 2z + 1z =$$
$$= (1 + 2 + 2 + 1 + 1 + 2 + 2 + 1)z = 12z$$

> A adição algébrica de monômios semelhantes é efetuada adicionando-se algebricamente os coeficientes e mantendo-se a parte literal.

As expressões algébricas representam números. Por isso, as operações e as propriedades válidas para os números também valem para as expressões algébricas.

EXEMPLOS

a) $3x^2 - 9x^2 + 8x^2 = (3 - 9 + 8)x^2 = 2x^2$

b) $1{,}4xa^2 - 0{,}8xa^2 - 2xa^2 = (1{,}4 - 0{,}8 - 2)xa^2 = -1{,}4xa^2$

c) $\dfrac{1}{4}bt + 6bt - \dfrac{1}{9}bt = \left(\dfrac{1}{4} + 6 - \dfrac{1}{9}\right)bt = \left(\dfrac{9 + 216 - 4}{36}\right)bt = \dfrac{221}{36}bt$

OBSERVAÇÕES

- Podemos adicionar algebricamente apenas monômios semelhantes.
- A soma de monômios semelhantes pode ser o monômio nulo.
  Por exemplo: $5cy - 5cy = (5 - 5)cy = 0cy = 0$
- Uma expressão que tem apenas adição e subtrações de monômios é chamada de **adição algébrica de monômios**.

PARA PENSAR

A professora de Paola propôs a seguinte adição: $7ab^2 + 4ab^2 - 2ab^2$

Veja como Paola realizou esta adição de monômios.

$7ab^2 + 4ab^2 - 2ab^2 =$

$= (7 + 4 - 2)ab^2 = 9ab^2$

- Como você faria para calcular $\dfrac{1}{2}xz - 3xz + 5xz$?

Eu pensei na propriedade distributiva da multiplicação.

ATIVIDADES

PRATIQUE

1. Efetue as adições algébricas.

a) $3xy - 11xy + 4xy$

b) $-yb^2 + yb^2 - 7yb^2 + 15yb^2$

c) $y + 3y - 2y - y$

d) $0{,}5x + 1{,}4x + 2{,}8x - 2x$

e) $-\dfrac{1}{3}a + \dfrac{5}{3}a - \dfrac{4}{3}a$

f) $\dfrac{x^2y^3}{4} - \dfrac{2x^2y^3}{3} + x^2y^3$

g) $\dfrac{1}{5}ab^2 - 2ab^2 + \dfrac{4}{5}ab^2$

h) $\dfrac{\sqrt{2}}{2}a^3 - \dfrac{\sqrt{2}}{2}a^3$

2. Simplifique a expressão algébrica dada e encontre o valor numérico da expressão resultante considerando $x = -1$ e $z = 1$.

a) $\dfrac{1}{4}x^2z - \dfrac{1}{4}x^2z$

b) $13xz^3 + \dfrac{3}{10}xz^3 - xz^3 + xz^3$

c) $\dfrac{1}{3}x + \dfrac{1}{3}z$

d) $15xz - (12xz - 18xz) + \dfrac{4}{5}xz$

e) $0{,}3x^2z^2 - 0{,}25x^2z^2 - (-x^2z^2)$

3. Desenhe no caderno polígonos cujos perímetros possam ser expressos pelos monômios abaixo.

a) $3x$
b) $5a$

APLIQUE

4. Leia as situações e escreva o monômio que representa cada uma delas.

a) Na primeira semana de abril, uma escola recebeu *x* peças de roupas para doação. A cada semana, o número de doações dobrava em relação à semana anterior. Considerando que aquele mês tinha quatro semanas, qual foi a quantidade total de peças arrecadadas no mês?

b) Em um jogo de basquete, Márcia fez *a* cestas de 3 pontos e 2*a* cestas de 2 pontos. Ela participou de mais três jogos, nos quais seu desempenho foi o mesmo. Que monômio representa o total de pontos de Márcia nessas partidas?

5. Os polígonos abaixo têm o mesmo perímetro.

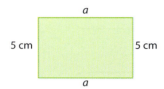
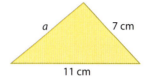

- Calcule o valor de *a* em centímetro.

6. Analise a figura para responder às questões.

a) Qual é a área dessa figura?

b) Qual parte dessa figura tem área igual a *ax*?

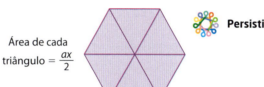

Área de cada triângulo = $\dfrac{ax}{2}$

Persistir

MULTIPLICAÇÃO DE MONÔMIOS

No retângulo abaixo, o comprimento e a altura são representados por monômios.

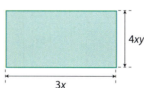

A área do retângulo é dada pela multiplicação dos monômios 3*x* e 4*xy*.

Aplicando as propriedades comutativa e associativa da multiplicação, temos:

$$3x \cdot 4xy = (3 \cdot 4) \cdot (x \cdot x \cdot y) = 12x^2y$$

Veja outro exemplo de aplicação da multiplicação de monômios.

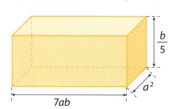

Podemos obter o volume do paralelepípedo acima através da multiplicação dos monômios $7ab$, a^2 e $\dfrac{b}{5}$, que representam suas medidas.

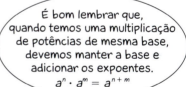

É bom lembrar que, quando temos uma multiplicação de potências de mesma base, devemos manter a base e adicionar os expoentes.
$a^n \cdot a^m = a^{n+m}$

203

Aplicando as propriedades comutativa e associativa da multiplicação, temos:

$$7ab \cdot a^2 \cdot \frac{b}{5} = 7 \cdot a \cdot b \cdot 1 \cdot a^2 \cdot \frac{1}{5} \cdot b =$$

$$= \left(7 \cdot 1 \cdot \frac{1}{5}\right) \cdot (a \cdot a^2 \cdot b \cdot b) = \frac{7}{5}a^3b^2$$

A multiplicação de monômios é efetuada multiplicando-se coeficiente por coeficiente e parte literal por parte literal.

EXEMPLOS

a) $(-7ab) \cdot (-4a^2yx) = 28a^3byx$

b) $\frac{3}{2}xy \cdot \left(-\frac{2}{7}xy\right) = -\frac{3}{7}x^2y^2$

OBSERVAÇÃO

Podemos multiplicar monômios semelhantes e monômios não semelhantes. Por exemplo:

Monômios semelhantes:
$$a^3m \cdot 3a^3m = 3a^6m^2$$

Monômios não semelhantes:
$$m^2 \cdot (-1,2xab) = -1,2xabm^2$$

ATIVIDADES

PRATIQUE

1. Observe a figura e responda.

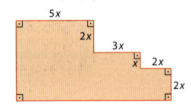

a) Qual monômio representa o perímetro da figura?
b) Qual monômio representa a área dessa figura?
c) Os monômios que você encontrou nos itens **a** e **b** são semelhantes?

2. Observe este modo de calcular:

$2x^2 \cdot 3x^5 \cdot x^1 = (2 \cdot 3 \cdot 1) \cdot x^{2+5+1}$

Então: $2x^2 \cdot 3x^5 \cdot x^1 = 6x^8$

Procedendo assim ou de outra maneira que você já conheça, calcule mentalmente e registre no caderno.

a) $x \cdot x \cdot x \cdot x \cdot x \cdot x$
b) $8y \cdot 3y^5 \cdot y^{10}$
c) $2xy^5 \cdot (-4xy) \cdot x^3y^6$
d) $ab \cdot ab \cdot 3ab \cdot (-ab)$

APLIQUE

3. Considere as figuras.

 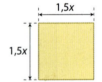 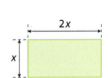

Alguns polígonos foram compostos com essas figuras. Encontre o perímetro P e a área S de cada polígono abaixo.

a)

c)

b)

d)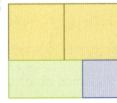

DIVISÃO DE MONÔMIOS

Vamos calcular o resultado de $(36x^4y^6z):(-9x^2y^3)$.

Para facilitar, escrevemos o quociente em forma de fração. Observe:

$$(36x^4y^6z):(-9x^2y^3) = \frac{36x^4y^6z}{-9x^2y^3} = \frac{36}{-9} \cdot \frac{x^4}{x^2} \cdot \frac{y^6}{y^3} \cdot z = -4x^{4-2}y^{6-3}z = -4x^2y^3z$$

O quociente dessa divisão é $-4x^2y^3z$.

> A divisão de monômios, com divisor diferente de zero, é efetuada dividindo-se coeficiente por coeficiente e parte literal por parte literal.

RECORDE

Para dividir potências de mesma base, devemos manter a base e subtrair os expoentes.

$$a^n : a^m = a^{n-m}$$

OBSERVAÇÕES

- O quociente de dois monômios nem sempre é um monômio.

$$(-20x^5b^6):(-4x^6b^4) = \frac{-20x^5b^6}{-4x^6b^4} =$$

$$= \frac{-20}{-4} \cdot \frac{x^5b^6}{x^6b^4} = \frac{5b^2}{x}$$

- Podemos **verificar o resultado** de uma divisão de monômios efetuando a operação inversa, ou seja, a multiplicação.
  Divisão:
  $(40d^3e^5f^2):(2de^5f) = 20d^2f$
  Verificação:
  $(20d^2f) \cdot (2de^5f) = 40d^3e^5f^2$

EXEMPLOS

a) $(-15a^5b^3):(-3a) = \dfrac{-15a^5b^3}{-3a} = \dfrac{-15}{-3} \cdot \dfrac{a^5}{a} \cdot b^3 = +5a^{5-1}b^3 = 5a^4b^3$

b) $0,5ab : 0,25ab = \dfrac{0,5ab}{0,25ab} = \dfrac{0,5}{0,25} \cdot \dfrac{a}{a} \cdot \dfrac{b}{b} = 2 \cdot a^0 \cdot b^0 = 2$

ATIVIDADES

PRATIQUE

1. Efetue as divisões.

a) $(+24a^5b^3c^2):(+6a^4b^1c^2)$

b) $(-100x^6y^4z):(-25xyz)$

c) $13a^3b^0c^6:(-0,5a^2c^6)$

d) $\dfrac{2}{3}xy : \left(-\dfrac{1}{2}xy\right)$

2. Retome a atividade anterior, multiplique o quociente obtido pelo divisor e verifique se o produto é igual ao dividendo.

3. Encontre o monômio que:

a) adicionado a *yes*, resulta em $-22yes$;

b) multiplicado por *yes*, resulta em $12y^2e^3s$;

4. Corrija as sentenças falsas no caderno.

a) $(12x^3a):(12x^3a) = 0$

b) $(0,5mt^2):(mt) = 0,5m$

c) $xyz : 0,5x = 0,5yz$

d) $\left(\dfrac{49m^4}{3}\right):(49t) = \dfrac{m^4}{3t}$

APLIQUE

5. A caçamba de uma picape foi projetada de acordo com a figura.

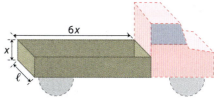

projeto antigo

Reavaliado o projeto, concluiu-se que o volume V e a largura ℓ devem ser preservados, mas o novo comprimento deve ser $4x$.

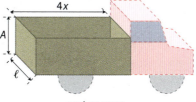

projeto novo

- Qual deve ser a medida da nova altura A da caçamba?

205

POTENCIAÇÃO DE MONÔMIOS

Qual expressão pode representar a área do quadrado abaixo?

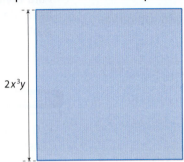

$2x^3y$

A área desse quadrado pode ser dada pela potência de um monômio: $(2x^3y)^2$

Aplicando a definição de potências, temos: $(2x^3y)^2 = (2x^3y) \cdot (2x^3y)$, que é uma multiplicação de monômios.

Assim:

$(2x^3y)^2 = 2 \cdot 2 \cdot x^3 \cdot x^3 \cdot y \cdot y = 2^2 \cdot (x^3)^2 \cdot y^2 = 4x^6y^2$

Portanto: $(2x^3y)^2 = 4x^6y^2$

É bom lembrar que, para obter a potência de uma potência, conservamos a base e multiplicamos os expoentes.

> A potência de um monômio é obtida elevando-se o coeficiente e cada fator da parte literal ao expoente dado.

EXEMPLOS

a) $(0,2ab^2)^3 = (0,2)^3 a^3 (b^2)^3 = 0,008 a^3 b^6$

b) $\left(-\dfrac{5m^3n^2}{2^2}\right)^4 = \left(-\dfrac{5}{2^2}\right)^4 (m^3)^4 (n^2)^4 = \dfrac{625}{256} m^{12} n^8$

ATIVIDADES

PRATIQUE

1. Efetue a potenciação dos monômios.

a) $(-3a^7by^4)^4$
b) $\left(-\dfrac{1}{2}x^3yz^2\right)^3$

2. Calcule.

a) $(-x + 2x + 4x)^2 - (-x + 5x)^2$
b) $(-5xy) \cdot (-y)^2 + (-3y)^3 \cdot (-2x)$
c) $(-12a^5y^7) : (-2a^2y^3)^2 - (-3ay)$
d) $\left(\dfrac{2a^4y^2}{3}\right)^3 : \left(-\dfrac{4a^5y^3}{6}\right)^2$
e) $\left(\dfrac{mn}{0,5}\right)^2 \cdot (-0,25mn^2)$

3. Determine:

a) o cubo do monômio $-1,1x^3yz^2$;
b) o quadrado da soma de $6ab^2$ com $3b^2a$.

APLIQUE

4. A figura abaixo é formada por vários cubos.

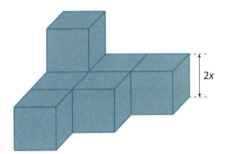

$2x$

Determine:

a) o monômio que representa o volume de cada cubo;
b) o monômio que representa o volume total dessa figura;
c) o volume dessa figura para $x = 2,5$ cm.

4 POLINÔMIO

Observe os blocos retangulares ao lado e o diálogo entre Guilherme e sua professora.

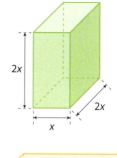
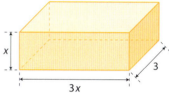
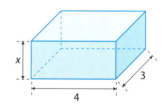

Polinômio é um monômio ou uma soma finita de monômios.

O termo do polinômio que não apresenta variáveis (letras) é chamado de **termo independente**.

EXEMPLOS

a) $4xy^2 + 3x + 6$ → tem três termos, e o termo independente é 6.

b) $\dfrac{3xy}{4} + x^2 + 7x - 10$ → tem quatro termos, e o termo independente é -10.

OBSERVAÇÃO

Uma soma de monômios semelhantes é um monômio, que é um polinômio de um só termo.

ATIVIDADES

PRATIQUE

1. Escreva um polinômio que tenha:

a) dois termos e em que o termo independente seja um número negativo;

b) cinco termos e em que o termo independente seja um número racional;

c) dois termos, um deles com parte literal pq^2 e o outro com coeficiente 1.

2. Qual dos polinômios abaixo está de acordo com todas as condições citadas?

• Seu termo independente é zero.

• Seu valor numérico para $x = -1$ é 12.

a) $x^2 + x + 12$
c) $20x^2 + 8x$
b) $\dfrac{3x}{5} + x^3$
d) $-x^4 + 0x^3 - 12$

3. Observe a figura abaixo.

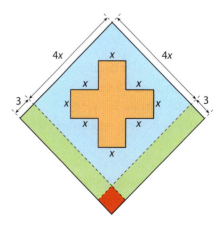

Calcule a área da região:

a) vermelha;
c) laranja;
b) verde;
d) azul.

207

4. Observe os segmentos de reta.

a)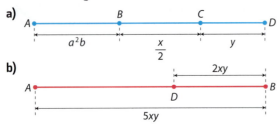

b)

Escreva o polinômio que representa a medida de $\overline{AD}$ em cada caso.

APLIQUE

5. Represente cada situação por meio de um polinômio.

a) A idade de Clara e de sua filha daqui a x anos. Hoje Clara tem 28 anos e a filha, 7 anos.

b) O total em real de Bruna considerando que ela tem x moedas de R$ 0,25, y moedas de R$ 0,05 e z moedas de R$ 1,00.

R1. Luciano faz estantes e cobra R$ 40,00 por metro quadrado do móvel fabricado, além de R$ 30,00 pela entrega. Represente algebricamente quanto Luciano cobra para entregar uma estante que tem duas tábuas verticais de x metros e quatro prateleiras de y metros, todas com largura de 40 cm.

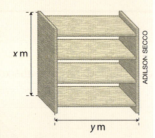

Resolução

As duas laterais retangulares têm x metros por 40 centímetros ou 0,4 metro.

Duas tábuas laterais: $2 \cdot x \cdot 0{,}4 = 0{,}8x$

As quatro prateleiras retangulares têm y metros por 0,4 metro.

Quatro prateleiras: $4 \cdot y \cdot 0{,}4 = 1{,}6y$

Multiplicamos a soma das áreas das tábuas por 40 e adicionamos os R$ 30,00 da entrega.

Preço da estante: $40 \cdot (0{,}8x + 1{,}6y) + 30 =$
$= 32x + 64y + 30$

6. Lina vende salgados e doces para festas. O cento de salgados custa R$ 45,00, e o de doces custa R$ 58,00. No caso de uma encomenda de x centenas de salgados e y centenas de doces, qual é a expressão que representa o total arrecadado:

a) com essa encomenda?

b) em três encomendas como essa?

7. Com um colega, analise a tirinha abaixo.

a) Escrevam no caderno um polinômio que represente o problema proposto nessa tirinha.

b) Se o rato da direita tivesse pensado no número 5, qual seria o resultado obtido?

8. Marlene confecciona embalagens para presentes. O preço da embalagem é proporcional à área da superfície total das caixas, que têm a forma de blocos retangulares de dimensões x, y e z. Escreva um polinômio que represente a área da superfície dessas caixas.

9. Um conjunto de 1 mesa de jantar e 6 cadeiras está em promoção. Qual é o polinômio que representa o preço do conjunto, se a mesa custa y reais, cada cadeira custa x reais e a oferta propõe um desconto de 15% sobre esses valores?

REDUÇÃO DE TERMOS SEMELHANTES

Alguns polinômios contêm monômios (ou termos) semelhantes. Nesses casos, convém adicionar esses termos semelhantes para obter o **polinômio reduzido**.

EXEMPLOS

$3x^5y - 4x^4 + b^2 + 2x - 2x^5y + x^3 + 1 - x^5y - 7 - 5x^4 =$
$= 3x^5y - 2x^5y - x^5y - 4x^4 - 5x^4 + b^2 + 2x + x^3 + 1 - 7 =$
$= (3 - 2 - 1)x^5y + (-4 - 5)x^4 + b^2 + 2x + x^3 + 1 - 7 =$
$= 0x^5y + (-9)x^4 + b^2 + 2x + x^3 - 6 =$
$= -9x^4 + b^2 + 2x + x^3 - 6$ ———— polinômio reduzido

OBSERVAÇÃO

Veja o significado dos prefixos desses nomes:
- **mon(o)**: do gr. *mónos*, "único, só, solitário, isolado; um só ser, uma única coisa".
- **bi**: pref. lat. "duas vezes", equivalente ao gr. *di-* (= *dis-*).
- **tri**: do lat. *trĕs, tria*, "três, três vezes, três partes".
- **poli**: do gr. *polús, pollē̆, ú*, "numeroso".

PARA PENSAR

Alguns polinômios recebem nomes especiais de acordo com o número de termos. Veja o quadro.

Nome	Número de termos
Monômio	1
Binômio	2
Trinômio	3

- Dê exemplos de monômio, de binômio e de trinômio.

Os polinômios com mais de três termos não recebem nomes especiais.

OBSERVAÇÃO

Um polinômio formado pelo monômio nulo é chamado polinômio nulo.

POLINÔMIO COM UMA VARIÁVEL

Observe os polinômios reduzidos a seguir.
- $7x^4 + 2x^3 - 10x^2$
- $3x^5 - 2$
- $x^4 + x^3 + x + 2$

O que esses polinômios têm em comum?

Eles são **polinômios com uma única variável**, que é x.

Veja outros exemplos:
- $14y^4 - 6y^2 + 2$ (variável y)
- $16z^2 - 2z + 6$ (variável z)

OBSERVAÇÕES

- Em um polinômio com uma só variável, o maior expoente da variável é chamado de **grau do polinômio**. Por exemplo:
  $8x - 3x^4 + 0,4x^2 - 5$ é um polinômio de grau 4.
- É costume ordenar os termos de um polinômio com uma variável de acordo com os expoentes decrescentes dessa variável. Por exemplo:
  $$-3y^3 + y^2 - y + 1$$
- Quando faltam um ou mais termos com variável de expoente menor que n em um polinômio de grau n, o polinômio é chamado **incompleto**. Escrevemos um polinômio incompleto na **forma geral** (ou **completa**) introduzindo, com coeficiente zero, os termos que faltam. Por exemplo, a forma geral de $x^2 + 9$ é $x^2 + 0x + 9$.

ATIVIDADES

PRATIQUE

1. Escreva em seu caderno dois exemplos de:
   a) monômio;
   b) binômio;
   c) trinômio;
   d) polinômio.

2. Obtenha o polinômio reduzido.
   a) $3a^3 + 2b^5 - 5 + 2z^2 - 7a^3 + 10$
   b) $5ab - 10ab^2 + 14ab - a$
   c) $12m^2 + 9mn + 9mn - 12m^2$

3. Identifique o polinômio que pode ser chamado de trinômio.
   a) $5a^3 - 3a - 7 - 2 - 7a^3 + a - a$
   b) $7x^3y + 4xy^3 - 8x^3y + 7x^3y - 4xy^3$
   c) $a^2x^5 + ay^5 - a^4z + ay^5 - a^2x^5 - a^4z - ay^5$
   d) $bxy + xy - 3xy$

4. Verifique se a afirmação é verdadeira e justifique com um exemplo.

   > Todo monômio é também um polinômio, mas nem todo polinômio é um monômio.

5. Dê exemplo de um polinômio cuja forma reduzida seja igual a:
   a) $t^3 + t^2 + 1$
   b) $10t^4 + t^2 - 1$

6. Identifique os polinômios incompletos e escreva-os na forma geral.
   a) $x^5 + 3x^4 + 8$
   b) $10 + x^2 - x^5 + 3x$
   c) $x^2 + x - 1$
   d) $x + 2x^4 + 6$

APLIQUE

7. Escreva binômios que representem cada caso.

   Uma concessionária tem x motos e y carros. Qual binômio representa o número total de:
   a) veículos?
   b) pneus? (Considere que cada moto tem 2 pneus e cada carro tem 4 pneus.)

8. O jardim de uma casa tem formato retangular, como indicado na figura.

   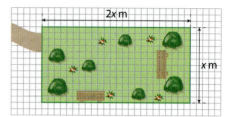

   Ele será recoberto com uma grama especial, que custa R$ 5,00 o metro quadrado colocado.

   Também será construído um pequeno muro de 1 m de altura em torno do jardim, deixando uma passagem de 1 m. O custo do metro quadrado do muro é R$ 7,00.

   Determine:
   a) o polinômio que expressa o custo da obra;
   b) o custo da obra se $x = 6$.

9. Observe a figura e faça o que se pede.

   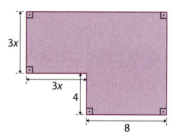

   Sabendo que o perímetro da figura é igual a 48 cm, determine:
   a) o valor de x;
   b) o polinômio que representa a área em função de x e o grau desse polinômio.

10. Observe a figura e responda às questões.

    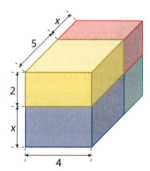

    a) Que polinômio representa o volume da figura?
    b) Qual é seu grau?

5 ADIÇÃO ALGÉBRICA DE POLINÔMIOS

ADIÇÃO DE POLINÔMIOS

A professora de Jéssica pediu que ela calculasse a soma dos perímetros dos polígonos abaixo.

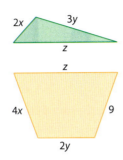

O perímetro do triângulo é o polinômio $2x + 3y + z$, e o perímetro do quadrilátero é o polinômio $4x + 2y + z + 9$.

Para calcular a soma desses polinômios, eu agrupei os termos semelhantes e, em seguida, reduzi esses termos.

Observe como Jéssica fez.

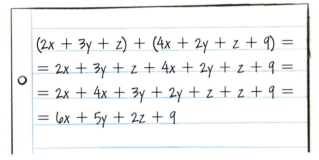

$(2x + 3y + z) + (4x + 2y + z + 9) =$
$= 2x + 3y + z + 4x + 2y + z + 9 =$
$= 2x + 4x + 3y + 2y + z + z + 9 =$
$= 6x + 5y + 2z + 9$

> Para adicionar dois ou mais polinômios, agrupamos os termos semelhantes e depois os reduzimos.

Podemos adicionar os polinômios da situação acima por meio de um dispositivo prático. Vamos chamá-los de T e Q.

$$T = 2x + 3y + z$$
$$\underline{Q = 4x + 2y + z + 9}$$
$$T + Q = 6x + 5y + 2z + 9$$

Vamos, agora, adicionar os polinômios $P = 7y^2 + 15y - 12$, $Q = 5y^2 - 1$ e $R = -y^2 + 6y$.

Aplicando o dispositivo prático, escrevemos termo semelhante embaixo de termo semelhante. Veja:

$$P = 7y^2 + 15y - 12$$
$$Q = 5y^2 + 0y - 1$$
$$\underline{R = -y^2 + 6y + 0}$$
$$P + Q + R = 11y^2 + 21y - 13$$

OPOSTO DE UM POLINÔMIO

Dado um polinômio qualquer A, seu **oposto**, indicado por −A, é aquele cuja soma com A resulta no polinômio nulo.

Por exemplo, o oposto de $A = 7x^2 - 4x + 8$ é $-A = -7x^2 + 4x - 8$, pois $A + (-A) = 0$.

DESAFIO

Descubra:
- o oposto de $-\dfrac{2}{9}$
- o oposto de $+3x$
- o oposto de $-4x^2$
- o oposto de $-4x^2 + 3x - \dfrac{2}{9}$
- um modo prático de obter o oposto de um polinômio dado.
- aponte uma diferença entre um polinômio e seu oposto.

SUBTRAÇÃO DE POLINÔMIOS

Observe os retângulos da figura abaixo.

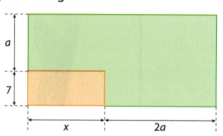

Qual é a diferença entre o perímetro do retângulo maior e o do menor?

A diferença pode ser obtida pela subtração dos polinômios A e B, que representam os perímetros dos retângulos maior e menor, respectivamente.

$A = x + 2a + 7 + a + x + 2a + 7 + a = 2x + 6a + 14$

$B = x + 7 + x + 7 = 2x + 14$

Para subtrair um polinômio B de um polinômio A, adicionamos o polinômio A ao oposto de B, ou seja, $A - B = A + (-B)$.

$A - B = A + (-B)$
$A - B = (2x + 6a + 14) + (-2x - 14)$
$A - B = 2x + 6a + 14 - 2x - 14$
$A - B = 2x - 2x + 6a + 14 - 14$
$A - B = 6a$

Podemos também subtrair um polinômio de outro, aplicando o dispositivo prático. Veja:

$$\begin{array}{r} A = 2x + 6a + 14 \\ -B = -2x - 0 - 14 \\ \hline A - B = 0x + 6a + 0 \end{array}$$

Logo: $A - B = 6a$

ADIÇÃO ALGÉBRICA DE POLINÔMIOS

Uma expressão que tem apenas adições e subtrações de polinômios é chamada **adição algébrica de polinômios**.

Para efetuar uma adição algébrica de polinômios, fazemos sua indicação, eliminamos os parênteses e reduzimos os termos semelhantes.

Veja um exemplo:

Se $A = 3y^4 + 2y^2$, $B = -y^4 + 2y^3 - 6y^2$ e $C = 2y^3 + 4y^2$, vamos obter $A + B - C$.

$A + B - C = (3y^4 + 2y^2) + (-y^4 + 2y^3 - 6y^2) + (-2y^3 - 4y^2)$ —— Indicamos a adição algébrica.
$A + B - C = 3y^4 + 2y^2 - y^4 + 2y^3 - 6y^2 - 2y^3 - 4y^2$ —— Eliminamos os parênteses.
$A + B - C = 3y^4 - y^4 + 2y^3 - 2y^3 + 2y^2 - 6y^2 - 4y^2$ —— Agrupamos os termos semelhantes.
$A + B - C = 2y^4 - 8y^2$ —— Reduzimos os termos semelhantes.

ATIVIDADES

PRATIQUE

1. Calcule.

a) $(2x + 3y - 4z + 8) + (x - y + 2z - 2)$
b) $(7xy + 4x + 8z - 15) - (6x + 10y - 3)$
c) $\left(\dfrac{x}{3} + y - z^2\right) + \left(\dfrac{x}{2} + 4y - 3z^2\right)$
d) $\left(\dfrac{1}{5} + xy - a^2 - 7\right) - (2xy + 7a^2)$

R1. A soma dos polinômios P e Q é $(m^4 + 5m^3 + 3m^2 - 3m - 1)$, e a soma dos polinômios Q e R é $(m^4 - 5m^3)$. Se $R = -5m^3 + 3m$, qual é o polinômio P?

Resolução

Substituímos R por $(-5m^3 + 3m)$ em $Q + R$ para descobrir Q.
$Q + R = (m^4 - 5m^3)$ ou $Q = (m^4 - 5m^3) - R$
$Q = (m^4 - 5m^3) - (-5m^3 + 3m)$
$Q = m^4 - 5m^3 + 5m^3 - 3m$
$Q = m^4 - 3m$

Depois, para descobrir P, substituímos o polinômio encontrado para Q em $P + Q$:
$P + Q = m^4 + 5m^3 + 3m^2 - 3m - 1$ ou
$P = (m^4 + 5m^3 + 3m^2 - 3m - 1) - Q$
$P = (m^4 + 5m^3 + 3m^2 - 3m - 1) - (m^4 - 3m)$
$P = m^4 + 5m^3 + 3m^2 - 3m - 1 - m^4 + 3m$
$P = 5m^3 + 3m^2 - 1$

2. Considere os polinômios abaixo e calcule o que se pede.

$A = 6x^2 - 8x + 1$
$B = -9x^2 - 2x + 7$
$C = 7x^3 + x^2$

a) $A + B$ e) $A - B$
b) $B + A$ f) $B - A$
c) $A + B + C$ g) $C - B + A$
d) $B + C + A$ h) $C - (B + A)$

3. Observe as figuras.

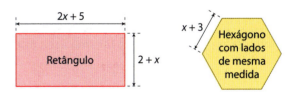

a) Qual é o perímetro de cada uma dessas figuras?
b) Qual é o perímetro de cada uma para $x = 5$?

4. Analise e responda.

a) Qual é o polinômio que, adicionado a $5x^2 - x + 3$, resulta em zero?
b) Qual é o polinômio que, subtraído de $2x^2 - x + 1$, resulta em $-x - 3$?
c) Qual é o polinômio que, adicionado a $2x - 1$ e subtraindo $x^3 + 5x^2$, resulta em $3x^3 - 6x^2 + 2x - 3$?

5. Copie no caderno as igualdades substituindo os ■ pelos sinais + ou − de modo que cada sentença fique verdadeira.

a) $(x^5 + 3x^2 + 9) ■ (x^4 + 3x^2 − 9) = x^5 − x^4 + 18$

b) $(x^5 + 3x^2 + 9) ■ (x^4 − 3x^2 + 9) = x^5 − x^4 + 6x^2$

c) $(x^5 + 3x^2 − 9) ■ (x^4 − 3x^2 + 9) = x^5 + x^4$

d) $(x^5 + 3x^2 − 9) ■ (x^4 − 3x^2 + 9) =$
$= x^5 − x^4 + 6x^2 − 18$

APLIQUE

6. Leia e responda às questões.

a) Considere a soma de polinômios $A + B = A$. Qual é o polinômio B?

b) Sabendo que $C = 5xy + 3x^2 − 7$, descubra o polinômio que, adicionado a C, resulta no polinômio nulo.

7. Classifique cada afirmação em V (verdadeira) ou F (falsa).

a) O polinômio oposto de $4x^3 − x^2 − 2x + 3$ é $−4x^3 + x^2 + 2x − 3$.

b) A soma de um polinômio com seu oposto é sempre o polinômio nulo.

c) O polinômio nulo é o elemento neutro da adição de polinômios.

8. Corrija as sentenças falsas no caderno, considerando polinômios com uma única variável.

a) Quando adicionamos dois polinômios de grau 2, o resultado é sempre um polinômio de grau 2.

b) Se adicionarmos dois polinômios de grau 3, o resultado deverá ser um polinômio de grau 3 ou menor ou ainda um polinômio nulo.

c) Um polinômio de grau 2 adicionado a um polinômio de grau 3 pode resultar em um polinômio de grau 5.

6 MULTIPLICAÇÃO DE POLINÔMIOS

MULTIPLICAÇÃO DE MONÔMIO POR POLINÔMIO

Observando a figura ao lado, conseguimos identificar três retângulos de mesma altura. As bases dos retângulos menores são ℓ e 10, e a base do retângulo maior é a soma das bases dos retângulos menores, ou seja, $\ell + 10$.

Eduardo quer calcular a área do retângulo maior, que pode ser calculada de duas maneiras, veja:

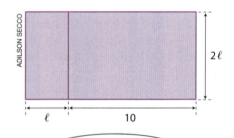

1ª) A área é o produto da altura pela soma das bases ℓ e 10: $2\ell \cdot (\ell + 10)$

2ª) A área é a soma das áreas dos dois retângulos que compõem o retângulo maior: $(2\ell \cdot \ell) + (2\ell \cdot 10) = 2\ell^2 + 20\ell$

Como estamos calculando a mesma área por caminhos diferentes, temos:

$$2\ell \cdot (\ell + 10) = (2\ell \cdot \ell) + (2\ell \cdot 10) = 2\ell^2 + 20\ell$$

Nesse caso, multiplicou-se um monômio por um polinômio. Esse tipo de multiplicação também pode ser efetuado sem o auxílio de figuras.

Em expressões algébricas com multiplicação e adição algébrica, também aplicamos a propriedade distributiva. Veja:

$$2x \cdot (3x + 4y − 2) = 2x \cdot 3x + 2x \cdot 4y + 2x \cdot (−2) = 6x^2 + 8xy − 4x$$

Procure lembrar o uso da propriedade distributiva nas expressões numéricas:
$3 \cdot (5 − 7) = 3 \cdot 5 + 3 \cdot (−7) =$
$= 15 − 21 = −6$

> Para multiplicar um monômio por um polinômio, aplicamos a propriedade distributiva, multiplicando o monômio com cada termo do polinômio e adicionando os novos termos obtidos.

EXEMPLOS

a) $x \cdot \left(\dfrac{x}{3} - x^2 + 5\right) = x \cdot \dfrac{x}{3} + x \cdot (-x^2) + x \cdot 5 = \dfrac{x^2}{3} - x^3 + 5x$

b) $(x^2 - 4x + 8) \cdot \dfrac{x^5}{2} = x^2 \cdot \dfrac{x^5}{2} + (-4x) \cdot \dfrac{x^5}{2} + 8 \cdot \dfrac{x^5}{2} = \dfrac{x^7}{2} - 2x^6 + 4x^5$

MULTIPLICAÇÃO DE POLINÔMIO POR POLINÔMIO

Na multiplicação de dois polinômios que não são monômios, procedemos como no caso anterior: aplicamos a propriedade distributiva da multiplicação.

$$(x^2 + 2x - 1) \cdot (x + 1) = x^2 \cdot x + x^2 \cdot 1 + 2x \cdot x + 2x \cdot 1 + (-1) \cdot x + (-1) \cdot 1 =$$
$$= x^3 + x^2 + 2x^2 + 2x - x - 1 =$$
$$= x^3 + 3x^2 + x - 1$$

> Para multiplicar dois polinômios, multiplicamos cada termo de um deles por todos os termos do outro e adicionamos os novos termos obtidos.

Podemos usar um dispositivo prático para multiplicar polinômios. Observe o exemplo abaixo.

1 Primeiro, multiplicamos o 1.

$$\begin{array}{r} x^2 + 2x - 1 \\ \times\quad x + 1 \\ \hline x^2 + 2x - 1 \end{array}$$

2 Depois, multiplicamos o x.

$$\begin{array}{r} x^2 + 2x - 1 \\ \times\quad x + 1 \\ \hline x^2 + 2x - 1 \\ x^3 + 2x^2 - x \quad\;\; \\ \hline x^3 + 3x^2 + x - 1 \end{array}$$

Portanto:

$(x^2 + 2x - 1) \cdot (x + 1) = x^3 + 3x^2 + x - 1$

A propriedade comutativa também é válida na multiplicação de polinômios. Veja os exemplos $(3x - 2) \cdot (x^2 - x + 10)$ e $(x^2 - x + 10) \cdot (3x - 2)$, aos quais aplicamos o dispositivo prático:

$$\begin{array}{r} x^2 - x + 10 \\ \times\quad 3x - 2 \\ \hline -2x^2 + 2x - 20 \\ 3x^3 - 3x^2 + 30x \quad\quad\;\; \\ \hline 3x^3 - 5x^2 + 32x - 20 \end{array}$$

$$\begin{array}{r} 3x - 2 \\ \times\quad x^2 - x + 10 \\ \hline 30x - 20 \\ -3x^2 + 2x \quad\quad\;\; \\ 3x^3 - 2x^2 \quad\quad\quad\quad\;\; \\ \hline 3x^3 - 5x^2 + 32x - 20 \end{array}$$

Os resultados encontrados são os mesmos, pois alteramos apenas a ordem dos polinômios envolvidos na multiplicação.

OBSERVAÇÕES

- Veja a semelhança entre os algoritmos numérico e algébrico da multiplicação:

$$\begin{array}{r} 523 \\ \times\ 21 \\ \hline 523 \\ 1.046 \\ \hline 10.983 \end{array} \qquad \begin{array}{r} 5x^2 + 2x + 3 \\ \times\ 2x + 1 \\ \hline 5x^2 + 2x + 3 \\ 10x^3 + 4x^2 + 6x \\ \hline 10x^3 + 9x^2 + 8x + 3 \end{array}$$

- Na multiplicação de três ou mais polinômios, podemos multiplicar os dois primeiros, depois multiplicar o resultado pelo terceiro, e assim por diante.

$$(x-1) \cdot (x+1) \cdot (3x+1) = (x^2 + x - x - 1) \cdot (3x+1) =$$

$$= (x^2 - 1) \cdot (3x+1) = 3x^3 + x^2 - 3x - 1$$

ATIVIDADES

PRATIQUE

1. Encontre os produtos escrevendo o resultado na forma reduzida.
   a) $(3x) \cdot (-1{,}4x^2y) \cdot (-5y)$
   b) $-2a \cdot (x+4)$
   c) $(x+5) \cdot (x^2 + 2x - 10)$
   d) $(b-a) \cdot (2b-a)$
   e) $(5-x) \cdot (x^2+1)$

2. Calcule as operações com os polinômios e depois verifique se a afirmação é verdadeira ou falsa.

$$A = 2x - 3$$
$$B = 3x$$
$$C = x + 1$$

   a) $A \cdot C$
   b) $C \cdot A$
   c) $A \cdot B \cdot C$
   d) $C \cdot A \cdot B$

- Os itens acima são exemplos de que a ordem dos fatores não altera o produto.

3. Dê a forma reduzida dos produtos.
   a) $(x^2+2) \cdot (3x^2 + 10x - 1)$
   b) $(x+3)^2 \cdot (x^2 - 4x + 4)$
   c) $(x-y+5) \cdot (2x-5y-1)$

4. Encontre o erro na multiplicação e corrija-o no caderno.
$(m^2 - m) \cdot (m^5 - 11m - 1) =$
$= m^7 - 11m^3 - m^2 - m^6 + 11m^2 + m =$
$= -11m^3 - 10m^2 + m$

5. Responda às questões.
   a) Paula multiplicou $3x$ por $(x+4)$ e depois multiplicou o resultado por ele mesmo. Que polinômio ela obteve?
   b) Renata efetuou $(x-2) \cdot (x-2) \cdot (x-2)$. Que polinômio ela obteve?

6. Identifique os produtos de polinômios que representam as áreas das figuras.

a)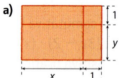

b)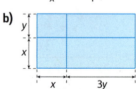

c)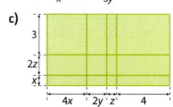

APLIQUE

7. Dê um exemplo que contradiga cada uma das afirmações a seguir.

   a) Quando multiplicamos dois polinômios de grau 2, o resultado é sempre um polinômio de grau 2.

   b) Um polinômio de grau 2 multiplicado por um polinômio de grau 3 não pode resultar em um polinômio de grau 5.

8. Desenhe no caderno um retângulo em que um dos lados tenha o dobro da medida do outro lado mais 1 cm. Em seguida:

   a) encontre sua área, em cm²;

   b) representando por x a medida do lado menor, escreva as medidas dos lados do retângulo com polinômios.

7 DIVISÃO DE POLINÔMIOS

DIVISÃO DE POLINÔMIO POR MONÔMIO

A área e a medida da altura de um retângulo foram indicadas por expressões algébricas.

Área: $20y^4 + 16y^3 - 8y^2 + 12y$

Medida da altura: $4y$

Procure lembrar que, dado um retângulo, são equivalentes as seguintes relações entre suas medidas:
área = base · altura
altura = área : base
base = área : altura

Para descobrir a medida da base desse retângulo, dividimos o polinômio $20y^4 + 16y^3 - 8y^2 + 12y$ (que representa a área) pelo monômio $4y$ (que representa a medida da altura).

$$(20y^4 + 16y^3 - 8y^2 + 12y) : 4y =$$
$$= (20y^4 + 16y^3 - 8y^2 + 12y) \cdot \frac{1}{4y} =$$
$$= \frac{20y^4}{4y} + \frac{16y^3}{4y} - \frac{8y^2}{4y} + \frac{12y}{4y} =$$
$$= 5y^3 + 4y^2 - 2y + 3$$

Então, a medida da base do retângulo pode ser indicada pelo polinômio $5y^3 + 4y^2 - 2y + 3$.

> Para dividir um polinômio por um monômio não nulo, dividimos cada termo do polinômio pelo monômio e adicionamos os novos termos.

EXEMPLOS

a) $(8x^4y^2 - x^2y^2) : (-5x^2y) = \left(\dfrac{+8x^4y^2}{-5x^2y}\right) + \left(\dfrac{-x^2y^2}{-5x^2y}\right) = \dfrac{-8}{5}x^2y + \dfrac{y}{5}$

b) $\left(22abc^2 + \dfrac{1}{2}bc\right) : 11bc = (22abc^2 : 11bc) + \left(\dfrac{1}{2}bc : 11bc\right) = 2ac + \dfrac{1}{22}$

Organize o que você aprendeu fazendo a atividade 1 da página 250.

COMPARE ESTRATÉGIAS

Divisão de polinômio por polinômio

A professora de Matemática solicitou aos alunos que dividissem $b^3 + 9$ por $b - 3$.

Observe as estratégias de Lucas e de Sarah.

Estratégia de Lucas	Estratégia de Sarah
$\begin{array}{r\|l} b^3 + 9 & b - 3 \\ -b^3 - 9 & b^2 - 3 \\ \hline 0 & \end{array}$	$\begin{array}{r\|l} b^3 + 0b^2 + 0b + 9 & b - 3 \\ -b^3 + 3b^2 & b^2 + 3b + 9 \\ \hline 3b^2 + 0b + 9 & \\ -3b^2 + 9b & \\ \hline 9b + 9 & \\ -9b + 27 & \\ \hline 36 & \end{array}$
Resposta de Lucas: $b^3 + 9$ dividido por $b - 3$ é igual a $b^2 - 3$.	Resposta de Sarah: A divisão de $b^3 + 9$ por $b - 3$ tem quociente $b^2 + 3b + 9$ e resto 36.

REFLITA

- Explique a estratégia de Lucas.
- Explique a estratégia de Sarah.
- Qual deles **não** obteve o resultado correto da divisão de $b^3 + 9$ por $b - 3$? Justifique sua resposta?

DISCUTA E CONCLUA

Lembre-se, ao dividir um polinômio P por um polinômio D, temos:

$$\begin{array}{r|l} P & D \\ R & Q \end{array}$$

Assim, $P = D \cdot Q + R$

Dessa maneira, podemos verificar se a divisão está correta.

Para concluir qual das duas divisões está correta (a de Lucas ou a de Sarah), vamos fazer esta verificação.

- Verifique o cálculo de Lucas.
- Verifique o cálculo de Sarah.
- Mostre o que você fez para um colega da classe. A que conclusão vocês chegaram?
- Volte ao Reflita e veja se você mudaria a resposta dada.

DIVISÃO DE POLINÔMIO POR POLINÔMIO

Considere os polinômios $A = 6x^2 - x + 10$ e $B = 2x - 1$. Qual é o quociente da divisão do polinômio A pelo polinômio B?

Observe o desenvolvimento do algoritmo da divisão de A por B.

1 Dividimos o termo com variável de maior expoente ($6x^2$) do dividendo A pelo termo com variável de maior expoente ($2x$) do divisor B, obtendo o primeiro termo ($3x$) do quociente.

$$\begin{array}{r|l} 6x^2 - x + 10 & \underline{2x - 1} \\ & 3x \end{array} \quad 6x^2 : 2x = 3x$$

2 Multiplicamos $3x$ por B e subtraímos o resultado de A, que é o mesmo que multiplicar $3x$ por B e adicionar o oposto do resultado a A. Dessa forma, encontramos um resto parcial da divisão.

$$\begin{array}{r|l} 6x^2 - x + 10 & \underline{2x - 1} \\ \underline{-6x^2 + 3x} & 3x \\ 2x + 10 & \end{array} \quad \begin{array}{l} 3x \cdot (2x - 1) = 6x^2 - 3x \\ -(6x^2 - 3x) = -6x^2 + 3x \end{array}$$

3 Dividimos o termo com variável de maior expoente ($2x$) do resto parcial pelo termo com variável de maior expoente ($2x$) de B, obtendo o segundo termo ($+1$) do quociente.

$$\begin{array}{r|l} 6x^2 - x + 10 & \underline{2x - 1} \\ \underline{-6x^2 + 3x} & 3x + 1 \\ 2x + 10 & \end{array} \quad 2x : 2x = 1$$

4 Multiplicamos ($+1$) por B e subtraímos o resultado do resto parcial.

$$\begin{array}{r|l} 6x^2 - x + 10 & \underline{2x - 1} \\ \underline{-6x^2 + 3x} & 3x + 1 \\ 2x + 10 & \\ \underline{-2x + 1} & \\ 11 & \end{array} \quad \begin{array}{l} (+1) \cdot (2x - 1) = 2x - 1 \\ -(2x - 1) = -2x + 1 \end{array}$$

Portanto, o quociente de A por B é $3x + 1$, com resto 11.

Note que: $6x^2 - x + 10 = (2x - 1) \cdot (3x + 1) + 11$

> Dividir um polinômio A (dividendo) por outro B (divisor) significa encontrar um polinômio Q, chamado quociente, e um polinômio R, chamado resto, de grau menor que o grau do divisor, de forma que:
> $A = B \cdot Q + R$

OBSERVAÇÕES

- Estudaremos as divisões de polinômio por polinômio apenas quando eles tiverem a mesma variável e esta for única em cada um deles.
- Para aplicar o algoritmo explicado acima, dividendo e divisor devem estar escritos na forma geral e ordenados segundo as potências decrescentes da variável.

O procedimento termina ao obtermos resto igual a zero (nesse caso, a divisão é exata) ou um resto que é um polinômio de grau menor que o grau do divisor.

Vamos dividir $(x^3 + 1)$ por $(x + 1)$:

$$\begin{array}{r|l} x^3 + 0x^2 + 0x + 1 & \underline{x + 1} \\ \underline{-x^3 - x^2} & x^2 - x + 1 \quad \leftarrow \text{quociente} \\ -x^2 + 0x + 1 & \\ \underline{+x^2 + x} & \\ +x + 1 & \\ \underline{-x - 1} & \\ 0 & \leftarrow \text{resto} \end{array}$$

$-[x^2 \cdot (x + 1)]$
$-[-x \cdot (x + 1)]$
$-[+1 \cdot (x + 1)]$

$x^3 : x$
$-x^2 : x$
$+x : x$

Portanto: $x^3 + 1 : (x + 1) = x^2 - x + 1$

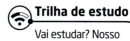

Trilha de estudo
Vai estudar? Nosso assistente virtual no app pode ajudar!
<mod.lk/trilhas>

ATIVIDADES

PRATIQUE

1. Escreva no caderno os resultados das divisões abaixo.
   a) $(x^3y + x^2y^2 + x^2y) : (x^2y)$
   b) $(6x^4y^2 - 6x^3y^2 + 6x^2y^2) : (6x^2y^2)$
   c) $(3a^3b^3 - 3a^2b^4 + 3a^2b^3) : (3a^2b^3)$

R1. O polinômio $-12m^4n^2 + 24m^3n^3 + 12m^3n^2$ tem três fatores. Dois deles são $-4m^2$ e $3mn^2$. Qual é o terceiro fator?

Resolução

Primeiro, determinamos o quociente do polinômio pelo fator $-4m^2$.

$(-12m^4n^2 + 24m^3n^3 + 12m^3n^2) : (-4m^2) =$
$= 3m^2n^2 - 6mn^3 - 3mn^2$

Depois, o quociente do resultado pelo fator $3mn^2$.

$(3m^2n^2 - 6mn^3 - 3mn^2) : 3mn^2 = m - 2n - 1$

O terceiro fator será o novo resultado.

Portanto, o terceiro fator é $m - 2n - 1$.

2. Qual é o terceiro fator de cada polinômio?
   a) O polinômio $-18x^3y + 6x^2y$ tem três fatores. Dois deles são $3x$ e $-2xy$.
   b) O polinômio $54m^3n + 18m^2n$ tem três fatores. Um deles é $3m$, e o outro é $3m + 1$.

3. Calcule o quociente Q e o resto R das divisões.
   a) $(x^3 + 3x^2 - 7x - 3) : (x - 2)$
   b) $(2x^4 - 3x - 1) : (x^2 + 2x - 3)$
   c) $(4x^2 - 5x + 5) : (x^2 + 1)$

4. Escreva o resto de cada divisão.
   a) $(x^3 - 3x^2) : (x - 1)$
   b) $(x^2 - 3x + 9) : (x + 3)$
   c) $(x^4 - x^2 + 9x) : (x^2 + 1)$

5. Corrija a afirmação falsa.
   a) As divisões $(2x^4 + 3x^3 - 2x - 3) : (2x + 3)$ e $(x^5 + x^4 + x^3 - x^2 - x - 1) : (x^2 + x + 1)$ têm o mesmo quociente.
   b) Os restos das divisões $(x^4 + 1) : (x^3 - 1)$ e $(a^2 + 1) : (a - 1)$ são monômios.

6. Considerando os polinômios $A = x^2 - 9$, $B = x + 3$, $C = x - 3$ e $D = (x + 3)^2$, descubra o quociente Q e o resto R das divisões abaixo.
   a) $A : B$
   b) $A : C$
   c) $D : B$
   d) $D : C$

APLIQUE

7. Ao dividir a área do retângulo por seu comprimento, obtemos sua largura. O retângulo abaixo tem área indicada pelo polinômio $36x^2 - 3x - 3$ e comprimento indicado pelo polinômio $12x + 3$.

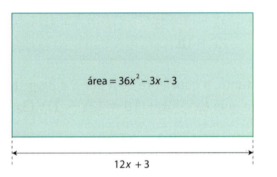

área = $36x^2 - 3x - 3$

$12x + 3$

   a) Que polinômio indica a largura desse retângulo?
   b) Qual é a área desse retângulo quando $x = 1$ cm?

8. Forme uma dupla para resolver o problema.

Um polinômio P de grau 3 e variável x foi dividido por um polinômio M de grau 2 e variável x.

Procure um exemplo para P e para M de modo que:
   a) o resto da divisão de P por M seja igual a zero;
   b) o quociente da divisão de P por M seja igual a x.

9. Ainda em dupla, leiam e resolvam o problema a seguir.

Mariana dividiu o polinômio $P = -x^3 - 2x^2 - x$ por outro polinômio e obteve como quociente um polinômio de grau 1.

Gisele dividiu o polinômio $P = -x^3 - 2x^2 - x$ por um monômio e obteve um polinômio de grau 2.

Qual é o grau do polinômio de Mariana? E o de Gisele?

ESTATÍSTICA E PROBABILIDADE
GRÁFICOS E PORCENTAGEM

A febre amarela é uma doença infecciosa grave causada por um vírus e é transmitida por mosquitos tanto em áreas urbanas como em silvestres. A infecção acontece quando uma pessoa que nunca tenha contraído a febre amarela ou nem tomado a vacina é picada por um mosquito infectado.

Veja, na tabela abaixo, o número de óbitos confirmados de febre amarela silvestre no Brasil após o surto do 1º semestre de 2017.

ÓBITOS POR FEBRE AMARELA SILVESTRE NO BRASIL APÓS O SURTO DO 1º SEMESTRE DE 2017 (DADOS ATÉ 14/01/2018)	
Estado	Número de óbitos confirmados
São Paulo	11
Minas Gerais	7
Rio de Janeiro	1
Distrito Federal	1

Dados obtidos em: <http://portalarquivos2.saude.gov.br/images/pdf/2018/janeiro/16/Atualizacao-Febre-Amarela.pdf>. Acesso em: 3 ago. 2018.

Previna-se contra a febre amarela. Tome a vacina.

PARA CONVERSAR

 De que maneiras podemos nos prevenir contra a febre amarela? Converse com os colegas.

Veja como podemos construir um gráfico de setores com base nos dados da tabela.

Primeiro, copiamos os dados da tabela em uma planilha eletrônica e calculamos o total:

B5		Fórmula	
	A	B	C
1	São Paulo	11	
2	Minas Gerais	7	
3	Rio de Janeiro	1	
4	Distrito Federal	1	
5	TOTAL	20	

Para calcular o total, digitamos na célula B5 a fórmula:
= SOMA (B1:B4)
(Adiciona os valores das células B1, B2, B3 e B4.)

Depois, acrescentamos uma coluna com a porcentagem de óbitos de cada estado em relação ao total.

C1		Fórmula	
	A	B	C
1	São Paulo	11	55%
2	Minas Gerais	7	
3	Rio de Janeiro	1	
4	Distrito Federal	1	
5	TOTAL	20	

Na célula C1, digitamos a fórmula
= B1/B5
(Calcula a razão entre os valores das células B2 e B5.)
O $ é utilizado na fórmula para fixar a coluna B e a linha 5. Assim, quando a fórmula da célula C1 for copiada para as outras células, a célula B5 ficará fixa na fórmula.
Dessa forma, a célula já estará formatada para mostrar o valor em porcentagem.

ESTATÍSTICA E PROBABILIDADE

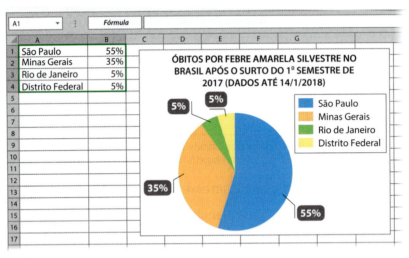

Não é necessário, repetir a fórmula para cada célula da coluna. Basta selecionar a primeira célula, levar o cursor até a quina da seleção e, com o botão esquerdo do mouse clicado, arrastar a seleção até a célula C4.
Esse procedimento copia a fórmula da célula C1 para as células C2, C3 e C4, substituindo C1, respectivamente, por C2, C3 e C4.

Por fim, em outra planilha, copiamos somente as colunas A e C e construímos o gráfico de setores.

PARA PENSAR

Se quisermos comparar o número de óbitos de cada estado com o número total de óbitos do Brasil, qual gráfico é mais adequado: barras (verticais ou horizontais) ou setores? Por quê?

ATIVIDADES

1. Em junho de 2018, foi feita uma pesquisa para saber as cores preferidas dos alunos de uma turma. O resultado dessa pesquisa foi organizado na tabela ao lado. Com o auxílio de uma planilha eletrônica, construa o gráfico de setores correspondente a essa mesma tabela. No gráfico, os dados devem estar apresentados na forma percentual.

CORES PREFERIDAS DOS ALUNOS DA TURMA	
Cores	Número de votos
Azul	15
Verde	10
Vermelho	5
Amarelo	2
Roxo	8

Dados obtidos pela professora da turma em junho de 2018.

2. Veja na tabela ao lado o número de alunos ingressantes e concluintes de um curso de informática.

Agora, responda.

a) Qual é o tipo de gráfico mais adequado para representar os dados dessa tabela? Por quê?

b) Em 2017, qual é o percentual de alunos ingressantes que concluíram o curso? E em 2018?

c) Em 2018, qual foi o percentual de aumento de alunos ingressantes no curso em relação ao ano anterior?

NÚMEROS DE ALUNOS INGRESSANTES E CONCLUINTES DE UM CURSO DE INFORMÁTICA

Ano	Número de alunos ingressantes	Números de alunos concluintes
2017	1.000	800
2018	1.200	960

Dados obtidos pela administração do curso em dezembro de 2018.

3. Veja na tabela ao lado o número de mortes no trânsito no Brasil entre os anos 2000 e 2016.

a) Qual é o tipo de gráfico mais adequado para representar os dados dessa tabela? Por quê?

b) Podemos afirmar que nesse período o número de mortes no trânsito foi sempre crescente? Por quê?

c) Com o auxílio de uma calculadora, determine o percentual aproximado do crescimento de mortes no trânsito entre os anos de 2005 e 2010.

MORTES NO TRÂNSITO ENTRE 2000 E 2016

Ano	Número de mortes
2000	28.995
2005	35.994
2010	42.844
2016	37.345

Dados obtidos do jornal *Folha de São Paulo* de 15 de junho de 2018.

4. Para cada situação, indique o tipo de gráfico mais adequado. Justifique sua resposta.

a) Mostrar como o número de automóveis vendidos por uma concessionária variou, mês a mês, durante 1 ano.

b) Comparar a quantidade de alunos reprovados, por bimestre, nos anos de 2017 e 2018.

c) Comparar os percentuais de materiais de cada tipo que uma cooperativa reciclou em 2018.

5. Em abril de 2018, a professora de matemática do 8º ano A organizou em um gráfico de setores a porcentagem de alunos que obtiveram notas de 0 a 10 no 1º bimestre.

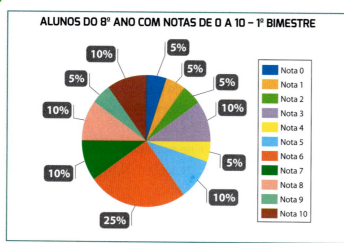

Dados obtidos pela professora de matemática do 8º ano A em abril de 2018.

Elabore um problema envolvendo os dados do gráfico de setores construído por ela.

ATIVIDADES COMPLEMENTARES

1. Observe a figura e encontre a expressão solicitada.

Jorge quer construir um galinheiro de área quadrada aproveitando um muro de seu quintal e alguns metros de tela que possui.

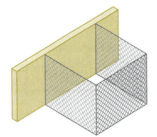

- a) Se Jorge tivesse 9 m de tela, qual seria a área do quintal ocupada pelo galinheiro?
- b) Levando em conta que o comprimento c da tela é desconhecido, escreva uma expressão algébrica para o cálculo da área do galinheiro, dependendo do comprimento c da tela.

2. Durante uma partida de basquete, Fábio fez x arremessos de 3 pontos e y arremessos de 2 pontos. Sabendo que ele acertou $\frac{1}{3}$ dos arremessos de 3 pontos e $\frac{3}{5}$ dos arremessos de 2 pontos, determine a expressão algébrica que representa a quantidade de pontos que Fábio marcou.

3. Qual é o volume da figura abaixo?

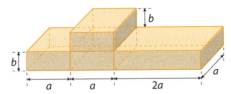

4. Vítor decidiu levar seus filhos ao cinema. Chegando lá, encontrou duas opções para estacionar seu carro. Veja os valores anunciados nas placas dos estacionamentos.

Estacionamento A	Estacionamento B
1ª hora: R$ 3,00	1ª hora: R$ 4,00
Hora adicional: R$ 1,20	Hora adicional: R$ 0,80

- a) Quais são os polinômios que expressam os valores a serem pagos pela utilização de x horas em cada estacionamento?
- b) Qual opção será mais vantajosa para Vítor guardar o carro por um período de 6 horas?

5. Observe a figura e responda às questões.

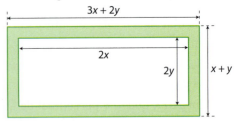

- a) Qual é o polinômio que representa a área da região colorida de verde?
- b) Encontre o valor numérico da área dessa região para $x = 3$ e $y = 1$.

6. Faça o que se pede em cada caso.
- a) Se $M = 3x^4 - 6x^2 + 1$ e $N = 3x^4 - 5x^2 - 2$, determine o resto da divisão de $(M + N)$ por $(M - N)$.
- b) Dividindo o polinômio $x^5 + 2x^4 - x^2 + 3$ por $x^2 + 5$, obtém-se o quociente Q e o resto R. Determine o resto para $x = -0,2$.

7. Pense em um número x, inteiro e positivo.
- Multiplique o antecessor e o sucessor desse número.
- Adicione 1 ao produto obtido.
- Extraia a raiz quadrada da soma obtida.

O resultado é o número pensado.

Usando uma calculadora comum, para $x = 13$, fazemos:

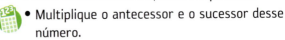

Verifique esse procedimento para x igual:
- a) ao seu número de chamada em sala de aula;
- b) ao número de chamada de um colega de classe;
- c) ao ano de seu nascimento.

Escreva uma expressão algébrica que justifique os passos acima.

8. Determine o polinômio, sabendo que:
- a) dividido por $(x - 5)$, tem como quociente exato $(x + 3)$;
- b) dividido por $D = x^2 - x$, resulta no quociente $Q = x^3 + 2x + 4$ e no resto $R = 4x + 6$.

224

UNIDADE 8 — PROBLEMAS DE CONTAGEM

Em muitas situações do dia a dia, temos de fazer contagens. Acompanhe algumas delas.

Note que, em cada situação, a contagem dos elementos foi feita de maneira simples por meio de uma adição. No entanto, há situações em que isso não é possível.

Imagine que uma turma de formandos do colégio resolveu fazer uma rifa a fim de levantar fundos para a festa de formatura. Cada bilhete será formado da seguinte maneira: duas letras dentre as cinco primeiras do nosso alfabeto, seguidas de dois algarismos. Veja alguns exemplos de bilhetes dessa rifa:

Em situações como essa, precisamos desenvolver um método que permita contar, de forma indireta, os números da rifa. Vamos estudar algumas situações como essa.

PARA PENSAR

Quantos são os bilhetes dessa rifa? Será que para responder a essa pergunta, precisamos listar todas as combinações possíveis de letras e números para depois contá-las?

1 PRINCÍPIO MULTIPLICATIVO OU PRINCÍPIO FUNDAMENTAL DA CONTAGEM

Acompanhe a situação.

Clara foi a um restaurante italiano e estava indecisa sobre qual combinação de massa e molho escolheria. Ela tinha à sua disposição 4 tipos diferentes de massa – espaguete, talharim, parafuso e nhoque – e 3 tipos de molho – tomate, pesto e branco. De quantas maneiras diferentes ela pode escolher uma massa e um molho?

Veja as combinações que podemos fazer com um tipo de massa e um tipo de molho.

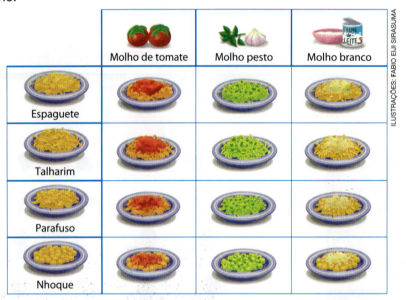

A partir desse quadro, vemos que há 12 maneiras diferentes de combinar uma massa e um molho.

Podemos também representar essas possibilidades por meio de um esquema chamado de **árvore de possibilidades**.

Note que, como a quantidade de maneiras de combinar uma massa e um molho não é grande, foi possível listar todas as combinações. Mas como listaríamos todas as combinações se a quantidade de tipos de massas e molhos fosse bem maior que a da situação da página anterior?

Em casos como esse, aplicaríamos o **princípio multiplicativo** ou **princípio fundamental da contagem**.

> Se uma decisão d_1 pode ser tomada de p_1 maneiras diferentes e se, uma vez tomada a decisão d_1, a decisão d_2 puder ser tomada de p_2 maneiras diferentes, então o número de maneiras de se tomarem as decisões d_1 e d_2 é $p_1 \cdot p_2$.

Na situação anterior, tivemos duas decisões: d_1 (escolha da massa, na qual há 4 opções) e d_2 (escolha do molho, na qual há 3 opções). Portanto, o número de maneiras distintas de tomarmos as decisões d_1 e d_2 é 12, pois $4 \cdot 3 = 12$.

O princípio multiplicativo pode ser estendido para mais de duas decisões. Acompanhe o exemplo a seguir.

Uma lanchonete oferece diferentes opções de combos aos seus clientes. Veja.

> Organize o que você aprendeu fazendo a atividade 2 da página 250.

De quantas maneiras diferentes uma pessoa pode montar um combo?

Nesse caso, temos três decisões: d_1 (escolher o lanche, para a qual há 4 opções), d_2 (escolher o sabor do suco, para a qual há 2 opções) e d_3 (escolher um doce, para a qual há 2 opções). Portanto, o número de maneiras distintas de tomarmos as decisões d_1, d_2 e d_3 é 16, pois $4 \cdot 2 \cdot 2 = 16$.

PARA FAZER

Faça uma árvore de possibilidades para representar as diferentes maneiras de montar um combo.

 ATIVIDADES

APLIQUE

1. Uma loja tem 10 modelos de telefones, disponíveis em 4 cores. Tiago quer comprar um telefone nessa loja. Quantas escolhas são possíveis?

2. Paulo possui 3 bolinhas vermelhas numeradas (V_1, V_2 e V_3), 5 bolinhas azuis numeradas (A_1, A_2, A_3, A_4 e A_5) e 4 bolinhas roxas também numeradas (R_1, R_2, R_3 e R_4). Quantos trios, com uma bolinha numerada de cada cor, Paulo poderá formar?

2 PROBLEMAS QUE ENVOLVEM O PRINCÍPIO FUNDAMENTAL DA CONTAGEM

Podemos usar o princípio fundamental da contagem para resolver inúmeros problemas. Veja alguns exemplos:

Problema 1

Quantos números de três algarismos podem ser formados?

Para responder a essa pergunta, podemos listar e contar todos os números de três algarismos, mas isso daria muito trabalho. Nesse caso, podemos aplicar o princípio fundamental da contagem.

Como nenhum número pode começar com o algarismo zero, o algarismo das centenas pode ser escolhido de 9 modos. O algarismo das dezenas e o das unidades podem ser escolhidos, cada um, de 10 modos. Assim, podem ser formados 900 números de três algarismos, pois $9 \cdot 10 \cdot 10 = 900$.

Problema 2

Quantos números de quatro algarismos distintos podem ser formados?

Listar todos esses números e depois contá-los não é a estratégia mais adequada. Nesse caso, também vamos aplicar o princípio fundamental da contagem. Observe o esquema abaixo:

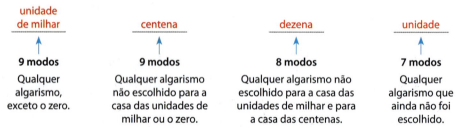

Dessa forma, podem ser formados 4.536 números de quatro algarismos distintos, pois $9 \cdot 9 \cdot 8 \cdot 7 = 4.536$.

Problema 3

De quantos modos diferentes é possível sentar 3 pessoas em 3 cadeiras?

Para resolver esse problema, podemos imaginar as diferentes maneiras de dispor essas pessoas nas cadeiras e depois contá-las.

PARA PENSAR

Quantos números de quatro algarismos podem ser formados?

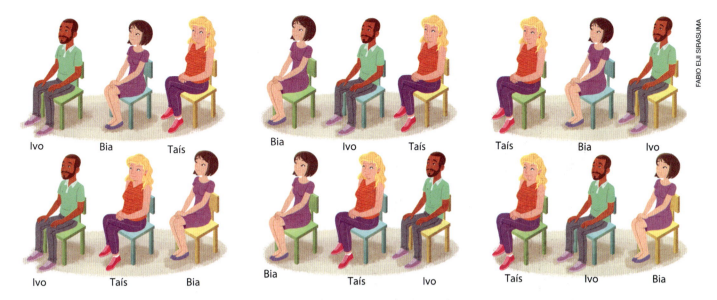

Portanto, as 3 pessoas podem se sentar de 6 maneiras diferentes nas três cadeiras.

Também podemos resolver esse problema aplicando o princípio fundamental da contagem.

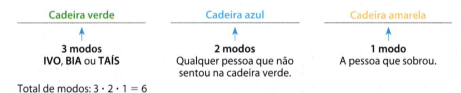

Total de modos: 3 · 2 · 1 = 6

Portanto, a cadeira verde pode ser ocupada de 3 modos diferentes, a azul, de 2 modos, e a amarela, somente de 1 modo. Assim, há 6 modos diferentes de essas pessoas se sentarem em 3 cadeiras, pois 3 · 2 · 1 = 6.

PARA PENSAR

De quantos modos diferentes é possível sentar 5 pessoas em 3 cadeiras?

ATIVIDADES

PRATIQUE

1. Quantos números de dois algarismos existem?

2. Quantos números de três algarismos distintos existem?

3. Quantos números de três algarismos distintos podemos formar com os algarismos 2, 4, 6, 7, 8 e 9?

4. Quantas palavras de 4 letras diferentes, com sentido ou não, podem ser formadas com um alfabeto de 26 letras?

5. Quantos números de 3 algarismos menores do que 700 podem ser formados com os dígitos 4, 5, 6, 7, 8, considerando que:
   a) os algarismos podem se repetir.
   b) os algarismos não podem se repetir.

6. De quantas maneiras diferentes podem ficar em fila 7 pessoas?

APLIQUE

7. Atualmente, as placas dos veículos automotores no Brasil são formadas por letras e por algarismos. Repare bem: há 3 letras, seguidas de 4 algarismos, sendo que 0000 não pode ser utilizado. Assim sendo, quantas são as placas dos veículos automotores no Brasil?

Problema 4

Quantos são os anagramas da palavra **MEU**?

Chamamos de **anagramas** as diferentes maneiras de ordenar as letras de uma palavra para formar outra palavra que pode ter sentido ou não.

Para responder a essa pergunta, podemos listar todos os anagramas e depois contá-los:

MEU	EMU	UME
MUE	EUM	UEM

Portanto, existem 6 anagramas da palavra **MEU**.

Também podemos aplicar o princípio fundamental da contagem. Os anagramas da palavra MEU têm 3 letras. Para a primeira letra temos três escolhas; para a segunda letra, 2, e para a terceira temos somente uma escolha. Assim, o número de anagramas da palavra **MEU** é 6, pois $3 \cdot 2 \cdot 1 = 6$.

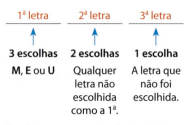

Problema 5

Três alunos se candidataram para serem monitores da classe, e dois deles serão escolhidos. Quantas duplas de monitores podem ser formadas?

Para resolver esse problema, podemos imaginar as duplas que podem ser formadas e depois contá-las.

Jorge — Lucas

Iara — Lucas

Iara — Jorge

Lucas — Jorge

Lucas — Iara

Jorge — Iara

PARA PENSAR

Na situação ao lado, quantas duplas diferentes podem ser formadas? Explique como você descobriu.

Também podemos usar o princípio multiplicativo para resolver esse problema. O primeiro aluno da dupla pode ser escolhido de 3 modos, e o segundo, de 2 modos, o que totalizaria 6 duplas, pois $3 \cdot 2 = 6$. No entanto, como cada dupla apareceu 2 vezes, é necessário dividir o total 6 por 2 para eliminar as repetições. Portanto, podem ser formadas 3 duplas diferentes, pois $6 : 2 = 3$.

Problema 6

Quantos são os anagramas da palavra **CARA**?

Vamos listar todos os anagramas da palavra **CARA**, supondo que as letras **A** sejam "diferentes". Para isso, vamos destacar cada uma com uma cor.

CARA   CARA   CAAR   CAAR   CRAA   CRAA
RACA   RACA   RAAC   RAAC   RCAA   RCAA
ACRA   ACAR   AACR   AARC   ARCA   ARAC
ACRA   ACAR   AACR   AARC   ARCA   ARAC

Dessa forma, teríamos 24 anagramas. No entanto, como as letras A não são diferentes, temos que os pares de anagramas destacados a seguir são iguais.

CARA CARA   CAAR CAAR   CRAA CRAA
RACA RACA   RAAC RAAC   RCAA RCAA
ACRA   ACAR   AACR   AARC   ARCA   ARAC
ACRA   ACAR   AACR   AARC   ARCA   ARAC

> **Trilha de estudo**
> Vai estudar? Nosso assistente virtual no *app* pode ajudar!
> <mod.lk/trilhas>

Note que metade dos anagramas acima são iguais. Portanto, a palavra **CARA** tem, na verdade, 12 anagramas.

Nesse caso, também podemos aplicar o princípio fundamental da contagem. Se todas fossem diferentes, teríamos 4 escolhas para a primeira letra, 3 para a segunda, 2 para a terceira e somente 1 escolha para a quarta. Isso daria 24 anagramas, pois $4 \cdot 3 \cdot 2 \cdot 1 = 24$. No entanto, como cada anagrama apareceu 2 vezes, devemos dividir 24 por 2 para eliminar as repetições. Portanto, a palavra **CARA** tem 12 anagramas, pois $24 : 2 = 12$.

> **PARA INVESTIGAR**
> Reúna-se a um colega e calcule o número de anagramas da palavra **AMADA**.

ATIVIDADES

PRATIQUE

1. Quantos são os anagramas da palavra LIVRO?

2. Quantos são os anagramas da palavra LIVRO que começam com I e terminam com O?

3. Quantos são os anagramas da palavra LIVRO que começam com consoante e terminam com vogal?

APLIQUE

4. Com os 5 tipos de frutas que há na fruteira, quantas saladas contendo 3 delas podemos fazer?

5. Dado um conjunto de 10 pessoas, quantas comissões de 3 pessoas é possível formar?

6. Quantos são os anagramas da palavra ABACATE?

7. Elabore um problema envolvendo o princípio fundamental da contagem.

ESTATÍSTICA E PROBABILIDADE
APLICAÇÃO DO PRINCÍPIO FUNDAMENTAL DA CONTAGEM EM CÁLCULOS DE PROBABILIDADES

Marcos vai fazer uma mágica com um baralho comum de 52 cartas. Para isso, ele espalhou as cartas sobre a mesa com as faces voltadas para baixo. Em seguida, pediu a Aline que retirasse uma carta qualquer do baralho.

▶ Que carta tem maior probabilidade de ser retirada por Aline?

Experimento aleatório e experimento equiprovável

Retirar uma carta qualquer do baralho é um experimento cujo resultado não pode ser previsto. É chamado de **experimento aleatório**.

Além disso, o experimento que Aline realiza ao retirar uma carta qualquer do baralho é **equiprovável**. Isso significa que todas as cartas têm a mesma probabilidade de ser retiradas.

Cálculo de probabilidade

Para calcular a probabilidade de um evento ocorrer, basta dividir o número de elementos do evento pelo número de elementos do espaço amostral. Quando necessário, podemos usar o princípio fundamental da contagem para determinar o número de elementos.

Espaço amostral é o conjunto formado por todos os resultados possíveis de um experimento.

Veja, por exemplo, como calcular a probabilidade de uma senha de três algarismos diferentes começar com 0:

- número de senhas com três algarismos diferentes que começam com 0:
$$1 \cdot 9 \cdot 8 = 72$$
- número de senhas com três algarismos diferentes:
$$10 \cdot 9 \cdot 8 = 720$$

Ou seja, a probabilidade de a senha começar com 0 é dada por:
$$\frac{72}{720} = \frac{1}{10} = 0{,}1 \text{ ou } 10\%$$

Da mesma forma, encontramos que a probabilidade de essa senha começar com 1 é $\frac{1}{10}$, de começar por 2 é $\frac{1}{10}$, e assim sucessivamente.

Note que a soma de todas essas probabilidades é igual a 1:

$$\underbrace{\frac{1}{10}}_{\substack{\text{probabilidade} \\ \text{de a senha} \\ \text{começar com} \\ \text{o algarismo 0}}} + \underbrace{\frac{1}{10}}_{\substack{\text{probabilidade} \\ \text{de a senha} \\ \text{começar com} \\ \text{o algarismo 1}}} + \underbrace{\frac{1}{10}}_{\substack{\text{probabilidade} \\ \text{de a senha} \\ \text{começar com} \\ \text{o algarismo 2}}} + \underbrace{\frac{1}{10}}_{\substack{\text{probabilidade} \\ \text{de a senha} \\ \text{começar com} \\ \text{o algarismo 3}}} + \underbrace{\frac{1}{10}}_{\substack{\text{probabilidade} \\ \text{de a senha} \\ \text{começar com} \\ \text{o algarismo 4}}} + \underbrace{\frac{1}{10}}_{\substack{\text{probabilidade} \\ \text{de a senha} \\ \text{começar com} \\ \text{o algarismo 5}}} + \underbrace{\frac{1}{10}}_{\substack{\text{probabilidade} \\ \text{de a senha} \\ \text{começar com} \\ \text{o algarismo 6}}} + \underbrace{\frac{1}{10}}_{\substack{\text{probabilidade} \\ \text{de a senha} \\ \text{começar com} \\ \text{o algarismo 7}}} + \underbrace{\frac{1}{10}}_{\substack{\text{probabilidade} \\ \text{de a senha} \\ \text{começar com} \\ \text{o algarismo 8}}} + \underbrace{\frac{1}{10}}_{\substack{\text{probabilidade} \\ \text{de a senha} \\ \text{começar com} \\ \text{o algarismo 9}}} = 1$$

Isso sempre ocorre com a soma das probabilidades de todos os elementos de um espaço amostral: é sempre igual a 1.

ATIVIDADES

1. Fernando, Luana, Pedro, Alexandre, Izabel, Marta e Carla participaram de um torneio interno de xadrez na escola. Considerando que todos têm a mesma probabilidade de ficar em primeiro lugar, responda às questões a seguir.

   a) Quantas são as possíveis combinações de colocação desses participantes no campeonato?

   b) Qual é a probabilidade de Fernando ser o primeiro colocado?

2. Ana tem uma conta-corrente em um banco para receber seu salário mensal. Para sacar o dinheiro do banco, ela recebeu uma senha composta de quatro algarismos seguidos por duas letras, os quais podem ser iguais.

   a) Qual é o total de senhas que podem ser criadas nessas condições?

   b) Qual é a probabilidade de a senha de Ana ter a letra A na última posição?

   c) Se as letras e os algarismos não pudessem ser iguais, quantas senhas poderiam ser criadas? Nessas condições, qual seria a probabilidade de a senha de Ana ter a letra A na última posição?

3. A sorveteria de Fábio oferece sorvetes na casquinha com 6 opções de sabores: morango, limão, abacaxi, creme, flocos e chocolate.

   a) De quantas maneiras é possível montar um sorvete com 2 bolas de 2 sabores diferentes?

   b) Qual é a probabilidade de um cliente pedir um sorvete com 2 bolas de 2 sabores diferentes, das quais apenas 1 é de chocolate?

   c) Você acha que, na realidade de uma sorveteria, essa probabilidade é verdadeira? Formule uma hipótese.

    Questionar e levantar problemas

4. Everton resolveu pintar sua nova casa antes de se mudar. Para deixá-la com um aspecto alegre, decidiu usar uma cor em cada cômodo. Então comprou 7 cores de tinta: azul, amarela, branca, lilás, verde, rosa e vermelha.

   Considerando que a casa tem 2 quartos, 1 sala, 1 cozinha, 2 banheiros e 1 lavanderia, responda às questões.

   a) De quantas maneiras diferentes Everton poderá pintar sua casa?

   b) Se Everton, para cada cor de tinta colocasse uma fichinha em uma urna, e depois, sem olhar, retirasse dessa urna uma fichinha, responda: qual seria a probabilidade de ele pintar a cozinha de vermelho?

   c) Nas condições apresentadas no enunciado, se Everton tivesse 8 cores de tinta, de quantas maneiras distintas ele poderia pintar sua casa?

5. Caio está participando de uma gincana com mais 3 colegas. Através de um sorteio, a professora escolhe duas pessoas entre eles para participar de cada rodada.

   a) De quantos modos ela pode escolher 2 duplas diferentes entre os 4 colegas?

   b) Qual é a probabilidade de Caio estar entre os escolhidos em uma determinada rodada?

233

ATIVIDADES COMPLEMENTARES

1. Leia a tirinha e responda às questões.

   a) Qual foi o engano cometido pelo tucano?
   b) A senha de Bugio é formada por 5 algarismos. Quantas senhas é possível formar?

2. Uma empresa fabrica cadeados que só abrem por meio de um código, dispensando o uso de chave. Os códigos são formados por 7 algarismos distintos. Quantos cadeados com códigos diferentes a empresa consegue fabricar?

3. Uma senha para acessar a internet é formada por uma letra do nosso alfabeto seguida de quatro algarismos, que podem ser iguais.

   • Quantas senhas é possível formar?

4. De quantos modos podemos escolher 3 entre 8 pessoas?

5. Quantos são os anagramas da palavra **ARARA**?

Mais questões no livro digital

234

UNIDADE 9

FRAÇÕES ALGÉBRICAS

1 FRAÇÕES ALGÉBRICAS

Ângela está desenvolvendo um projeto de máquina industrial para fazer bolos. Nesse projeto, deve-se controlar a densidade do bolo enquanto ele é assado.

Inicialmente, o bolo tem massa m e volume V. Como a densidade de um corpo é dada pela razão entre a massa e o volume, temos: $\frac{m}{V}$

Ao ser assado, a cada minuto, sua massa diminui 2 g e seu volume aumenta 50 cm³.

Então, a cada instante t, em minuto, a massa é dada por $m - 2t$ e o volume, por $V + 50t$. Assim, a densidade é representada pela expressão: $\frac{m - 2t}{V + 50t}$

Uma expressão algébrica como essa, que apresenta uma fração com variável no denominador, é chamada de **fração algébrica**.

> **Fração algébrica** é o quociente de dois polinômios, escrito na forma fracionária, em que aparecem uma ou mais variáveis no denominador.

Agora, veja os exemplos a seguir:

a) $\dfrac{28m^2 + 28m}{6n - 15}$
b) $\dfrac{91}{a^2}$
c) $\dfrac{x^2 - 1}{27x}$
d) $\dfrac{a + 2}{m + n}$

235

> **OBSERVAÇÃO**
>
> Como o denominador de qualquer fração é diferente de zero, vamos considerar que a(s) variável(eis) do denominador de uma fração algébrica só pode(m) assumir valores que não o anulem.

A seguir, veja outros exemplos:

a) Em $\dfrac{5}{a}$, devemos ter $a \neq 0$.

b) Em $\dfrac{\sqrt{6}}{p-2}$, devemos ter $p - 2 \neq 0$ ou $p \neq 2$.

c) Em $\dfrac{2}{n^2 + 1}$, n pode assumir qualquer valor real, pois $n^2 + 1 \neq 0$.

VALOR NUMÉRICO DE UMA FRAÇÃO ALGÉBRICA

As crianças tiveram de esperar 25 minutos até que o bolo feito por Ângela assasse, e outro tanto até ele esfriar. Parece que valeu a pena: o bolo ficou bem fofo; certamente, a densidade diminuiu bastante depois de assado.

Para calcular as densidades, Ângela substituiu os valores medidos nas fórmulas (vistas na página anterior). Veja os cálculos que ela fez:

Densidade antes de assar:

$$d = \dfrac{m}{V} = \dfrac{800}{1.000} \text{ g/cm}^3 = 0{,}8 \text{ g/cm}^3$$

Densidade depois de assado:

$$d = \dfrac{m - 2t}{V + 50t} = \dfrac{800 - 2 \cdot 25}{1.000 + 50 \cdot 25} = \dfrac{750}{2.250} = \dfrac{1}{3} = 0{,}33\ldots$$

A densidade do bolo antes de assar é $0{,}8$ g/cm³ e, depois de assado, é $0{,}33\ldots$ g/cm³.

ATIVIDADES

PRATIQUE

1. Quais expressões representam frações algébricas?

a) $-\dfrac{2}{a}$

b) $x^{-1} \cdot (a + 1)^2$

c) $-\dfrac{\sqrt{7}m^3}{2n^2}$

d) $\dfrac{3x}{2}$

2. Calcule o valor numérico das frações algébricas.

a) $\dfrac{-4xy + 3x^2}{x}$, se $x = 3$ e $y = 2$

b) $\dfrac{x - 4y}{x^2}$, se $x = y = 2$

3. Que valores x **não** pode assumir em cada fração?

a) $\dfrac{x - 2}{x(x - 1)}$

b) $\dfrac{12}{x^2 - 9}$

c) $\dfrac{7x}{1 - x}$

d) $\dfrac{3x^2 + 2x}{x^2}$

APLIQUE

4. Escreva uma fração algébrica para cada questão.

a) Um carro percorreu 450 quilômetros com x litros de combustível. Quantos quilômetros por litro esse carro rodou?

b) Ao dividir igualmente 100 balas entre x meninos e y meninas, quantas balas cada criança ganhará?

5. Para percorrer 3.000 m, uma pessoa com bicicleta leva x minutos e outra com automóvel leva 5 minutos a menos.

a) Qual é a fração algébrica que representa a distância, em metro, percorrida pela pessoa com bicicleta em 1 minuto?

b) Qual é a fração algébrica que representa a distância, em metro, percorrida pela pessoa com automóvel em 1 minuto?

6. Leia e classifique as afirmações em V (verdadeira) ou F (falsa).

A relação candidato/vaga de cursos universitários é expressa por $\dfrac{c}{v}$, em que c é o número de candidatos e v é o número de vagas.

a) Se $v > c$, então $\dfrac{c}{v} > 1$.

b) Se $c > v$, então $\dfrac{c}{v} > 1$.

c) A relação candidato/vaga pode ser um número negativo.

R1. A medida a_i do ângulo interno de um polígono regular (polígono que tem todos os lados congruentes e todos os ângulos congruentes) de n lados é dada pela fração algébrica:

$$a_i = \dfrac{(n - 2) \cdot 180°}{n}$$

a) Qual é a medida do ângulo interno de um triângulo equilátero? E de um hexágono regular? Qual é a relação entre essas medidas?

b) A medida do ângulo interno de um polígono regular de 8 lados é o dobro da medida do ângulo interno de um polígono de 4 lados?

Resolução

a) Para obter a medida do ângulo interno do triângulo equilátero e do hexágono regular, calculamos o valor numérico da expressão dada, respectivamente, para $n = 3$ e $n = 6$. Depois, comparamos os resultados.

Triângulo equilátero: $a_3 = \dfrac{(3 - 2) \cdot 180°}{3} = \dfrac{180°}{3} = 60°$

Hexágono regular: $a_6 = \dfrac{(6 - 2) \cdot 180°}{6} = \dfrac{720°}{6} = 120°$

A medida a_6 é o dobro da medida a_3.

b) Para obter a medida do ângulo interno do octógono regular e do quadrado, calculamos o valor numérico da expressão dada, respectivamente, para $n = 8$ e $n = 4$. Depois, comparamos os resultados.

Octógono regular: $a_8 = \dfrac{(8 - 2) \cdot 180°}{8} = \dfrac{6 \cdot 180°}{8} = 135°$

Quadrado: $a_4 = \dfrac{(4 - 2) \cdot 180°}{4} = \dfrac{2 \cdot 180°}{4} = 90°$

A medida a_8 não é o dobro da medida a_4.

7. A medida a_e do ângulo externo de um polígono regular de n lados é dada por $a_e = \dfrac{360°}{n}$.

Com um colega, descubram qual é a relação entre as medidas dos ângulos externos:

a) de um triângulo equilátero e de um hexágono regular;

b) de um quadrado e de um octógono regular;

c) de um polígono regular de n lados e de um polígono regular de $2n$ lados.

FATORAÇÃO DE EXPRESSÕES ALGÉBRICAS

Você já viu que fatorar um número significa escrevê-lo na forma de uma multiplicação de dois ou mais fatores. Agora, você vai ver que expressões algébricas também podem ser fatoradas. Veja o exemplo.

A forma fatorada de $3a + 9b$ é $3 \cdot (a + 3b)$ porque:

$$3 \cdot (a + 3b) = 3a + 9b$$

Vamos estudar alguns casos de fatoração.

RECORDE

$16 = 4 \cdot 4$
$12 = 2^2 \cdot 3$

FATOR COMUM EM EVIDÊNCIA

Quando os termos de um polinômio têm um **fator comum**, é possível colocar esse fator **em evidência** e obter a forma fatorada do polinômio. Veja o exemplo.

$$mx + nx = x \cdot (m + n)$$

Note que x é o fator comum a todos os termos do polinômio $mx + nx$.

OBSERVAÇÃO

Costuma-se omitir o sinal da operação nas multiplicações entre expressões algébricas. Por exemplo, a multiplicação $x \cdot (m + n)$ pode ser representada por $x(m + n)$.

PARA CALCULAR

Fatore os polinômios e faça a verificação.
- $2a + 2b$
- $m^5 + 2m^3$
- $w + 0,5wz$
- $5y^2 + 10y$

AGRUPAMENTO

Podemos fatorar um polinômio **agrupando** termos que têm fatores comuns e colocando esses termos em evidência. Veja o exemplo.

$mp + mq + np + nq =$
$= (mp + np) + (mq + nq) =$ — Agrupamos os termos com fator comum
$= p \cdot (m + n) + q \cdot (m + n) =$ — Colocamos em evidência o fator comum de cada grupo
$= (m + n) \cdot (p + q)$ — Colocamos em evidência o novo fator comum, que é $(m + n)$

Assim: $mp + mq + np + nq = (m + n) \cdot (p + q)$

PARA CALCULAR

Fatore os polinômios e faça a verificação.
- $-w^2 + wk - 3kw + 3k^2$
- $7bx + x - 7by - y$

DIFERENÇA DE DOIS QUADRADOS

Veja os produtos da soma pela diferença de dois termos.

$(x + y) \cdot (x - y) = x^2 - xy + xy - y^2 = x^2 - y^2$

$(x - 4) \cdot (x + 4) = x^2 + 4x - 4x - 16 = x^2 - 16 = x^2 - 4^2$

Note que o produto da soma pela diferença de dois termos é igual ao quadrado do primeiro termo menos o quadrado do segundo termo, ou seja, é uma **diferença de dois quadrados**.

Veja abaixo como podemos usar esse resultado para fatorar a diferença de dois quadrados representada pelo polinômio $m^2 - 9$.

$$m^2 - 9 = m^2 - 3^2 = (m + 3) \cdot (m - 3)$$

TRINÔMIO QUADRADO PERFEITO

Veja o cálculo do quadrado da soma e do quadrado da diferença de dois termos:

$$(x + y)^2 = (x + y)(x + y) = x^2 + xy + yx + y^2 = x^2 + 2xy + y^2$$
$$(x - y)^2 = (x - y)(x - y) = x^2 - xy - yx + y^2 = x^2 - 2xy + y^2$$

As expressões algébricas $x^2 + 2xy + y^2$ e $x^2 - 2xy + y^2$ são exemplos de **trinômios quadrados perfeitos**.

Veja abaixo como podemos usar esses resultados para fatorar alguns trinômios quadrados perfeitos.

a)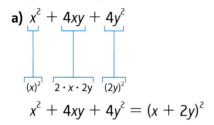

$$x^2 + 4xy + 4y^2 = (x + 2y)^2$$

b)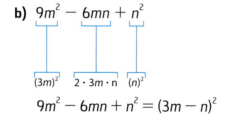

$$9m^2 - 6mn + n^2 = (3m - n)^2$$

> **PARA CALCULAR**
>
> Fatore os polinômios e faça a verificação.
> - $x^2 - 81$
> - $100 - y^2$
> - $p^4 - 36$
> - $4p^2 - 9q^4$

> **PARA CALCULAR**
>
> Fatore os polinômios e faça a verificação.
> - $r^2 + 2rs + s^2$
> - $t^2 - 2tu + u^2$
> - $36a^2 + 12ab + b^2$
> - $w^2 - 14wz + 49z^2$

OBSERVAÇÕES

- O quadrado da soma de dois termos é igual ao quadrado do primeiro termo mais duas vezes o produto do primeiro termo pelo segundo termo mais o quadrado do segundo termo.
- O quadrado da diferença de dois termos é igual ao quadrado do primeiro termo menos duas vezes o produto do primeiro termo pelo segundo termo mais o quadrado do segundo termo.

ATIVIDADES

PRATIQUE

1. Fatore as expressões algébricas.
  a) $2x + 2y$
  b) $2b + 4c$
  c) $20x^2 + 5x + x$
  d) $6x^3 - 3x^2 + 9x$
  e) $2x^2 + 4y - 8$
  f) $2a + 4b - 6c$

2. Fatore os polinômios.
  a) $x^2 - 2x + yx - 2y$
  b) $a^2 + 3a - 2a - 6$
  c) $xb - 3x + yb - 3y$
  d) $xy - 2x + y - 2$
  e) $2x + 2 + 3bx + 3b$
  f) $x^2 - 3x + yx - 3y$

3. Fatore as diferenças de dois quadrados.
  a) $y^2 - 49$
  b) $x^2 - 64$
  c) $4 - g^2$
  d) $16 - y^2$
  e) $4x^2 - 36$
  f) $25y^2 - 100$

4. Fatore os trinômios quadrados perfeitos.
  a) $4 + 4x + x^2$
  b) $x^2 + 10x + 25$
  c) $4x^2 + 12x + 9$
  d) $16 - 8y + y^2$
  e) $4x^2 - 4xy + y^2$
  f) $c^4 - 2c^2 + 1$

SIMPLIFICAÇÃO DE FRAÇÃO ALGÉBRICA

Já vimos que simplificar uma fração numérica significa determinar, com termos mais simples, uma fração equivalente à fração dada.

Para simplificar uma fração, podemos decompor o numerador e o denominador em fatores primos e cancelar os fatores comuns. Veja os exemplos a seguir:

a) $\dfrac{112}{28} = \dfrac{\cancel{2} \cdot \cancel{2} \cdot 2 \cdot 2 \cdot \cancel{7}}{\cancel{2} \cdot \cancel{2} \cdot \cancel{7}} = \dfrac{4}{1} = 4$

b) $\dfrac{210}{50} = \dfrac{\cancel{2} \cdot 3 \cdot \cancel{5} \cdot 7}{\cancel{2} \cdot \cancel{5} \cdot 5} = \dfrac{3 \cdot 7}{5} = \dfrac{21}{5}$

Da mesma maneira, simplificar uma fração algébrica significa obter uma fração algébrica mais simples que seja equivalente à fração dada. Para isso, escrevemos numerador e denominador na forma fatorada e cancelamos os fatores comuns. Agora, veja os exemplos abaixo:

a) $\dfrac{6xy^3z^2}{12y^5z^2} = \dfrac{\cancel{2} \cdot \cancel{3} \cdot x \cdot \cancel{y} \cdot \cancel{y} \cdot \cancel{y} \cdot \cancel{z} \cdot \cancel{z}}{\cancel{2} \cdot 2 \cdot \cancel{3} \cdot \cancel{y} \cdot \cancel{y} \cdot \cancel{y} \cdot y \cdot y \cdot \cancel{z} \cdot \cancel{z}} = \dfrac{x}{2y^2}$

b) $\dfrac{6ax^2 + 3ax}{2x + 1} = \dfrac{3ax(\cancel{2x+1})}{\cancel{2x+1}} = 3ax$

c) $\dfrac{6axy - 18ay}{x^2 - 9} = \dfrac{6ay\cancel{(x-3)}}{(x+3)\cancel{(x-3)}} = \dfrac{6ay}{x+3}$

d) $\dfrac{a^3 + a^2}{ab + b} = \dfrac{a^2\cancel{(a+1)}}{b\cancel{(a+1)}} = \dfrac{a^2}{b}$

> Organize o que você aprendeu fazendo a atividade 3 da página 252.

ATIVIDADES

PRATIQUE

1. Nas frações $\dfrac{14x}{2}$, $\dfrac{18x^3y^5}{6x^2y}$, $\dfrac{x^3(x^2+2)}{x^2}$, se dividirmos o numerador pelo denominador, cada fração ficará reduzida a um único polinômio. Qual é o polinômio que corresponde a cada fração?

2. O professor Fabiano propôs a Beatriz e Patrícia que simplificassem a fração $\dfrac{x^3 + x^2}{x^2}$.

   Observe a simplificação que as meninas fizeram:

   Beatriz   Patrícia

   Qual das meninas acertou a simplificação da fração algébrica?

   a) As duas b) Beatriz c) Patrícia d) Nenhuma

3. Simplifique as frações algébricas.

   a) $\dfrac{42rst^3}{63r^2st}$

   b) $\dfrac{90a^3b^2}{18ac^2}$

   c) $\dfrac{18x^2y^3}{6x^5y}$

   d) $\dfrac{ab}{ab + b^2}$

   e) $\dfrac{4x^3y - 4xy}{16xy^2}$

   f) $\dfrac{x^2 - x}{yx - y}$

4. Faça o que se pede.

   a) Simplifique a expressão $\dfrac{y^2 - 1}{y - 1}$ e determine seu valor para $y = 999$.

   b) Simplifique a expressão $\dfrac{a^2 - 1}{2a - a + 1}$ e determine seu valor para $a = -1$.

2 ADIÇÃO E SUBTRAÇÃO COM FRAÇÕES ALGÉBRICAS

Os procedimentos usados nos cálculos com frações algébricas lembram os procedimentos dos cálculos feitos com as frações numéricas.

Vamos recordar o cálculo do valor numérico de uma expressão com frações numéricas. Observe.

Primeiro, iniciamos com a multiplicação e a divisão.

$$\frac{5}{18} - \frac{7}{6} : \frac{2}{1} - \frac{11}{4} \cdot \frac{(-1)}{10} =$$

$$= \frac{5}{18} - \frac{7}{6} \cdot \frac{1}{2} + \frac{11}{40} =$$

$$= \frac{5}{18} - \frac{7}{12} + \frac{11}{40} =$$

Agora, vamos calcular o mmc de 18, 12 e 40.
- Fatorando os denominadores, temos:
  $18 = 2 \cdot 3^2 \quad 12 = 2^2 \cdot 3 \quad 40 = 2^3 \cdot 5$
- O mmc é o produto dos fatores comuns e não comuns de maior expoente:
  mmc(18, 12, 40) = $2^3 \cdot 3^2 \cdot 5 = 360$

$$= \frac{5 \cdot 20}{360} - \frac{7 \cdot 30}{360} + \frac{11 \cdot 9}{360} =$$

$$= \frac{100}{360} - \frac{210}{360} + \frac{99}{360} = -\frac{11}{360}$$

CÁLCULO DO MMC DE POLINÔMIOS

O **mínimo múltiplo comum (mmc) de polinômios** tem o mesmo significado do mínimo múltiplo comum de números inteiros. Assim, o procedimento para o cálculo do mmc de polinômios é semelhante ao utilizado para números inteiros.

Agora, vamos recordar o que você já aprendeu:

- Primeiro, escrevemos as expressões dadas na forma fatorada.
- Depois, efetuamos a multiplicação dos fatores comuns e dos fatores não comuns, escolhendo, entre os comuns, aqueles que são potências com maior expoente.

Veja os exemplos a seguir:

a) mmc$(x^2 - 4, 2x - 4)$
   $x^2 - 4 = (x + 2)(x - 2)$
   $2x - 4 = 2(x - 2)$
   Logo, mmc$(x^2 - 4, 2x - 4) = 2(x + 2)(x - 2)$

b) mmc$(x^2y - 2xy, x^2 - 4x + 4)$
   $x^2y - 2xy = xy \cdot (x - 2)$
   $x^2 - 4x + 4 = (x - 2)^2$
   Logo, mmc$(x^2y - 2xy, x^2 - 4x + 4) = xy(x - 2)^2$

OBSERVAÇÃO

Para fatorar o trinômio $x^2 - 4x + 4$, devemos observar os seus termos:
$x^2 - 4x + 4$
$(x)^2 \quad (2)^2$
$-2 \cdot (x) \cdot (2)$
$x^2 - 4x + 4 = \mathbf{(x - 2)^2}$

REDUÇÃO DE FRAÇÕES ALGÉBRICAS AO MESMO DENOMINADOR

Acompanhe o diálogo de Lucas com Michele.

ATIVIDADES

PRATIQUE

1. Determine o mmc dos polinômios.
   a) $3x$ e $4x^2$
   b) $2a$, $6b^2$ e $4a^3b$
   c) $x + y$ e $x - y$
   d) $5p - p^2$ e $25 - p^2$
   e) $3a + 3$ e $a^2 - 1$
   f) $6xy - 2y$ e $9x^2 - 1$

2. Resolva.
   a) Determine o valor numérico de mmc$(xy - x, y^2 - 1)$ se $x = 4$ e $y = 2$.
   b) Determine o valor numérico de mmc$(x^4y - x^3y^2, x^2 - 2xy + y^2, x^2 - y^2)$ para $x = 2$ e $y = 1$.

3. Reduza as frações algébricas $\dfrac{4a}{a + 2}$ e $\dfrac{a + 3}{a^2 + 4a + 4}$ a um mesmo denominador.

APLIQUE

4. Descubra a idade de cada um.

ADIÇÃO E SUBTRAÇÃO

Como já vimos, os procedimentos das operações com frações algébricas são semelhantes aos das operações com números racionais na forma fracionária.

FRAÇÕES ALGÉBRICAS DE DENOMINADORES IGUAIS

Adicionam-se algebricamente os numeradores e conserva-se o denominador. Veja os exemplos abaixo:

a) $\dfrac{3x}{2x - y} + \dfrac{2x - 3y}{2x - y} = \dfrac{3x + 2x - 3y}{2x - y} = \dfrac{5x - 3y}{2x - y}$

b) $\dfrac{4b - 5c}{2b - 1} - \dfrac{b - 7c}{2b - 1} = \dfrac{4b - 5c - (b - 7c)}{2b - 1} =$

$= \dfrac{4b - 5c - b + 7c}{2b - 1} = \dfrac{3b + 2c}{2b - 1}$

> **DESAFIO**
>
> Qual dos cálculos abaixo está errado? Por quê?
>
> - $\dfrac{1}{m} - \dfrac{m - 7}{m} = \dfrac{1 - m - 7}{m}$
> - $\dfrac{1}{m} - \dfrac{m - 7}{m} = \dfrac{1 - m + 7}{m}$

FRAÇÕES ALGÉBRICAS DE DENOMINADORES DIFERENTES

Reduzem-se as frações ao mesmo denominador (mmc dos denominadores das parcelas) e, em seguida, procede-se como na adição e na subtração com frações algébricas de denominadores iguais. Observe os exemplos a seguir:

a) $\dfrac{2x}{x - 3} - \dfrac{6x - 18}{x^2 - 6x + 9}$

mmc$(x - 3, x^2 - 6x + 9) = (x - 3)^2$

$\dfrac{2x}{x - 3} - \dfrac{6x - 18}{x^2 - 6x + 9} = \dfrac{2x(x - 3)}{(x - 3)^2} - \dfrac{6x - 18}{(x - 3)^2} =$

$= \dfrac{2x^2 - 6x - (6x - 18)}{(x - 3)^2} = \dfrac{2x^2 - 12x + 18}{(x - 3)^2} =$

$= \dfrac{2(x^2 - 6x + 9)}{(x - 3)^2} = \dfrac{2\cancel{(x - 3)^2}}{\cancel{(x - 3)^2}} = 2$

> Quando efetuamos adições ou subtrações com frações algébricas, convém, sempre que possível, simplificar o resultado.

b) $\dfrac{-a + 3}{a^2 - 1} + \dfrac{a}{a - 1} + \dfrac{2}{a + 1}$

mmc$(a^2 - 1, a - 1, a + 1) = (a + 1)(a - 1)$

$\dfrac{-a + 3}{a^2 - 1} + \dfrac{a}{a - 1} + \dfrac{2}{a + 1} =$

$= \dfrac{-a + 3}{(a - 1)(a + 1)} + \dfrac{a(a + 1)}{(a - 1)(a + 1)} + \dfrac{2(a - 1)}{(a - 1)(a + 1)} =$

$= \dfrac{-\cancel{a} + 3 + a^2 + \cancel{a} + 2a - 2}{(a - 1)(a + 1)} = \dfrac{a^2 + 2a + 1}{(a - 1)(a + 1)} =$

$= \dfrac{(a + 1)^2}{(a - 1)(a + 1)} = \dfrac{(a + 1)\cancel{(a + 1)}}{(a - 1)\cancel{(a + 1)}} = \dfrac{a + 1}{a - 1}$

ATIVIDADES

PRATIQUE

1. Efetue as adições, simplificando quando possível.
   a) $\dfrac{1}{x} + \dfrac{3x}{5}$
   b) $\dfrac{2}{x} - \dfrac{x}{y}$
   c) $\dfrac{4a}{a+b} + \dfrac{3b}{a+b}$
   d) $\dfrac{4n}{3m} + \dfrac{7n}{3m} - \dfrac{10n}{3m}$
   e) $\dfrac{2x}{x-1} - \dfrac{x}{x+1}$

2. Se $A = \dfrac{1}{x+1}$ e $B = \dfrac{x}{x^2 - x}$, qual é o valor de:
   a) $A + B$?
   b) $A - B$?
   c) $A + A$?
   d) $B + B$?

3. Associe as adições aos resultados.

   A) $\dfrac{1}{x} + \dfrac{1}{y}$ I) $\dfrac{x+y}{x-y}$

   B) $\dfrac{x}{x-y} + \dfrac{y}{x-y}$ II) $\dfrac{xy+1}{y}$

   C) $x + \dfrac{1}{y}$ III) $\dfrac{x+y}{y}$

   D) $\dfrac{x}{y} + 1$ IV) $\dfrac{y+x}{xy}$

4. Sendo $A = \dfrac{1}{x^2 - 1}$, $B = \dfrac{3}{2x-2}$ e $C = \dfrac{3}{3x+3}$, calcule:
   a) $A + B - C$
   b) $A - B + C$
   c) $A - B - C$
   d) $C - B - A$

APLIQUE

5. Considerando que cada cubinho de mesma cor tem o valor indicado, calcule o valor de cada grupo de cubinhos.

    vale $\dfrac{1}{x}$ vale $\dfrac{2}{x^2}$ vale $\dfrac{x}{x+1}$

   a)   b)

6. Observe a expressão e responda às questões.

   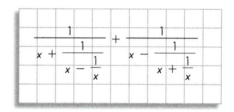

   a) Qual é o valor numérico dessa expressão para $x = 2$?
   b) Qual será seu valor numérico para $x = 1$? E para $x = \dfrac{1}{2}$? E para $x = \dfrac{1}{4}$?
   c) Qual é o valor numérico da expressão para $x = 4$ e $x = 8$?
   d) É mais simples substituir os valores de x na expressão dada e depois efetuar os cálculos ou simplificar antes a expressão dada e, depois, substituir os valores dados a x?

---

3 MULTIPLICAÇÃO E DIVISÃO COM FRAÇÕES ALGÉBRICAS

Assim como acontece nas adições e subtrações, os procedimentos para efetuar a multiplicação e a divisão com frações algébricas são semelhantes à multiplicação e à divisão com números racionais na forma fracionária.

MULTIPLICAÇÃO

O produto de frações algébricas é uma fração cujo numerador é o produto dos numeradores das frações dadas e cujo denominador é o produto dos denominadores das frações dadas.

Além disso, sempre que possível, é feita a simplificação.

> **RECORDE**
>
> Multiplicação com números racionais na forma fracionária:
> - $\dfrac{2}{5} \cdot \dfrac{8}{5} = \dfrac{2 \cdot 8}{5 \cdot 5} = \dfrac{16}{25}$
> - $\dfrac{6}{7} \cdot \dfrac{4}{3} = \dfrac{\overset{2}{\cancel{6}} \cdot 4}{7 \cdot \cancel{3}_1} = \dfrac{2 \cdot 4}{7 \cdot 1} = \dfrac{8}{7}$

Veja os exemplos a seguir:

a) $\left(-\dfrac{5a}{3b}\right) \cdot \dfrac{1}{a+b} = \dfrac{-5a \cdot 1}{3b \cdot (a+b)} = \dfrac{-5a}{3ab + 3b^2}$

Nesse caso, não é possível simplificar o produto.

b) $\dfrac{3x+15}{x-5} \cdot \dfrac{2x-10}{x^2-25}$

Antes de multiplicar, é conveniente fatorar os termos possíveis:

$\dfrac{3(x+5)}{x-5} \cdot \dfrac{2(x-5)}{(x-5)(x+5)}$

Depois, é só simplificar os termos comuns, caso existam, e multiplicar.

$\dfrac{3\cancel{(x+5)}}{x-5} \cdot \dfrac{2\cancel{(x-5)}}{\cancel{(x-5)}\cancel{(x+5)}} = \dfrac{6}{x-5}$

Duas frações algébricas são **inversas** se o produto delas é igual a 1.
Por exemplo:
$\dfrac{5t^3v^2}{3mn^4} \cdot \dfrac{3mn^4}{5t^3v^2} = 1$

DIVISÃO

Na divisão com frações algébricas, multiplicamos a primeira fração algébrica pela fração algébrica que representa o inverso da segunda. Observe os exemplos abaixo:

Multiplicamos a primeira fração pelo inverso da segunda.

a) $\dfrac{a^2}{a+1} : \dfrac{a}{(a+1)^2} = \dfrac{a^2}{a+1} \cdot \dfrac{(a+1)^2}{a} = a(a+1) = a^2 + a$

Multiplicamos a primeira fração pelo inverso da segunda.

b) $\dfrac{4xz}{x^2-z^2} : \dfrac{2x}{x+z} = \dfrac{4xz}{x^2-z^2} \cdot \dfrac{x+z}{2x} = \dfrac{2 \cdot 2 \cdot x \cdot z}{(x+z)(x-z)} \cdot \dfrac{x+z}{2x} = \dfrac{2z}{x-z}$

Trilha de estudo

Vai estudar? Nosso assistente virtual no *app* pode ajudar!
<mod.lk/trilhas>

ATIVIDADES

PRATIQUE

1. Simplifique, se possível, e depois calcule.

   a) $\dfrac{5}{xy} \cdot \dfrac{x^2}{15}$

   b) $\dfrac{3}{ab} \cdot \dfrac{b^2}{27a} \cdot \dfrac{a^3}{b^3}$

   c) $\dfrac{x+y}{x-y} \cdot \dfrac{2}{(x+y)^2}$

   d) $\dfrac{t-4}{3t^2} \cdot \dfrac{7t}{t-4}$

2. Efetue as operações a seguir.

   a) $\dfrac{x+y}{y} : \dfrac{x^2-y^2}{y}$

   b) $\dfrac{16b}{a} : \dfrac{4b^2}{a^3}$

   c) $\dfrac{x^2+6x+9}{x^2+3x} : \dfrac{x^2-9}{x^2}$

   d) $\dfrac{2(x^2-1)}{3x} : \dfrac{x^2-2x+1}{3x^2}$

3. Simplifique as expressões abaixo.

   a) $\dfrac{8m}{3} \cdot \dfrac{m+1}{2n-5} \cdot \dfrac{7}{2}$

   b) $\dfrac{m^2-n^2}{3a+6} \cdot \dfrac{a+2}{m+n}$

   c) $\dfrac{a+b}{a-b} \cdot \dfrac{b}{(a+b)^2}$

   d) $\left(\dfrac{1}{a} - \dfrac{1}{x}\right) : \left(\dfrac{1}{a^2} - \dfrac{1}{x^2}\right)$

   e) $\dfrac{1 - \dfrac{1}{x}}{1 + \dfrac{1}{x}}$

   f) $\dfrac{\dfrac{13+13x}{a^2}}{\dfrac{a+ax}{7a}}$

245

APLIQUE

R1. Efetue a multiplicação de fatores iguais:

$$\frac{-5a}{3b^2} \cdot \frac{-5a}{3b^2} \cdot \frac{-5a}{3b^2} \cdot \frac{-5a}{3b^2}$$

Resolução

Quando temos mais de duas frações como fatores, procedemos da mesma maneira: multiplicamos todos os numeradores para obter o numerador do produto e multiplicamos todos os denominadores para obter o denominador do produto.

Multiplicando todos os numeradores e todos os denominadores, temos:

$$\frac{-5a}{3b^2} \cdot \frac{-5a}{3b^2} \cdot \frac{-5a}{3b^2} \cdot \frac{-5a}{3b^2} =$$

$$= \frac{(-5a) \cdot (-5a) \cdot (-5a) \cdot (-5a)}{(3b^2) \cdot (3b^2) \cdot (3b^2) \cdot (3b^2)} = \frac{625a^4}{81b^8}$$

Ao efetuar uma multiplicação com fatores iguais, estamos efetuando uma **potenciação**.

Podemos observar que:

$$\frac{-5a}{3b^2} \cdot \frac{-5a}{3b^2} \cdot \frac{-5a}{3b^2} \cdot \frac{-5a}{3b^2} =$$

$$= \left(\frac{-5a}{3b^2}\right)^4 = \frac{(-5a)^4}{(3b^2)^4} = \frac{625a^4}{81b^8}$$

4. Calcule a potenciação e, se possível, simplifique.

a) $\left(\dfrac{1}{xy}\right)^2$

b) $\left(\dfrac{2m}{6n}\right)^3$

c) $\left(-\dfrac{t}{2v}\right)^7$

d) $\left(\dfrac{xy + xz}{ax + bx}\right)^2$

5. Indique a(s) sentença(s) falsa(s).

a) $\dfrac{y^2 + y}{x} \cdot \dfrac{1}{y} = \dfrac{y + 1}{x}$

b) $\dfrac{m + n + 2}{2} : \dfrac{m}{n} = \dfrac{mn + n^2 + 2n}{2m}$

c) $\dfrac{1 + m}{n^2} : \dfrac{2 + 2m}{3n} = \dfrac{9}{6n}$

d) $\dfrac{6x^3y^2z}{5} \cdot \dfrac{10}{21xy} = \dfrac{4xyz}{7}$

6. Quando dividimos $\dfrac{a^2 - 4}{2ab + a}$ pelo polinômio A, obtemos $\dfrac{a - 2}{a^2}$. Qual é o polinômio A?

7. Complete a tabela abaixo com os dados que faltam.

Fração algébrica	👥 (o dobro)	◻ (o quadrado)	〰 (o inverso)	Expressão
$\dfrac{1}{x}$	$\dfrac{2}{x}$	$\dfrac{1}{x^2}$	x	👥 + ◻ · 〰 $\dfrac{2}{x} + \dfrac{1}{x^2} \cdot x = \dfrac{3}{x}$
$\dfrac{y}{x}$				👥 · ◻⁻¹ · 〰
$\dfrac{1}{a-1}$				👥 · 〰 + ◻
$\dfrac{b}{a+b}$				👥² + ◻ − 〰⁻¹

8. Fábio, Carina e Érica efetuaram operações com frações algébricas. Cada um escolheu uma operação e encontrou um resultado diferente, porém todos corretos. Estes foram os resultados encontrados:

Fábio: $\dfrac{3a^2b + 3b^3}{4a - 12}$ Carina: $\dfrac{9a^2}{b^2}$ Érica: $\dfrac{1}{3(a-3)}$

E estas foram as operações propostas:

A) $\dfrac{a + 3}{6b} : \dfrac{a^2 - 9}{2b}$

B) $\dfrac{3a^2 + 3ab}{b} : \dfrac{ab + b^2}{3a}$

C) $\dfrac{a^2 + b^2}{a - 3} \cdot \dfrac{a}{4} \cdot \dfrac{3b}{a}$

• Qual operação cada um escolheu?

ATIVIDADES COMPLEMENTARES

1. Escreva uma fração algébrica:
   a) cujo denominador seja $(x-y)^2$;
   b) cujo numerador seja $2m^3 - m$;
   c) cuja condição de existência seja $p \neq 2q$.

2. Fatore e simplifique as frações algébricas.
   a) $\dfrac{2m^2 - 8m^2 + 8m}{2m}$
   b) $\dfrac{m^2n + mn^2 - 7mn}{mn}$
   c) $\dfrac{4xy^2 + 2x^2y^2 - 2xy^3}{2x^2y^2}$
   d) $\dfrac{x+1}{x^2+2x+1}$
   e) $\dfrac{ax - ay + bx - by}{x^2 - y^2}$

3. Efetue as operações e simplifique, se possível.
   a) $\dfrac{x}{2} - \dfrac{3x^3}{4x^2}$
   b) $\dfrac{x}{(x+2)} + \dfrac{2x}{(x-2)} + \dfrac{1}{(x^2-4)}$
   c) $\dfrac{4x^2}{(2x-2)} + \dfrac{(2-4x)}{(x-1)}$
   d) $\dfrac{(y+2)}{(y-2)} \cdot \dfrac{(9y-18)}{(y^2-4)}$
   e) $\dfrac{18}{(m+4)} : \dfrac{(3m+12)}{(m+4)}$

4. Sabendo que $a + b = 20$ e que $a \cdot b = 5$, qual das frações algébricas tem valor numérico igual a $\dfrac{1}{4}$? E qual delas tem valor numérico igual a $\dfrac{1}{5}$?
   a) $\dfrac{1}{b} + \dfrac{1}{a}$
   b) $\dfrac{1}{ab} : \dfrac{a+b}{(ab)^2}$
   c) $\left(\dfrac{1}{a^2} - \dfrac{1}{b^2}\right) : \left(\dfrac{b-a}{ab}\right)$
   d) $\left(\dfrac{1}{a} - \dfrac{1}{b}\right) : \left(\dfrac{1}{a^2} - \dfrac{1}{b^2}\right)$
   e) $\dfrac{1}{(a+b) \cdot a} + \dfrac{1}{(a+b) \cdot b}$

5. A soma dos números m e n é 12, e seu produto é 32. Qual é o valor numérico da fração algébrica abaixo?
$$\left(\dfrac{1}{m^2} - \dfrac{1}{n^2}\right) : \left(\dfrac{n-m}{mn}\right)$$

6. O Índice de Massa Corporal (IMC) é dado por uma fração algébrica que indica se um adulto está abaixo do "peso" normal, se está obeso ou se está no "peso" considerado saudável.

   A fórmula para calcular o Índice de Massa Corporal é: $IMC = \dfrac{p}{A^2}$, em que p representa a massa da pessoa (usualmente chamada de peso) em quilograma e A representa sua altura em metro.

   A tabela abaixo é aplicada para estabelecer essa classificação.

   | CÁLCULO DO ÍNDICE DE MASSA CORPORAL ||
Categoria	IMC
Abaixo do "peso"	Abaixo de 20
"Peso" normal	De 20 a 24,9
"Sobrepeso"	De 25 a 29,9
Obeso	De 30 a 39,9
Obeso mórbido	Acima de 40

   Dados obtidos em: <https://ww2.ibge.gov.br/home/estatistica/populacao/condicaodevida/pof/2002/imc_calculo.php?peso=98&altura=1%2C84&Submit=Enviar>. Acesso em: 4 ago. 2018.

   a) Quanto você pesa?
   b) Qual é sua altura?
   c) Qual é seu IMC?
   d) Um jogador de basquete tem 2,10 m e 109 kg. Qual é o IMC desse jogador? Ele está acima do "peso" normal?
   e) Lúcia tem 1,60 m e 65 kg. Qual é o IMC de Lúcia? Ela está no "peso" normal?
   f) Com 1,75 m e 50 kg, Carolina acha que, de acordo com a tabela, está no "peso" normal. Ela tem razão? Caso ela esteja errada, considerando sua altura, Carolina deveria ganhar ou perder massa? Aproximadamente quantos quilogramas?

Mais questões no livro digital

COMPREENDER UM TEXTO

O sorriso enigmático

[...] Não, o título não se refere ao sorriso característico de Charlie, mas sim a um outro, muito mais enigmático, que apareceu flutuando no ar, alguns metros acima da mesa.

— Que coisa mais esquisita! — exclamou Alice. — Já vi muitos rostos sem sorrisos, mas é a primeira vez que vejo um sorriso sem rosto.

De fato, e isso era o mais enigmático, era só um sorriso: uma boca com dentes pontiagudos, sem nada atrás ou em volta.

— Não sei por que tanto espanto em ver um sorriso sem rosto — retrucou a boca flutuante.

— Quem é você? — indagou Alice, duplamente surpresa ao perceber que aquela boca inacreditável não apenas sorria, como também falava.

— Sou uma incógnita: você não me enxerga, mas tem alguns dados sobre mim, de maneira que pode me decifrar.

— Como assim?

— Decifrar uma incógnita — Charlie começou a explicar — significa descobrir o que ela representa partindo de dados existentes sobre ela.

— Mas eu não tenho nenhum dado sobre isto! — reclamou Alice.

— Porque você não olha com atenção — disse ironicamente a boca sorridente.

— Como eu posso olhar para alguma coisa que não vejo?

— Você vê, ou deveria ver, por exemplo, que o galho abaixo da boca está levemente inclinado para baixo; você vê dentes pontiagudos; ouve uma voz ronronante...

— Você é um gato! — exclamou Alice.

— Dei muitas pistas — disse o gato Cheshire, aparecendo de corpo inteiro. — Vamos ver se você é capaz de descobrir esta outra incógnita: um ladrilho pesa um quilograma mais meio ladrilho, quanto pesa o ladrilho?

Ele falou tão depressa que deu a impressão de ser uma única palavra muito comprida.

— Parece um trava-línguas — observou a menina.

— Mas é um trava-neurônios.

[...]

Carlos Frabetti. *Alice no país dos números*. São Paulo: Ática, 2002. p. 73-74.

Imagem do filme *Alice no país das maravilhas*. Direção: Tim Burton. Produzido por: Disney Enterprises, 2010.

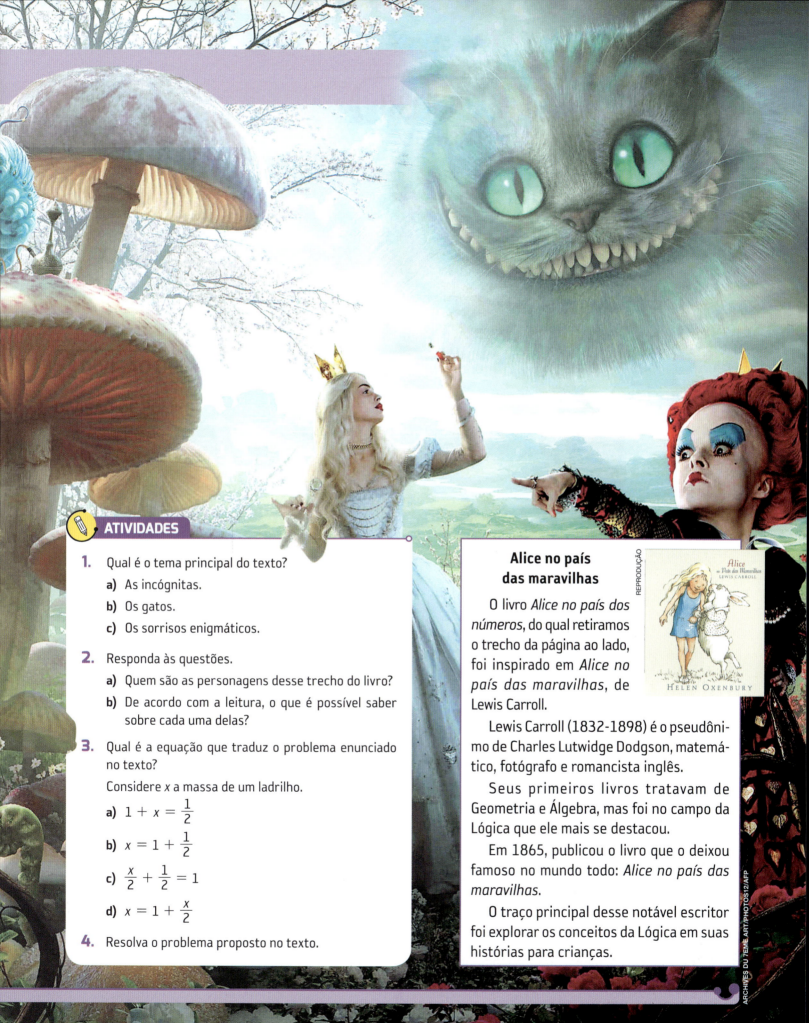

ATIVIDADES

1. Qual é o tema principal do texto?
   a) As incógnitas.
   b) Os gatos.
   c) Os sorrisos enigmáticos.

2. Responda às questões.
   a) Quem são as personagens desse trecho do livro?
   b) De acordo com a leitura, o que é possível saber sobre cada uma delas?

3. Qual é a equação que traduz o problema enunciado no texto?

Considere x a massa de um ladrilho.
   a) $1 + x = \dfrac{1}{2}$
   b) $x = 1 + \dfrac{1}{2}$
   c) $\dfrac{x}{2} + \dfrac{1}{2} = 1$
   d) $x = 1 + \dfrac{x}{2}$

4. Resolva o problema proposto no texto.

Alice no país das maravilhas

O livro *Alice no país dos números*, do qual retiramos o trecho da página ao lado, foi inspirado em *Alice no país das maravilhas*, de Lewis Carroll.

Lewis Carroll (1832-1898) é o pseudônimo de Charles Lutwidge Dodgson, matemático, fotógrafo e romancista inglês.

Seus primeiros livros tratavam de Geometria e Álgebra, mas foi no campo da Lógica que ele mais se destacou.

Em 1865, publicou o livro que o deixou famoso no mundo todo: *Alice no país das maravilhas*.

O traço principal desse notável escritor foi explorar os conceitos da Lógica em suas histórias para crianças.

EDUCAÇÃO FINANCEIRA
MENSAGENS E MAIS MENSAGENS!

Hoje em dia, é comum recebermos mensagens no celular e por *e-mail* não apenas de pessoas conhecidas, mas também de lojas e empresas anunciando promoções.

O que você faria?

Imagine-se no lugar de quem recebeu a mensagem e escolha entre as opções abaixo o pensamento que mais combina com você. Se nenhum deles for adequado, escreva qual seria sua reflexão.

1ª mensagem

a) Não vale a pena ir até a loja porque o brinde deve ser algo bem sem graça. Além disso, vou ter de gastar tempo e dinheiro para ir até lá.

b) Essa loja é bem perto de casa. Não custa nada passar lá e ver se a promoção vale a pena mesmo.

c) Não estou precisando de roupa de inverno. O que vou fazer lá?

2ª mensagem

a) Já recebi uma mensagem como essa e fui até a loja. Comprei um produto de R$ 120,00, e para inteirar os R$ 150,00, acabei comprando mais um produto. Depois, nem voltei à loja para usar o bônus.

b) Vou hoje até a loja! Eu adoro ganhar esses bônus. E sempre os uso depois.

c) Essa loja só tem produtos legais! Vou até pedir ao meu pai que adiante minha mesada e passar lá.

3ª mensagem

a) Vou mudar de plano o mais rápido possível para poder usar a internet no celular.

b) Será que esse plano é muito caro? Vou pesquisar melhor.

c) Que legal! Vou testar durante um mês e, se não gostar, cancelo o serviço depois.

4ª mensagem

a) Eu adoro essa série! Quero ganhar tudo o que tiver sobre ela! Vou mandar a mensagem agora!

b) Eu mandaria a mensagem se tivesse certeza de que ganharia o chaveiro, mas é sorteio.

c) Já participei de sorteios desse tipo e só desperdicei os créditos do meu celular; não ganhei nada.

CALCULE

Em geral, não pensamos que podemos ter gastos ao participar de promoções. Responda às questões a seguir para ter uma ideia de valores e avaliar se é vantajoso aproveitá-las.

a) Se você responder à 4ª mensagem, terá de pagar algo?

b) Você sabe quanto custa cada serviço oferecido por uma operadora de telefonia celular? Se não souber, faça uma pesquisa para descobrir. Depois, organize os dados em uma tabela e calcule os gastos com um ou mais serviços anualmente.

c) Caso você tenha celular, existem serviços que são cobrados e você não os utiliza? Quais são os gastos com esses serviços durante um ano?

d) Qual seria o tempo gasto e o custo para se deslocar até uma loja que está oferecendo descontos?

REFLITA

Forme um grupo com os colegas e conversem sobre situações como as apresentadas nos quadrinhos. Procurem debater alguns aspectos, orientando-se pelas perguntas a seguir.

 Escutar os outros com atenção e empatia

- Como cada um se posicionou em relação às situações? Vocês pensam da mesma maneira ou de forma diferente?

- Quais mensagens você ou pessoas de sua família costumam receber por celular ou *e-mail*? Elas são úteis? Vocês aproveitam as promoções?

- Você já parou para pensar no tempo e no dinheiro gastos na leitura e na resposta a essas mensagens?

- Você acha que a loja que enviou a primeira mensagem oferece 70% de desconto em todas as peças de inverno?

- Uma pessoa que não está precisando do produto em oferta deve ir à loja verificar a promoção? Se ela de fato estiver precisando, vale a pena conferir?

- Você sabia que, em geral, é trabalhoso cancelar assinaturas de serviços?

- Você sabia que muitas promoções, por exemplo, bônus de desconto, têm validade?

- Se tivesse de dar um conselho sobre esse tema a um amigo, o que você diria?

ORGANIZAR O CONHECIMENTO

1. Complete o quadro com o resultado das operações entre os polinômios A e B.

	Polinômio A $-6x^3y + 2xy^2$	Polinômio B $3xy$
A + B		
A − B		
A · B		
A : B		

2. Complete o quadro abaixo com base na definição do princípio fundamental da contagem.

Problema	d_1	p_1	d_2	p_2	$p_1 \cdot p_2$
Clara foi a uma lanchonete italiana e estava indecisa sobre qual combinação de lanche e suco escolheria. Ela tinha à sua disposição 3 tipos diferentes de lanche e 2 sabores de suco. De quantas maneiras diferentes ela pode escolher um lanche e um suco?	Escolher um tipo de lanche	3	Escolher o sabor do suco	2	$3 \cdot 2 = 6$
Quantos anagramas tem a palavra OI?					
Quantos números de dois algarismos distintos existem?					

3. Complete os quadros.

	Valores que x não pode assumir	Simplificação	Valor numérico para $x = 13$
$\dfrac{x+11}{x^2-121}$			
$\dfrac{x^2-x-2}{(x-2)^2}$			

TESTES

1. Em uma tarefa de matemática, Rafael precisava simplificar, o máximo possível, a soma das frações algébricas $\frac{1}{a^2}$ e $\frac{1}{ab}$. A resposta dada por Rafael, para que esteja correta, deve ser:

   a) $\frac{2}{a^2 + ab}$.
   b) $\frac{2}{a^3b}$.
   c) $\frac{a + b}{a^2b}$.
   d) $\frac{1}{a}$.
   e) $\frac{1}{a^2b}$.

2. (Pasusp) Um vendedor escreveu o número de telefone de um cliente, mas esqueceu de anotar dois últimos dígitos. Ele resolveu ligar para todos os possíveis números de telefone, mantendo os primeiros algarismos que ele tinha anotado e variando os dois últimos dígitos. Assinale a alternativa que mostra o número máximo de telefonemas que ele teria que dar até contatar o cliente.

   a) 100
   b) 81
   c) 72
   d) 64
   e) 32

3. (Enem) Um forro retangular de tecido traz em sua etiqueta a informação de que encolherá após a primeira lavagem mantendo, entretanto, seu formato. A figura a seguir mostra as medidas originais do forro e o tamanho do encolhimento (x) no comprimento e (y) na largura. A expressão algébrica que representa a área do forro após ser lavado é $(5 - x)(3 - y)$.

   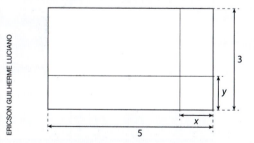

   Nestas condições, a área perdida do forro, após a primeira lavagem, será expressa por:

   a) $2xy$.
   b) $15 - 3x$.
   c) $15 - 5y$.
   d) $-5y - 3x$.
   e) $5y + 3x - xy$.

4. (Enem) De forma geral, os pneus radiais trazem em sua lateral uma marcação do tipo abc/deRfg, como 185/65R15.

   Essa marcação identifica as medidas do pneu da seguinte forma:
   - abc é a medida da largura do pneu, em milímetro;
   - de é igual ao produto de 100 pela razão entre a medida da altura (em milímetro) e a medida da largura do pneu (em milímetro);
   - R significa radial;
   - fg é a medida do diâmetro interno do pneu, em polegada.

   A figura ilustra as variáveis relacionadas com esses dados.

   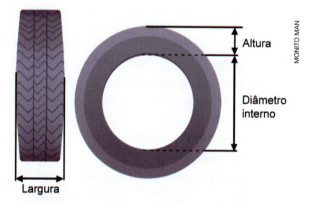

   O proprietário de um veículo precisa trocar os pneus de seu carro e, ao chegar a uma loja, é informado por um vendedor que há somente pneus com os seguintes códigos: 175/65R15, 175/75R15, 175/80R15, 185/60R15 e 205/55R15.

   Analisando, juntamente com o vendedor, as opções de pneus disponíveis, concluem que o pneu mais adequado para seu veículo é o que tem a menor altura.

   Desta forma, o proprietário do veículo deverá comprar o pneu com a marcação:

   a) 205/55R15.
   b) 175/65R15.
   c) 175/75R15.
   d) 175/80R15.
   e) 185/60R15.

5. (Enem) Uma empresa construirá sua página na internet e espera atrair um público de aproximadamente um milhão de clientes. Para acessar essa página, será necessária uma senha com formato a ser definido pela empresa. Existem cinco opções de formato oferecidas pelo programador, descritas no quadro, em que "L" e "D" representam, respectivamente, letra maiúscula e dígito.

Opção	Formato
I	LDDDDD
II	DDDDDD
III	LLDDD
IV	DDDDD
V	LLLDD

As letras do alfabeto, entre as 26 possíveis, bem como os dígitos, entre os 10 possíveis, podem se repetir em qualquer das opções.

A empresa quer escolher uma opção de formato cujo número de senhas distintas possíveis seja superior ao número esperado de clientes, mas que esse número não seja superior ao dobro do número esperado de clientes.

A opção que mais se adequa às condições da empresa é:

a) I.   b) II.   c) III.   d) IV.   e) V.

6. (Enem) Um artesão de joias tem à sua disposição pedras brasileiras de três cores: vermelhas, azuis e verdes.

Ele pretende produzir joias constituídas por uma liga metálica, a partir de um molde no formato de um losango não quadrado com pedras nos seus vértices, de modo que dois vértices consecutivos tenham sempre pedras de cores diferentes.

A figura ilustra uma joia, produzida por esse artesão, cujos vértices A, B, C e D correspondem às posições ocupadas pelas pedras.

Com base nas informações fornecidas, quantas joias diferentes, nesse formato, o artesão poderá obter?

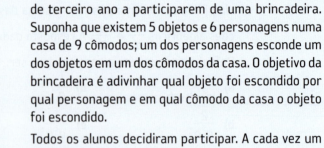

a) 6   c) 18   e) 36
b) 12   d) 24

7. (Enem) O diretor de uma escola convidou os 280 alunos de terceiro ano a participarem de uma brincadeira. Suponha que existem 5 objetos e 6 personagens numa casa de 9 cômodos; um dos personagens esconde um dos objetos em um dos cômodos da casa. O objetivo da brincadeira é adivinhar qual objeto foi escondido por qual personagem e em qual cômodo da casa o objeto foi escondido.

Todos os alunos decidiram participar. A cada vez um aluno é sorteado e dá a sua resposta. As respostas devem ser sempre distintas das anteriores, e um mesmo aluno não pode ser sorteado mais de uma vez. Se a resposta do aluno estiver correta, ele é declarado vencedor e a brincadeira é encerrada. O diretor sabe que algum aluno acertará a resposta porque há:

a) 10 alunos a mais do que possíveis respostas distintas.

b) 20 alunos a mais do que possíveis respostas distintas.

c) 119 alunos a mais do que possíveis respostas distintas.

d) 260 alunos a mais do que possíveis respostas distintas.

e) 270 alunos a mais do que possíveis respostas distintas.

8. (Obmep) De quantas maneiras diferentes é possível pintar de preto algumas casas do quadriculado abaixo de modo que, em cada linha e em cada coluna, fiquem pintadas de preto exatamente três casas?

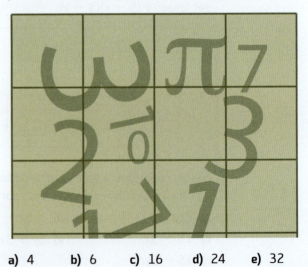

a) 4   b) 6   c) 16   d) 24   e) 32

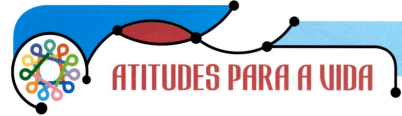

ATITUDES PARA A VIDA

1. Leia os seguintes relatos.

   Relato 1

   Ele mudou de opinião durante a discussão. Ele percebeu que algumas promoções podem não valer a pena.

   Relato 2

   Ele achou a atividade muito difícil, mas tentou fazê-la até conseguir. Ele encontrou que a área da figura é 3ax.

   Relato 3

   Ela levantou cada questionamento legal. Alguns sabores têm maior preferência, então a probabilidade de escolha desses sabores pode ser maior.

   Agora, responda.
   a) Qual desses relatos é sobre uma pessoa que é persistente?
   b) Qual desses relatos é sobre uma pessoa que respeita e aprende com a opinião dos outros?
   c) Qual desses relatos é sobre uma pessoa que questiona e levanta problemas?

2. Acompanhe as situações a seguir.

   O que você faria no lugar do menino em cada cena?

PARTE 4

UNIDADE 10 **EQUAÇÕES E SISTEMA DE EQUAÇÕES**
UNIDADE 11 **PROPORCIONALIDADE ENTRE GRANDEZAS**
UNIDADE 12 **TRANSFORMAÇÕES GEOMÉTRICAS**

FÓRMULAS DE ALTURA

Será que existe uma fórmula para descobrir a altura que alguém terá na fase adulta? Muitas pessoas já se perguntaram isso, inclusive o médico inglês James M. Tanner, que, na década de 1960, pensou ter encontrado uma maneira científica de calcular a altura que um bebê atingiria quando adulto. Mais tarde, após vários estudos, o próprio médico e outros pesquisadores chegaram à conclusão de que esse cálculo não era preciso e confiável.

Observe as fórmulas criadas pelo dr. Tanner:

- *Para um bebê do sexo masculino:*

$$A = \frac{p + m}{2} + 6{,}5$$

- *Para um bebê do sexo feminino:*

$$A = \frac{p + m}{2} - 6{,}5$$

A: altura atingida, em centímetro
P: altura do pai, em centímetro
A: altura da mãe, em centímetro

Será que os únicos fatores determinantes da altura de uma pessoa são a altura de seu pai e de sua mãe?

ATITUDES PARA A VIDA

- Pensar e comunicar-se com clareza.
- Pensar de maneira interdependente.
- Controlar a impulsividade.

PARA RESPONDER

1. Aplicando a fórmula do dr. Tanner, calcule a altura prevista para um bebê do sexo feminino cujo pai tem 1,85 m de altura e a mãe, 1,56 m. Com os mesmos dados e recorrendo à mesma fórmula, calcule a altura prevista para um bebê do sexo masculino.

2. Se fórmulas como essa fossem válidas, todos os irmãos do mesmo sexo deveriam ter a mesma altura. Isso acontece na realidade? Justifique sua resposta.

3. Que fatores podem influenciar o crescimento de uma pessoa?

4. Usando a fórmula do dr. Tanner, calcule sua provável altura na fase adulta.

UNIDADE 10
EQUAÇÕES E SISTEMAS DE EQUAÇÕES

1 EQUAÇÃO FRACIONÁRIA COM UMA INCÓGNITA

Acompanhe a situação.

Sozinha, Ana faz uma receita de bombons em 3 horas. Quando sua irmã Márcia a ajuda, essa mesma receita fica pronta em 2 horas. Quanto tempo, em hora, Márcia gastaria para fazer essa receita sozinha?

Faremos a seguir algumas considerações sobre essa situação.

- Se Ana leva 3 horas para fazer toda a receita, em 1 hora ela faz $\frac{1}{3}$ da receita e, em 2 horas, faz $\frac{2}{3}$ da receita.
- Se representarmos por t o tempo, em hora, que Márcia leva para fazer toda a receita de bombons, em 1 hora ela faz $\frac{1}{t}$ da receita e, em 2 horas, faz $\frac{2}{t}$ da receita.
- Sabemos que, juntas, as irmãs levam 2 horas para fazer toda a receita de bombons. Então, podemos escrever a seguinte equação:

$$\underbrace{\left(\frac{2}{3}\right)}_{\text{fração da receita feita por Ana em 2 horas}} + \underbrace{\left(\frac{2}{t}\right)}_{\text{fração da receita feita por Márcia em 2 horas}} = \underbrace{1}_{\text{1 receita}}$$

Observe que nessa equação aparece uma fração algébrica $\left(\frac{2}{t}\right)$.

> Toda equação em que pelo menos um dos termos é uma fração algébrica é denominada **equação fracionária**.

No decorrer desta unidade, você aprenderá a resolver equações fracionárias. Assim, poderá então solucionar o problema da receita de bombons.

EXEMPLOS

São equações fracionárias:

a) $\dfrac{1}{3+b} - \dfrac{1}{b} = 6$ b) $\dfrac{x+2}{2} + 15 = \dfrac{3}{x}$ c) $y^{-1} - 7 = 8$

Não são equações fracionárias:

a) $\dfrac{5}{7} + x = \dfrac{y}{3}$ b) $\dfrac{2}{\sqrt{5}} = \dfrac{m}{1+\sqrt{2}}$ c) $9 - \dfrac{x+4}{2} = 0$

CONJUNTO UNIVERSO DE UMA EQUAÇÃO FRACIONÁRIA

Por convenção, estabelecemos que o conjunto universo de uma equação, se não houver indicação em contrário, é o conjunto dos números reais ($\mathbb{R}$). Para as equações fracionárias, devemos excluir de $\mathbb{R}$ os números que anulam seus denominadores.

Na equação $\dfrac{16{,}90}{x} = \dfrac{19{,}60}{x + 0{,}27}$, o valor de x não pode ser zero nem $-0{,}27$.

Veja, por exemplo, como determinar o conjunto universo da equação:

$$\frac{1}{x^2 + 6x + 9} - \frac{1}{x^2 - 25} = 0$$

Condições de existência:

- $\dfrac{1}{x^2 + 6x + 9}$ só está definida quando $x^2 + 6x + 9 = (x + 3)^2 \neq 0$, ou seja, $x \neq -3$;

- $\dfrac{1}{x^2 - 25}$ só está definida quando $x^2 - 25 = (x - 5)(x + 5) \neq 0$, ou seja, $x \neq 5$ e $x \neq -5$.

Portanto: $U = \mathbb{R} - \{-3, 5, -5\}$

RESOLUÇÃO DE UMA EQUAÇÃO FRACIONÁRIA

Resolver uma equação fracionária significa encontrar suas raízes, ou seja, os números do conjunto universo que, substituindo a(s) incógnita(s), tornam a igualdade verdadeira. Após verificar para quais valores a equação está definida, a resolução é parecida com a das equações já estudadas.

Veja como resolvemos a equação: $-\dfrac{2}{3} = \dfrac{-5}{x + 4} + \dfrac{1}{2}$

A equação só está definida para $x + 4 \neq 0$, isto é, para $x \neq -4$.

$-\dfrac{2}{3} = \dfrac{-5}{x + 4} + \dfrac{1}{2}$ — mmc$(3, x + 4, 2) = 6(x + 4)$

$\dfrac{-4(x + 4)}{6(x + 4)} = \dfrac{-30}{6(x + 4)} + \dfrac{3(x + 4)}{6(x + 4)}$ — Reduzimos todos os termos ao mesmo denominador.

$-4x - 16 = -30 + 3x + 12$ — Aplicamos o princípio multiplicativo e a propriedade distributiva.

$-7x = -2$ — Aplicamos o princípio aditivo.

$x = \dfrac{2}{7}$ — Aplicamos o princípio multiplicativo.

Portanto, a raiz da equação é $\dfrac{2}{7}$.

Veja outros exemplos.

a) Vamos resolver a equação $\dfrac{x^2 - 80x}{x^2 - 160x + 6.400} = \dfrac{3}{23}$

Condição de existência:

$x^2 - 160x + 6.400 = (x - 80)^2 \neq 0$, isto é, $x \neq 80$.

Logo, o conjunto universo dessa equação é $U = \mathbb{R} - \{80\}$.

Fatoramos os termos da fração para simplificá-la:

$\dfrac{x\cancel{(x - 80)}}{(x - 80)\cancel{(x - 80)}} = \dfrac{3}{23}$

$\dfrac{x}{x - 80} = \dfrac{3}{23}$ ——— mmc$(x - 80, 23) = 23(x - 80)$

$\dfrac{23x}{23(x - 80)} = \dfrac{3(x - 80)}{23(x - 80)}$ ——— Reduzimos todos os termos ao mesmo denominador.

$23x = 3x - 240$ ——— Aplicamos o princípio multiplicativo e a propriedade distributiva.

$20x = -240$ ——— Aplicamos o princípio aditivo.

$x = -12$ ——— Aplicamos o princípio multiplicativo.

Portanto, a raiz da equação é -12.

b) Vamos resolver a equação $\dfrac{1}{x + 1} = \dfrac{1}{x - 1}$, com $x \neq -1$ e $x \neq 1$.

O conjunto universo dessa equação é $U = \mathbb{R} - \{-1, +1\}$.

$\dfrac{1}{x + 1} = \dfrac{1}{x - 1}$ ——— mmc$(x + 1, x - 1) = (x + 1)(x - 1)$

$\dfrac{x - 1}{(x + 1)(x - 1)} = \dfrac{x + 1}{(x + 1)(x - 1)}$ ——— Reduzimos todos os termos ao mesmo denominador.

$x - x = 1 + 1$ ——— Aplicamos o princípio multiplicativo e o princípio aditivo.

$0x = 2$

Note que não existe número real que, multiplicado por zero, resulte em 2, isto é, não existe número real que torne a igualdade $0x = 2$ verdadeira. Logo, a equação dada não tem raiz.

Zero multiplicado por qualquer número é igual a zero.

ATIVIDADES

PRATIQUE

1. Identifique a equação fracionária.

a) $\dfrac{1}{4} = x$

b) $\dfrac{x}{\sqrt{4}} = 4$

c) $\dfrac{1}{x} = 4$

d) $\dfrac{1}{x^{-1}} = 4$

2. Para que valores de x a equação não está definida?

a) $\dfrac{5}{3x} = 6$

b) $\dfrac{2}{x + 3} - \dfrac{7}{4 - x} = 0$

3. Faça o que se pede.

a) Substitua x por -3 na equação fracionária $\dfrac{4}{x - 1} = \dfrac{5}{x - 2}$ e verifique se a igualdade se torna verdadeira.

b) Substitua y por 12 na equação fracionária $\dfrac{3}{y - 3} - \dfrac{1}{y - 3} = \dfrac{y}{y^2 - 9}$ e verifique se a igualdade se torna verdadeira.

4. Determine a solução das equações fracionárias.

a) $\dfrac{x+1}{x} = \dfrac{x+2}{x-1}$

b) $\dfrac{3}{x^2-1} + \dfrac{1}{x+1} = \dfrac{2}{x-1}$

c) $\dfrac{5}{x-3} - \dfrac{2}{x+3} = \dfrac{x}{x^2-9}$

d) $\dfrac{x-9}{x^2-4x} = \dfrac{2}{x} - \dfrac{2}{x-4}$

e) $1 - \dfrac{4+x}{x+2} = 6$

5. Para cada célula vazia do quadro, encontre o valor de *x*, se existir, para que torne verdadeira a igualdade entre a fração algébrica da linha e a fração algébrica da coluna correspondente.

=	$\dfrac{4}{3x+2^3}$	$\dfrac{5}{5(x+1)}$
$\dfrac{8}{2+2x}$		$-\dfrac{7}{2}$
$\dfrac{(-2)^2}{2x+11}$		

APLIQUE

6. Considere a situação descrita no início deste tópico (página 258) e descubra quantas horas Márcia demora para fazer sozinha uma receita de bombons.

7. Responda às questões.

a) Para qual valor de *x* a fração algébrica $\dfrac{4}{3x+1}$ é igual a -2?

b) Existe número real *x* de modo que as frações $\dfrac{2}{6x+7}$ e $\dfrac{1}{3x-1}$ sejam iguais?

c) Existe número real *x* de modo que as frações $\dfrac{-2}{2x-4}$ e $\dfrac{3}{6-3x}$ sejam iguais?

8. O colégio Nossa Pátria organizou uma excursão à praia com os alunos das turmas A e B do 8º ano.

a) Da turma A foram 30 alunos, e para eles a professora Marisa distribuiu igualmente 90 sanduíches de atum e de frango. Cada aluno ganhou 1 sanduíche de frango e *x* sanduíches de atum. Sabendo que isso pode ser representado pela equação fracionária $\dfrac{90}{1+x} = 30$, calcule a quantidade de sanduíches de atum entregue a cada aluno da turma A.

b) Para a turma B, a professora Maria Helena distribuiu igualmente 120 sanduíches. Cada aluno recebeu 3 sanduíches de frango e a mesma quantidade *x* de sanduíches de atum que foi entregue aos alunos da turma A. Descubra quantos alunos da turma B foram ao passeio.

c) Sabendo que o ônibus do colégio comportava no máximo 50 passageiros sentados, todos os alunos viajaram nesse mesmo ônibus com as duas professoras? Caso não tenha sido possível, quantos passageiros havia além do limite do ônibus?

2 EQUAÇÃO LITERAL DO 1º GRAU

Acompanhe a situação a seguir.

Na marcenaria de Joaquim, são feitas mesas com comprimento variável $2x$ cm. Entre duas das partes do tampo com mesmo comprimento, pode ser colocada uma tábua, que acrescenta ao comprimento das mesas um valor fixo de *a* cm.

Joaquim recebeu uma encomenda de uma mesa com comprimento máximo de 240 cm. Qual deve ser o valor de *x* para essa mesa?

Para saber o valor de *x*, Joaquim precisa resolver uma equação na incógnita *x*:

$$2x + a = 240$$

Note que nessa equação, além da incógnita *x*, há um termo (coeficiente) indicado por uma letra (*a*), ao qual chamaremos **parâmetro**.

Uma equação do 1º grau na incógnita *x* que apresenta termos ou coeficientes com outras letras (parâmetros) chama-se **equação literal**.

261

> **EXEMPLOS**
>
> **a)** $\dfrac{x}{a} = ax - 12 - x$ —— equação literal na incógnita x e parâmetro a
>
> Observe que essa equação só faz sentido se $a \neq 0$.
>
> **b)** $xm - ax = 2x - m^2$ —— equação literal na incógnita x e parâmetros a e m

Agora, vamos resolver o problema de Joaquim.

Suponha que ele use tábuas sobressalentes de 30 cm, isto é, que $a = 30$.

Então, a equação $2x + a = 240$ fica assim: $2x + 30 = 240$

Resolvendo a equação, obtemos $x = 105$, ou seja, cada parte do tampo terá 105 cm.

Observe que a raiz da equação depende do valor do parâmetro a.

Podemos resolver a equação considerando a um número conhecido. Como $2x + a = 240$, isolando a incógnita x obtemos: $x = \dfrac{240 - a}{2}$

Portanto, a **solução geral** da equação $2x + a = 240$ é $\dfrac{240 - a}{2}$.

RESOLUÇÃO DE UMA EQUAÇÃO LITERAL

Para resolver uma equação literal do 1º grau na incógnita x, procedemos de maneira parecida com a empregada na resolução de uma equação do 1º grau em que temos como parâmetro um número conhecido. Obtemos, assim, um valor para x em função do(s) parâmetro(s).

Veja como podemos resolver algumas equações literais.

a) $2x - 4t^2 = 8$

$2x - 4t^2 + 4t^2 = 8 + 4t^2$ —— Aplicamos o princípio aditivo.

$\dfrac{1}{2} \cdot 2x = \dfrac{1}{2} \cdot (8 + 4t^2)$ —— Aplicamos o princípio multiplicativo.

$x = \dfrac{\cancel{2} \cdot (4 + 2t^2)}{\cancel{2}}$ —— Simplificamos o 2º membro.

$x = 4 + 2t^2$

Logo, $4 + 2t^2$ é a solução geral da equação dada.

b) $ax + 4 = 3(-2b + x)$

$ax + 4 = -6b + 3x$ —— Aplicamos a propriedade distributiva.

$ax - 3x = -6b - 4$ —— Aplicamos o princípio aditivo.

$(a - 3)x = -6b - 4$ —— Fatoramos o 1º membro.

$\dfrac{1}{a-3} \cdot (a - 3)x = \dfrac{1}{a-3} \cdot (-6b - 4)$ —— Aplicamos o princípio multiplicativo, com $a \neq 3$.

$x = \dfrac{-6b - 4}{a - 3}$

Portanto, $\dfrac{-6b - 4}{a - 3}$, com $a \neq 3$, é a solução geral da equação.

c) $\dfrac{a}{x} = \dfrac{m-12}{x+27}$

Essa equação literal fracionária tem incógnita x e parâmetros a e m.
Condições de existência: $x \neq 0$ e $x + 27 \neq 0$, ou seja, $x \neq -27$.
Portanto, o conjunto universo dessa equação é $U = \mathbb{R} - \{-27, 0\}$.
Agora, vamos resolver essa equação.

$x(x+27) \cdot \dfrac{a}{x} = x(x+27) \cdot \dfrac{m-12}{x+27}$ —— Aplicamos o princípio multiplicativo, com $x \neq 0$ e $x \neq -27$.

$(x+27)a = x(m-12)$ —— Simplificamos ambos os membros.

$ax + 27a = mx - 12x$ —— Aplicamos a propriedade distributiva.

$ax - mx + 12x = -27a$ —— Aplicamos o princípio aditivo.

$(a - m + 12)x = -27a$ —— Fatoramos o 1º membro.

$x = \dfrac{27a}{m - 12 - a}$ —— Aplicamos o princípio multiplicativo, com $m - 12 - a \neq 0$.

Logo, $\dfrac{27a}{m-12-a}$, com $m - a \neq 12$, $\dfrac{27a}{m-12-a} \neq -27$ e $\dfrac{27a}{m-12-a} \neq 0$, é a solução geral da equação.

ATIVIDADES

PRATIQUE

1. Resolva as equações literais na incógnita x.

a) $x + a - b = 1$

b) $ax + b = 3$

c) $m(x-1) + n(x+1) = 0$

d) $\dfrac{x}{a} + \dfrac{x}{b} = 1$

e) $\dfrac{x+2}{a+1} - \dfrac{2x-1}{a-1} = \dfrac{a-2}{a^2-1}$

2. Associe cada equação na incógnita x à sua solução geral.

A) $6ax - 3a = 5ax - 4$

B) $(x+1)a = (x-1)(a+1)$

C) $ax - 3a^2 = x - a^2$

D) $6ax - 2a + 5x = 13ax + 2$

I) $\dfrac{2+2a}{5-7a}$, com $a \neq \dfrac{5}{7}$

II) $\dfrac{2a^2}{a-1}$, com $a \neq 1$

III) $\dfrac{3a-4}{a}$, com $a \neq 0$

IV) $2a + 1$

3. Para que valor de x a expressão $a(x-5) - (bx-2)$ é nula?

4. (Fesp-SP) Resolva a equação literal em x.

$\dfrac{x-1}{a+1} - \dfrac{x+1}{a-1} = \dfrac{2a+4}{a^2-1}$

APLIQUE

5. Dada a equação $a^2 x - 4x - 2 = a$ na incógnita x, determine a solução geral e resolva-a para:

a) $a = 1$;
b) $a = 3$;
c) $a = 4$;
d) $a = 0$;
e) $a = -2$;
f) $a = 2$.

6. Qual deve ser o valor de x para que o retângulo $ABCD$ seja um quadrado?

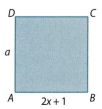

7. Observe as figuras e responda à questão.

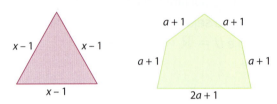

- Qual deve ser o valor de x para que o perímetro do triângulo seja igual ao perímetro do pentágono?

8. Para que valor de x as figuras de cada item têm o mesmo perímetro?

a)
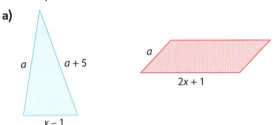

b)
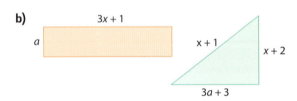

c)

9. Escreva uma equação na incógnita x e resolva-a. Em cada trapézio $ABCD$, $\overline{MN}$ é a base média.

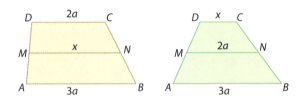

10. Escreva uma equação literal na incógnita x de modo que tenha como solução geral:

a) $a - 1$

b) $a + 1$

c) $\dfrac{a-1}{a}$, com $a \neq 0$

d) $\dfrac{1}{a-1}$, com $a \neq 1$

3 EQUAÇÃO DO 1º GRAU COM DUAS INCÓGNITAS

Analise as situações a seguir.

Situação 1

No mercado Ver-o-Peso, Benedito tem uma banca de camarão e Izabel, uma banca de farinhas. Veja os preços abaixo.

O camarão seco e a farinha branca são ingredientes típicos da cozinha paraense. O camarão seco é usado no preparo de um prato de origem indígena: o tacacá, um mingau feito da goma da mandioca com jambu (erva da região). Já a farinha branca é usada pura ou para engrossar o pirão que acompanha peixes.

Como podemos expressar o gasto de R$ 10,00 na compra de certa quantidade de farinha branca e de outro tanto de camarão por meio de uma sentença algébrica?

Representando por x e y, respectivamente, a quantidade de farinha branca e a quantidade de camarão, em quilograma, podemos escrever:

$$2{,}5x + 16y = 10$$

preço de x quilogramas de farinha branca ⟵ ⟶ preço de y quilogramas de camarão

Esse é um exemplo de **equação do 1º grau com duas incógnitas**.

Considerado uma das Sete Maravilhas Brasileiras e a maior feira ao ar livre da América Latina, o mercado Ver-o-Peso, em Belém (PA), apresenta uma exuberância de formas, cores, aromas e sabores exóticos.

Situação 2

Irineu comprou fios coloridos de 20 cm de comprimento para formar figuras retangulares. Se ele usou um fio inteiro para cada figura, que medidas os lados dessas figuras podem ter?

Veja alguns exemplos de figuras formadas por Irineu:

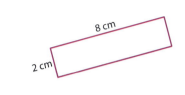
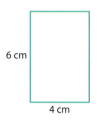
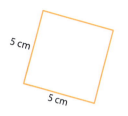

O perímetro de todas as figuras retangulares que Irineu pode formar é 20 cm; logo, o semiperímetro é 10 cm.

Representando por x e y, respectivamente, a largura e o comprimento em centímetro dessas figuras, podemos escrever $x + y = 10$.

Esse é outro exemplo de equação do 1º grau com duas incógnitas.

> **Equação do 1º grau com duas incógnitas**, x e y, é uma sentença matemática que pode ser reduzida a uma sentença do tipo $ax + by = c$, sendo a, b e c números reais, em que a e b são não nulos.

EXEMPLOS

São equações do 1º grau com duas incógnitas:

a) $\frac{1}{2}x - \sqrt{3}y = 4$

b) $1{,}65x + 22y = \sqrt{7}$

c) $8x + \frac{7}{2} = -\frac{y}{3}$

Não são equações do 1º grau com duas incógnitas:

a) $x^2 + y = 2$

b) $\sqrt{x} + y = 1$

c) $5x - (2y)^2 = 6$

Podemos atribuir valores numéricos reais à equação do 1º grau com duas incógnitas e verificar se eles satisfazem a equação.

Observe como Pedro verificou se o par ordenado $(1, -7)$ satisfaz a equação $3x - y = 10$.

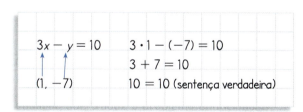

Os pares ordenados abaixo também satisfazem a equação $x + y = 10$.

a) $(1, 9)$
b) $(3{,}8;\ 6{,}2)$
c) $\left(\dfrac{13}{2}, \dfrac{7}{2}\right)$

Todos os pares ordenados que satisfazem a equação $x + y = 10$ são soluções dessa equação.

PARA PENSAR

A equação $x + y = 10$ tem infinitas soluções, mas a situação 2 descrita acima impõe algumas condições para os valores de x e de y. Você sabe quais são essas condições? Responda no caderno.

REPRESENTAÇÃO GRÁFICA DAS SOLUÇÕES

Já vimos que cada par ordenado (x, y), em que x e y são números reais, é representado por um único ponto P do plano cartesiano. Os números x (**abscissa** de P) e y (**ordenada** de P) são as **coordenadas** do ponto P.

Agora, consideremos a equação $x + y = 10$. Mas desta vez vamos desprezar a situação-problema que a originou, ampliando o significado de x e de y para além de medidas dos lados de um retângulo e, assim, superando as restrições aos valores das incógnitas. Vamos pensar em dois números reais quaisquer cuja soma seja 10.

É possível representar no plano cartesiano as soluções (pares ordenados) da equação $x + y = 10$. Veja como Rubens fez:

Algumas soluções da equação $x + y = 10$			
Valor atribuído a x	Equação em y	Valor de y	Par ordenado (x, y)
-1	$-1 + y = 10$	11	$(-1, 11)$
5	$5 + y = 10$	5	$(5, 5)$
7	$7 + y = 10$	3	$(7, 3)$
12	$12 + y = 10$	-2	$(12, -2)$

O matemático e filósofo francês René Descartes (1596-1650) foi o primeiro a usar o método de representação de coordenadas como o conhecemos hoje. O sistema de coordenadas cartesianas recebeu esse nome em sua homenagem.

Atribuí alguns valores a x, calculei os correspondentes valores de y e organizei os dados em um quadro. Depois, localizei no plano cartesiano os pontos que representam os pares e tracei a reta que passa por eles.

Note que os pontos que representam os pares do quadro estão alinhados. Pode-se demonstrar que o conjunto de todas as soluções de $x + y = 10$, em que x e y são números reais, é representado por uma reta. O mesmo ocorre com o conjunto das soluções de qualquer equação do 1º grau com duas incógnitas.

O conjunto das soluções de uma equação do 1º grau com duas incógnitas pode ter nenhum, finitos ou infinitos elementos, dependendo da equação e do conjunto universo considerado.

PARA FAZER

- Determine as soluções da equação $x + y = 2$, sendo $U = \mathbb{Q}$.
- Agora, represente por meio de pares ordenados as soluções que você encontrou no item **a**. Compare sua resposta com a de um colega.

ATIVIDADES

PRATIQUE

1. Represente cada situação por uma equação.

a) O preço z reais de um lápis somado com o preço y reais de uma borracha é R$ 3,00.

z reais

y reais

b) Diva tem x CDs, e Reginaldo tem y CDs. A diferença entre o triplo da quantidade de CDs de Diva e o dobro da quantidade de CDs de Reginaldo é 14.

2. Analise as equações e identifique qual delas é uma equação do 1º grau com duas incógnitas.

a) $4xy = 15$
b) $2x - y^3 = 7$
c) $2.008 = x - y$
d) $x + 4y = z$
e) $x + 3 = 8$
f) $2x + x^2 = 10$

3. Verifique se o par $(4, -1)$ é solução das equações a seguir.

a) $x + 4y = 15$
b) $x - 4y = 0$
c) $4x - 4y = 12$
d) $4x + y = 15$
e) $3x + 2y = -10$
f) $2x + \dfrac{y}{2} = 7{,}5$

4. Faça o que se pede.

a) Determine duas soluções para a equação $2x - y = \dfrac{1}{2}$.

b) Invente uma equação do 1º grau com duas incógnitas que tenha como solução os números -3 e 12.

APLIQUE

5. Faça um plano cartesiano em uma folha de papel quadriculado e localize os pontos representados pelos pares ordenados: $A(3, -1)$, $B(0, 5)$, $C(4, -3)$, $D(7, -1)$ e $E(1, 3)$. Depois, verifique se esses pontos pertencem a uma mesma reta.

6. Escreva no caderno uma equação do 1º grau com duas incógnitas que tenha como uma solução o par ordenado abaixo.

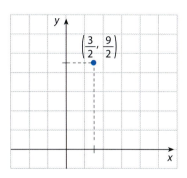

7. Entre as representações gráficas a seguir, qual corresponde às soluções da equação $2x - y = 4$, em que x e y são números reais?

a)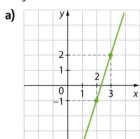

c)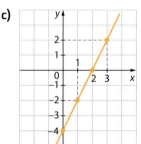

b)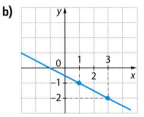

Pensar e comunicar-se com clareza

- Explique para um colega como você pensou para encontrar a solução.

8. Leia e faça o que se pede.

a) Um par ordenado cuja abscissa vale 3 é solução da equação $3x - 4y = 7$. Determine a ordenada desse par ordenado.

b) Uma das soluções da equação $2x - y = 5$ é o par ordenado cuja ordenada vale -5. Determine a abscissa desse par ordenado.

9. Represente em um mesmo plano cartesiano as soluções de cada uma das equações e depois responda à questão.

(I) $x + y = 5$ (II) $y = 3x - 3$

- Qual par ordenado é solução das duas equações?

4 SISTEMAS DE DUAS EQUAÇÕES DO 1º GRAU COM DUAS INCÓGNITAS

Analise as situações a seguir.

Situação 1

Leia o diálogo ao lado.

Vamos escrever equações que representam a situação descrita.

Considerando x a quantidade de figurinhas de Jorge e y a quantidade de figurinhas de Luísa, temos:

- Jorge e Luísa têm, juntos, 52 figurinhas. ⟶ $x + y = 52$
- A diferença entre o número de figurinhas dos dois é 12. ⟶ $x - y = 12$

Essas equações formam um **sistema de duas equações do 1º grau com duas incógnitas**.

Costumamos dispor as equações de um sistema em uma chave.

$$\begin{cases} x + y = 52 \\ x - y = 12 \end{cases}$$ x e y são números naturais.

Situação 2

Em um parque de diversões há dois preços para a entrada:

- Criança (até 12 anos) ⟶ R$ 18,00
- Adulto ⟶ R$ 25,00

Joana e seu marido levaram os filhos e alguns amigos a esse parque. No total, compraram 5 ingressos e gastaram R$ 111,00.

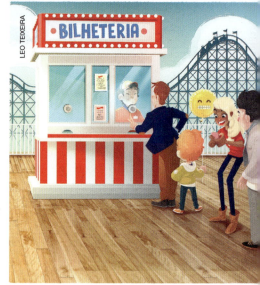

Esse problema pode ser traduzido para a linguagem algébrica. Ao considerar x o número de adultos e y o número de crianças, temos:

Informação do enunciado	Linguagem algébrica
"compraram 5 ingressos"	$x + y = 5$
"gastaram R$ 111,00"	$25x + 18y = 111$

Nesse caso, podemos também montar um sistema de equações, considerando que x e y são números naturais.

$$\begin{cases} x + y = 5 \\ 25x + 18y = 111 \end{cases}$$

Assim como as equações do 1º grau com duas incógnitas, o sistema de equações do 1º grau com duas incógnitas pode ter nenhuma, uma ou infinitas soluções. Se tiver solução, cada uma das soluções será um **par ordenado** (x, y).

A seguir, vamos estudar métodos de resolução de sistemas de equações do 1º grau com duas incógnitas.

OBSERVAÇÃO

Nas situações apresentadas, cada uma das equações do sistema tem mais de uma solução, mas o sistema formado por essas duas equações tem apenas **uma solução**.

RESOLUÇÃO DE UM SISTEMA DE DUAS EQUAÇÕES DO 1º GRAU COM DUAS INCÓGNITAS POR TENTATIVA E ERRO

No jogo de basquete, há cestas que valem 3 e 2 pontos. Durante uma partida, Robson converteu 10 cestas e marcou 22 pontos. Quantas cestas de 3 pontos e quantas de 2 pontos Robson converteu nessa partida? Chamando de x a quantidade de cestas de 3 pontos e de y a quantidade de cestas de 2 pontos, podemos expressar a situação do problema por meio de um sistema de equações do 1º grau com duas incógnitas. Assim:

- Robson converteu 10 cestas: $x + y = 10$
- Robson marcou 22 pontos: $3x + 2y = 22$

Ou em forma de sistema: $\begin{cases} x + y = 10 \\ 3x + 2y = 22 \end{cases}$

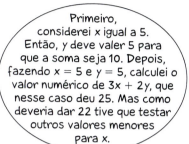

Primeiro, considerei x igual a 5. Então, y deve valer 5 para que a soma seja 10. Depois, fazendo x = 5 e y = 5, calculei o valor numérico de 3x + 2y, que nesse caso deu 25. Mas como deveria dar 22 tive que testar outros valores menores para x.

Para encontrar as soluções desse sistema, Fernando usou o **método de tentativa e erro**, ou seja, testou alguns valores para x e para y e verificou se as soluções encontradas estavam de acordo com os dados do problema.

Soma $x + y$	Valor atribuído a x	Valor de y	Valor de $3x + 2y$
10	5	5	$3 \cdot 5 + 2 \cdot 5 = 25$
10	4	6	$3 \cdot 4 + 2 \cdot 6 = 24$
10	3	7	$3 \cdot 3 + 2 \cdot 7 = 23$
10	2	8	$3 \cdot 2 + 2 \cdot 8 = 22$

Portanto, Robson converteu 2 cestas de 3 pontos e 8 cestas de 2 pontos.

RESOLUÇÃO DE UM SISTEMA DE DUAS EQUAÇÕES DO 1º GRAU COM DUAS INCÓGNITAS PELO MÉTODO DA SUBSTITUIÇÃO

Vamos ver agora outro método para obter a solução de um sistema de equações do 1º grau com duas incógnitas: o **método da substituição**.

Na semana passada, Augusto completou 46 anos de idade. Ele é pai de Clara e de Mateus. Observe ao lado o que as crianças disseram a respeito da idade de cada um.

O triplo da idade de Clara mais o dobro da minha idade corresponde à idade do nosso pai.

A soma da minha idade com a idade de Mateus é 18 anos.

Qual é a idade dos filhos de Augusto?

Considerando c a idade de Clara e m a idade de Mateus, o sistema a ser resolvido é:

$$\begin{cases} c + m = 18 \\ 3c + 2m = 46 \end{cases}$$

Na primeira equação, $c + m = 18$, isolamos uma das incógnitas:

$c + m - m = 18 - m$ ⎯⎯⎯ Aplicamos o princípio aditivo da igualdade

$c = 18 - m$

Substituindo na segunda equação do sistema a expressão encontrada para c, temos:

$$3c + 2m = 46$$

(com $c = 18 - m$)

$$3 \cdot (18 - m) + 2m = 46$$
$$54 - 3m + 2m = 46$$
$$-m = 46 - 54$$
$$-m = -8$$
$$m = 8$$

Agora, substituímos o valor obtido para m em uma das equações do sistema, para encontrar o valor de c.

$$c + m = 18$$

(com $m = 8$)

$$c + 8 = 18$$
$$c = 10$$

Logo, a solução do sistema é $c = 10$ e $m = 8$.

Portanto, Clara tem 10 anos e Mateus, 8 anos.

OBSERVAÇÃO

Ao resolver um sistema, podemos fazer mentalmente a verificação da solução obtida.

Veja o cálculo para verificar a solução obtida para o sistema da situação acima.

Solução obtida
$c = 10$ e $m = 8$

Sistema
$$\begin{cases} c + m = 18 \\ 3c + 2m = 46 \end{cases}$$

Verificação
$$\begin{cases} 10 + 8 = 18 \quad (V) \\ 3 \cdot 10 + 2 \cdot 8 = 46 \quad (V) \end{cases}$$

Agora, veja como Lúcia resolveu um outro sistema:

$$\begin{cases} 3x + 2y = 9 \\ 2x + 3y = 16 \end{cases}$$

Lúcia escolheu uma das equações para isolar uma das incógnitas. Ela isolou x na 1ª equação.

$$3x + 2y = 9$$
$$3x = 9 - 2y$$
$$x = \frac{9 - 2y}{3}$$

Então chamou essa equação de (I).

$$x = \frac{9 - 2y}{3} \quad (I)$$

Em seguida, na outra equação, ela substituiu x por $\frac{9 - 2y}{3}$ e, assim, obteve uma equação com apenas uma incógnita.

$$2x + 3y = 16$$
$$2 \cdot \frac{9 - 2y}{3} + 3y = 16$$
$$\frac{18 - 4y}{3} + 3y = 16$$
$$\frac{18 - 4y}{3} + \frac{9y}{3} = \frac{48}{3}$$
$$18 - 4y + 9y = 48$$
$$5y = 48 - 18$$
$$y = \frac{30}{5}$$
$$y = 6$$

> Para resolver esse sistema, eu usei o **método da substituição**, isto é, substituí uma das incógnitas, em uma das equações, por uma expressão que obtive da outra equação, que continha a outra incógnita.

Desse modo, Lúcia determinou o valor numérico da incógnita y.

Depois, ela substituiu y por 6 na equação (I) e obteve o valor de x.

$$x = \frac{9 - 2y}{3}$$
$$x = \frac{9 - 2 \cdot 6}{3}$$
$$x = \frac{-3}{3}$$
$$x = -1$$

Logo, o par ordenado $(-1, 6)$ é a solução do sistema.

PARA PENSAR

- Você conhece uma maneira de verificar se a solução obtida por Lúcia está correta? Explique no caderno.
- Há outras maneiras de resolver o sistema anterior? Será que Lúcia chegaria ao mesmo resultado se tivesse escolhido a 2ª equação para isolar uma das incógnitas? Tente resolver o sistema anterior de outra maneira.

RESOLUÇÃO DE UM SISTEMA DE DUAS EQUAÇÕES DO 1º GRAU COM DUAS INCÓGNITAS PELO MÉTODO DA ADIÇÃO

Outro método para resolver sistemas de equações do 1º grau com duas incógnitas é o **método da adição**. Analise a situação a seguir.

Na compra de 3 mangas e 2 melões, Adriana gastou 14 reais. Observando o preço dessas frutas, ela percebeu que não havia diferença entre o custo de 4 mangas e o de 2 melões. Qual é o preço de cada fruta?

Representando por x o preço da manga e por y o preço do melão, podemos escrever o seguinte sistema de equações:

$$\begin{cases} 3x + 2y = 14 \\ 4x - 2y = 0 \end{cases}$$

Nesse sistema, como há incógnita (y) com coeficientes opostos, adicionamos membro a membro as equações e obtemos uma equação com apenas a incógnita x. Resolvendo-a, obtemos o valor de x.

$$\begin{array}{r} 3x + 2y = 14 \\ +\quad 4x - 2y = 0 \\ \hline 7x + 0y = 14 \\ 7x = 14 \\ x = \dfrac{14}{7} \\ x = 2 \end{array}$$

Em seguida, substituímos x por 2 em uma das equações do sistema.

1ª equação:
$3x + 2y = 14$
$3 \cdot 2 + 2y = 14$
$6 + 2y = 14$
$2y = 14 - 6$
$y = 4$

ou

2ª equação:
$4x - 2y = 0$
$4 \cdot 2 - 2y = 0$
$8 - 2y = 0$
$y = 4$

Portanto, a manga custa 2 reais e o melão, 4 reais.

Veja como Guilherme resolveu um outro sistema:

$$\begin{cases} x + 2y = 10 \\ 2x - y = 0 \end{cases}$$

Ao multiplicar a 2ª equação por 2, ele obtive coeficientes opostos para y. Veja:

$$\begin{cases} x + 2y = 10 \\ 2x - y = 0 \end{cases} \xrightarrow{\cdot 2} \begin{cases} x + 2y = 10 \\ 4x - 2y = 0 \end{cases}$$

Adicionando membro a membro as duas equações, Guilherme obteve:

$$\begin{array}{r} x + 2y = 10 \\ +\ 4x - 2y = 0 \\ \hline 5x + 0y = 10 \end{array} \qquad \begin{array}{c} 5x = 10 \\ \dfrac{5x}{5} = \dfrac{10}{5} \\ x = 2 \end{array}$$

Em seguida, substituiu x por 2 em uma das equações do sistema.

$$2x - y = 0$$
$$2 \cdot 2 - y = 0$$
$$4 - y = 0$$
$$-y = -4$$
$$y = 4$$

Logo, o par ordenado (2, 4) é a solução do sistema.

Faça no caderno a verificação da solução obtida por Guilherme.

Para aplicar o **método da adição**, tive de preparar uma das equações, multiplicando-a por um número de modo que as equações tivessem coeficientes opostos para uma das incógnitas.

Agora, observe como Guilherme resolveu esse outro sistema:

$$\begin{cases} 3x + 2y = 2 \\ -5x - 3y = 22 \end{cases}$$

Ao multiplicar a 1ª equação por 5 e a 2ª por 3, ele obteve coeficientes opostos para x. Veja:

$$\begin{cases} 3x + 2y = 2 \\ -5x + 3y = 22 \end{cases} \xrightarrow[\cdot 3]{\cdot 5} \begin{cases} 15x + 10y = 10 \\ -15x + 9y = 66 \end{cases}$$

Adicionando membro a membro as duas equações, Guilherme obteve:

$$\begin{array}{r} 15x + 10y = 10 \\ +\ -15x + 9y = 66 \\ \hline 0x + 19y = 76 \end{array} \qquad \begin{array}{c} 19y = 76 \\ y = \dfrac{76}{19} \\ y = 4 \end{array}$$

Depois, substituiu y por 4 em uma das equações do sistema.

$$3x + 2y = 2$$
$$3x + 2 \cdot 4 = 2$$
$$3x + 8 = 2$$
$$3x = 2 - 8$$
$$3x = -6$$
$$\dfrac{3x}{3} = -\dfrac{6}{3}$$
$$x = -2$$

Logo, o par $(-2, 4)$ é a solução do sistema.

Nesse caso, tive que preparar ambas as equações. Para isso, multipliquei cada uma por números convenientes antes de adicioná-las.

PARA PENSAR

Podemos preparar o sistema $\begin{cases} 3x + 2y = 2 \\ -5x - 3y = 22 \end{cases}$ de modo que obtenhamos duas novas equações, com coeficientes de y opostos. Para isso, por qual número podemos multiplicar a 1ª equação? E a 2ª equação?

Resolução de um sistema de duas equações do 1º grau com duas incógnitas pelo método da adição

O professor solicitou a seus alunos que resolvessem o sistema: $\begin{cases} 4x + y = 12 \\ 3x + y = 10 \end{cases}$

Veja como Maria e Luís fizeram.

Estratégia de Maria

$$4x + y = 12$$
$$+\ 3x + y = 10$$
$$\overline{\quad 7x \quad\quad = 22}$$
$$x = \frac{22}{7}$$

Substituí x por $\frac{22}{7}$ em $4x + y = 12$.

$$4 \cdot \frac{22}{7} + y = 12$$
$$\frac{88}{7} + y = 12$$
$$y = 12 - \frac{88}{7}$$
$$y = -\frac{4}{7}$$

Logo, o par ordenado $\left(\frac{22}{7}, -\frac{4}{7}\right)$ é a solução do sistema.

Estratégia de Luiz

$\begin{cases} 4x + y = 12 \\ 3x + y = 10 \end{cases} \cdot (-1) \longrightarrow \begin{cases} 4x + y = 12 \\ -3x - y = -10 \end{cases}$

Adicionei membro a membro as duas equações:

$$4x + y = 12$$
$$+\ -3x - y = -10$$
$$\overline{\quad x + 0y = 2}$$
$$x = 2$$

Substituí x por 2 em $4x + y = 12$

$$4 \cdot 2 + y = 12$$
$$8 + y = 12$$
$$y = 12 - 8$$
$$y = 4$$

Logo, o par ordenado $(2, 4)$ é a solução do sistema.

REFLITA

- O que há de parecido e de diferente nas estratégias de Maria e Luiz?
- Qual deles **não** obteve o resultado correto do sistema $\begin{cases} 4x + y = 12 \\ 3x + y = 10 \end{cases}$? Como você sabe?

DISCUTA E CONCLUA

Reúna-se com um colega e façam o que se pede.

- Verifiquem se a solução obtida por Maria está correta.

Façam a substituição de x por $\frac{22}{7}$ e y por $-\frac{4}{7}$ na primeira equação.	Façam a substituição de x por $\frac{22}{7}$ e y por $-\frac{4}{7}$ na segunda equação.

- O que vocês concluíram?
- Verifiquem se a solução obtida por Luiz está correta.

Façam a substituição de x por 2 e y por 4 na primeira equação.	Façam a substituição de x por 2 e y por 4 na segunda equação.

- O que vocês concluíram?
- Que cuidados devemos tomar quando resolvemos um sistema de equações do 1º grau com duas incógnitas pelo método da adição?
- Volte ao *Reflita* e veja se você mudaria a resposta dada.

ATIVIDADES

PRATIQUE

1. Determine a solução dos sistemas aplicando os métodos da substituição e da adição.

   a) $\begin{cases} x + 6y = 5 \\ 2x - 3y = 5 \end{cases}$ d) $\begin{cases} 3x + 5y = 11 \\ 4x - 5y = 38 \end{cases}$

   b) $\begin{cases} 6x + y = 5 \\ -3x + 2y = 5 \end{cases}$ e) $\begin{cases} 7x - 3y = 12 \\ 2x + 3y = 10 \end{cases}$

   c) $\begin{cases} 5x + y = 8 \\ 3x - y = 12 \end{cases}$

APLIQUE

2. Hoje, Fábio tem o triplo da idade de Lucas e, daqui a 12 anos, terá o dobro da idade dele.

   Fábio e Lucas (hoje) Fábio e Lucas (daqui a 12 anos)

   Indicando por *x* a idade atual de Fábio e por *y* a idade atual de Lucas:

   a) escreva a relação entre as idades atuais deles;
   b) escreva as idades de ambos daqui a 12 anos;
   c) escreva a relação entre as idades daqui a 12 anos;
   d) resolva o sistema formado pelas equações dos itens **a** e **c** e descubra as idades deles.

3. Leia o problema, monte o sistema e resolva-o.

   Em um escritório trabalham 33 funcionários, entre homens e mulheres. Se forem demitidos 3 homens e admitidas 4 mulheres, o número de homens e de mulheres será igual. Quantas mulheres trabalham nesse escritório?

   • Depois de resolver o problema, retome o enunciado e verifique se a resposta encontrada faz sentido.

4. O quadro a seguir mostra informações de um torneio de vôlei em que a equipe vencedora da partida ganha 3 pontos e a equipe perdedora, 1 ponto.

Equipe	Azul
Partidas	14
Pontos	32

   • Quantas partidas a equipe Azul ganhou e quantas perdeu?

5. Ana fez uma prova com 50 questões. Para cada questão correta, ela ganhava 5 pontos; para cada errada, perdia 3 pontos. Se Ana fez um total de 130 pontos, quantas questões ela acertou?

6. O perímetro de um retângulo é igual a 32 cm, e a largura é 4 cm menor que o comprimento. Determine a área desse retângulo.

7. A soma dos valores de dois algarismos de um número é igual a 13. Adicionando 27 a esse número, obtém-se o mesmo número escrito em ordem inversa. Qual é esse número?

8. Sabendo que o triângulo representado ao lado tem perímetro de 29 cm e que $x = \frac{3}{4}y$, determine a medida de cada lado desse triângulo.

   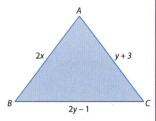

ANÁLISE DA SOLUÇÃO POR MEIO DA REPRESENTAÇÃO GRÁFICA

Já vimos que as soluções de uma equação do $1°$ grau com duas incógnitas, x e y, do tipo $ax + by = 0$, em que a e b são números reais conhecidos (coeficientes) e a e b são não nulos, podem ser representadas por uma reta.

Agora, vamos analisar graficamente a solução de alguns sistemas em que x e y são números reais.

a) Vamos analisar graficamente a solução do sistema $\begin{cases} x - y = 2 \\ 2x + y = 13 \end{cases}$

> **RECORDE**
>
> Duas retas no plano podem ser:
> - concorrentes, quando possuem apenas um ponto em comum;
> - paralelas, quando não possuem pontos comuns;
> - coincidentes, quando possuem infinitos pontos comuns.

Resolvendo esse sistema por qualquer um dos métodos estudados, obtemos como solução o par ordenado (5, 3). Podemos verificar graficamente essa solução. Para isso, é necessário traçar em um mesmo plano cartesiano as duas retas que representam as soluções das equações do sistema.

Lembrando que, para traçar uma reta, basta conhecer dois de seus pontos, atribuímos dois valores a uma das incógnitas e calculamos os valores correspondentes da outra, obtendo, assim, pares ordenados que são coordenadas de dois dos pontos de cada reta.

$x - y = 2$		
x	y	(x, y)
3	1	(3, 1)
4	2	(4, 2)

$2x + y = 13$		
x	y	(x, y)
3	7	(3, 7)
4	5	(4, 5)

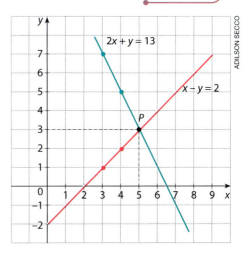

Observe que no plano cartesiano ao lado localizamos os quatro pontos obtidos e, depois, traçamos as retas correspondentes. Como o ponto P, e só ele, pertence às duas retas, suas coordenadas satisfazem as duas equações; logo, podemos verificar que o par ordenado (5, 3), intersecção das duas retas, é a solução do sistema. Esse é um exemplo de sistema **possível** e **determinado**.

> Um sistema é **possível** e **determinado** quando tem uma **única solução**. As retas que representam as soluções das equações de um sistema possível e determinado são concorrentes, interceptam-se em um único ponto.

Representações gráficas de equações do 1º grau

Assista ao vídeo e aprenda mais sobre representações gráficas de equações do 1º grau.

b) Observe como representamos graficamente o sistema $\begin{cases} x + y = 3 \\ x + y = 0 \end{cases}$

Atribuindo valores a uma das incógnitas e calculando os valores correspondentes da outra, determinamos as coordenadas de dois pontos de cada reta.

$x + y = 3$		
x	y	(x, y)
0	3	(0, 3)
3	0	(3, 0)

$x + y = 0$		
x	y	(x, y)
0	0	(0, 0)
1	−1	(1, −1)

Localizamos no plano cartesiano os pontos obtidos e traçamos as retas.

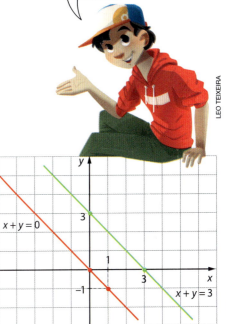

Se o sistema tivesse solução, existiriam dois números cuja soma seria igual a 3 e também a zero, o que é um absurdo.

Como as retas são paralelas, não há ponto cujas coordenadas satisfaçam as duas equações. Logo, o sistema não tem solução. Esse é um exemplo de sistema **impossível**.

> Um sistema é **impossível** quando **não tem solução**. As retas que representam as soluções das equações de um sistema impossível são distintas e paralelas, não têm ponto comum.

c) Agora, veja a representação gráfica do sistema $\begin{cases} x + 2y = 1 \\ 2x + 4y = 2 \end{cases}$

Atribuindo valores a uma das incógnitas e calculando os valores correspondentes da outra, determinamos as coordenadas de dois pontos de cada reta.

x + 2y = 1		
x	y	(x, y)
0	$\frac{1}{2}$	$\left(0, \frac{1}{2}\right)$
1	0	(1, 0)

2x + 4y = 2		
x	y	(x, y)
3	−1	(3, −1)
1	0	(1, 0)

Localizamos no plano cartesiano os dois pontos de cada reta e, assim, observamos que as retas são coincidentes:

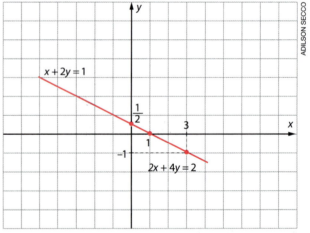

Todo par ordenado que satisfaz a 1ª equação também satisfaz a 2ª.

Como as retas são coincidentes, elas têm infinitos pontos comuns. Logo, o sistema tem infinitas soluções. Esse é um exemplo de sistema **possível** e **indeterminado**.

> Um sistema é **possível** e **indeterminado** quando tem **infinitas soluções**. As retas que representam as soluções das equações de um sistema possível e indeterminado são coincidentes.

Observando as equações, percebemos que, ao multiplicar cada termo da primeira equação por 2, obtemos a segunda equação. Assim, as equações são equivalentes, isto é, têm as mesmas soluções.

Organize o que você aprendeu fazendo a atividade 1 da página 310.

INFORMÁTICA E MATEMÁTICA

Análise da solução de sistemas de equações do 1º grau com duas incógnitas por meio da representação gráfica

Nesta seção você vai utilizar um *software* de construção de gráficos para representar graficamente as soluções de uma equação do tipo $ax + by = c$. Além disso, você vai utilizar esse *software* para analisar quando um sistema possui uma, infinitas ou nenhuma solução.

A imagem abaixo é da tela inicial de um *software* de construção de gráficos.

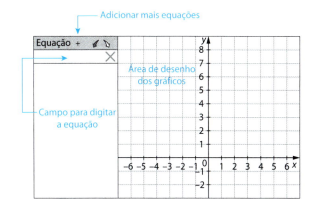

CONSTRUA

Para obter a representação gráfica das soluções de uma equação do tipo $ax + by = c$, basta digitarmos a equação no campo apropriado.

1º) Construa a representação gráfica das soluções da equação $x + 2y = 2$.

2º) Construa a representação gráfica das soluções da equação $2x - y = 4$.

- O sistema $\begin{cases} x + 2y = 2 \\ 2x - y = 4 \end{cases}$ é possível e determinado, possível e indeterminado ou impossível? Por quê?

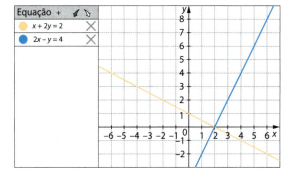

3º) Construa a representação gráfica das soluções da equação $x + y = 3$.

4º) Construa a representação gráfica das soluções da equação $x + y = 0$.

- O sistema $\begin{cases} x + y = 3 \\ x + y = 0 \end{cases}$ é possível e determinado, possível e indeterminado ou impossível? Por quê?

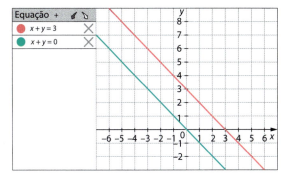

INVESTIGUE

- Movimente as retas construídas anteriormente para que as equações de ambas formem um sistema possível e indeterminado. Como ficaram essas retas após movimentá-las?

ATIVIDADES

PRATIQUE

1. Represente graficamente cada sistema, em que x e y são números reais.

a) $\begin{cases} x + y = 2 \\ 2x - y = 4 \end{cases}$
c) $\begin{cases} x - 2y = 3 \\ 2x + y = 6 \end{cases}$

b) $\begin{cases} x - y = 2 \\ x - y = -1 \end{cases}$
d) $\begin{cases} x - y = 0 \\ -x + y = -3 \end{cases}$

2. (Saresp) O gráfico abaixo representa o sistema:

$\begin{cases} x + y = 4 \ (r) \\ x - y = 2 \ (s) \end{cases}$

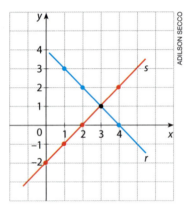

O par ordenado (x, y) que satisfaz o sistema é:

a) $(4, 0)$.   c) $(2, 2)$.
b) $(3, 1)$.   d) $(2, 0)$.

3. Considerando um sistema de duas equações do 1º grau com duas incógnitas, classifique em V (verdadeira) ou F (falsa).

a) O sistema cuja solução são retas concorrentes chama-se sistema indeterminado.

b) O sistema impossível tem uma única solução.

c) Denominamos sistema indeterminado o sistema cuja representação gráfica são retas coincidentes.

4. Classifique cada sistema em possível e determinado, possível e indeterminado ou impossível.

a) $\begin{cases} x - y = 5 \\ x - y = 0 \end{cases}$
c) $\begin{cases} 2x + 3y = 1 \\ 8x + 12y = 4 \end{cases}$

b) $\begin{cases} x + y = 5 \\ -2x + 5y = 10 \end{cases}$
d) $\begin{cases} \frac{1}{3}x + y = 3 \\ x + \frac{1}{4}y = 1 \end{cases}$

APLIQUE

R1. Resolva o sistema de equações fracionárias:

$\begin{cases} \dfrac{x+5}{y} = 1 \\ \dfrac{2}{1-y} = \dfrac{1}{1+x} \end{cases}$

Resolução

Inicialmente, vamos estabelecer as condições de existência:

Na 1ª equação: $y \neq 0$

Na 2ª equação: $1 - y \neq 0$ ou $y \neq 1$

$1 + x \neq 0$ ou $x \neq -1$

Multiplicando a 1ª equação por y e a 2ª equação por $(1 - y)$ e por $(1 + x)$, temos:

$\begin{cases} \dfrac{x+5}{\cancel{y}} \cdot \cancel{y} = 1 \cdot y \\ \dfrac{2}{1-\cancel{y}} \cdot \cancel{(1-y)} \cdot (1+x) = \dfrac{1}{1+\cancel{x}} \cdot (1-y) \cdot \cancel{(1+x)} \end{cases} \Rightarrow$

$\Rightarrow \begin{cases} x + 5 = y \\ 2 \cdot (1+x) = 1 \cdot (1-y) \end{cases} \Rightarrow \begin{cases} x - y = -5 \\ 2x + y = -1 \end{cases}$

Somando membro a membro as equações, temos:

$3x = -6$, ou seja, $x = -2$

Substituindo x por -2 na primeira equação, temos: $-2 - y = -5$, então $y = 3$.

Portanto, o par ordenado $(-2, 3)$ é a solução do sistema.

5. Resolva os sistemas de equações fracionárias.

a) $\begin{cases} \dfrac{1}{x+y} = 6 \\ 2x + y = 0 \end{cases}$
b) $\begin{cases} \dfrac{x+2}{y+2} = \dfrac{1}{3} \\ \dfrac{2x-1}{3y} = -1 \end{cases}$

6. Sem resolver, explique por que o sistema abaixo é um sistema possível e indeterminado.

$\begin{cases} 2x + y = 8 \\ 6x + 3y = 24 \end{cases}$

7. Observe o sistema: $\begin{cases} x + 3y = 8 \\ 2x + my = n \end{cases}$

Determine os valores numéricos de m e n para que esse sistema seja:

a) possível e indeterminado;   b) impossível.

278

5 INTRODUÇÃO ÀS EQUAÇÕES DO 2º GRAU

Júnior propôs um desafio para Aline. Veja.

> O dobro do quadrado de um número real é igual a 50. Que número é esse? Será que existe só um?

Se indicarmos por x o número real desconhecido, representamos o seu quadrado por x^2. Como o dobro do quadrado do número real é igual a 50, podemos escrever a equação:

$$2x^2 = 50$$

A equação acima é um exemplo de **equação do 2º grau com uma incógnita** (a letra x).

Para solucionar o desafio é preciso resolver a equação.

Aplicando o princípio multiplicativo das igualdades, multiplicamos por $\frac{1}{2}$ os dois membros da equação:

$$\frac{1}{2} \cdot 2x^2 = \frac{1}{2} \cdot 50$$

$$x^2 = 25$$

Por fim, precisamos determinar os números que quando elevados ao quadrado resultam no número 25. Após testar alguns valores, encontramos que x pode ser igual a 5 ou -5, pois $5^2 = 25$ e $(-5)^2 = 25$.

A raiz positiva dessa equação também pode ser encontrada com o auxílio de uma calculadora. Veja:

Portanto, os números reais 5 e -5 são aqueles cujo dobro do quadrado é igual a 50.

Trilha de estudo

Vai estudar? Nosso assistente virtual no *app* pode ajudar!
<http://mod.lk/trilhas>

ATIVIDADES

PRATIQUE

1. Determine as raízes de cada equação a seguir, considerando que x pode ser qualquer número real.

   a) $x^2 = 81$
   b) $x^2 = 144$
   c) $2x^2 = 32$
   d) $2x^2 = 128$

APLIQUE

2. Tadeu assentou alguns ladrilhos de formato quadrado em uma parede. A área revestida é de 6.400 cm². Todos os ladrilhos têm as mesmas dimensões, e a medida do lado de cada ladrilho é x.

Veja como Bia iniciou os cálculos para saber quanto mede o lado de cada ladrilho.

> Como a parede foi revestida com 16 ladrilhos de mesmas dimensões, e a área revestida é 6.400 cm², então:
> $$16x^2 = 6.400$$
> Aplicando o princípio multiplicativo das igualdades, multiplicamos por $\frac{1}{16}$ os dois membros da equação.
> $$\frac{1}{16} \cdot 16x^2 = \frac{1}{16} \cdot 6.400$$
> $$x^2 = 400$$
> Logo, $x_1 = 20$ e $x_2 = -20$.

   a) Para a equação $16x^2 = 6.400$, Bia encontrou duas raízes. Ambas podem ser consideradas como solução para o problema apresentado?
   b) Qual é a medida do lado de cada ladrilho?

3. Paulo vai fazer uma horta em um terreno de formato quadrado cuja área é de 169 m². Qual é a medida do lado desse terreno?

4. Elabore um problema cuja solução possa ser encontrada resolvendo a seguinte equação:
   $$x^2 = 144$$

5. Teresa fez um tapete de 640 cm² usando retalhos de formato quadrado. Veja.

Quanto mede o lado de cada retalho quadrado que ela utilizou?

6. Escreva o enunciado do problema formado pelas frases abaixo. Depois resolva-o.

ESTATÍSTICA E PROBABILIDADE
MÉDIA ARITMÉTICA, MODA, MEDIANA E AMPLITUDE

Nove idosos participam semanalmente do Encontro da Terceira Idade para praticar atividades físicas e se divertir. Em outubro de 2018, foi feito um levantamento das idades dos idosos que vão aos encontros.

IDADE DOS IDOSOS DO ENCONTRO DA TERCEIRA IDADE

Idoso	Idade (em ano)
Alice	68
Benedito	68
Manoela	70
Yoko	70
Chang	70
José	73
Julieta	75
Sebastião	75
Ubiratan	77

Dados obtidos pelo organizador do Encontro da Terceira Idade em outubro de 2018.

▶ Qual é a média aritmética, moda, mediana e amplitude das idades dos idosos?

Média aritmética

Nos anos anteriores, você estudou sobre o cálculo da **média aritmética simples** e o da **média aritmética ponderada**. Agora, vamos relembrar esses cálculos.

Para calcular a **média aritmética simples** (ou média aritmética) de um conjunto de valores, adicionamos todos e dividimos o resultado pela quantidade de valores.

Na situação acima, para calcular a média das idades dos 9 idosos, adicionamos todas as idades e dividimos o resultado por 9. Veja:

$$\frac{68 + 68 + 70 + 70 + 70 + 73 + 75 + 75 + 77}{9} = \frac{646}{9} \simeq 71,8$$

Assim, podemos dizer que a idade média dos idosos que participam dos encontros é aproximadamente 71,8 anos.

Moda

Em um conjunto de dados com valores numéricos ou não, o valor ou os valores que apresentam a maior frequência, ou seja, que ocorrem mais vezes, são chamados de **moda** do conjunto de dados.

ESTATÍSTICA E PROBABILIDADE

Para organizar os dados, construímos a tabela ao lado, que indica a quantidade de vezes que cada idade apareceu.

Como a idade que mais aparece nesse conjunto de dados é 70 anos, então dizemos que a moda é **70 anos**. No entanto, se um idoso de 75 anos entrar nesse grupo, teremos duas modas: **70 anos** e **75 anos**.

Mediana

Para determinar a mediana de um conjunto de dados, primeiramente, é preciso escrever os valores do conjunto de dados em ordem crescente ou decrescente.

FREQUÊNCIA DAS IDADES	
Idade	Frequência
68	2
70	3
73	1
75	2
77	1

Dados obtidos pelo organizador do Encontro da Terceira Idade em outubro de 2018.

MEDIANA EM UM CONJUNTO DE DADOS COM NÚMERO ÍMPAR DE VALORES

Quando você tem um conjunto de dados com um número ímpar de valores e os ordena do menor para o maior ou do maior para o menor, o valor que ocupa a posição central nessa ordenação é chamado **mediana**. Esse é o caso da situação apresentada, pois o conjunto de dados tem 9 idades.

Observando as idades organizadas em ordem crescente, temos:

| 68 | 68 | 70 | 70 | 70 | 73 | 75 | 75 | 77 |

↑ posição central

Com essa organização, a idade 70 anos ocupou a posição central.

Assim, dizemos que a mediana das idades é 70 anos.

MEDIANA EM UM CONJUNTO DE DADOS COM NÚMERO PAR DE VALORES

Quando um conjunto de dados tem um número par de valores, dois destes ocuparão a posição central. Nesse caso, **a mediana será a média aritmética desses dois valores**.

Imagine que, na situação apresentada, um novo participante de 68 anos entre nesse grupo. Nessa nova situação, se organizarmos as idades em ordem crescente, teremos dois valores ocupando a posição central. Observe:

| 68 | 68 | 68 | 70 | 70 | 70 | 73 | 75 | 75 | 77 |

termos centrais

Nesse caso, a mediana será a média aritmética dos dois valores centrais:

$$\text{Média aritmética} = \frac{70 + 70}{2} = \frac{140}{2} = 70$$

Assim, dizemos que 70 anos é a mediana desse conjunto de dados.

Amplitude de um conjunto de dados

A **amplitude** de um conjunto de dados é a diferença entre o maior e o menor valor que aparecem nesse conjunto. Nesse caso, é interessante que os dados estejam organizados em ordem crescente ou decrescente para melhor visualização desses valores.

Na situação inicial do grupo de idosos, como a menor idade é 68 anos e a maior idade é 77 anos, então a amplitude será calculada assim:

$$77 - 68 = 9$$

Perceba que, no caso de entrarem idosos com idade maior que 77 anos ou menor que 68 anos, a amplitude do novo conjunto de dados ficará maior.

ATIVIDADES

1. Larissa, dona de uma escola de danças de salão, abrirá outro horário de aula às sextas-feiras. Para conseguir atender ao maior número de alunos possível, ela fez uma pesquisa para identificar as preferências quanto ao período e ao tipo de dança, conforme indicado na tabela abaixo.

PERÍODO E TIPO DE DANÇA PREFERIDOS					
Nome	Período	Tipo de dança	Nome	Período	Tipo de dança
Camila	Manhã	Tango	Lúcia	Noite	Tango
Jéferson	Noite	Zouk	Ana Maria	Tarde	Zouk
Amanda	Tarde	Zouk	Carolina	Tarde	Zouk
Jonas	Noite	Zouk	Pedro	Manhã	Tango
Lucas	Tarde	Samba	Érica	Noite	Samba
Tamires	Noite	Tango	João Paulo	Tarde	Samba
Pablo	Tarde	Samba	Cláudio	Noite	Samba
Leandro	Noite	Zouk	Samanta	Manhã	Samba
Rubens	Manhã	Samba	Felipe	Tarde	Samba

Dados obtidos por Larissa em outubro de 2018.

a) Construa duas tabelas: a primeira com os tipos de dança e a quantidade de vezes que cada tipo foi citado na pesquisa; a segunda com os períodos e a quantidade de vezes que cada um apareceu.

b) Qual foi o tipo de dança preferido pelos alunos?

c) Quais foram os períodos preferidos?

283

ESTATÍSTICA E PROBABILIDADE

2. Rodrigo vende sanduíches naturais. Ele tem uma dívida. Para pagar parte dessa dívida é preciso que ele alcance a média de 28 sanduíches vendidos por dia no mês de junho. O quadro abaixo mostra os tipos e a quantidade de sanduíches vendidos no mês de junho.

Tipo de sanduíche	Quantidade vendida
Queijo branco	150
Frango	180
Tomate seco	250
Atum	320

- Rodrigo conseguiu pagar parte de sua dívida?

3. Observe a tabela e responda às questões.

MASSA DOS JOGADORES DO CLUBE ALEGRIA TOTAL			
Nome	Massa (em kg)	Nome	Massa (em kg)
Toninho	85	Gilberto	78
Rogério	85	Luciano	80
César	82	Luisão	84
Marinho	74	Juan	73
Vevé	69	Cris	77
Carlos	67	Émerson	72
Roberto	72	Ricardinho	73
Gilberto	74	Ronaldo	90,5
Marcinho	65	Adriano	86
Will	76	Renan	75
Fabinho	75	Juninho	76

Dados obtidos pelo clube Alegria Total em outubro de 2018.

a) Qual é a mediana das massas desses jogadores?
b) Qual é a massa média dos jogadores?
c) Qual é a moda da massa desses jogadores?
d) Qual é a amplitude desse conjunto de dados?

4. Vera fez uma entrevista com algumas pessoas e marcou em uma folha a idade de cada uma.

Enquanto tomava seu lanche da tarde, ela deixou cair café na folha em que tinha marcado as idades, e a idade da última pessoa entrevistada ficou ilegível.

Idade dos entrevistados
27, 52, 78, 45, 89, 15, 32, 40, 43

a) Qual é a idade da última pessoa entrevistada, se a mediana para as idades dos entrevistados é igual a 42 anos?
b) Calcule a média das idades dos entrevistados após descobrir a última idade anotada.

5. Veja quantas escolas e alunos matriculados havia em creches no Brasil na rede pública e na rede particular de acordo com o Censo Escolar de 2016.

NÚMEROS DA EDUCAÇÃO EM 2016 – CRECHES		
Tipo	Matrícula	Número de escolas
Pública	2.081.924	38.107
Privada	1.151.815	26.445

Dados obtidos em: <http://download.inep.gov.br/educacao_basica/censo_escolar/notas_estatisticas/2017/notas_estatisticas_censo_escolar_da_educacao_basica_2016.pdf>. Acesso em: 4 ago. 2018.

a) A média aritmética do número de alunos matriculados em creche, por tipo de rede, é 1.616.870. Qual tipo de rede tem o total de alunos matriculados abaixo da média?
b) Em cada rede de ensino, qual é a média aritmética aproximada do número de alunos por escola?
c) Com base nos dados do item **b**, construa um gráfico de barras horizontais que indique a quantidade média aproximada (para número inteiro) de alunos matriculados por escola em cada rede de ensino em 2016. Em seguida, trace a **reta média** desse gráfico de barras, ou seja, a reta perpendicular ao eixo horizontal que indique o número médio de alunos matriculados em creche.

ATIVIDADES COMPLEMENTARES

1. Resolva as equações fracionárias.

   a) $\dfrac{2}{x-3} + 4 = 0$

   b) $\dfrac{(m+1)-(m+4)}{m} = 1$

   c) $\dfrac{2}{m-1} + \dfrac{3}{2(m-1)} = 4$

2. Paulo convidou seus filhos e amigos para uma pescaria. Ele tinha 42 iscas de minhoca e as dividiu entre os filhos e os 4 amigos. Cada um recebeu 7 minhocas. Quantos filhos Paulo tem?

3. Daniel percorreu, com sua moto, 400 km em x horas e, depois, 250 km em $(x - 1{,}5)$ horas. Se nos dois percursos a velocidade média foi a mesma, determine o valor de x. (Lembre-se de que a velocidade média é dada pela seguinte fórmula: $v_m = \dfrac{d}{t}$, em que d é a distância percorrida e t é o tempo gasto para percorrer essa distância.)

4. No trapézio isósceles $ABCD$, $\overline{MN}$ é a base média. Calcule a medida x da base média sabendo que $AD = 3a + 2$ e que o perímetro de $ABCD$ é $12a + 12$.

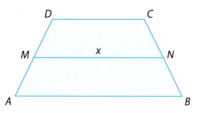

5. Represente graficamente em seu caderno as soluções de cada equação e responda às questões. Considere que as incógnitas x e y podem ser qualquer número real.

   I) $x + y = -2$ II) $3x + y = 6$

   a) Que figura geométrica representa as soluções de cada uma dessas equações?
   b) Quantas soluções tem cada equação?
   c) Quantos pontos é necessário obter para traçar a representação gráfica das soluções de cada equação?

6. Considere o sistema:
   $$\begin{cases} 2x + y = 8 \\ x - y = 16 \end{cases}$$
   Verifique se é solução do sistema os seguintes pares ordenados:
   a) $(0, 0)$;
   b) $(6, 8)$;
   c) $(8, -8)$

7. Ana e Paula realizaram um trabalho e ganharam juntas R$ 500,00. Sabendo que Ana ganhou $\dfrac{1}{4}$ do valor de Paula, determine quanto ganhou cada uma.

8. Uma escola realizou eleições para o grêmio. Havia 2 candidatos concorrendo ao cargo de presidente. Sabendo que 1.230 alunos votaram, que houve 83 votos brancos e nulos e que o vencedor ganhou por uma diferença de 145 votos, calcule quantos votos obteve cada candidato.

9. Reginaldo despejou a água de um garrafão, que estava com sua capacidade total, em 35 copos iguais, enchendo-os. Se o conteúdo desse garrafão e de outros 10 copos fosse colocado em um recipiente com capacidade para 8,1 L, esse recipiente ficaria cheio. Qual é a capacidade do garrafão? E do copo?

ATIVIDADES COMPLEMENTARES

10. Observe a figura e verifique se 45° e 15° são, respectivamente, as medidas x e y na figura abaixo.

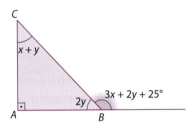

11. Analise o gráfico e responda à questão no caderno.

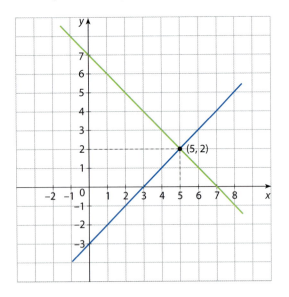

- O gráfico acima representa a solução de qual sistema?

a) $\begin{cases} 2x + 3y = 5 \\ x - y = 2 \end{cases}$

b) $\begin{cases} x + y = 7 \\ x - y = 3 \end{cases}$

c) $\begin{cases} 2x + y = 5 \\ x - 2y = 7 \end{cases}$

d) $\begin{cases} x + 2y = 1 \\ 2x + 3y = 3 \end{cases}$

e) $\begin{cases} 2x - y = 7 \\ x - 2y = 3 \end{cases}$

12. Observe a folha de caderno em que Joana derrubou café e faça o que se pede.

a) Represente graficamente a solução da equação que está legível no caderno de Joana.

b) Sabendo que a solução do sistema é o par ordenado (2, 7), trace no mesmo plano cartesiano uma reta que representa as soluções da segunda equação desse sistema.

- Compare as respostas com as de outros colegas e verifique se todos traçaram a mesma reta.

13. Responda à questão.

Quais são os números x e y considerando que o quociente entre eles é 7 e a soma de seus inversos é $\frac{4}{7}$?

14. Resolva os sistemas de equações fracionárias.

a) $\begin{cases} \dfrac{1}{x} + \dfrac{1}{y} = 1 \\ x + y = 4 \end{cases}$

b) $\begin{cases} \dfrac{1}{x+y} + 1 = \dfrac{4}{3} \\ \dfrac{1}{x-y} + \dfrac{1}{3} = \dfrac{4}{3} \end{cases}$

Mais questões no livro digital

UNIDADE 11 — PROPORCIONALIDADE ENTRE GRANDEZAS

1 GRANDEZAS DIRETAMENTE E INVERSAMENTE PROPORCIONAIS

GRANDEZAS DIRETAMENTE PROPORCIONAIS

Uma vendedora só vende ovos em dúzias e cobra 5 reais por dúzia de ovos vendidos, como mostra o quadro a seguir:

Preço cobrado (R$)	5,00	10,00	15,00	20,00	25,00
Número de dúzias de ovos vendidos	1	2	3	4	5

A razão entre o valor cobrado e o número de dúzias de ovos vendidos é sempre a mesma: $\frac{5}{1} = \frac{10}{2} = \frac{15}{3} = \frac{20}{4} = \frac{25}{5} = 5$

O valor cobrado é, então, diretamente proporcional ao número de dúzias de ovos vendidos.

GRANDEZAS INVERSAMENTE PROPORCIONAIS

Você também já aprendeu que duas grandezas são inversamente proporcionais quando uma varia sempre na razão inversa da outra. Veja a situação abaixo.

Observe, no quadro, o tempo gasto por um mini-avião para percorrer a mesma distância, variando a velocidade média.

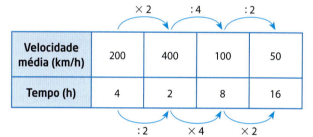

A razão entre o valor da velocidade média e o inverso do valor correspondente ao tempo gasto é sempre a mesma, veja:

$$\frac{200}{\frac{1}{4}} = \frac{400}{\frac{1}{2}} = \frac{100}{\frac{1}{8}} = \frac{50}{\frac{1}{16}} = 800$$

Então, podemos dizer que as grandezas velocidade média e tempo são **inversamente proporcionais**, ou seja, ao dobrar o valor de uma grandeza, o valor da outra se reduz pela metade; ao dividir por 4 o valor de uma, o valor da outra é multiplicado por 4, e assim por diante.

ATIVIDADES

PRATIQUE

1. Identifique em cada item se as grandezas são diretamente proporcionais ou não proporcionais.

   a) Se duas revistas custam R$ 14,00, o preço de quatro revistas custará R$ 28,00.

   b) A quantidade de água e a extensão de um rio.

   c) A densidade demográfica e o número de moradores de uma cidade.

2. Escreva se as sequências de cada item são diretamente proporcionais, inversamente proporcionais ou nenhuma das duas.

   a) (4, 8, 16, 32) e (2, 4, 8, 16)

   b) (50, 45, 40) e (10, 6, 5)

   c) (3, 4, 5) e (20, 15, 12)

3. Os números 15, 10 e a são diretamente proporcionais aos números 60, b e 80, nessa ordem. Quais são os valores de a e b?

4. Existem diversos retângulos que possuem a mesma área. Veja no quadro abaixo algumas medidas de lados desses retângulos e encontre a área deles.

Comprimento (cm)	24	12	8	3
Largura (cm)	2	4	6	16

- Agora, responda: As medidas dos lados desses retângulos são diretamente proporcionais ou inversamente proporcionais? Justifique.

APLIQUE

5. As frases abaixo formam um problema. Veja:

   Depois de alguns anos, venderam o caminhão por R$ 60.000,00 e dividiram o valor da venda em partes diretamente proporcionais aos valores pagos.

   Quanto Alexandre recebeu? E Everton?

   Alexandre pagou R$ 50.000,00 e Everton, R$ 30.000,00.

   Dois sócios de uma empresa compraram um caminhão juntos.

    a) Ordene as frases e escreva o problema.

   b) Resolva o problema que você escreveu no item anterior.

6. Vamos considerar as duas rodas dentadas ao lado.

   Sabendo que a roda menor possui 8 dentes e dá 18 voltas completas, quantas voltas dá a roda maior de 12 dentes?

2 SITUAÇÕES EM QUE NÃO HÁ PROPORCIONALIDADE

Há situações em que as grandezas não são nem diretamente proporcionais nem inversamente proporcionais.

Observe as situações a seguir.

PARA PENSAR

Observe a situação a seguir:

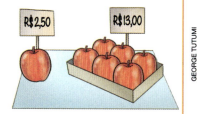

Nessa situação, há proporcionalidade entre o número de maçãs e o preço cobrado por elas?

Situação 1

O time dos Perna de Pau marcou 2 gols em 12 minutos de jogo. Quantos gols ele marcará nos próximos 6 minutos?

Não é possível prever esse resultado, porque as grandezas número de gols marcados e tempo não são diretamente nem inversamente proporcionais.

Situação 2

Observe no quadro abaixo a massa e a altura de algumas pessoas.

Nome	Altura (em metro)	Massa (em kg)
Caio	1,80	85
Naomi	1,65	68
Leandro	1,70	92
Iara	1,75	80
Emílio	1,50	77

Agora, vamos calcular as razões e compará-las:

$$\frac{1,80}{85} \neq \frac{1,65}{68} \neq \frac{1,70}{92} \neq \frac{1,75}{80} \neq \frac{1,50}{77} \qquad \frac{1,80}{\frac{1}{85}} \neq \frac{1,65}{\frac{1}{68}} \neq \frac{1,70}{\frac{1}{92}} \neq \frac{1,75}{\frac{1}{80}} \neq \frac{1,50}{\frac{1}{77}}$$

Note que a massa e a altura de uma pessoa não são diretamente nem inversamente proporcionais, ou seja, essas grandezas não são proporcionais.

Por isso preste muita atenção: antes de resolver um problema usando regra de três, certifique-se de que as grandezas envolvidas são de fato diretamente ou inversamente proporcionais.

3 REPRESENTAÇÃO NO PLANO CARTESIANO DA RELAÇÃO ENTRE GRANDEZAS

Toda situação que permite relacionar uma grandeza com a outra pode ser representada em um plano cartesiano na forma de um gráfico. Veja as situações a seguir.

Situação 1

Observe, no quadro abaixo, como o perímetro de um quadrado varia de acordo com a medida de seu lado.

PERÍMETRO DO QUADRADO DE ACORDO COM A MEDIDA DO LADO				
Medida do lado do quadrado (em cm)	1	2	2,5	4
Perímetro (em cm)	4	8	10	16

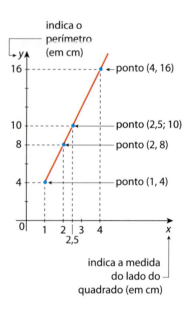

Note que o perímetro do quadrado é **diretamente proporcional** à medida de seu lado, e cada par ordenado pode ser representado por um ponto em um sistema cartesiano. Nesse caso, o primeiro número do par ordenado indica a medida do lado, e o segundo, o perímetro correspondente. No sistema cartesiano ao lado, os pares ordenados do quadro estão representados pelos pontos azuis. Note que os pontos obtidos estão alinhados e podemos imaginar uma reta passando por eles. Como o lado do quadrado pode assumir qualquer valor real maior ou igual a 1, o gráfico será uma linha contínua que partirá do par ordenado (1, 4) e continuará infinitamente.

Situação 2

Vamos retomar a situação que foi estudada na página 287 desta unidade, que relaciona o número de dúzias de ovos vendidos e o valor cobrado por eles. Veja o quadro a seguir.

VALOR COBRADO DE ACORDO COM O NÚMERO DE DÚZIAS DE OVOS VENDIDOS			
Número de dúzias de ovos	1	3	9
Valor cobrado (R$)	5	15	45

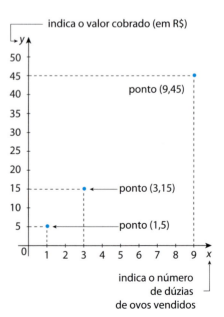

Como vimos, o valor cobrado é diretamente proporcional ao número de dúzias de ovos vendidos.

Podemos representar os pares ordenados (número de dúzias de ovos, valor cobrado) em um plano cartesiano.

Como o número de dúzias de ovos só pode ser um número natural, o gráfico que representa a relação entre o valor cobrado e o número de dúzias de ovos vendidos não é uma linha contínua, mas pontos alinhados, como podemos ver ao lado.

Situação 3

O professor de ciências do 8º ano construiu com seus alunos um robô que se movimenta e sempre faz o mesmo trajeto. Veja no quadro abaixo como o tempo gasto por esse robô para percorrer o trajeto se relaciona com sua velocidade média.

TEMPO QUE O ROBÔ DEMORA PARA PERCORRER O TRAJETO DE ACORDO COM SUA VELOCIDADE MÉDIA				
Velocidade média (km/h)	1	2	3	4
Tempo (h)	1	$\frac{1}{2}$	$\frac{1}{3}$	$\frac{1}{4}$

Podemos dizer que a velocidade e o tempo são **inversamente proporcionais**. Representamos por pontos no plano cartesiano os pares ordenados formados pela velocidade média e pelo tempo correspondente. Como a velocidade média pode assumir qualquer valor real positivo, o gráfico que representa a relação entre essas grandezas é uma linha contínua.

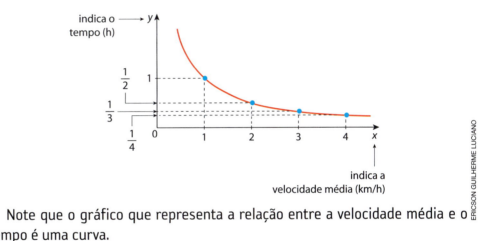

Note que o gráfico que representa a relação entre a velocidade média e o tempo é uma curva.

Situação 4

Já estudamos que a medida do lado de um quadrado é diretamente proporcional ao seu perímetro. Mas será que a área de um quadrado é proporcional à medida de seu lado?

Veja abaixo como a área de um quadrado, em cm², se relaciona com a medida de seu lado, em cm.

ÁREA DO QUADRADO DE ACORDO COM A MEDIDA DO LADO			
Medida do lado (cm)	2	3	6
Área (cm²)	4	9	36

Agora, vamos calcular as razões e compará-las:

$$\frac{2}{4} \neq \frac{3}{9} \neq \frac{6}{36} \qquad \frac{2}{\frac{1}{4}} \neq \frac{3}{\frac{1}{9}} \neq \frac{6}{\frac{1}{36}}$$

Aumentando a medida do lado desse quadrado, obtemos outros quadrados de áreas diferentes. A área não aumenta na mesma proporção em que aumentamos a medida do lado. Por exemplo: se dobrarmos a medida do lado do quadrado, a área desse quadrado não será dobrada.

Logo, a área **não é diretamente nem inversamente proporcional** à medida do lado do quadrado, ou seja, essas grandezas não são proporcionais. Veja abaixo a representação gráfica da relação entre a medida do lado do quadrado com sua área.

> Organize o que você aprendeu fazendo a atividade 2 da página 310.

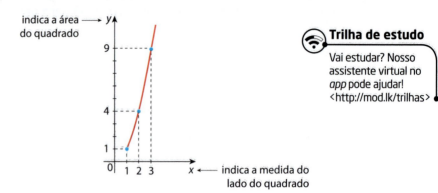

Trilha de estudo
Vai estudar? Nosso assistente virtual no *app* pode ajudar!
<http://mod.lk/trilhas>

ATIVIDADES

PRATIQUE

1. Associe cada representação gráfica à relação correspondente entre as grandezas *x* e *y*.

A diretamente proporcionais

B inversamente proporcionais

C não são proporcionais

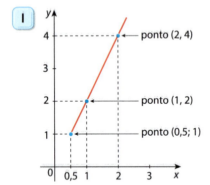

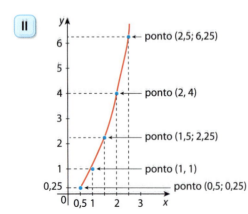

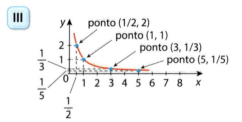

2. Em cada caso, identifique se as grandezas *x* e *y* são diretamente proporcionais, inversamente proporcionais ou não são proporcionais.

a)
x	y
4	4
8	2
16	1
32	0,5
64	0,25

b)
x	y
0,25	3
0,5	6
1	12
2	24
4	48

c)
x	y
1	1
3	2
4	3
5	4
7	5

ESTATÍSTICA E PROBABILIDADE
DISTRIBUIÇÃO DE FREQUÊNCIAS EM CLASSES

Um novo medicamento contra dor foi testado pelo laboratório LB durante 60 dias com um grupo de 50 pessoas. Esses pacientes registraram o número de dias que ficaram sem sentir dor.

Veja os registros a seguir:

52	53	15	20	21	57	33	42	45	29
57	26	18	24	25	46	45	48	47	48
42	54	20	43	48	55	51	28	46	39
58	53	22	29	39	35	28	48	37	51
23	59	54	44	28	45	45	36	37	29

▶ Como você organizaria esses dados para facilitar as interpretações e chegar a uma conclusão sobre a eficácia desse medicamento?

Identificação das variáveis de uma pesquisa

Nessa pesquisa, é interessante observar que a variável em questão é **o número de dias que o paciente ficou sem sentir dor**.

Como o medicamento foi usado durante 60 dias, essa variável poderia assumir valores de 0 a 60. Entretanto, consultando os registros do grupo pesquisado, percebe-se que essa variação foi de 15 (menor número encontrado) a 59 (maior número encontrado).

Escolha das classes

Se esses dados fossem organizados segundo cada valor assumido pela variável, teríamos 45 grupos: todos os valores de 15 a 59. Por isso, em casos como esse, é interessante agrupar em classes os valores assumidos pelas variáveis. Em geral, convém que essas classes tenham a mesma **amplitude**, isto é, o mesmo "tamanho". A escolha da amplitude das classes é muito importante para que possam ser realizadas conclusões precisas.

Na situação acima, vamos indicar por 15⊢⊣17 a classe constituída por todos os números de 15 a 17, incluindo as extremidades 15 e 17. (Se indicássemos 15 ⊢ 17, a classe seria constituída por todos os números de 15 a 17, com exceção do 17).

Desse modo, teríamos que considerar as 15 classes que estão indicadas na tabela ao lado. Repare que essas classes são de amplitude 2, uma vez que a diferença entre os valores dos extremos das classes é 2.

DISTRIBUIÇÃO DAS PESSOAS DO GRUPO SEGUNDO A QUANTIDADE DE DIAS SEM DOR, APÓS USO DO MEDICAMENTO

Número de dias sem dor	Frequência absoluta	Frequência relativa
15⊢⊣17	1	0,02
18⊢⊣20	3	0,06
21⊢⊣23	3	0,06
24⊢⊣26	3	0,06
27⊢⊣29	6	0,12
30⊢⊣32	0	0
33⊢⊣35	2	0,04
36⊢⊣38	3	0,06
39⊢⊣41	2	0,04
42⊢⊣44	4	0,08
45⊢⊣47	7	0,14
48⊢⊣50	4	0,08
51⊢⊣53	5	0,1
54⊢⊣56	3	0,06
57⊢⊣59	4	0,08

Dados obtidos pelo Laboratório LB.

ESTATÍSTICA E PROBABILIDADE

Dessa maneira, não é possível ter uma conclusão precisa, já que há um número grande de classes. Nesse caso, seria interessante que a amplitude das classes fosse maior.

Observe, agora, os mesmos dados distribuídos em novas classes apresentando amplitude 14.

DISTRIBUIÇÃO DAS PESSOAS DO GRUPO SEGUNDO A QUANTIDADE DE DIAS SEM DOR, APÓS USO DO MEDICAMENTO

Número de dias sem dor	Frequência absoluta	Frequência relativa
15 ⊢ 29	16	0,32
30 ⊢ 44	11	0,22
45 ⊢ 59	23	0,46

Dados obtidos pelo Laboratório LB.

Novamente não é possível realizar uma conclusão detalhada sobre a eficiência do medicamento durante 60 dias de uso, pois há apenas 3 classes, sendo que na segunda classe aparecem 11 pessoas que podem ter tido medicamento eficiente entre 30 e 44 dias.

Desse modo, vamos escolher classes com uma amplitude menor que 14, mas que seja maior que 2.

Observe, agora, a tabela a seguir de amplitude 8 e as frequências obtidas.

DISTRIBUIÇÃO DAS PESSOAS DO GRUPO SEGUNDO A QUANTIDADE DE DIAS SEM DOR, APÓS USO DO MEDICAMENTO

Número de dias sem dor	Frequência absoluta	Frequência relativa
15 ⊢ 23	7	0,14
24 ⊢ 32	9	0,18
33 ⊢ 41	7	0,14
42 ⊢ 50	15	0,3
51 ⊢ 59	12	0,24

Dados obtidos pelo Laboratório LB.

Nesse caso é possível observar que mais de 50% dos pacientes ficaram mais de 40 dias sem sentir dor durante o uso do medicamento. Além disso, menos de 32% dos pacientes ficaram no máximo 32 dias sem sentir dor.

ATIVIDADES

1. Observe em cada uma das situações a seguir os dados de uma pesquisa que estão dispostos aleatoriamente.

I. Respostas de 20 alunos sobre a marca de creme dental preferida deles: A, B ou C

A	B	A	B	C
B	B	C	A	B
B	C	A	B	C
B	C	A	B	C

II. Respostas de 20 alunos sobre a quantidade de vezes que frequentaram o cinema no último mês.

1	0	1	0	2
0	0	2	1	0
0	2	1	0	2
0	2	1	0	2

III. Respostas de 20 alunos sobre sua altura em metro.

1,45	1,43	1,42	1,57	1,44
1,49	1,50	1,52	1,55	1,40
1,46	1,51	1,53	1,57	1,56
1,41	1,42	1,56	1,57	1,49

Para cada um dos casos, encontre:
a) a variável da pesquisa;
b) as classes adequadas para agrupar os valores que essa variável assume;
c) um quadro que represente os resultados.

2. Observe aos dois quadros a seguir.

Classe	Frequência relativa
2 ⊢ 4	0,3
4 ⊢ 6	0,1
6 ⊢ 8	0,2
8 ⊢ 10	0,4

Classe	Frequência relativa
2 ⊢ 4	0,4
5 ⊢ 7	0,2
8 ⊢ 10	0,4

Descubra qual dos conjuntos de dados abaixo, A, B ou C, correspondem a essas tabelas.

A
| 2 | 8 | 4 | 6 | 6 |
| 2 | 8 | 3 | 9 | 8 |

B
| 2 | 6 | 4 | 5 | 9 |
| 3 | 3 | 3 | 2 | 9 |

C
| 2 | 4 | 5 | 6 | 2 |
| 9 | 8 | 5 | 8 | 6 |

3. A prefeitura de um município resolveu fazer um levantamento sobre a área construída, em metro quadrado, de vinte residências de certa região. Veja os valores encontrados.

| 250 | 385 | 402 | 330 | 280 | 304 | 310 | 270 | 290 | 302 |
| 390 | 300 | 283 | 250 | 265 | 402 | 283 | 295 | 380 | 407 |

a) Escreva os dados em ordem crescente.

b) Construa um quadro de distribuição de frequências dessa amostra, com cinco classes de amplitude 35.

c) Para cada classe, a prefeitura cobrará o mesmo valor de imposto. Esse imposto será cobrado por metro quadrado construído, de acordo com a tabela abaixo.

INFORMAÇÕES SOBRE O IMPOSTO					
Classe	1ª	2ª	3ª	4ª	5ª
Valor por metro quadrado	R$ 1,00	R$ 1,10	R$ 1,20	R$ 1,30	R$ 1,40

Dados obtidos pela prefeitura do município.

- A qual classe pertence a maior parte das residências pesquisadas?
- Calcule o valor do imposto a ser pago por uma residência com área construída de 380 m².
- Calcule o valor que a prefeitura receberá pela cobrança total do imposto dessas residências.

4. Forme um grupo com mais três ou quatro colegas para realizar pesquisas de acordo com as instruções a seguir.

Vocês farão uma pesquisa sobre o perfil dos alunos do 8º ano de sua escola. Para isso, deverão analisar a

- preferência de marca de creme dental;
- frequência com que foram ao cinema no último mês;
- altura dos alunos.

Antes de iniciar, respondam às seguintes questões:

- Qual é a população a ser observada?
- Quais são as variáveis envolvidas?
- A coleta será com toda a população ou com uma amostra?
- Quais são as formas mais adequadas para organizar e apresentar os dados?

No final, os grupos deverão apresentar à classe os dados pesquisados.

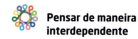

Pensar de maneira interdependente

ATIVIDADES COMPLEMENTARES

1. Observe as sequências de cada item a seguir e classifique-as como diretamente proporcionais, inversamente proporcionais ou nenhuma das duas.
   a) (6, 12, 24, 48) e (3, 6, 12, 24)
   b) (80, 75, 50, 30) e (25, 15, 10, 2)
   c) (4, 8, 16, 32) e (8, 4, 2, 1)
   d) (5, 15, 20, 35) e (3, 8, 10, 25)

2. A construtora Construfácil está fazendo um levantamento sobre o número de dias e a quantidade de funcionários necessários para construir uma casa. Veja o quadro a seguir:

Tempo (dias)	60	30	20	15
Quantidade de funcionários	8	16	24	32

   Agora, responda:
   a) Quando aumenta a quantidade de funcionários, o que acontece com o número de dias?
   b) As duas grandezas são diretamente ou inversamente proporcionais?

3. Complete cada quadro abaixo de acordo com o padrão de cada sequência. Depois, responda à questão.

   a)
50	100	300	60	30
420	210	70		

   b)
3	4	5	6	7
9	16		36	

   c)
10	30	90	270	810
7.290		810		90

   • Qual dos quadros apresenta grandezas não proporcionais?

4. Resolva.
   a) Divida o número 1.500 em partes diretamente proporcionais a 13, 7 e 10.
   b) Divida o número 8.000 em partes diretamente proporcionais a 22, 8 e 10.

5. Quatro irmãos montaram uma empresa de informática.

   João investiu R$ 8.000,00; Pedro, R$ 6.000,00; José, R$ 10.000,00, e Maria, R$ 12.000,00. Após um ano, dividiram o lucro de R$ 90.000,00 em partes proporcionais ao capital que cada um investiu. Quanto João recebeu? E Pedro? E José? E Maria?

6. Veja o gráfico abaixo e analise se os valores das grandezas x e y são diretamente proporcionais, inversamente proporcionais ou não são proporcionais.

   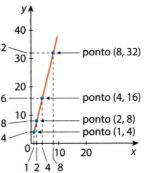

7. Um recipiente com água fervente é deixado a esfriar até que atinja a temperatura ambiente de 25 °C. Observe no quadro abaixo, como a temperatura da água varia de acordo com o tempo.

VARIAÇÃO DE TEMPERATURA DE ACORDO COM O TEMPO				
Temperatura (°C)	100	50	25	12,5
Tempo (min)	2	4	8	16

   Agora, construa um gráfico com os valores do quadro. Depois, responda: a temperatura da água é inversamente proporcional ao tempo? Justifique.

   Mais questões no livro digital

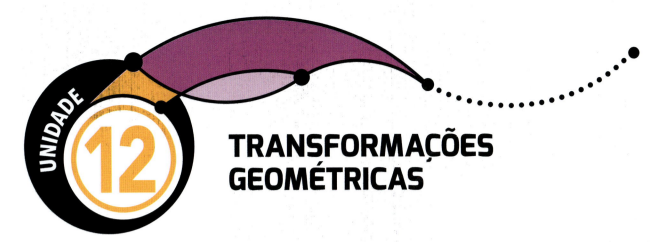

UNIDADE 12
TRANSFORMAÇÕES GEOMÉTRICAS

No livro do 7º ano, estudamos algumas transformações geométricas do plano: reflexão em relação a uma reta, reflexão em relação a um ponto, translação e rotação. Essas transformações são chamadas de **isometrias**, pois a figura obtida é congruente à figura inicial. Vamos recordá-las e estudar algumas propriedades de cada uma.

1 REFLEXÃO EM RELAÇÃO A UMA RETA

Na figura abaixo, o pentágono $A'B'C'D'E'$ (imagem) foi obtido do pentágono $ABCDE$, a partir da **reflexão em relação à reta** r indicada.

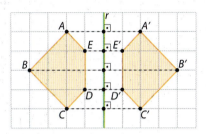

Alguns pontos foram ligados às suas respectivas imagens por segmentos de reta. Note que a reta r é a mediatriz de $\overline{AA'}$, $\overline{BB'}$, $\overline{CC'}$, $\overline{DD'}$ e $\overline{EE'}$.

PARA JUSTIFICAR

Por que a reta r é a mediatriz de $\overline{AA'}$, $\overline{BB'}$, $\overline{CC'}$, $\overline{DD'}$ e $\overline{EE'}$?

> A **reflexão em relação a uma reta** r é a isometria que associa cada ponto P do plano (P não pertencente a r) ao ponto P' (simétrico de P ou imagem de P), de modo que P e P' estão à mesma distância de r. Dizemos, nesse caso, que os pontos P e P' são simétricos em relação à reta r.

COMPOSIÇÃO DE REFLEXÕES

Na figura abaixo, foram feitas duas reflexões em sequência do hexágono $ABCDEF$: uma em relação à reta s e outra em relação à reta t.

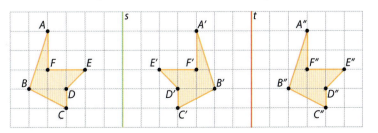

PARA PENSAR

Que transformação geométrica você conhece que leva o hexágono $ABCDEF$ diretamente ao hexágono $A''B''C''D''E''F''$? Converse com os colegas.

Note que o hexágono $A'B'C'D'E'F'$ foi obtido do hexágono $ABCDEF$ a partir da **reflexão em relação à reta** s. Já o hexágono $A''B''C''D''E''F''$ foi obtido do hexágono $A'B'C'D'E'F'$ a partir da **reflexão em relação à reta** t.

ATIVIDADES

PRATIQUE

1. Copie a figura em um papel quadriculado. Depois, reflita o polígono em relação à reta *r* e, em seguida, em relação à reta *s*.

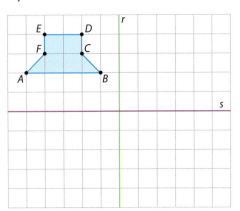

2. Na figura abaixo, o polígono $A'B'C'D'E'F'$ foi obtido do polígono $ABCDEF$ a partir da reflexão em relação a uma reta *p*, e o polígono $A''B''C''D''E''F''$ foi obtido do polígono $A'B'C'D'E'F'$ a partir da reflexão em relação a uma reta *q*. Copie essas figuras em um papel quadriculado e represente as retas *p* e *q*.

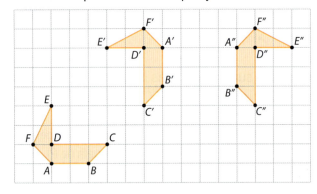

3. Considere as retas perpendiculares *m* e *n* e o triângulo ABC representados a seguir.

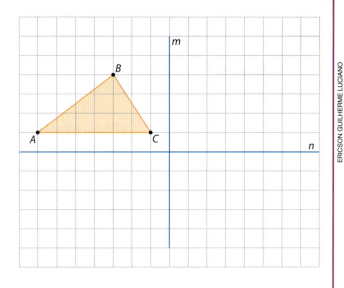

a) Copie a figura em um papel quadriculado e construa os triângulos:
   - DEF, simétrico ao triângulo ABC em relação à reta *m*;
   - GHI, simétrico ao triângulo DEF em relação à reta *n*;
   - JKL, simétrico ao triângulo GHI em relação à reta *m*.

b) O que podemos afirmar sobre os triângulos ABC e GHI?

c) Qual é a mediatriz de $\overline{AD}$?

d) Qual é a mediatriz de $\overline{EH}$?

2 REFLEXÃO EM RELAÇÃO A UM PONTO

Na figura ao lado, o triângulo $A'B'C'$ (imagem) foi obtido do triângulo ABC a partir da **reflexão em relação ao ponto O** indicado.

Alguns pontos foram ligados às suas respectivas imagens por segmentos de reta. Note que O é o ponto médio de $\overline{AA'}$, $\overline{BB'}$ e $\overline{CC'}$.

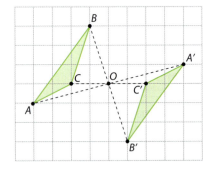

> A **reflexão em relação a um ponto O** é uma isometria, que associa cada ponto P do plano (P distinto de O) ao ponto P', de modo que os pontos P, O e P' e os segmentos $\overline{OP}$ e $\overline{OP'}$ sejam congruentes. Dizemos, nesse caso, que os pontos P e P' são simétricos em relação ao ponto O.

COMPOSIÇÃO DE REFLEXÕES

Na figura ao lado, foram feitas duas reflexões em sequência do quadrilátero ABCD: uma em relação ao ponto O e outra em relação ao ponto P.

Note que o quadrilátero $A'B'C'D'$ foi obtido do quadrilátero ABCD a partir da **reflexão em relação ao ponto O**. Já o quadrilátero $A''B''C''D''$ foi obtido do quadrilátero $A'B'C'D'$ a partir da **reflexão em relação ao ponto P**.

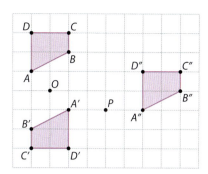

ATIVIDADES

PRATIQUE

1. Copie a figura em um papel quadriculado e construa os segmentos: $\overline{M'N'}$, simétrico ao segmento $\overline{MN}$ em relação ao ponto S; e $\overline{M''N''}$, simétrico ao segmento $\overline{M'N'}$ em relação ao ponto T.

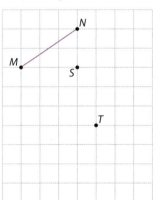

Agora, classifique as informações a seguir em verdadeiras ou falsas.

a) Os segmentos $\overline{MN}$ e $\overline{M''N''}$ são congruentes.
b) S é ponto médio do segmento $\overline{MM'}$.
c) T é ponto médio do segmento $\overline{M'N''}$.
d) Os segmentos $\overline{MN}$ e $\overline{M''N''}$ são simétricos em relação ao ponto S.

2. Na figura abaixo, o triângulo $A'B'C'$ é o simétrico de ABC em relação a um ponto O, e o triângulo $A''B''C''$ é o simétrico de $A'B'C'$ em relação a um ponto P. Copie essas figuras em um papel quadriculado e represente os pontos O e P.

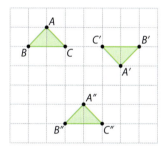

3 TRANSLAÇÃO

Na figura ao lado, o triângulo $A'B'C'$ (imagem) foi obtido por uma **translação** do triângulo ABC. O vetor dessa translação está indicado pela seta de cor vermelha.

A translação que leva A até A' é representada pelo vetor $\overrightarrow{AA'}$ com origem em A e término em A'. Na figura, $\overrightarrow{AA'} = \overrightarrow{BB'} = \overrightarrow{CC'}$, pois a medida dos vetores $\overrightarrow{AA'}$, $\overrightarrow{BB'}$ e $\overrightarrow{CC'}$ são iguais, e a direção e o sentido de $\overrightarrow{AA'}$ são os mesmos de $\overrightarrow{BB'}$ e $\overrightarrow{CC'}$.

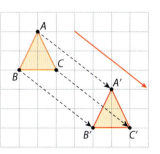

A **translação** é a isometria pela qual uma figura é deslocada em determinada direção e sentido, de modo que a distância entre cada ponto da figura original e seu correspondente na figura obtida é a mesma.

COMPOSIÇÃO DE TRANSLAÇÕES

Observe a figura abaixo. Nela, foram feitas duas translações em sequência.

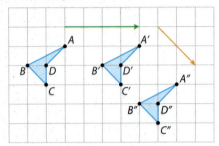

A primeira translação leva o quadrilátero ABCD ao quadrilátero A'B'C'D' e está representada pelo vetor verde. A segunda translação leva o quadrilátero A'B'C'D' ao quadrilátero A"B"C"D" e está representada pelo vetor laranja.

PARA PENSAR

É possível obter o quadrilátero A"B"C"D" diretamente do quadrilátero ABCD por meio de uma translação? Se sim, represente o vetor dessa translação em um papel quadriculado.

ATIVIDADE

PRATIQUE

Em cada item, copie a figura em um papel quadriculado. Depois translade-a primeiro na direção e no sentido indicados pelo vetor vermelho e, em seguida, na direção e no sentido indicados pelo vetor azul.

a)
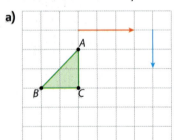

b)
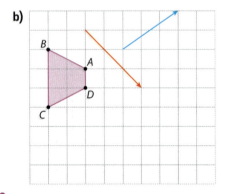

4 ROTAÇÃO

Na malha quadriculada abaixo, o triângulo A'B'C' foi obtido do triângulo ABC a partir de um giro, no sentido anti-horário (sentido contrário ao dos ponteiros do relógio), de 90° ao redor do ponto O.

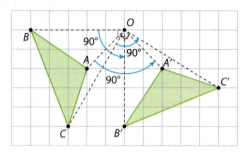

A **rotação** é a isometria pela qual a nova figura é obtida a partir de um giro da figura inicial ao redor de um único ponto fixo, chamado de **centro da rotação**.

COMPOSIÇÃO DE ROTAÇÕES

Podemos rotacionar figuras sucessivamente em torno de um mesmo ponto ou em torno de pontos diferentes.

COMPOSIÇÃO DE ROTAÇÕES EM TORNO DE UM MESMO PONTO

Observe a figura abaixo. Nela foram feitas duas rotações em torno do ponto O:

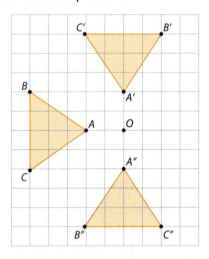

- O triângulo A'B'C' foi obtido do triângulo ABC a partir de um giro, no sentido horário (sentido dos ponteiros do relógio), de 90° ao redor do ponto O.
- O triângulo A"B"C" foi obtido do triângulo A'B'C' a partir de um giro, no sentido horário (sentido dos ponteiros do relógio), de 180° ao redor do ponto O.

PARA PENSAR

- Que triângulo obtemos, ao girar o triângulo ABC da página anterior, de 270° no sentido horário, ao redor do ponto O?
- Qual é a relação entre o ângulo de giro da rotação descrita anteriormente e os ângulos de giro das rotações sucessivas do exemplo da página anterior?

COMPOSIÇÃO DE ROTAÇÕES EM TORNO DE PONTOS DIFERENTES

Observe a figura abaixo. Nela foram feitas duas rotações sucessivas: primeiro em torno do ponto P e, em seguida, em torno do ponto Q:

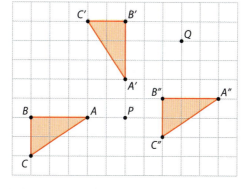

Transformações geométricas

Neste jogo, desenhe as figuras na malha de acordo com as transformações indicadas.
Disponível em <http://mod.lk/jonmr>.

Organize o que você aprendeu fazendo a atividade 3 da página 310.

Trilha de estudo

Vai estudar? Nosso assistente virtual no *app* pode ajudar!
<http://mod.lk/trilhas>

- O triângulo A'B'C' foi obtido do triângulo ABC a partir de um giro, no sentido horário (sentido dos ponteiros do relógio), de 90° ao redor do ponto P.
- O triângulo A"B"C" foi obtido do triângulo A'B'C' a partir de um giro, no sentido horário (sentido dos ponteiros do relógio), de 270° ao redor do ponto Q.

ATIVIDADES

PRATIQUE

1. Copie a figura em um papel quadriculado. Depois, gire-a 4 vezes consecutivas em torno do ponto O de 90° no sentido anti-horário.
   - Agora, responda: que figura você obteve ao fazer as 4 rotações?

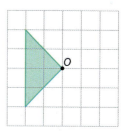

2. Copie a figura em um papel quadriculado. Depois gire-a, primeiro, em torno do ponto P de 90°, no sentido horário e, em seguida, em torno do ponto Q de 180° no sentido horário.

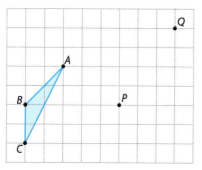

ESTATÍSTICA E PROBABILIDADE
PESQUISAS ESTATÍSTICAS

Examinar todos os elementos de uma população de interesse pode ser muito difícil e caro. Nesse caso, pesquisadores podem obter informações sobre a população examinando uma parte representativa dela, chamada de amostra.

Tipos de pesquisa estatística

Censitária
Todos os elementos da população são investigados.

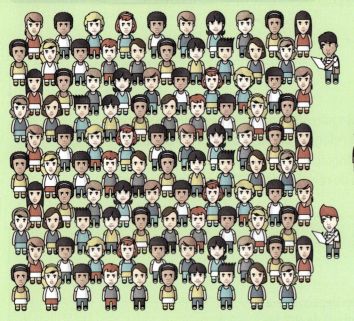

Amostral
Uma parte da população é investigada.

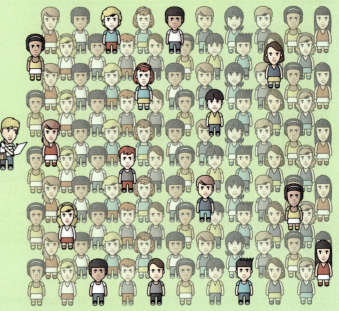

Ideal para:

Populações pequenas

Quando há tempo e outros recursos disponíveis

Ideal para:

Populações grandes

Situações em que há poucos recursos

Exemplo:
Censo Demográfico do Brasil
- Decenal
- Em 2010, 191 mil recenseadores visitaram 67,6 milhões de domicílios em todos os 5.565 municípios do país.

Exemplo:
Controle de qualidade por amostragem
- Pode ocorrer muitas vezes ao dia
- Parte de um lote de um produto é examinada para decidir se ele será aceito ou não.

Reprodução proibida. Art. 184 do Código Penal e Lei 9.610 de 19 de fevereiro de 1998.

Principais tipos de pesquisa amostral

Amostra casual simples

Nesse tipo de seleção da amostra, os elementos da população são rotulados, numerando-os, por exemplo; e, por meio de alguma espécie de sorteio, os integrantes da amostra são selecionados para participar da pesquisa.

Exemplo
Sortear 5 mulheres de um grupo de 25 para responder a um questionário sobre hábitos saudáveis.

Amostra estratificada

Muitas vezes a população estudada se divide em subpopulações chamadas de estratos. A amostra é obtida selecionando-se independentemente os indivíduos de cada estrato. A porcentagem de indivíduos de cada estrato na população e na amostra é a mesma.

Exemplo
Em uma sala de aula, verifica-se que 60% dos estudantes são meninas e 40% são meninos. Como a amostra nesse caso terá 10 indivíduos, serão entrevistados 6 meninas e 4 meninos nessa pesquisa.

Amostra sistemática

Nos casos em que os elementos da população se apresentam ordenados (por exemplo, prédios de uma rua, produtos de uma linha de produção, alunos inscritos em uma faculdade etc.), a seleção da amostra é feita retirando-se periodicamente um elemento da população, ou seja, a cada determinada quantidade de elementos, um é retirado para análise.

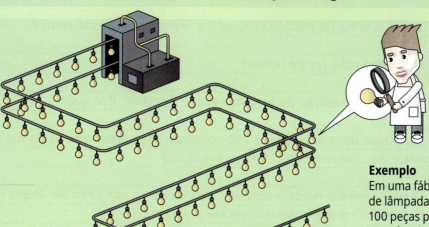

Exemplo
Em uma fábrica de lâmpadas, a cada 100 peças produzidas, uma é retirada aleatoriamente (ao acaso) para teste.

Fonte: IBGE. Censo 2010: população do Brasil é de 190.732.694 de pessoas. Disponível em: <https://agenciadenoticias.ibge.gov.br/agencia-noticias/2013-agencia-de-noticias/releases/13937-asi-censo-2010-populacao-do-brasil-e-de-190732694-pessoas.html>. Acesso em: 6 ago. 2018.

ESTATÍSTICA E PROBABILIDADE

ATIVIDADES

1. Associe as situações com o tipo de seleção de amostra correspondente.

A — "A cada 10 peças, vou retirar uma para análise."

B — "Escrevi cada elemento da população em um cartão, misturei todos eles em uma caixa e sorteei alguns cartões para compor a amostra."

C — "Fiz uma pesquisa para saber qual é a profissão dos pais dos alunos do 8º ano. Para isso, eu separei os alunos que vivem no campo daqueles que vivem na cidade."

I Amostra casual simples.   **II** Amostra estratificada.   **III** Amostra sistemática.

2. Reúna-se com os colegas e façam uma pesquisa estatística amostral. Ao final da pesquisa, façam um relatório escrito procurando responder às questões a seguir:

1. Qual é o tema da pesquisa? Qual é a importância desse tema?

2. Que perguntas foram feitas?

3. Que tipo de seleção de amostra vocês fizeram? Por quê?

4. Que tipos de gráfico vocês vão construir para organizar os dados obtidos? Por que escolheram esses tipos de gráfico?

5. Qual é a média, moda, mediana e amplitude do conjunto de dados que vocês obtiveram? O que é possível concluir a partir delas?

6. As questões propostas inicialmente foram respondidas?

ATIVIDADES COMPLEMENTARES

1. Observe a figura.

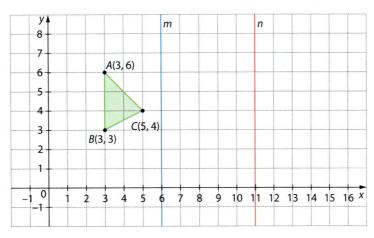

Agora, faça o que se pede.

a) Quais são as coordenadas dos vértices do triângulo PQR obtido quando refletimos o triângulo ABC, sucessivamente, primeiro em relação à reta m e depois em relação à reta n?

b) Podemos obter o triângulo PQR por meio de uma translação do triângulo ABC. Descreva essa translação.

2. Copie a figura em um papel quadriculado. Depois a reflita em relação ao ponto P e, em seguida, a rotacione em torno do ponto P, de 180° no sentido horário.

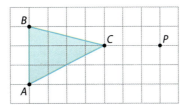

- O que você pode perceber?

3. Copie a figura em papel quadriculado. Depois, faça rotações sucessivas em torno do ponto O, de 90° no sentido horário.

- Quantas rotações foram necessárias para voltar a figura inicial?

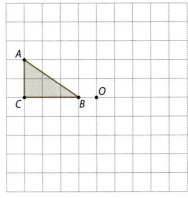

 Mais questões no livro digital

COMPREENDER UM TEXTO

LOCALIZANDO TERREMOTOS

Os terremotos são tremores de terra causados pela liberação repentina de energia acumulada nas rochas que podem ocorrer por diversos motivos. O ponto da superfície da Terra localizado logo acima do ponto de origem dessa liberação de energia é chamado de epicentro do terremoto. Quanto mais próxima do epicentro estiver uma região, maior será o impacto do terremoto sobre ela. Acompanhe no infográfico como os cientistas determinam a localização do epicentro de um terremoto.

1. Quando um terremoto ocorre, ondas se propagam em todas as direções. Existem dois tipos principais de ondas: as **ondas P** (primárias) e as **ondas S** (secundárias).

2. As ondas são detectadas por instrumentos chamados sismógrafos. Inicialmente o sismógrafo detecta a chegada das ondas P; um pouco depois, o aparelho detecta a chegada das ondas S.

3. A diferença de tempo entre a chegada dessas duas ondas determina a distância do local em que ocorreu o abalo até o local onde foi feito o registro pelo sismógrafo.

As ondas **S**, responsáveis pelos danos materiais, viajam pela crosta terrestre, movendo-se para cima e para baixo, e propagam-se a cerca de 3 quilômetros por segundo.

As ondas **P** provocam a compressão e a expansão das rochas e propagam-se a uma velocidade de aproximadamente 5 quilômetros por segundo.

Fontes: Encyclopedia Britannica. Seismograph. Disponível em: <https://www.britannica.com/science/seismograph>. USGS. Earthquake Glossary. Disponível em: <https://earthquake.usgs.gov/earthquakes/>. USP. Centro de Sismologia. Disponível em: <http://moho.iag.usp.br/rq/>. International Seismological Centre. Disponível em: <http://www.isc.ac.uk/>. Acessos em: 6 ago. 2018.

ATIVIDADES

1. Se em duas localidades diferentes instrumentos registrassem um mesmo abalo, seria possível determinar a localização exata do epicentro desse abalo?

2. A distância percorrida por uma onda é dada pelo produto da sua velocidade pelo tempo. Assim, se em uma estação de pesquisa os cientistas detectaram um abalo, a distância percorrida pelas ondas P, em quilômetro, do epicentro à estação, é dada por $5 \cdot t$, em que t é o tempo, em segundo, que elas levaram para chegar.

    Suponha que as ondas S levaram 4 segundos a mais para serem registradas pelo sismógrafo. Nesse caso, elas percorreram $3 \cdot (t + 4)$ quilômetros.

    a) Para que valor de t essas duas expressões são iguais?

    b) Como as ondas percorreram a mesma distância desde o epicentro do abalo até a estação de pesquisa, qual é a distância entre os dois?

3. Uma regra prática para fornecer a distância aproximada, em quilômetro, do epicentro de um terremoto à posição onde os instrumentos fizeram o registro é multiplicar a diferença de tempo do registro das ondas P e S por 8.

    a) Usando essa regra e considerando os dados da atividade anterior, calcule a distância do epicentro do terremoto à estação.

    b) Compare o resultado obtido no item **a** com o resultado da atividade 2. A diferença entre esses resultados é maior ou menor que 10%?

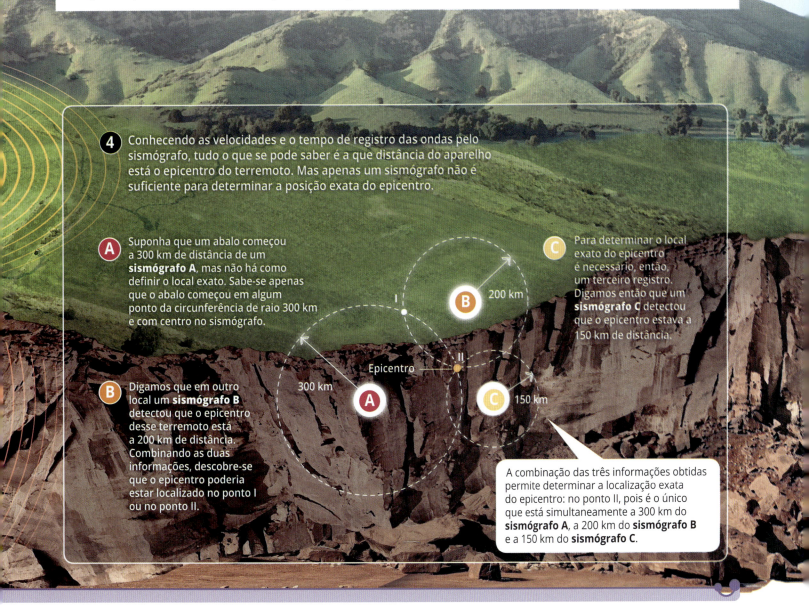

4. Conhecendo as velocidades e o tempo de registro das ondas pelo sismógrafo, tudo o que se pode saber é a que distância do aparelho está o epicentro do terremoto. Mas apenas um sismógrafo não é suficiente para determinar a posição exata do epicentro.

A Suponha que um abalo começou a 300 km de distância de um **sismógrafo A**, mas não há como definir o local exato. Sabe-se apenas que o abalo começou em algum ponto da circunferência de raio 300 km e com centro no sismógrafo.

B Digamos que em outro local um **sismógrafo B** detectou que o epicentro desse terremoto está a 200 km de distância. Combinando as duas informações, descobre-se que o epicentro poderia estar localizado no ponto I ou no ponto II.

C Para determinar o local exato do epicentro é necessário, então, um terceiro registro. Digamos então que um **sismógrafo C** detectou que o epicentro estava a 150 km de distância.

A combinação das três informações obtidas permite determinar a localização exata do epicentro: no ponto II, pois é o único que está simultaneamente a 300 km do **sismógrafo A**, a 200 km do **sismógrafo B** e a 150 km do **sismógrafo C**.

307

EDUCAÇÃO FINANCEIRA
DECISÕES A TOMAR

Já faz alguns anos que você estuda Matemática, não é mesmo? Você se lembra de alguma situação na qual usou a Matemática em seu dia a dia? Analise o diálogo a seguir.

O que você faria?

Imagine-se na mesma situação do rapaz da história acima. Como você agiria? Leia as opções a seguir e escreva em seu caderno quais seriam as vantagens e as desvantagens de cada uma.

a) Pagar à vista, pois economizou dinheiro para comprar os presentes.
b) Pagar a prazo, já que não tem o dinheiro para pagamento à vista.
c) Pagar à vista, pois assim não terá prestações no futuro.
d) Pesquisar na internet como fazer as contas para então decidir o que é mais vantajoso.
e) Perguntar ao vendedor da loja qual é a melhor opção de pagamento.
f) Procurar, entre amigos e familiares, alguém que possa explicar melhor a diferença entre as formas de pagamento.

CALCULE

Observe os preços de cada produto. Depois, responda às questões.

a) Ao optar pela compra a prazo, qual será o valor excedente que a pessoa pagará em cada produto em relação ao valor à vista?

b) Esse valor excedente para o pagamento a prazo de cada produto corresponde a que percentual do valor para pagamento à vista?

REFLITA

Para concluir o tema desta seção, discuta oralmente estas questões com sua turma:

- O que quero comprar é urgente? Se não for urgente, não será mais vantajoso economizar o dinheiro para comprar à vista?
- Durante quanto tempo eu deveria economizar para comprar um produto à vista?
- O que eu poderia comprar com o valor a mais que é cobrado em uma venda a prazo?
- Compras parceladas são sempre a pior opção?
- Em que situação uma compra a prazo é mais vantajosa para o consumidor?

ORGANIZAR O CONHECIMENTO

1. Complete o esquema.

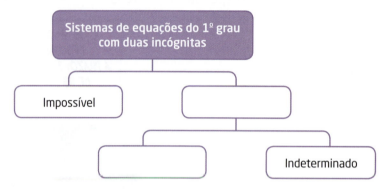

2. Ligue cada gráfico à respectiva relação entre as grandezas *x* e *y*.

3. Complete o esquema com base na ilustração abaixo.

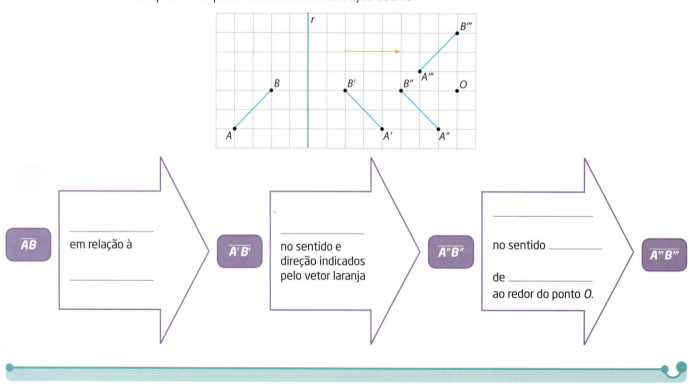

$\overline{AB}$ _____ em relação à _____ $\overline{A'B'}$ _____ no sentido e direção indicados pelo vetor laranja $\overline{A''B''}$ _____ no sentido _____ de _____ ao redor do ponto O. $\overline{A'''B'''}$

TESTES

1. Lucas fixou uma tela com formato quadrado em dois pontos distintos na parede de seu quarto. Algum problema ocorreu na fixação e a tela girou. Observe nas figuras abaixo o que aconteceu.

Para colocar a tela na posição inicial, Lucas deverá girá-la, no menor ângulo possível e inferior a 360°. Esse ângulo deverá ser:

a) 90° no sentido horário.
b) 315° no sentido anti-horário.
c) 180° no sentido anti-horário.
d) 135° no sentido horário.

2. Indique a representação gráfica da equação $y = x - 3$.

a)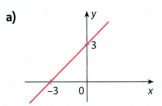

b)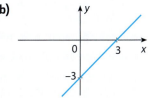

c)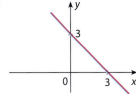

d)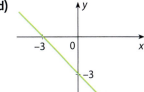

3. (Obmep) Um grupo de 14 amigos comprou 8 *pizzas*. Eles comeram todas as *pizzas*, sem sobrar nada. Se cada menino comeu uma *pizza* inteira e cada menina comeu meia *pizza*, quantas meninas havia no grupo?

a) 4
b) 6
c) 8
d) 10
e) 12

4. (Enem) Nos últimos cinco anos, 32 mil mulheres de 20 a 24 anos foram internadas nos hospitais do SUS por causa de AVC. Entre os homens da mesma faixa etária, houve 28 mil internações pelo mesmo motivo.

Época. 26 abr. 2010 (adaptado).

Suponha que, nos próximos cinco anos, haja um acréscimo de 8 mil internações de mulheres e que o acréscimo de internações de homens por AVC ocorra na mesma proporção. De acordo com as informações dadas, o número de homens que seriam internados por AVC, nos próximos cinco anos, corresponderia a:

a) 4 mil.
b) 9 mil.
c) 21 mil.
d) 35 mil.
e) 39 mil.

311

TESTES

5. (Prova Brasil) Observe o gráfico abaixo.

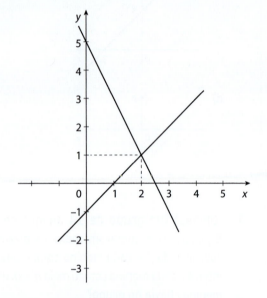

O gráfico representa o sistema:

a) $\begin{cases} y = x - 1 \\ y = -2x + 7 \end{cases}$

b) $\begin{cases} y = -2x + 5 \\ y = x - 1 \end{cases}$

c) $\begin{cases} y = -x + 3 \\ y = 2x - 7 \end{cases}$

d) $\begin{cases} y = 2x - 5 \\ y = x - 1 \end{cases}$

6. (Enem) Há, em virtude da demanda crescente de economia de água, equipamentos e utensílios como, por exemplo, as bacias sanitárias ecológicas, que utilizam 6 litros de água por descarga em vez dos 15 litros utilizados por bacias sanitárias não ecológicas, conforme dados da Associação Brasileira de Normas Técnicas (ABNT).

Qual será a economia diária de água obtida por meio da substituição de uma bacia sanitária não ecológica, que gasta cerca de 60 litros por dia com a descarga, por uma bacia sanitária ecológica?

a) 24 litros
b) 36 litros
c) 40 litros
d) 42 litros
e) 50 litros

7. (Enem) Uma indústria tem um reservatório de água com capacidade para 900 m³. Quando há necessidade de limpeza do reservatório, toda a água precisa ser escoada. O escoamento da água é feito por seis ralos, e dura 6 horas quando o reservatório está cheio. Esta indústria construirá um novo reservatório, com capacidade de 500 m³, cujo escoamento da água deverá ser realizado em 4 horas, quando o reservatório estiver cheio. Os ralos utilizados no novo reservatório deverão ser idênticos aos do já existente.

A quantidade de ralos do novo reservatório deverá ser igual a:

a) 2.   b) 4.   c) 5.   d) 8.   e) 9.

8. (Enem) Na figura estão representadas três retas no plano cartesiano, sendo P, Q e R os pontos de intersecções entre as retas, e A, B e C os pontos de intersecções dessas retas com o eixo x.

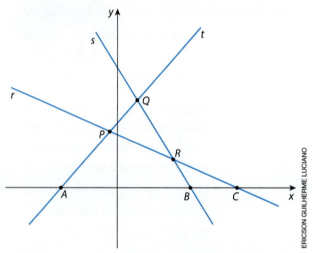

Essa figura é a representação gráfica de um sistema linear de três equações e duas incógnitas que:

a) possui três soluções reais e distintas, representadas pelos pontos P, Q e R, pois eles indicam onde as retas se intersectam.

b) possui três soluções reais e distintas, representadas pelos pontos A, B e C, pois eles indicam onde as retas intersectam o eixo das abscissas.

c) possui infinitas soluções reais, pois as retas se intersectam em mais de um ponto.

d) não possui solução real, pois não há ponto que pertença simultaneamente às três retas.

e) possui uma única solução real, pois as retas possuem pontos em que se intersectam.

ATITUDES PARA A VIDA

1. Acompanhe as cenas.

Agora, responda.

a) Que atitudes os alunos das cenas acima colocaram em prática para resolver o desafio proposto?

b) Em que momentos, durante a resolução do desafio, cada uma dessas atitudes foi importante? Por quê?

2. Descreva abaixo uma situação em que você teve de controlar a impulsividade. Depois, converse com um colega.

_____
_____
_____
_____
_____
_____
_____
_____
_____
_____

RESPOSTAS

PARTE 1

UNIDADE 1

Página 22

1. a) 12.656, 12.756, 12.856
b) 1.000, 850, 700
c) −4, 6, 16
d) 0, −6, −12

4. Exemplo de correções:
b) 100 é um número natural e um número inteiro.
d) Todo número inteiro não negativo é um número natural.

5. a) B e E **b)** todas

6. 0

7. a) 498 e 500 **b)** 53, 55 e 57

8. a) 2,25; 25; 1; 2018; 97; 29000-111
b) Exemplo de resposta: 2,25 (preço); 25, 1 e 2018 (data); 97 (número da casa); 29000-111 (código de endereçamento postal)
c) Não, o número 2,25 não é natural.

10. 1, 2, 3, 4, 5, 6, 7, 8, 9, 10, 11, 12 e −2

11. −3

12. −3 °C

13. −17

Página 29

1. a) $\mathbb{N}, \mathbb{Z}, \mathbb{Q}$
b) $\mathbb{Z}, \mathbb{Q}$
c) $\mathbb{Q}$
d) $\mathbb{Q}$
e) $\mathbb{N}, \mathbb{Z}, \mathbb{Q}$
f) $\mathbb{Q}$
g) $\mathbb{N}, \mathbb{Z}, \mathbb{Q}$
h) $\mathbb{N}, \mathbb{Z}, \mathbb{Q}$

2. Exemplo de resposta:
a) $\frac{8}{1}$
b) $-\frac{35}{1}$
c) $\frac{2}{5}$
d) $-\frac{128}{100}$
e) $\frac{4.458}{1.000}$
f) $\frac{566.789}{10.000}$

3. a) 1,5
b) $0,\overline{1}$
c) 7,7
d) −5
e) 15,2
f) $1,1\overline{36}$

• itens **b** e **f**

4. A – II; B – V; C – III; D – II; E – I; F – IV

5. a) Falsa
b) Falsa
c) Verdadeira

6. a) $\frac{2}{3}$
b) $\frac{7}{9}$
c) $\frac{14}{9}$
d) $\frac{22}{9}$
e) $\frac{7}{6}$
f) $\frac{100}{33}$

7. a) 0
b) $\frac{8}{9} : \frac{51}{9} = \frac{8}{51}$
c) $\frac{11}{6} \cdot \frac{29}{55} = \frac{29}{30}$

8. a) −1,25
b) −1,75
c) $0,58\overline{3}$
d) $2,08\overline{3}$

9. a) figura 1: $\frac{3}{5}$; figura 2: $\frac{18}{25}$
b) figura 1: 0,4; figura 2: 0,28

Página 32

1. a) número negativo e número não positivo
b) número negativo e número não positivo
c) número negativo e número não positivo
d) número negativo e número não positivo
e) número negativo e número não positivo
f) número negativo e número não positivo
g) número negativo e número não positivo
h) número natural e número não positivo
i) número natural e número positivo
j) número natural e número positivo
k) número natural e número positivo
l) número natural e número positivo
m) número natural e número positivo
n) número natural e número positivo
o) número natural e número positivo

4. Exemplo de resposta:
a) 0,75
b) −4,5
c) $1\frac{2}{3}$
d) −2,25
e) −0,7

5. a) Falsa
b) Falsa
c) Verdadeira

6. Exemplo de resposta:
a) 6
b) −2
c) 1,5
d) −2,5

7. $\frac{5}{3}, \frac{7}{6}, -\frac{3}{8}, -\frac{7}{10}$

8. Os pontos que correspondem aos números da sequência ficam cada vez mais próximos do ponto que corresponde ao zero.

Página 35

1. a) $\frac{32}{4}$
b) $\frac{32}{4}$ e −27
c) $\frac{32}{4}, -27, \frac{3}{5}, 1,\overline{35}$
d) $-\sqrt{2}, \pi$
e) $-\sqrt{2}, \pi$
f) $\frac{32}{4}, -27, \frac{3}{5}, 1,\overline{35}$

2. Exemplo de respostas:
a) −15
b) π
c) 0,5678
d) Não é possível.

3. a) Verdadeira
b) Falsa
c) Verdadeira
d) Verdadeira

4. a) $\mathbb{Z}, \mathbb{Q}, \mathbb{R}$
b) $\mathbb{N}, \mathbb{Z}, \mathbb{Q}, \mathbb{R}$
c) $\mathbb{Q}, \mathbb{R}$
d) $\mathbb{Q}, \mathbb{R}$

5. Exemplos de resposta:
a) 2,50193...; 2,8765...
b) $-\frac{7}{9}, -\frac{8}{10}$
c) 3,01579835...; 3,499901...
d) 5,35498...; 5,5551349...

Página 38

1. a) 27
b) $\frac{1}{27}$
c) 1
d) 25
e) $-\frac{1}{125}$
f) −343

2. a) $\frac{1}{2}$
   b) 16
   c) $\frac{1}{4}$
   d) $-\frac{1}{8}$
   e) 2
   f) -2

3. a) 1
   b) 1
   c) 1
   d) 1

4. a) positivo
   b) Se o expoente for par, o resultado será positivo; se o expoente for ímpar, o resultado será negativo.

5. a) -3
   b) -10

6. sim, a quarta linha

7. a) $(x + y)^2$
   b) $b^2 + a^2$

8. 2.401 gatinhos

9. 0,1; 0,01; 0,00001 e 0,00000000001

10. b) 512 bolinhas

11. a) $1, \frac{1}{3}, \frac{1}{9}, \frac{1}{27}, \frac{1}{81}$
    b) $\frac{1}{625}, \frac{1}{3.125}, \frac{1}{15.625}, \frac{1}{78.125}, \frac{1}{390.625}$

12. 340 pessoas

▶ **Página 41**

1. a) $2 \cdot 10^{-2}$
   b) $2 \cdot 10^{-4}$
   c) $2 \cdot 10^5$
   d) $1,002 \cdot 10^3$
   e) $1,2 \cdot 10^{-5}$
   f) $1,2 \cdot 10^9$
   g) $3,71 \cdot 10^{-7}$
   h) $1,256 \cdot 10^{10}$
   i) $7 \cdot 10^{-10}$
   j) $4,56987 \cdot 10^2$

2. $10^{-11}, 10^{-10}, 10^{-5}, 10^2, 10^5, 10^7$

3. 10^{22} estrelas

4. 99

5. a) 1,373
   b) $2,5234 \cdot 10^{-1}$
   c) $1,266 \cdot 10^7$

6. $3,24 \cdot 10^2; 5,89 \cdot 10^3; 3,66 \cdot 10^8; 1,39 \cdot 10^9$

▶ **Página 45**

1. Exemplo de resposta:
   a) $(3^2)^4 \neq 3^{2^4}$
   b) $-2^4 \neq (-2)^4$
   c) $2^{6-2} \neq 2^6 - 2^2$
   e) $5^{1^3} \neq 5^{3^1}$
   f) $2^{-1} = \frac{1}{2}$

2. a) 5^{22}
   b) 2^{-6}
   c) 3^{41}
   d) 8^{-1}
   e) 3^4
   f) 1^6

3. a) 10^{14}
   b) 10^2
   c) 10^{-2}

4. 10^{-7}

5. a) 45
   b) $5 \cdot 10^{10}$
   c) $2 \cdot 10^{-11}$

6. a) 2^{-6}
   b) 3^{-8}
   c) 2^{-3}
   d) 10^4

7. a) $9 \cdot 10^6$
   b) $4,8 \cdot 10^{-2}$
   c) $3,6 \cdot 10^7$
   d) $1,55 \cdot 10^4$

8. a) 12,96
   b) 136.900
   c) 0,054872

9. 128 arquivos

11. a) $2,677 \cdot 10^7$
    b) $2,83 \cdot 10^8$

▶ **Página 48**

1. a) 15
   b) -9
   c) $\frac{10}{12}$
   d) 0,3
   e) Não é um número real.
   f) -4

2. a) 8 cm
   b) 5,5 km
   c) 1,3 dm
   d) 12 m

3. 10

4. Exemplos de resposta:
   a) $\left(\sqrt{4}\right)^2 = 2^2 = 4$
   b) $\sqrt{\sqrt{16}} = \sqrt{4} = 2$

5. Exemplo de respostas:
   a) A raiz quadrada de um número racional pode ser um número racional.
   b) A raiz quadrada de um número negativo não é um número real.

6. a) A medida de seu lado deve ser igual à raiz quadrada desse número natural.
   Exemplo:
   se $\ell = \sqrt{2}, A = \ell^2 = \sqrt{2} \cdot \sqrt{2} = 2$
   b) Sim, por exemplo, área $= 7$ e medida do lado $= \sqrt{7}$.

7. a) Verdadeira
   b) Falsa
   • Não, pois, sentença não é válida para $a = 10$ e $b = 5$.

▶ **Página 51**

1. a) 8
   b) 8
   c) 6
   d) 6
   e) 11
   f) 12
   g) 14
   h) 14

2. por causa da aproximação

3. a) 7,5
   b) 8,3
   c) 8,8
   d) 9,3
   e) 9,6
   f) 10,2
   g) 11,4
   h) 12,1

4. a) 3,5
   b) 4
   c) 5,2
   d) 6,7
   e) 8
   f) 8,93
   g) 40

5. Exemplo de resposta:
   a) 9,43 (por falta) ou 9,44 (por excesso)
   b) 11,22 (por falta) ou 11,23 (por excesso)
   c) 15,16 (por falta) ou 15,17 (por excesso)
   d) 19,13 (por falta) ou 19,14 (por excesso)
   e) 20,24 (por falta) ou 20,25 (por excesso)
   f) 41,41 (por falta) ou 41,42 (por excesso)
   g) 44,71 (por falta) ou 44,72 (por excesso)
   h) 59,14 (por falta) ou 59,15 (por excesso)

RESPOSTAS

6. Exemplo de resposta:
  a) 11,357 (por falta) ou 11,358 (por excesso)
  b) 20,371 (por falta) ou 20,372 (por excesso)
  c) 9,848 (por falta) ou 9,849 (por excesso)
  d) 7,469 (por falta) ou 7,470 (por excesso)
  e) 12,541 (por falta) ou 12,542 (por excesso)
  f) 19,649 (por falta) ou 19,650 (por excesso)

8. a) 60 b) 39 c) 63

9. a) 19,8 d) 12,6
  b) 29,4 e) 126
  c) 294 f) 20,4

10. a) $\frac{5}{7}$ c) $\frac{2}{29}$
  b) 2,3 d) 3,7

11. a) erro na divisão de 13 por 3
  b) erro na extração do fator 2 da raiz

12. a) 79
  b) 446, 447, 448 e 449
  c) 2.325

▶ Página 53

1. a) 5 f) 2
  b) 6 g) −3
  c) −12 h) 0,1
  d) 7 i) $\frac{1}{2}$
  e) −9 j) $\frac{1}{2}$

2. alternativas **b**, **c**, **d**

3. a) Verdadeira c) Falsa
  b) Falsa d) Verdadeira

4. a) 1
  b) $-\frac{15}{2}$

5. a) $\sqrt{65}$ está entre 8 e 9.
  b) $\sqrt{50}$ está entre 7 e 8.
  c) $\sqrt{105}$ está entre 10 e 11.

6. sim

7. a) 4; sim d) 1; sim
  b) 1; sim e) 4; sim
  c) 0; sim f) 0,3; sim

8. a) −1
  b) $\sqrt{-1}$
  • a expressão do item **b**

10. a) 23 m b) 12 m

11. a) $x \geq 0$
  b) qualquer número inteiro
  c) $x > 0$

▶ Página 55

1. a) $\sqrt{2}$ d) $\sqrt[5]{1,2^4}$
  b) $\sqrt[4]{6}$ e) $\sqrt{4,5}$
  c) $\sqrt[3]{7^2}$ f) $\sqrt[5]{10}$

2. a) 2 d) $\frac{7}{5}$
  b) 4 e) $\frac{1}{3}$
  c) 3 f) $\frac{1}{343}$

3. a) 0
  b) $\frac{7}{3}$

4. alternativa **c**

5. 7

7. a) 2 c) $\sqrt{8}$
  b) $\frac{1}{3}$ d) 3

8. a) $25^{\frac{1}{2}} > 25^{-2}$ d) $9^{-2} < 9^{\frac{1}{2}}$
  b) $\left(\frac{1}{4}\right)^{\frac{1}{2}} > \left(\frac{1}{4}\right)^2$ e) $62^{\frac{1}{4}} > 64^{-1}$
  c) $\left(\frac{1}{10}\right)^{-3} > \left(\frac{1}{100}\right)^{-\frac{1}{2}}$ f) $49^{-\frac{1}{2}} < 49^{\frac{1}{2}}$

9. $x^{\frac{1}{10}}$

▶ Página 57

1. b) Exemplo de resposta: título: Número de medalhas do Brasil nos Jogos Olímpicos de 1980 a 2016. Fonte: Dados obtidos em: <https://www.cob.org.br/pt/time-brasil/brasil-nos-jogos/medalhas-do-time-brasil>. Acesso em: 27 jul. 2018.
  c) linha horizontal: ano; linha vertical: número de medalhas

2. b) Exemplo de resposta: título: Número de empregos nas micro e pequenas empresas (MPE) no Brasil.
  Fonte: Dados obtidos em: <https://m.sebrae.com.br/Sebrae/Portal%20Sebrae/Anexos/anu%C3%A1rio%20do%20trabalho%202015.pdf>. Acesso em: 27 jul. 2018.

3. a) 5.349.000 assinaturas
  b) 102%

▶ Página 59

1. a) 9.999.999; 10.000.000
  b) 1.005; 1006; 1.007
  c) 0; sucessor: 1; não há antecessor do zero no conjunto dos naturais.

2. a) 16 °C
  b) −20 °C
  c) Tóquio: 4 °C; Inuvik: 10 °C; Darkhan: 6 °C; Tromsoe: 6 °C

3. a) 1,25 c) $4,0\overline{6}$
  b) 0,875 d) $2,\overline{36}$

4. a) $\frac{5}{2}$ d) $\frac{124}{99}$
  b) $\frac{52}{3}$ e) $\frac{145}{999}$
  c) $\frac{16}{9}$ f) $\frac{596}{333}$

5. $-6,\overline{4}; \frac{3}{10}; \frac{5}{3}; \frac{7}{2}; 4,5; \frac{24}{5}$

6. a) $0,\overline{06}; 0,\overline{18}; 0,\overline{27}; 0,\overline{36}; 0,\overline{45}$; O período é formado por múltiplos de 9.
  b) $0,\overline{54}; 0,\overline{63}; 0,\overline{72}; 0,\overline{81}; 0,\overline{90}$

7. alternativa **c**

8. a) $\frac{1}{3}$ b) 125 c) 1.000.000

9. a) $\left(\frac{1}{47}\right)^4 < \left(\frac{1}{47}\right)^2$ c) $59^{-23} < 59^{22}$
  b) $\left(\frac{1}{10}\right)^{-5} < \left(\frac{1}{10}\right)^{-6}$ d) $\left(\frac{4}{3}\right)^7 > \left(\frac{4}{3}\right)^{-8}$

10. a) -10^2 d) 2^{-1}
  b) 2^4 e) 2^2
  c) 5^1 f) 10^2

11. a) 8 bactérias
  b) 1.024 bactérias
  c) 16.777.216 bactérias

12. 64 partes

13. 4^3

14. a) $x^{-1}y^4$ **c)** $2x^{-2}y^4$
  b) $2x^2y^4$ **d)** $10x^{-5}y$

15. 6

16. alternativa **d**

17. a) 270
  b) $3 \cdot 10^{11}$
  c) $3^{-1} \cdot 10^{-11}$

18. a) 8.000 cm³
  b) Exemplo de resposta: potenciação
  c) 10 cm
  d) radiação

19. a) -64
  b) -3
  c) qualquer número natural ímpar maior que 2
  d) 5
  e) qualquer número natural maior ou igual a 2
  f) -216

20. a) $\frac{112}{81}$ **d)** $\frac{5}{18}$
  b) $\frac{1}{30}$ **e)** $\frac{1}{3}$
  c) $\frac{8}{11}$

21. a) 15   **b)** 6

22. $3,0 \cdot 10^5$ km; $9,4608 \cdot 10^{12}$ km; $9,46 \cdot 10^{17}$ km

UNIDADE 2

Página 66

2. a) infinitas
  b) uma reta
  c) Não, somente se os pontos forem colineares.

3. $\overline{AB}$ e $\overline{IJ}$; $\overline{GH}$ e $\overline{CD}$

4. $\overline{AB}$; $\overline{AC}$; $\overline{AD}$; $\overline{BC}$; $\overline{BD}$; $\overline{CD}$

5. a) 35°   **d)** 50°
  b) 61°   **e)** 165°
  c) 123°   **f)** 80°

7. a) 39,72°; ângulo agudo
  b) 138°; ângulo obtuso
  c) 180°; ângulo raso
  d) 90°; ângulo reto

8. a) 90°
  b) 150°
  c) 60°
  d) 210°

9. a) 90° ou $\frac{1}{4}$ de volta
  b) 180° ou $\frac{1}{2}$ volta

10. a) 25°
  b) 42°

Página 71

5. a) 146 m
  b) a casa de Beatriz

6. a) $BC = 7,3$ cm; $AE = 27,8$ cm; $CD = 6,6$ cm; $BE = 20,5$ cm
  b) 13,9 cm
  c) 17,9 cm

7. alternativa **c**

Página 75

1. a) 30° e 30°
  b) São congruentes.
  c) A semirreta é a bissetriz desse ângulo.

2. a) med($A\hat{O}C$) = 60°; med($B\hat{O}C$) = 60°
  b) med($A\hat{O}C$) = 9°; med($B\hat{O}C$) = 9°

3. dois ângulos retos

4. a) 45°
  b) 75°

5. 110°

6. a) 134°   **b)** 126°

7. 51°

8. a) 10°   **b)** 153°

10. alternativa **c**

11. Ricardo e Fernanda

Página 80

1. a) Quantidade de telefones de uso público no Brasil.
  b) 7 anos
  c) 947.700 telefones públicos
  d) Diminuiu em 268.100 telefones.

2. a) Não, pois de 2014 para 2015 houve um aumento nesse número.
  b) em 2015
  c) em 2017
  d) decresceu

3. a) Aumentou a cada ano.
  b) 2015 e 2016

Página 81

1. 13,18 mm; 63,5 mm

3. a) $A\hat{O}C$; $A\hat{O}D$; $A\hat{O}E$; $B\hat{O}D$; $B\hat{O}E$
  b) med($A\hat{O}C$) = 102°; med($A\hat{O}D$) = 130°;
     med($A\hat{O}E$) = 155°; med($B\hat{O}D$) = 100°;
     med($B\hat{O}E$) = 125°

4. a) Falsa
  b) Verdadeira
  c) Verdadeira
  d) Verdadeira

5. 75°

6. a) 120°   **b)** 60°   **c)** 140°

7. O monumento deve ser instalado em qualquer ponto da bissetriz do ângulo formado pelas ruas e que seja interno à região determinada pela praça; portanto, esse local não é único.

9. alternativa **d**

RESPOSTAS

UNIDADE 3

▶ Página 85

1. vértices: A, B e C
   ângulos internos:
   $A\hat{B}C$, $B\hat{C}A$ e $C\hat{A}B$
   ângulos externos: $\hat{a}$, $\hat{b}$ e $\hat{c}$
   lados: $\overline{AB}$, $\overline{BC}$ e $\overline{CA}$

2. a) escaleno e obtusângulo
   b) escaleno e retângulo
   c) equilátero e acutângulo
   d) escaleno e obtusângulo
   e) escaleno e acutângulo
   f) isósceles e retângulo

3. alternativas **a e c**

4. a) 2 cm ou 3 cm
   b) 5 cm ou 6 cm
   c) 10 cm, 8 cm ou 4 cm

5. as três

6. a) para os dados das colunas II, III, IV e V
   c) medidas aproximadas dos ângulos
      triângulo II: 18°, 122°, 40°;
      triângulo III: 29°, 46°, 105°;
      triângulo IV: 60°, 60°, 60°;
      triângulo V: 41°, 98°, 41°
   d) triângulo II: escaleno e obtusângulo
      triângulo III: escaleno e obtusângulo
      triângulo IV: equilátero e acutângulo
      triângulo V: isósceles e obtusângulo

7. infinitos

▶ Página 88

1. a) 52°   c) 24°
   b) 25°   d) 96°

2. $a = 32°$; $b = 78°$; $c = 70°$; $d = 110°$

3. a) $x = 65°$ e $y = 45°$
   b) $x = 75°$ e $y = 105°$
   c) $x = 32°$ e $y = 30°$

4. a) 45°, 55° e 80°
   b) 112°, 113° e 135°
   c) ângulos internos: 32°, 72° e 76°
      ângulos externos: 104°, 108° e 148°

5. a) 110°, 120° e 130°   b) 16°

▶ Página 94

1. a) altura relativa ao lado $\overline{CE}$
   b) mediana relativa ao lado $\overline{AE}$
   c) ângulo externo
   d) ângulo interno

2. $\overline{IA} \cong \overline{IB} \cong \overline{IC}$

3. a) Falsa
   b) Falsa
   c) Verdadeira
   d) Falsa
   e) Verdadeira

4. o quadro do meio

5. a) 1,5 cm   b) 34°

6. a) 30°   b) 12 cm

7. 78°

8. 35

9. 49°; 9,5 cm

10. 52 cm

11. Representamos cada prédio como o vértice de um triângulo e encontramos o seu circuncentro.

12. $a = 45°$, $b = 45°$, $c = 25°$, $d = 25°$, $e = 20°$, $f = 20°$, $g = 135°$, $h = 110°$ e $i = 115°$

13. a) Os três pontos coincidem

14. É possível traçar vários triângulos de modo que a circunferência fique inscrita neles.

▶ Página 100

1. A e F: LLL
   B e E: ALA

2. a) $\triangle ABC \cong \triangle DCB$
      caso LAL
      lado: $\overline{AB} \cong \overline{DC}$
      ângulo: $A\hat{B}C \cong D\hat{C}B$
      lado: $\overline{BC}$ (lado comum)
   b) $\triangle ABC \cong \triangle DBC$
      caso ALA
      ângulo: $A\hat{B}C \cong D\hat{B}C$
      lado: $\overline{BC}$ (lado comum)
      ângulo: $A\hat{C}B \cong D\hat{C}B$

3. a) Falsa
   b) Verdadeira
   c) Verdadeira

4. a) 2
   b) 4
   c) 30°
   d) 10

5. $\triangle CHG \cong \triangle GDC$ (LLL)
   $\triangle CDB \cong \triangle EBD$ (LAL)
   $\triangle ABC \cong \triangle FDE$ (HC)

▶ Página 108

1. a) $a = 55°$ e $x = 70°$
   b) $a = 10°$ e $x = 3$
   c) $a = 7°$ e $x = 0$

2. O $\triangle RST$ é equilátero, pois a medida de cada ângulo interno é igual a 60°.

3. 60°

4. 35°

5. a) 45°
   b) 14 cm
   c) 14 cm

6. a) 10   b) 7

7. a) 60°
   b) 47,5°
   c) 56°

8. $a = 30°$, $b = 30°$, $c = 30°$ e $d = 30°$

9. 20°

Página 110

1. alternativa **c**
2. alternativa **b**
3. alternativa **d**
4. alternativa **d**
5. alternativa **e**

Página 112

1. alternativa **c**
2. alternativa **a**
3. a) 70°
   b) 95°
   c) 30°
   d) 105°
4. alternativa **a**
5. a) São congruentes; caso LAL.
   b) Não são congruentes.
   c) São congruentes; caso LLL.
   d) São congruentes; caso ALA.
6. $x = 32°$ e $y = 103°$
7. 140°
8. alternativa **c**
9. Ele deve determinar o encontro das mediatrizes, ou seja, o circuncentro do triângulo do esquema.
10. 44°
11. $x = 31°$, $y = 114°$ e $z = 121°$
12. 70°, 55°, 55°
13. $\triangle ABC \cong \triangle I$ (LAL)
    $\triangle ABC \cong \triangle II$ (LAA$_o$)
    $\triangle ABC \cong \triangle III$ (LAA$_o$)
14. $a = 7$; $b = 5$; perímetro $= 50$
15. alternativa **c**
16. alternativa **e**

Página 119

1. alternativa **b**
2. alternativa **c**
3. alternativa **b**
4. alternativa **e**
5. alternativa **e**
6. alternativa **d**
7. alternativa **b**
8. alternativa **b**
9. alternativa **c**
10. alternativa **c**
11. alternativa **d**

PARTE 2

UNIDADE 4

Página 127

1. a) $\hat{a}, \hat{b}, \hat{c}, \hat{d}$
   b) $\hat{e}, \hat{f}, \hat{g}, \hat{h}$
   c) A, B, C, D
   d) $\overline{AB}, \overline{BC}, \overline{CD}, \overline{DA}$
   e) $\overline{AC}, \overline{BD}$
2. Não, pois a soma das medidas dos ângulos internos (123° + 24° + 56° + 167° = = 370°) é maior que 360°.
3. 75°, 100°, 105° e 80°
4. a) 12°
   b) 20°
   c) 65°
   d) 110°
5. $a = 63°$, $b = 102°$, $c = 135°$ e $d = 60°$
6. a) 60° b) 105° c) 75°

Página 133

1. a) alternativas **b**, **d**, **e**
2. a) trapézio isósceles
   b) losango, retângulo, quadrado, paralelogramo
3. alternativa **b**
4. 6 cm, 3 cm e 3 cm
5. a) $x = 70°$ e $y = 40°$
   b) $x = 1,5$ e $y = 12$

Página 136

1. alternativas **a**, **c**, **e**
2. a) $x = 20$ e $y = 10$ b) $x = 18$ e $y = 6$
3. 36
4. alternativa **c**
5. 26 cm
6. a) 4 cm
   b) 3,5 cm
   c) 14,5 cm
   d) 18 cm
   e) 10,5 cm
7. 55°, 90° e 35°
8. a) Sim, porque $\overline{AB}$ e $\overline{HG}$ são congruentes a $\overline{DC}$.
   b) Sim, porque os paralelogramos ABCD e EFGH são congruentes.
9. 120° e 60°
10. a) Sim, porque P é ponto médio de $\overline{AB}$.
    b) Sim, são ângulos (retos) internos de um quadrado; medem 90°.
    c) Sim, porque S e Q são pontos médios dos lados de um mesmo quadrado.
    d) Sim, pelo caso LAL.
    e) 45°, 45° e 90°
    f) Os lados são congruentes.
       Os ângulos são congruentes.
    g) sim
11. 6 paralelogramos

319

RESPOSTAS

▶Página 140

1. a) 39,2 cm b) 114°
2. 10
3. a) exemplo de resposta: A medida da base de um triângulo é AB = 26. Como M e N são, respectivamente, os pontos médios de $\overline{AC}$ e $\overline{BC}$, então MN = 13.
   b) exemplo de resposta: As medidas das bases de um trapézio são AB = 11 e CD = 7. Como M e N são, respectivamente, os pontos médios de $\overline{AC}$ e $\overline{BC}$, então MN = 9.

▶Página 142

1. a) Os gastos com saúde pública por pessoa por ano em alguns países.
   b) Canadá, Dinamarca, Estados Unidos e Suíça.
   c) Não, pois nem o texto, nem o gráfico trazem informações de todos os países estudados. É preciso a leitura de ambos para que se possa fazer uma comparação entre os países e então concluir qual investe mais.
2. a) Qualquer TV de 32 ou 49 polegadas, à vista ou a prazo, ou as TVs de 55 polegadas à vista nas duas lojas.
   b) Na loja B.
   c) Não, pois é na tabela que encontramos as opções de pagamento e os descontos oferecidos. Assim, é necessário a leitura da tabela e do gráfico, em conjunto, para decidir qual TV comprar e em qual loja.

▶Página 143

1. a) 3 cm, 6 cm, 10 cm e 8 cm
   b) 8 cm, 4 cm, 6 cm e 9 cm
2. x = 15,5 cm, y = 110° z = 120° e perímetro = 57 cm
3. alternativas **b**, **c**, **e**
4. a) suplementares b) não
5. alternativa **e**
6. a) As diagonais de um paralelogramo dividem-no em quatro triângulos, congruentes dois a dois, opostos pelo vértice.
   b) As diagonais de um losango dividem-no em quatro triângulos congruentes.
   c) A base média de um trapézio divide-o em dois trapézios de áreas diferentes.
   d) As diagonais de um retângulo dividem os ângulos internos em ângulos congruentes dois a dois.
   e) Ao traçar a diagonal de um quadrado, obtemos dois triângulos isósceles.
7. a) 90°
   b) med($\hat{K}$) = 50°, med($\hat{L}$) = 130°, med($\hat{M}$) = 50° e med($\hat{N}$) = 130°
8. a) 28°   c) 60°   e) 50°
   b) 38° 30′   d) 25°   f) 60°
9. 56°, 122°, 136° e 46°
10. alternativa **e**
11. O ângulo de medida x é externo ao △ABD isósceles; logo, x = y + y ou y = $\frac{x}{2}$.
12. alternativa **b**
13. x = 7 cm e y = 13 cm
14. a) quadrado
    b) losango
15. a) sim
    b) 15 trapézios
17. alternativas **a**, **b**, **f**
18. alternativa **d**
19. alternativa **d**

UNIDADE 5

▶Página 148

1. $\overline{AC}$, $\overline{AD}$, $\overline{BE}$, $\overline{BD}$, $\overline{CE}$
3. a) triângulo
   b) pentágono
4. 15 estradas
5. alternativa **c**
6. 11 diagonais

▶Página 151

1. a) 1.620°   c) 2.340°
   b) 1.080°   d) 3.240°
2. a) 105°   b) 78°
3. a) 40°   b) 75°
4. 115°, 126°, 119°, 130°, 150°, 120°, 140°.
5. a) 5 lados   c) 11 lados
   b) 12 lados   d) 10 lados
6. a) octógono; 20 diagonais
   b) 44 diagonais
7. a) decágono
   b) triângulo
   c) icoságono
   d) dodecágono
8. a) a = 10°, b = 80° e c = 130°
   b) a = 55°, b = 125° e c = 60°
9. x = 98°, y = 82° e z = 57°
11. b) 90°

▶Página 153

1. polígonos não regulares
2. a) 90° e 90°   d) 144° e 36°
   b) 108° e 72°   e) 150° e 30°
   c) 120° e 60°   f) 162° e 18°
3. a) 20 lados   b) 3.240°
4. a) I – 9 lados; II – 12 lados   b) I – 1.260°; II – 1.800°
5. a) quadrado
   b) pentágono
   c) Não existe um polígono nessa condição.
6. a = 140° e b = 40°
7. a) octógono   b) 140°
8. a) Eduardo se esqueceu de somar a medida do ângulo interno do outro quadrado.
   120° + 90° + 90° + 60° = 360°
   Portanto, a soma das medidas de todos os ângulos formados com vértice em A é 360°.
   b) Todos os ângulos de vértice A formam uma volta completa. Assim, a soma de suas medidas é 360°.
9. quadrado
10. a = 72°, b = 72° e c = 36°
11. 6 cm, pois as seis diagonais decompõem o hexágono regular em seis triângulos equiláteros.

Página 160

1. a) $\overline{OB}$
   b) $B\hat{O}C$
   c) exemplo de resposta: $B\hat{C}D$
   d) $\overline{OM}$

2. a) 90°
   b) 60°
   c) aproximadamente 51°
   d) 30°
   e) 18°

3. 24 lados

5. Falsa, pois a afirmação só é válida para polígonos regulares.

7. a) Diminuirá. Quanto maior o número de lados do polígono, dividimos 360° em mais partes e, por isso, a medida do ângulo central diminuirá.
   b) $\frac{360°}{n}$

8. a) Aumentará.
   b) Aproxima-se do valor de r.

Página 163

1. b) falha mecânica
2. c) Aumentando.
3. b) Não. O gráfico de linhas é usado para comparar a mesma informação no decorrer do tempo.
   c) Maçã
4. a) na agricultura
   b) na agricultura
   c) Se nos dois gráficos as porcentagens não fossem apresentadas, seria mais fácil visualizar onde o consumo de água representa mais da metade de todo o consumo no gráfico de barras.

Página 165

1. alternativa **c**
2. a) 4 diagonais
   b) 14 diagonais
   c) decágono
   d) 35 diagonais
4. 140°
5. hexágono, heptágono e octógono
6. 90°, 150°, 120°, 120° 150° e 90°
7. a) 60°
   b) 1.980°
   c) 135°
   d) 36°
   e) 360°
8. a) Falsa
   b) Verdadeira
   c) Falsa
   d) Falsa
9. alternativa **c**

UNIDADE 6

Página 167

1. a) 66
   b) 6.600 cm²

2. Sim, pois elas têm a mesma área.
3. 16 cm²; 16 cm²
5. a) Sim
   b) Sim, pois ambos têm a mesma área.
6. a) 12 m²

Página 169

1. a) 16 cm²   b) 0,25 cm²
2. a) 2,75 cm²
   b) 5 cm²
   c) 1,8 cm²
   d) 6,25 cm²
   e) 3,08 cm²
   f) 6 cm²

3. Errado; Carla pode ter adicionado o valor das diagonais, em vez de multiplicá-los, para obter esse resultado.

4. a) 15,75 cm²   c) 22,5 cm²
   b) 40,5 cm²   d) 22,5 cm²

5. 6.936 m²

6. azul: 1,4 litro; rosa: 1,8 litro; verde: 1 litro; laranja: 0,8 litro; roxo: 1,8 litro

7. 28 m²

Página 171

1. a) aproximadamente 21 cm²
   b) aproximadamente 20 cm²
   c) aproximadamente 18 cm²

2. a) 40.300 m²

3. c) Segundo o IBGE (2018), a área do estado do Paraná é 199.307,939 km².

Página 174

1. a) 9π
   b) $\frac{4}{\pi}$
   c) $20{,}25\pi$
   d) $\frac{49\pi}{4}$

2. a) 10 cm
   b) 5 cm
   c) $4\sqrt{3}$ cm
   d) 3 cm

3. a) π
   b) 3π
   c) $\frac{4\pi}{3}$
   d) 3π

4. a) 24π
   b) $98{,}04\pi$
   c) 72π

5. a) $(4{,}5 + 1{,}125\pi)$ cm²
   b) $\left(50 - \frac{25\pi}{2}\right)$ cm²
   c) $\frac{3\pi}{2}$ cm²

RESPOSTAS

6. 5 cm

7. A promoção não será vantajosa, pois a área de uma *pizza* grande é maior que a área de duas *pizzas* médias.

8. a) Confeitaria dos Sonhos: 706,5 cm²; Confeitaria Verão: 452,16 cm²
   b) Na Confeitaria Verão: 75,36 cm² > 70,65 cm²
   c) R$ 4,69

9. 38,88 dm²

10. 36π cm²

11. 24π m²

12. R$ 9.321,88

13. $8\pi r^2$

▶Página 177

1. a) 0,072 m³
   b) 2 m³

2. a) 10.000 L
   b) 56 cm³
   c) 6 recipientes

3. Os dois recipientes possuem a mesma capacidade, já que possuem o mesmo volume.

5. 3,6 L de suco.

▶Página 179

1. a) 6 ou 7   **b)** 24 unidades da federação

2. a) 20 a 30 (exclusive)
   b) 0 a 10 (exclusive)
   c) 11

5. b) Sudeste; 0,433

▶Página 181

1. alternativa **a**

2. a) um octógono   **b)** 48cm²

3. $3\pi r^2$

4. 7π cm²; $7,56\pi$ cm²; a coroa da direita

5. a) Piscina olímpica: 2.500.000 L; piscina semiolímpica: 1.000.000 L
   b) Não, pois o volume de duas piscinas semiolímpicas é menor que o volume de uma piscina olímpica.

6. a) 840 m²   **b)** R$ 252.000,00

7. $3.200(\pi + 5)$ m²

8. a) 4π **b)** $8\pi - 16$

9. 32 m²

10. a) 135°   **b)** $\frac{2}{9}$

11. a) 1 litro em cada recipiente   **b)** no recipiente 2

12. a) 40 m por 40 m
   b) Sim, pois o terreno tem área de 1.600 m².
   c) 1.200 m²

13. 5 m

14. a) 11.124 m²
   b) Serão necessárias 279 latas de tinta de fundo e 445 latas de tinta de acabamento.

15. alternativa **b**

16. 75π cm²

▶Página 189

1. alternativa **b**
2. alternativa **c**
3. alternativa **a**
4. alternativa **d**
5. alternativa **b**
6. alternativa **e**
7. alternativa **c**
8. alternativa **a**
9. alternativa **c**

PARTE 3

UNIDADE 7

▶Página 195

1. a) $2a + b$
   b) $18x$

2. a) Exemplo de resposta:
   $(n - 1) + n + (n + 1)$
   b) Exemplo de resposta: $(x + y)^2$
   c) Exemplo de resposta: $x^2 + y^2$

3. Exemplo de resposta:
   $x + (-x) = 0$

4. $a + 0 = 0 + a = a; a \cdot 1 = 1 \cdot a = a$

5. a) $a + (b + c) = (a + b) + c$
   b) $a \cdot b = b \cdot a$
   c) $a \cdot (b \cdot c) = (a \cdot b) \cdot c$

6. a) $x - 4$
   b) $y - 1$
   c) 3 cm
   d) Sim; o corte deveria ser de apenas 3 cm no comprimento.

▶Página 197

1. a) 49   **c)** 0
   b) 49   **d)** -16

2. a) $2 \cdot s$ **d)** $3x + \frac{x}{2}$
   b) $y + 1$ **e)** $\frac{m}{3} + s$
   c) z^2

3. a) n^2 **b)** 5.625

4. a) $3x + 1 = x + 8$
   b) A balança continuará em equilíbrio; $2x = 7$
   c) 3,5 kg
   d) 2 kg

5. a) não
   b) Exemplo de resposta: O número da coluna da direita é o dobro do antecessor do número da mesma linha da coluna da esquerda.
   c) $n = 2 \cdot (x - 1)$

6. a) R$ 121,50
   b) $x \cdot 5 + y \cdot 1,5 + z \cdot 3$ ou $5x + 1,5y + 3z$

Página 199

1. b) alternativas **b, c, d, f**
2. a) coeficiente: -3
   parte literal: a^2b
   b) coeficiente: -1
   parte literal: x^2y
   c) coeficiente: 3
   parte literal: vbg
   d) coeficiente: 7
   parte literal: xy
   e) coeficiente: 1
   parte literal: z
   f) coeficiente: 2
   parte literal: não tem
   g) coeficiente: $\frac{1}{2}$
   parte literal: xy
   h) coeficiente: $-\frac{3}{5}$
   parte literal: x
3. Exemplo de respostas:
   a) $-m; -x^2$
   b) $pq^2; -3pq^2$
   c) $\frac{1}{5}d; \frac{1}{5}x^2$
   d) $-3z; 2z$
4. Exemplo de respostas:
   a) $1,8m^2; 6m^2; -m^2$
   b) $4x; 4xy; 4x^2$
5. a) $45c$ b) xn
6. a) $10x$ b) $8x$
7. a) $x \cdot x$ ou x^2 b) ab ou ba
   - área do quadrado: $9\ cm^2$
   - área do retângulo: $8\ cm^2$

Página 201

1. a) C e D
   b) A e B
2. $\frac{4x^5}{3}$ e $-2x^5$
3. $\frac{1}{2}p^3q^3r^4$
4. a) Os monômios $\frac{3}{4}ab^2c$ e $3abc^2$ não têm a mesma parte literal.
   b) O monômio $7x^2za$ tem coeficiente diferente dos coeficientes de $\frac{1}{7}x^2za$ e de $-7x^2za$.
5. a) $xyz, 3xyz$ b) sim

Página 202

1. a) $-4xy$ e) 0
   b) $8yb^2$ f) $\frac{7x^2y^3}{12}$
   c) y g) $-ab^2$
   d) $2,7x$ h) 0
2. a) $0x^2z$
   valor numérico: 0
   b) $\frac{133}{10}xz^3$
   valor numérico: $13,3$
   c) $\frac{1}{3}x + \frac{1}{3}z$
   valor numérico: 0
   d) $\frac{109}{5}xz$
   valor numérico: $21,8$
   e) $1,05x^2z^2$
   valor numérico: $1,05$
3. a) $15x$ b) $28a$
4. $8\ cm$
5. a) $3ax$
   b) A terça parte da figura tem área ax.

Página 204

1. a) $30x$ b) $38x^2$ c) não
2. a) x^6 c) $-8x^5y^{12}$
   b) $24y^{16}$ d) $-3a^4b^4$
3. a) $P = 8x$ e $S = 3x^2$
   b) $P = 8x$ e $S = 4x^2$
   c) $P = 9x$ e $S = 4,25x^2$
   d) $P = 11x$ e $S = 7,5x^2$

Página 205

1. a) $4ab^2$ c) $-26a$
   b) $4x^5y^3$ d) $-\frac{4}{3}$
2. a) $4ab^2 \cdot 6a^4bc^2 = 24a^5b^3c^2$
   b) $4x^5y^3 \cdot (-25xyz) = -100z^6y^4z$
   c) $-26a \cdot (-0,5a^2c^6) = 13a^3c^6 = 13a^3b^0c^6$
   d) $-\frac{4}{3} \cdot \left(-\frac{1}{2}xy\right) = \frac{2}{3}xy$
3. a) $-23yes$ b) $12ye^2$
4. a) Exemplo de resposta:
   $(12x^3a) : (12x^3a) = 1$
   b) $(0,5mt^2) : (mt) = 0,5t$
   c) $xyz : 0,5x = 2yz$
5. $A = 1,5x$

Página 206

1. a) $81a^{28}b^4y^{16}$
   b) $-\frac{1}{8}x^9y^3z^6$
2. a) $9x^2$
   b) $49xy^3$
   c) 0
   d) $\frac{2a^2}{3}$
   e) $-m^3n^4$
3. a) $-1,331x^9y^3z^6$
   b) $81a^2b^4$
4. a) $8x^3$
   b) $56x^3$
   c) $875\ cm^3$

RESPOSTAS

▶ **Página 207**

1. **a)** Exemplo de resposta: $5a - 7$
   b) Exemplo de resposta:
   $-x^2 + 4x + a - 2b - \frac{5}{2}$
   c) Exemplo de resposta:
   $3pq^2 + q$

2. alternativa **c**

3. **a)** 9
   b) $24x$
   c) $5x^2$
   d) $11x^2$

4. **a)** $a^2b + \frac{x}{2} + y$ **b)** $3xy$

5. **a)** $28 + x$ e $7 + x$ **b)** $0,25x + 0,05y + z$

6. **a)** $45x + 58y$ **b)** $135x + 174y$

7. **a)** $\frac{3x + 5}{2} + 4$ **b)** 14

8. $2xy + 2xz + 2yz$

9. $(0,85y + 5,1x)$ reais

▶ **Página 210**

1. **a)** $3x$; -4
   b) $-4x + 8$; $5x - 3y$
   c) $3x^2 + 2x + 1$; $7x^2 - \frac{1}{2}y + z$
   d) $4x^2$; $7x - 5y + 2z$

2. **a)** $-4a^3 + 2b^5 + 5 + 2z^2$
   b) $19ab - 10ab^2 - a$
   c) $18mn$

3. alternativa **a**

4. Exemplo de resposta: É verdadeira; $2x + 1$ é um polinômio, mas não é um monômio.

5. Exemplo de respostas:
   a) $2t^3 + \frac{1}{2}t^2 - t^3 + \frac{1}{2}t^2 + 1$
   b) $3t^2 - 2t^2 + 11t^4 - t^4 - 1$

6. **a)** $x^5 + 3x^4 + 0x^3 + 0x^2 + 0x + 8$
   b) $-x^5 + 0x^4 + 0x^3 + x^2 + 3x + 10$
   d) $2x^4 + 0x^3 + 0x^2 + x + 6$

7. **a)** $x + y$ **b)** $2x + 4y$

8. **a)** $10x^2 + 42x - 7$ **b)** R$ 605,00

9. **a)** 2 cm
   b) $9x^2 + 24x + 32$; grau 2

10. **a)** $4x^2 + 28x + 40$
    b) grau 2

▶ **Página 213**

1. **a)** $3x + 2y - 2z + 6$ **c)** $\frac{5x}{6} + 5y - 4z^2$
   b) $7xy - 2x + 8z - 10y - 12$ **d)** $-\frac{34}{5} - xy - 8a^2$

2. **a)** e **b)** $-3x^2 - 10x + 8$
   c) e **d)** $7x^3 - 2x^2 - 10x + 8$
   e) $15x^2 - 6x - 6$
   f) $-15x^2 + 6x + 6$
   g) $7x^3 + 16x^2 - 6x - 6$
   h) $7x^3 + 4x^2 + 10x - 8$

3. **a)** $6x + 14$; $6x + 18$
   b) 44; 48

4. **a)** $-5x^2 + x - 3$
   b) $2x^2 + 4$
   c) $4x^3 - x^2 - 2$

5. **a)** $(x^5 + 3x^2 + 9) - (x^4 + 3x^2 - 9) = x^5 - x^4 + 18$
   b) $(x^5 + 3x^2 + 9) - (x^4 - 3x^2 + 9) = x^5 - x^4 + 6x^2$
   c) $(x^5 + 3x^2 - 9) + (x^4 - 3x^2 + 9) = x^5 + x^4$
   d) $(x^5 + 3x^2 - 9) - (x^4 - 3x^2 + 9) =$
   $= x^5 - x^4 + 6x^2 - 18$

6. **a)** B é o polinômio nulo.
   b) $-5xy - 3x^2 + 7$

7. **a)** Verdadeira
   b) Verdadeira
   c) Verdadeira

8. **a)** O grau da soma de dois polinômios de grau 2 nem sempre é um polinômio de grau 2.
   c) Um polinômio de grau 2 adicionado a um polinômio de grau 3 não pode resultar em um polinômio de grau 5.

▶ **Página 216**

1. **a)** $21x^3y^2$
   b) $-2ax - 8a$
   c) $x^3 + 7x^2 - 50$
   d) $2b^2 - 3ab + a^2$
   e) $-x^3 + 5x^2 - x + 5$

2. **a)** $2x^2 - x - 3$
   b) $2x^2 - x - 3$
   c) $6x^3 - 3x^2 - 9x$
   d) $6x^3 - 3x^2 - 9x$
   • Verdadeira

3. **a)** $3x^4 + 10x^3 + 5x^2 + 20x - 2$
   b) $x^4 + 2x^3 - 11x^2 - 12x + 36$
   c) $2x^2 + 5y^2 - 7xy + 9x - 24y - 5$

4. O erro está na última passagem. A resposta é:
   $m^7 - m^6 - 11m^3 + 10m^2 + m$

5. **a)** $9x^4 + 72x^3 + 144x^2$
   b) $x^3 - 6x^2 + 12x - 8$

6. **a)** $(x + 1) \cdot (1 + y)$
   b) $(x + 3y) \cdot (x + y)$
   c) $(4x + 2y + z + 4) \cdot (x + 2z + 3)$

7. Exemplo de respostas:
   a) $(x^2 - 1) \cdot (x^2 - 1) = x^4 - 2x^2 + 1$ (grau 4)
   b) $(x^2 + x) \cdot (x^3 - 1) = x^5 + x^4 - x^2 - x$ (grau 5)

8. **b)** x e $2x + 1$

▶ **Página 220**

1. **a)** $x + y + 1$
   b) $x^2 - x + 1$
   c) $a - b + 1$

2. **a)** $3x - 1$
   b) $6mn$

3. **a)** $Q = x^2 + 5x + 3$; $R = 3$
   b) $Q = 2x^2 - 4x + 14$; $R = -43x + 41$
   c) $Q = 4$; $R = -5x + 1$

4. a) -2
   b) 27
   c) $9x + 2$

5. b) O resto da divisão $(x^4 + 1) : (x^3 - 1)$ é um binômio, $x + 1$, e o resto da divisão $(a^2 + 1) : (a - 1)$ é um monômio, 2.

6. a) $Q = x - 3; R = 0$
   b) $Q = x + 3; R = 0$
   c) $Q = x + 3; R = 0$
   d) $Q = x + 9; R = 36$

7. a) $3x - 1$ b) 30 cm^2

8. a) Exemplo de resposta:
      $P = x^3 + 2x^2 + x; M = x^2 + x$
   b) Exemplo de resposta:
      $P = x^3 + 2x; M = x^2 + 2$

9. grau 2; grau 1

Página 222

2. a) Exemplo de resposta: Gráfico de barras duplas, porque esse tipo de gráfico permite a comparação do número de alunos ingressantes com o número de concluintes do mesmo ano e, ao mesmo tempo, a comparação entre o número de ingressantes e concluintes de um ano em relação ao outro.
   b) 80%; 80%
   c) 20%

3. a) Exemplo de resposta: Gráfico de linhas, porque esse tipo de gráfico mostra como o número de mortes no trânsito variou entre 2000 e 2016.
   b) Não, porque de 2010 para 2016 o número de mortes no trânsito diminuiu.
   c) aproximadamente 19%

Página 224

1. a) 9 m^2 b) $A = \dfrac{c^2}{9}$

2. $x + \dfrac{6}{5}y$

3. $5a^2 b$

4. a) estacionamento A:
      $3,00 + 1,20x$
      estacionamento B:
      $4,00 + 0,80x$
   b) estacionamento B

5. a) $3x^2 + 2y^2 + xy$
   b) 32

6. a) 20   b) 53

7. $\sqrt{(x-1)(x+1)+1} = x$

8. a) $x^2 - 2x - 15$
   b) $x^5 - x^4 + 2x^3 + 2x^2 + 6$

UNIDADE 8

Página 227

1. 40 escolhas
2. 60 trios

Página 229

1. 90 números
2. 648 números

3. 120 números
4. 358.800 palavras
5. a) 75 números
   b) 36 números
6. 5.040 maneiras
7. 175.742.421 placas

Página 231

1. 120 anagramas
2. 6 anagramas
3. 36 anagramas
4. 10 saladas de frutas
5. 120 comissões
6. 840 anagramas

Página 233

1. a) 5.040 combinações
   b) aproximadamente 14,28%
2. a) 6.760.000 senhas
   b) aproximadamente 3,85%
   c) 3.276.000 senhas; aproximadamente 3,85%
3. a) 30 maneiras
   b) aproximadamente 33,33%
   c) Alguns sabores têm maior preferência do que outros e, portanto, a probabilidade de escolha desses sabores seria maior. Nessas situações, em que a escolha não é aleatória, a probabilidade não representa fielmente a realidade.
4. a) 5.040 maneiras
   b) 14,28%
   c) 40.320 maneiras
5. a) 6 modos
   b) 50% das vezes

Página 234

1. a) O tucano não sabia que cada bolinha preta que visualizou esconde um algarismo da senha de Bugio.
   b) 100.000 senhas
2. 604.800 cadeados
3. 260.000 senhas
4. 56 modos
5. 10 anagramas

UNIDADE 9

Página 237

1. alternativas **a**, **b**, **c**
2. a) 1   b) $-\dfrac{3}{2}$
3. a) $x = 0$ ou $x = 1$
   b) $x = 3$ ou $x = -3$
   c) $x = 1$
   d) $x = 0$
4. a) $\dfrac{450}{x}$ km/L   b) $\dfrac{100}{x+y}$

RESPOSTAS

5. a) $\dfrac{3.000}{x}$ **b)** $\dfrac{3.000}{x-5}$

6. a) Falsa
  b) Verdadeira
  c) Falsa

7. a) a_e (triângulo equilátero) $= 2a_e$ (hexágono regular)
  b) a_e (quadrado) $= 2a_e$ (octógono regular)
  c) a_e (polígono regular de n lados) $= 2a_e$ (polígono regular de $2n$ lados)

▶ Página 239

1. a) $2(x+y)$
  b) $2(b+2c)$
  c) $x(20x+5+1)$
  d) $3x(2x^2-x+3)$
  e) $2(x^2+2y-4)$
  f) $2(a+2b-3c)$

2. a) $(x+y)\cdot(x-2)$
  b) $(a-2)\cdot(a+3)$
  c) $(x+y)\cdot(b-3)$
  d) $(x+1)\cdot(y-2)$
  e) $(2+3b)\cdot(x+1)$

3. a) $(y-7)\cdot(y+7)$
  b) $(x-8)\cdot(x+8)$
  c) $(2-g)\cdot(2+g)$
  d) $(4-y)\cdot(4+y)$
  e) $(2x-6)\cdot(2x+6)$
  f) $(5y-10)\cdot(5y+10)$

4. a) $(2+x)^2$
  b) $(x+5)^2$
  c) $(2x+3)^2$
  d) $(4-y)^2$
  e) $(2x-y)^2$
  f) $(c^2-1)^2$

▶ Página 240

1. $7x;\ 3xy^4;\ x^3+2x$

2. alternativa **c**

3. a) $\dfrac{2t^2}{3r}$ **d)** $\dfrac{a}{a+b}$
  b) $\dfrac{5a^2b^2}{c^2}$ **e)** $\dfrac{x^2-1}{4y}$
  c) $\dfrac{3y^2}{x^3}$ **f)** $\dfrac{x}{y}$

4. a) $y+1;\ 1.000$
  b) $a-1;\ -2$

▶ Página 242

1. a) $12x^2$
  b) $12a^3b^2$
  c) $(x+y)(x-y)$
  d) $p(25-p^2)$
  e) $3(a^2-1)$
  f) $2y(9x^2-1)$

2. a) 12   **b)** 24

3. $\dfrac{4a(a+2)}{(a+2)^2}$ e $\dfrac{a+3}{(a+2)^2}$

4. 54 anos; 36 anos; 18 anos

▶ Página 244

1. a) $\dfrac{5+3x^2}{5x}$
  b) $\dfrac{2y-x^2}{xy}$
  c) $\dfrac{4a+3b}{a+b}$
  d) $\dfrac{n}{3m}$
  e) $\dfrac{x^2+3x}{(x+1)(x-1)}$

2. a) $\dfrac{2x}{x^2-1}$ **c)** $\dfrac{2}{x+1}$
  b) $\dfrac{-2}{x^2-1}$ **d)** $\dfrac{2}{x-1}$

3. A – IV; B – I; C – II; D – III

4. a) $\dfrac{x+7}{2x^2-2}$ **c)** $\dfrac{1-5x}{2x^2-2}$
  b) $\dfrac{-x-3}{2x^2-2}$ **d)** $\dfrac{-x-7}{2x^2-2}$

5. a) $\dfrac{6x^3+2x^2+4x+2}{x^2(x+1)}$ **b)** $\dfrac{2x^3+6x^2+14x+8}{x^2(x+1)}$

6. a) 1
  b) 2; 4; 8
  c) $\dfrac{1}{2}$ e $\dfrac{1}{4}$
  d) Se for feita a simplificação na expressão, os cálculos também se tornarão mais simples.

▶ Página 245

1. a) $\dfrac{x}{3y}$ **c)** $\dfrac{2}{x^2-y^2}$
  b) $\dfrac{a}{9b^2}$ **d)** $\dfrac{7}{3t}$

2. a) $\dfrac{1}{x-y}$ **c)** $\dfrac{x}{x-3}$
  b) $\dfrac{4a^2}{b}$ **d)** $\dfrac{2x^2+2x}{x-1}$

3. a) $\dfrac{28m^2+28m}{6n-15}$ **c)** $\dfrac{b}{a^2-b^2}$ **e)** $\dfrac{x-1}{x+1}$
  b) $\dfrac{m-n}{3}$ **d)** $\dfrac{ax}{x+a}$ **f)** $\dfrac{91}{a^2}$

4. a) $\dfrac{1}{x^2y^2}$ **c)** $-\dfrac{t^7}{128v^7}$
  b) $\dfrac{m^3}{27n^3}$ **d)** $\dfrac{y^2+2yz+z^2}{a^2+2ab+b^2}$

5. alternativa **d**

6. $\dfrac{a^2+2a}{2b+1}$

8. Fábio: operação C; Carina: operação B; Érica: operação A

▶ Página 247

1. Exemplos de respostas:
  a) $\dfrac{1}{(x-y)^2}$
  b) $\dfrac{2m^3-m}{x}$
  c) $\dfrac{1}{p-2q}$

2. a) $-3m + 4$
   b) $m + n - 7$
   c) $\dfrac{2 + x - y}{x}$
   d) $\dfrac{1}{x + 1}$
   e) $\dfrac{a + b}{x + y}$

3. a) $-\dfrac{x}{4}$
   b) $\dfrac{3x^2 - 2x + 1}{x^2 - 4}$
   c) $2x - 2$
   d) $\dfrac{9}{y - 2}$
   e) $\dfrac{6}{m + 4}$

4. Os itens **b** e **d** têm valor numérico $\dfrac{1}{4}$; o item **e** tem valor numérico $\dfrac{1}{5}$.

5. $\dfrac{3}{8}$

6. d) aproximadamente 24,7; não
   e) aproximadamente 25,4; não
   f) não; ganhar, aproximadamente 11,3 kg

▶ Página 253

1. alternativa **c**
2. alternativa **a**
3. alternativa **e**
4. alternativa **e**
5. alternativa **e**
6. alternativa **b**
7. alternativa **a**
8. alternativa **d**

PARTE 4

UNIDADE 10

▶ Página 260

1. alternativa **c**
2. **a)** 0   **b)** -3 e 4
3. **a)** Sim, a igualdade torna-se verdadeira.
   b) A igualdade não se torna verdadeira.
4. **a)** $-\dfrac{1}{2}$
   b) 0
   c) $-\dfrac{21}{2}$
   d) 1
   e) $-\dfrac{7}{3}$
5. 6 horas
6.
7. **a)** -1
   b) não
   c) sim, qualquer número real exceto 2
8. **a)** 2 sanduíches
   b) 24 alunos
   c) Não foi possível. Havia 6 passageiros além do limite.

▶ Página 263

1. a) $b - a + 1$
   b) $\dfrac{3 - b}{a}$, com $a \neq 0$
   c) $\dfrac{m - n}{m + n}$, com $m \neq -n$
   d) $\dfrac{ab}{a + b}$, com $a \neq -b$
   e) $\dfrac{2a + 1}{a + 3}$, com $a \neq -3$

2. A – III; B – IV; C – II; D – I

3. $\dfrac{5a - 2}{a - b}$, com $a \neq b$

4. $-2a - 2$

5. $\dfrac{a + 2}{a^2 - 4}$, com $a \neq 2$ e $a \neq -2$
   a) -1
   b) 1
   c) $\dfrac{1}{2}$
   d) $-\dfrac{1}{2}$
   e) qualquer número real
   f) Não há solução.

6. $\dfrac{a - 1}{2}$, com $a > 0$

7. $\dfrac{6a + 8}{3}$

8. a) $\dfrac{2}{3}$
   b) $\dfrac{a + 4}{4}$
   c) 3

9. $x = \dfrac{2a + 3a}{2}$; $x = \dfrac{5a}{2}$; $2a = \dfrac{x + 3a}{2}$; $x = a$

10. a) $x + 1 = a$
   b) $x - 1 = a$
   c) $ax + 1 = a$
   d) $ax = x + 1$

▶ Página 267

1. a) $z + y = 3$ **b)** $3x - 2y = 14$

2. alternativa **c**

3. a) não   **d)** sim
   b) não   **e)** não
   c) não   **f)** sim

4. Exemplos de resposta:
   a) $\left(0, -\dfrac{1}{2}\right)$ e $\left(1, \dfrac{3}{2}\right)$
   b) $-x + y = 15$

6. Exemplo de resposta: $2x + 2y = 12$

7. alternativa **c**

8. a) $\dfrac{1}{2}$ **b)** 0

9. $(2, 3)$

▶ Página 274

1. a) $\left(3, \dfrac{1}{3}\right)$
   b) $\left(\dfrac{1}{3}, 3\right)$
   c) $\left(\dfrac{5}{2}, -\dfrac{9}{2}\right)$
   d) $(7, -2)$
   e) $\left(\dfrac{22}{9}, \dfrac{46}{27}\right)$

2. a) $x = 3y$
   b) Fábio: $x + 12$; Lucas: $y + 12$
   c) $x + 12 = 2(y + 12)$
   d) $x = 36$ e $y = 12$

3. 17 mulheres

RESPOSTAS

4. Ganhou 9 partidas. Perdeu 5 partidas.

5. 35 questões

6. 60 cm²

7. 58

8. $AB = 9$ cm;
$BC = 11$ cm;
$AC = 9$ cm

▶ **Página 278**

2. alternativa **b**

3. a) Falsa
b) Falsa
c) Verdadeira

4. a) SI **c)** SPI
b) SPD **d)** SPD

5. a) $\left(-\frac{1}{6}, \frac{1}{3}\right)$
b) $(-1, 1)$

6. Exemplo de resposta: a razão entre os primeiros membros é $\frac{1}{3}$, igual à razão entre os segundos membros.

7. a) $m = 6$ e $n = 16$
b) $m = 6$ e $n \neq 16$

▶ **Página 280**

1. a) $x_1 = 9$ e $x_2 = -9$
b) $x_1 = 12$ e $x_2 = -12$
c) $x_1 = 4$ e $x_2 = -4$
d) $x_1 = 8$ e $x_2 = -8$

2. a) Não, pois a raiz negativa (-20) não pode representar medidas, já que estas são sempre positivas.
b) 20 cm

3. 13 m

5. 8 cm

6. Túlio construiu um canteiro de formato retangular de 32 m² de área. A medida do comprimento desse canteiro é o dobro da medida de sua largura. Quanto mede os lados desse canteiro?
Resposta: 8 m e 4 m.

▶ **Página 283**

1. b) samba
c) tarde e noite

2. Sim, pois a média de venda diária foi de 30 sanduíches naturais.

3. a) 75,5 kg
b) 76,75 kg
c) 72 kg, 73 kg, 74 kg, 75 kg, 76 kg e 85 kg

4. a) 41 anos
b) 46,2 anos

5. a) privada
b) Pública: 54,63 alunos; privada: 43,55 alunos.

▶ **Página 285**

1. a) $\frac{5}{2}$ **b)** -3 **c)** $\frac{15}{8}$

2. 2 filhos

3. 4 horas

4. $3a + 4$

5. a) uma reta
b) infinitas
c) no mínimo, dois pontos

6. a) não
b) não
c) sim

7. Ana: R$ 100,00
Paula: R$ 400,00

8. ganhador: 646 votos; perdedor: 501 votos

9. garrafão 6,3 L; copo 180 mL

10. $x = 45°$ e $y = 15°$ não são as medidas corretas. As respostas certas são $x = 21°$ e $y = 23°$

11. alternativa **b**

13. $x = 14$ e $y = 2$

14. a) $(2, 2)$
b) $(2, 1)$

UNIDADE 11

▶ **Página 288**

1. a) diretamente proporcionais
b) não proporcionais
c) diretamente proporcionais

2. a) diretamente proporcionais
b) nenhuma das duas
c) inversamente proporcionais

3. $a = 20$ e $b = 40$

4. área: 48 cm²; inversamente proporcionais

5. a) Dois sócios de uma empresa compraram um caminhão juntos. Alexandre pagou R$ 50.000,00, e Everton, R$ 30.000,00. Depois de alguns anos, venderam o caminhão por R$ 60.000,00 e dividiram o valor da venda em partes diretamente proporcionais aos valores pagos. Quanto Alexandre recebeu? E Everton?
b) Alexandre: R$ 37.500,00 e Everton: R$ 22.500,00

6. 12 voltas

▶ **Página 292**

1. A – I; B – III; C – II

2. a) inversamente proporcionais
b) diretamente proporcionais
c) Não são proporcionais.

▶ **Página 294**

1. a) I. Marca de creme dental preferida
II. Quantidade de vezes que frequentou o cinema no último mês
III. Altura (em metro)
b) I. Classe A, B ou C
II. Classe 0, 1 ou 2
III. Exemplo de resposta:
1,40 ⊢ 1,42; 1,43 ⊢ 1,45;
1,46 ⊢ 1,48; 1,49 ⊢ 1,51;
1,52 ⊢ 1,54; 1,55 ⊢ 1,57.

2. conjunto de dados A

3. c) classe 1
   d) R$ 494,00
   e) R$ 7.494,00

▶ Página 296

1. a) diretamente proporcionais
   b) nenhuma das duas
   c) inversamente proporcionais
   d) nenhuma das duas

2. a) Diminui.
   b) inversamente proporcionais

3. • O quadro do item b

4. a) 650, 350, 500
   b) 4.400, 1.600, 2.000

5. R$ 20.000,00, R$ 15.000,00, R$ 25.000,00, R$ 30.000,00

6. diretamente proporcionais

7. Sim, pois se dobrarmos o tempo, a temperatura cairá pela metade, e assim por diante.

UNIDADE 12

▶ Página 298

3. b) Exemplo de resposta: Que os triângulos são congruentes.
   c) reta m
   d) reta n

▶ Página 299

1. a) Verdadeira
   b) Verdadeira
   c) Falsa
   d) Falsa

▶ Página 301

1. • Quadrado

▶ Página 304

1. A-III, B-I e C-II

▶ Página 305

1. a) $P(13,6)$, $Q(13,3)$ e $R(15,4)$
   b) Translação na direção horizontal, da esquerda para a direita, de 10 unidades.

3. • 4 rotações

▶ Página 311

1. alternativa d
2. alternativa b
3. alternativa e
4. alternativa d
5. alternativa b
6. alternativa b
7. alternativa c
8. alternativa d

SIGLAS

- **CFSDFN-RJ:** Curso de Formação de Soldados Fuzileiros Navais
- **Enem:** Exame Nacional do Ensino Médio
- **Fatec-SP:** Faculdade de Tecnologia de São Paulo
- **FEI-SP:** Faculdade de Engenharia Industrial
- **Fesp-SP:** Fundação Escola de Sociologia e Política
- **FGV-SP:** Fundação Getulio Vargas
- **Fuvest-SP:** Fundação Universitária para o Vestibular
- **ITA-SP:** Instituto Tecnológico de Aeronáutica
- **Mackenzie-SP:** Universidade Presbiteriana Mackenzie
- **OBM:** Olimpíada Brasileira de Matemática
- **Obmep:** Olimpíada Brasileira de Matemática das Escolas Públicas
- **Pasusp:** Programa de Avaliação Seriada da Universidade de São Paulo
- **Saresp:** Sistema de Avaliação de Rendimento Escolar do Estado de São Paulo
- **UEL-PR:** Universidade Estadual de Londrina
- **Ufam:** Universidade Federal do Amazonas
- **UFMG:** Universidade Federal de Minas Gerais
- **UFMS:** Universidade Federal de Mato Grosso do Sul
- **UFRJ:** Universidade Federal do Rio de Janeiro
- **UFSC:** Universidade Federal de Santa Catarina
- **UFTM-MG:** Universidade Federal do Triângulo Mineiro
- **Unesp:** Universidade Estadual Paulista
- **Unimep-SP:** Universidade Metodista de Piracicaba
- **Unip-SP:** Universidade Paulista

BIBLIOGRAFIA

ALVES, Sérgio; GALVÃO, Maria Elisa E. L. *Um estudo geométrico das transformações elementares*. São Paulo: IME/USP, 1996.

ÁVILA, Geraldo. A distribuição dos números primos. *Revista do Professor de Matemática*, São Paulo, n. 19, p. 19-26, 2º sem. 1991.

BAMBERGER, Honi J.; OBERDORF, Christine; SCHULTZ-FERREL, Karren. *Math misconceptions*: from misunderstanding to deep understanding. Portsmouth: Heinemann, 2010.

BARBOSA, Ruy Madsen. *Descobrindo padrões em mosaicos*. 4. ed. São Paulo: Atual, 1993.

_____. *Descobrindo padrões pitagóricos*. 3. ed. São Paulo: Atual, 1993.

BERLOQUIN, Pierre. *100 jogos geométricos*. Trad. Luis Filipe Coelho e Maria do Rosário Pedreira. Lisboa: Gradiva, 1999.

_____. *100 jogos lógicos*. Trad. Luis Filipe Coelho e Maria do Rosário Pedreira. Lisboa: Gradiva, 1991.

_____. *100 jogos numéricos*. Trad. Luis Filipe Coelho e Maria do Rosário Pedreira. Lisboa: Gradiva, 1991.

BOLTIANSKI, V. G. *Figuras equivalentes e equicompostas*. São Paulo: Atual, 1996.

BOYER, Carl B. *História da Matemática*. São Paulo: Edgard Blücher, 2010.

BRASIL. Ministério da Educação. *Base Nacional Comum Curricular* – versão final 19 mar. 2018. Brasília: MEC, 2018.

_____. *Parâmetros curriculares nacionais:* Matemática. Brasília: MEC/SEF, 1997.

_____. *Parâmetros curriculares nacionais:* Matemática. Brasília: MEC/SEF, 1998.

CASTRO, E. M. de Melo e. *Antologia efémera*: poemas 1950-2000. Rio de Janeiro: Lacerda, 2000.

CENTURION, Marília. *Conteúdo e metodologia da Matemática*: números e operações. São Paulo: Scipione, 1994.

DANTE, Luiz Roberto. Algoritmos e suas implicações educativas. *Revista do Ensino de Ciências*, Funbec, São Paulo, p. 29-34, 1985.

_____. *Didática da resolução de problemas de Matemática*. São Paulo: Ática, 1989.

DAVID, Maria Manuela M. S.; FONSECA, Maria da Conceição F. R. Sobre o conceito de número racional e a representação fracionária. *Presença Pedagógica*, Belo Horizonte, v. 3, n. 14, mar./abr. 1997.

EVES, Howard. *Introdução à história da Matemática*. Trad. Hygino H. Domingues. Campinas: Unicamp, 2004.

HEUVEL-PANHUIZEN, Marja van den (Ed. e Coord.). *Children learn Mathematics*: a learning teaching trajectory with intermediate attainment targets for calculation with whole numbers in primary school. Freudenthal Institut Utrecht University. Netherlands: Sense Publisher, 2001.

IBGE. *Anuário estatístico 2005*. Rio de Janeiro: IBGE, 2006.

IFRAH, Georges. *História universal dos algarismos*. Rio de Janeiro: Nova Fronteira, 1995.

INMETRO. *Padrões e unidades de medida*: referências metrológicas da França e do Brasil. Rio de Janeiro: Qualitymark, 1999.

LIMA, E. Lages. Conceitos e controvérsias. *Revista do Professor de Matemática*, São Paulo, n. 2, p. 6-12, 1983.

LIMA, J. M. de F. Iniciação ao conceito de fração e o desenvolvimento da conservação de quantidade. In: CARRAHER, T. N. (Org.). *Aprender pensando*. Petrópolis: Vozes, 2008.

LINDQUIST, Mary Montgomery; SHULTE, Albert (Org.). *Aprendendo e ensinando geometria*. São Paulo: Atual, 2005.

LINS, R. C.; GIMENEZ, J. *Perspectiva em aritmética e álgebra para o século XXI*. Campinas: Papirus, 1997.

MAGALHÃES, Marcos Nascimento; LIMA, Antonio C. P. *Noções de probabilidade e estatística*. São Paulo: Edusp, 2010.

MIGUEL, Antonio; MIORIM, Maria Ângela. *O ensino de Matemática no primeiro grau*. São Paulo: Atual, 1986.

MORGADO, Augusto César et al. *Análise combinatória e probabilidade*. São Paulo: SBM, 2016.

NUNES, T.; BRYANT, P. Compreendendo números racionais. In: _____. *Crianças fazendo Matemática*. Porto Alegre: Artmed, 1997. p. 191-217.

OCDE – Organização para a Cooperação e Desenvolvimento Econômico. *Estrutura de avaliação do Pisa 2003*: conhecimentos e habilidades em matemática, leitura, ciências e resolução de problemas. Trad. B & C Revisão de Textos. São Paulo: Moderna, 2004.

OZAMIZ, Miguel de Guzmán. *Aventuras matemáticas*. Trad. João Filipe Queiró. Lisboa: Gradiva, 1991.

POLYA, George. *A arte de resolver problemas*. Rio de Janeiro: Interciência, 2006.

PÜIG, Irene de; SÁTIRO, Angélica. *Brincando de pensar com histórias*. São Paulo: Callis, 2000.

ROBINS, Gay; SHUTE, Charles. *The Rhind matematical papyrus*: an ancient Egyptian text. Nova York: Dover, 1987.

SMITH, David Eugene. *History of Mathematics*. Boston: Ginn, s.d.

TOLEDO, Marília; TOLEDO, Mauro. *Didática de Matemática*: como dois e dois – a construção da Matemática. São Paulo: FTD, 1998.

TREFFERS, A. *Three dimensions*: a model of goal and theory descriptions in mathematics instruction. The Wiskobas Project. Dordrecht, Netherlands: Reidel Publishing Company, 1987.

VERISSIMO, Luis Fernando. *Matemática*. São Paulo: Ática, 1981. (Coleção Para gostar de ler).

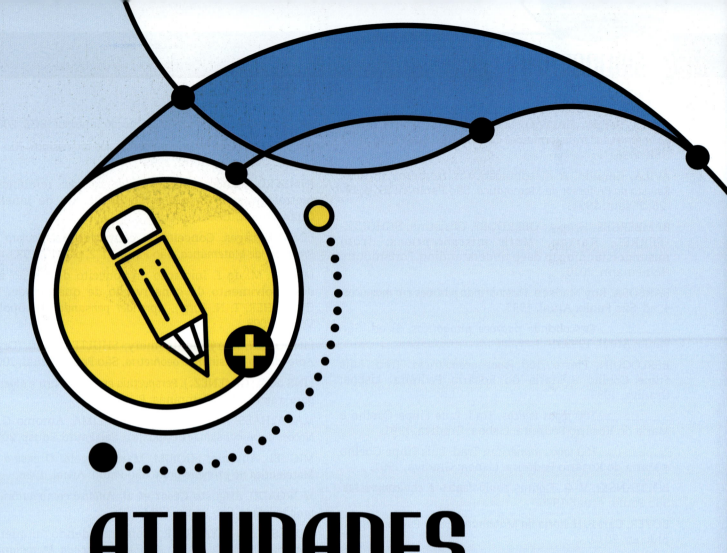

ATIVIDADES EXTRAS

- DESENVOLVEM HABILIDADES DE CÁLCULO MENTAL
- MOSTRAM ESTRATÉGIAS DE RESOLUÇÃO DE PROBLEMAS
- APROFUNDAM A COMPREENSÃO DE CONCEITOS

ATIVIDADES EXTRAS

PRÁTICA 1

RECORDE

Um número na forma de fração pode ser expresso na forma decimal e vice-versa.

Veja alguns exemplos representados nas retas numéricas paralelas.

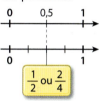

$\frac{1}{2}$ ou $\frac{2}{4}$ = 0,5

OBSERVAÇÕES

- R$ 0,25 = = $\frac{1}{4}$ do real

- R$ 0,10 = = $\frac{1}{10}$ do real

- R$ 0,01 = = $\frac{1}{100}$ do real

Você vai estudar:
- Números na forma de fração e na forma decimal nas retas numéricas paralelas.
- Frações do real.

---

1. Descubra o número na forma decimal que cada letra representa nas retas paralelas a seguir.

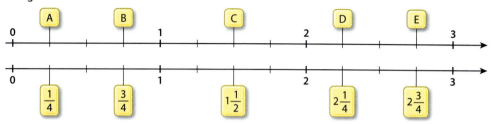

2. Em cada item, na primeira reta, as letras A, B, C, D, E e F representam números na forma decimal e, na segunda reta, representam esses mesmos números na forma de fração ou número misto. Quais são esses números?

a)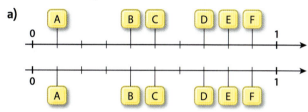

b)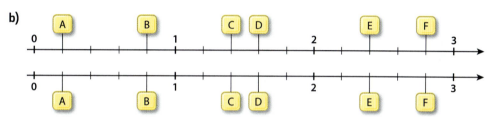

3. Observe estas moedas que formam 1 real e complete as lacunas.

a) $\frac{2}{4}$ do real = R$ _____

b) $\frac{1}{2}$ do real = R$ _____

c) $\frac{3}{4}$ do real = R$ _____

d) $\frac{4}{4}$ do real = R$ _____

R$ 1,00

4. Agora, observe estas outras moedas que formam 1 real e complete as lacunas.

a) $\frac{3}{10}$ do real = R$ _____

b) $\frac{5}{10}$ do real = R$ _____

c) $\frac{1}{2}$ do real = R$ _____

d) $\frac{4}{10}$ do real = R$ _____

e) $\frac{2}{5}$ do real = R$ _____

f) $\frac{7}{10}$ do real = R$ _____

g) $\frac{9}{10}$ do real = R$ _____

h) $\frac{10}{10}$ do real = R$ _____

R$ 1,00

5. Observe as moedas que formam 10 centavos e complete as lacunas.

a) $\frac{2}{100}$ do real = R$ _____

b) $\frac{5}{100}$ do real = R$ _____

c) $\frac{6}{100}$ do real = R$ _____

d) $\frac{8}{100}$ do real = R$ _____

e) $\frac{3}{100}$ do real = R$ _____

f) $\frac{100}{100}$ do real = R$ _____

R$ 0,10

333

ATIVIDADES EXTRAS
PRÁTICA 2

1. Escreva na forma decimal os números a seguir.

a) $1\frac{1}{4}$ c) $10\frac{1}{5}$ e) $2\frac{1}{2}$ g) $3\frac{3}{10}$ i) $7\frac{1}{10}$ k) $4\frac{3}{4}$

b) $5\frac{1}{10}$ d) $11\frac{2}{5}$ f) $6\frac{7}{10}$ h) $9\frac{3}{5}$ j) $8\frac{4}{5}$ l) $12\frac{9}{10}$

2. Expresse em minutos as medidas de tempo. Lembre-se de que 1 hora é o mesmo que 60 minutos.

a) $\frac{1}{4}$ da hora   d) $\frac{1}{3}$ da hora   g) $\frac{2}{10}$ da hora

b) $\frac{3}{4}$ da hora   e) $\frac{2}{3}$ da hora   h) $\frac{5}{10}$ da hora

c) $\frac{1}{10}$ da hora   f) $\frac{1}{5}$ da hora   i) $\frac{2}{4}$ da hora

3. A quantos centímetros corresponde cada medida de comprimento a seguir? Lembre-se de que 1 metro é o mesmo que 100 centímetros.

a) $\frac{1}{2}$ do metro   d) $\frac{2}{5}$ do metro   g) $\frac{9}{10}$ do metro

b) $\frac{1}{4}$ do metro   e) $\frac{3}{4}$ do metro   h) $\frac{5}{10}$ do metro

c) $\frac{1}{5}$ do metro   f) $\frac{1}{10}$ do metro   i) $\frac{81}{100}$ do metro

4. Observe o esquema que representa cada situação e faça o que se pede.

a) Sílvio cozinhou 200 g de arroz de um pacote de 400 g. Que fração do pacote representa essa quantidade de arroz que Sílvio cozinhou? Escreva a representação decimal dessa fração.

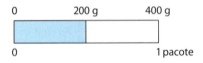

b) Em uma receita serão usados 400 g de açúcar de um pacote de 2 kg. Que fração do pacote representa o açúcar dessa receita? Escreva a representação decimal dessa fração.

c) Serão usados 150 g de um pacote de café de 250 g. Que fração do pacote representa essa quantidade de café que será usada? Que fração de 1 kg representa o café que será usado? Escreva a representação decimal dessas frações. Lembre-se de que 1 kg = 1.000 g.

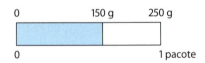

d) Em uma receita, serão usados 50 g de margarina de um pote de 400 g. Que fração do pote representa a manteiga dessa receita? Escreva a representação decimal dessa fração.

Você vai estudar:
- Relação entre números na forma de fração e números na forma decimal em situações de medida.

ATIVIDADES EXTRAS
PRÁTICA 3

EXEMPLO

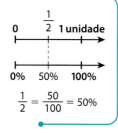

1. Uma fração pode ser escrita como porcentagem. Veja o exemplo ao lado.

Agora, descubra a fração e a porcentagem que cada letra representa nas retas paralelas a seguir. *Dica*: na reta de cima devem ser representados os números na forma de fração e, na de baixo, as porcentagens correspondentes.

a)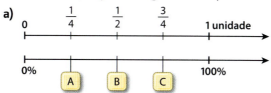

b)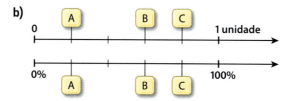

c)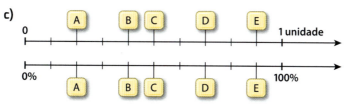

d)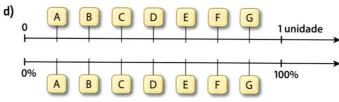

2. Em cada caso, calcule a quantia em real indicada pelo ponto de interrogação (**?**).

a) 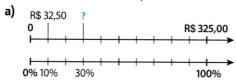   d)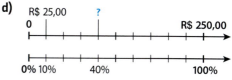

b) 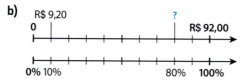   e)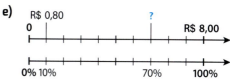

c) 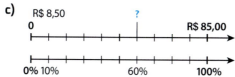   f)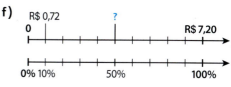

3. Sabendo que R$ 450,00 correspondem a 100%, calcule as quantias em real indicadas por **?**.

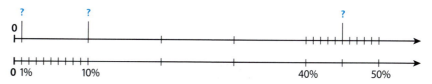

Você vai estudar:
- Frações e porcentagens correspondentes.

ATIVIDADES EXTRAS
PRÁTICA 4

1. É comum encontrarmos informações nas etiquetas de roupas. Podemos representá-las em um segmento de reta como no exemplo a seguir.

Represente de forma aproximada em um segmento de reta os valores de cada etiqueta.

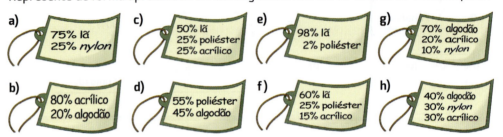

2. A página do documento que João estava digitando no computador apresentava na tela a informação a seguir sobre o nível de *zoom*.

$$60\% = \frac{60}{100} = \frac{6}{10} = \frac{3}{5}$$

60% do tamanho real do documento

Depois de um tempo, João alterou duas vezes o nível de *zoom* do documento. Observe, abaixo, o que a tela mostrou. Depois, responda às questões.

1ª alteração   2ª alteração

a) João aumentou ou diminuiu o nível de *zoom* do documento com essas alterações?

b) Que fração do tamanho real do documento o nível de *zoom* indicava na primeira alteração que João fez? E na segunda? Represente essas frações em uma mesma reta numérica.

3. Celso viu um vídeo com duração de 3 h 20 min. As figuras a seguir mostram momentos em que Celso pausou esse vídeo. Determine a fração e a porcentagem da duração total do vídeo no momento de cada pausa.

Dica: 3 h 20 min = 200 min

Você vai estudar:
- Representação de porcentagens em segmentos de reta.
- Resolução de problemas envolvendo frações e porcentagens.

ATIVIDADES EXTRAS
PRÁTICA 5

Atenção! Na reta superior ficam as frações; na reta do meio, os decimais; e na reta inferior, as porcentagens.

1. Um mesmo número pode ser expresso na forma de fração, na forma decimal e na forma percentual (porcentagem). Veja um exemplo representado nas retas paralelas ao lado.

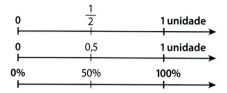

Agora, escreva na forma de fração, na forma decimal e na forma percentual os valores correspondentes às letras A, B, C, D, E, F, G e H nas retas.

a)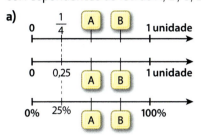

c)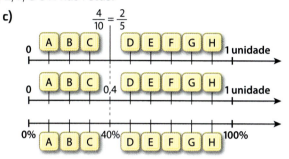

b)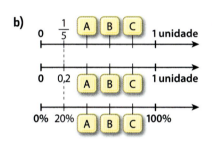

d)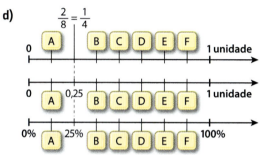

2. Associe as informações que têm o mesmo significado.

| A | Metade do preço | B | $\frac{1}{5}$ de desconto | C | $\frac{1}{4}$ de desconto | D | $\frac{3}{4}$ do preço |

| I | 20% de desconto | II | 75% de desconto | III | 50% de desconto | IV | 25% de desconto |

3. Escreva na forma de fração (reta superior) e na forma decimal (reta do meio) os valores correspondentes às letras A, B, C, D, E, F e G nas retas.

a)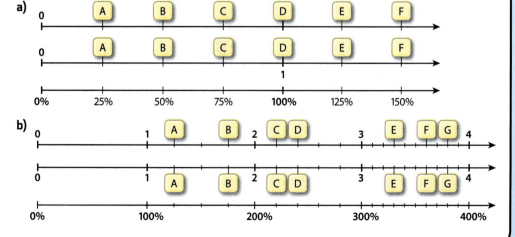

Você vai estudar:
- Representação na reta numérica de um mesmo número na forma de fração, decimal ou percentual.
- Linguagem usando o conceito de fração e de porcentagem.

337

ATIVIDADES EXTRAS
PRÁTICA 6

1. Em uma festa, sete em cada vinte pessoas usavam calças *jeans*. Pedro queria descobrir qual foi a porcentagem de pessoas que usava calças *jeans* nessa festa. Veja na ilustração como ele pensou.

Pedro usou a ideia de proporcionalidade na tabela. Ele concluiu que, se 20 pessoas representam 100%, 7 pessoas representam 35%. Ou seja, nessa festa 35% das pessoas usavam calças *jeans*.

Agora, usando a ideia de proporcionalidade em tabelas, encontre o percentual para cada situação a seguir.

a) Uma em cada dez crianças usa boné.
b) Três em cada cinco crianças praticam esportes.
c) Nove de cada cinquenta bloquinhos são verdes.
d) Quatro de cada vinte e cinco bicicletas estão sem freios.
e) Vinte e sete em cada duzentos e setenta laranjas estavam estragadas.

2. Em um supermercado, 100 g de um produto custam R$ 2,50 e 150 g do mesmo produto custam R$ 3,60.

a) Faça uma tabela para verificar se os preços desses produtos são proporcionais às suas massas.
b) Qual embalagem está com o preço mais barato por grama?

3. Veja algumas formas de calcular 30% de 1.500.

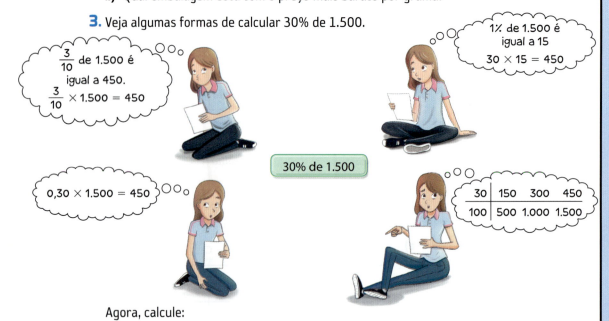

Agora, calcule:
a) 40% de R$ 250,00 usando uma fração;
b) 15% de R$ 75,00 usando um número decimal;
c) 25% de R$ 850,00 usando a tabela;
d) 12% de R$ 2.500,00 calculando primeiramente 1%;
e) 70% de 300 km usando uma fração;
f) 35% de 600 m usando a tabela;
g) 130% de R$ 60,00 usando um número decimal;
h) 25% de R$ 510,00. Escolha uma das formas para resolver.

Você vai estudar:
- Estratégias para calcular porcentagens.

ATIVIDADES EXTRAS
PRÁTICA 7

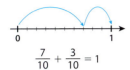

$\frac{7}{10} + \frac{3}{10} = 1$

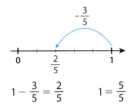

$1 - \frac{3}{5} = \frac{2}{5}$ $1 = \frac{5}{5}$

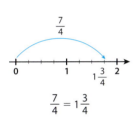

$\frac{7}{4} = 1\frac{3}{4}$

1. Observe na reta numérica ao lado a representação da adição $\frac{7}{10} + \frac{3}{10}$. Note que o resultado é 1, ou seja, 1 unidade.

Agora, calcule a fração (?) que completa 1 unidade em cada adição a seguir. Se precisar visualizar melhor, desenhe uma reta numérica.

a) $\frac{4}{5} + ? = 1$ c) $? + \frac{4}{9} = 1$ e) $\frac{1}{2} + ? = 1$ g) $\frac{3}{8} + ? = 1$

b) $? + \frac{3}{7} = 1$ d) $\frac{1}{4} + ? = 1$ f) $\frac{3}{5} + ? = 1$ h) $\frac{1}{8} + ? = 1$

2. Veja na reta numérica ao lado a representação da subtração $1 - \frac{3}{5}$. Note que o resultado indica quanto resta da unidade ao retirarmos $\frac{3}{5}$.

Agora, calcule a fração ? que restou de 1 unidade nas subtrações a seguir, em cada caso. Se necessário visualizar melhor, desenhe uma reta numérica.

a) $1 - ? = \frac{1}{3}$ b) $1 - ? = \frac{2}{5}$ c) $1 - ? = \frac{5}{9}$ d) $1 - ? = \frac{1}{7}$ e) $1 - ? = \frac{9}{10}$

3. Podemos representar a fração $\frac{7}{4}$ por um número misto. Para entender, observe a reta ao lado.

Expresse cada fração por um número misto. Se necessário, desenhe uma reta para visualizar melhor.

a) $\frac{5}{2}$ b) $\frac{9}{4}$ c) $\frac{12}{5}$ d) $\frac{10}{7}$ e) $\frac{11}{3}$

4. João precisava calcular $\frac{4}{5} + \frac{3}{5}$. Veja como ele pensou e depois calcule as adições propostas indicando os resultados na forma de número misto.

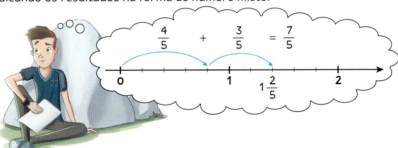

a) $\frac{2}{5} + \frac{4}{5}$ b) $\frac{7}{8} + \frac{6}{8}$ c) $\frac{3}{9} + \frac{8}{9}$ d) $\frac{10}{5} + \frac{2}{5}$ e) $\frac{9}{3} + \frac{1}{3}$

5. Veja como Denise pensou para calcular $\frac{5}{6} - \frac{4}{6}$ e depois calcule as subtrações propostas.

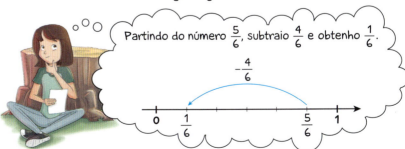

a) $\frac{4}{5} - \frac{2}{5}$ b) $\frac{6}{9} - \frac{1}{9}$ c) $\frac{5}{7} - \frac{2}{7}$ d) $\frac{12}{15} - \frac{9}{15}$ e) $\frac{9}{10} - \frac{5}{10}$

Você vai estudar:
- Adições e subtrações com frações.

ATIVIDADES EXTRAS

PRÁTICA 8

1. A professora pediu para Ana encontrar uma fração equivalente a $\frac{2}{5}$ com denominador 10. Veja como ela fez.

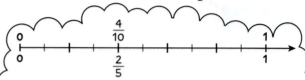

Eu posso dividir 1 unidade em 5 partes iguais e separar 2 dessas partes ou posso dividir 1 unidade em 10 partes iguais e separar 4 dessas partes. Eu estou separando a mesma quantidade.

Então: $\frac{2}{5} = \frac{4}{10}$

Agora, encontre as frações equivalentes nas situações a seguir.

a) $\frac{3}{4} = \frac{?}{8}$ b) $\frac{2}{3} = \frac{?}{6}$ c) $\frac{3}{5} = \frac{6}{?}$ d) $\frac{10}{8} = \frac{?}{4}$ e) $\frac{5}{15} = \frac{?}{3}$ f) $\frac{8}{12} = \frac{2}{?}$

2. Daniel precisou somar $\frac{1}{2}$ com $\frac{3}{4}$. Veja como ele pensou.

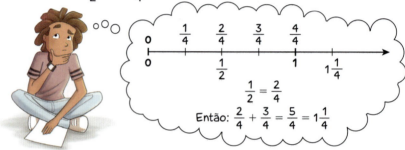

$\frac{1}{2} = \frac{2}{4}$

Então: $\frac{2}{4} + \frac{3}{4} = \frac{5}{4} = 1\frac{1}{4}$

Agora, encontre o resultado das adições a seguir. Sempre que necessário, escreva o resultado final na forma de número misto.

a) $\frac{3}{4} + \frac{1}{8}$ b) $\frac{4}{5} + \frac{3}{10}$ c) $\frac{2}{3} + \frac{1}{2}$ d) $\frac{4}{5} + \frac{1}{2}$ e) $\frac{2}{3} + \frac{3}{4}$ f) $\frac{2}{5} + \frac{1}{3}$

RECORDE

Para adicionar ou subtrair frações com denominadores diferentes, é necessário encontrar frações equivalentes a elas, com mesmo denominador.

R1. Em uma garrafa há $\frac{1}{5}$ do litro de um suco e em outra há $\frac{1}{3}$ do litro. Qual garrafa contém mais suco? E quanto de suco ela contém a mais?

Resolução

Temos que calcular a diferença entre $\frac{1}{3}$ e $\frac{1}{5}$. Usaremos retas numéricas.

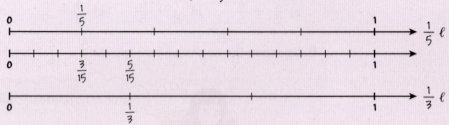

Observamos nas retas que $\frac{1}{3} = \frac{5}{15}$ e $\frac{1}{5} = \frac{3}{15}$ e que a garrafa com mais suco é a de $\frac{1}{3}$ do litro. Portanto, há $\frac{2}{15}$ do litro a mais na garrafa com $\frac{1}{3}$ do litro de suco.

Você vai estudar:
- Adição e subtração com frações de inteiros divididos em partes de tamanhos diferentes.

3. Calcule em cada caso a diferença entre os pares de frações.

a) $\frac{4}{5} - \frac{2}{10}$ b) $\frac{7}{8} - \frac{1}{2}$ c) $\frac{4}{5} - \frac{3}{10}$ d) $\frac{2}{3} - \frac{1}{2}$ e) $\frac{9}{10} - \frac{3}{4}$ f) $\frac{1}{2} - \frac{2}{5}$

ATIVIDADES EXTRAS

PRÁTICA 9

R1. Descubra a fração própria x que somada ao número misto $1\frac{2}{5}$ resulta no número inteiro 2.

Resolução

Para descobrir a fração própria x, representamos a adição na reta.

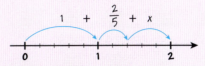

x é igual a $\frac{3}{5}$, pois:

$$1\frac{2}{5} + \frac{3}{5} = 1 + \left(\frac{2}{5} + \frac{3}{5}\right) = 1 + 1 = 2$$

1. Para cada situação, encontre a fração própria que completa o número inteiro.

a) $2\frac{4}{5} + ? = 3$ c) $? + 6\frac{1}{2} = 7$ e) $12\frac{1}{2} + ? = 13$ g) $? + 15\frac{5}{6} = 16$

b) $1\frac{3}{4} + ? = 2$ d) $? + 7\frac{2}{3} = 8$ f) $? + 21\frac{1}{5} = 22$ h) $20\frac{3}{5} + ? = 21$

R2. Descubra o número misto x que somado ao número misto $1\frac{3}{5}$ resulta no número inteiro 5.

Resolução

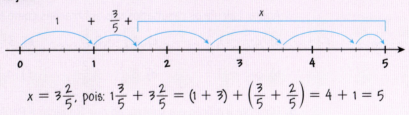

$x = 3\frac{2}{5}$, pois: $1\frac{3}{5} + 3\frac{2}{5} = (1 + 3) + \left(\frac{3}{5} + \frac{2}{5}\right) = 4 + 1 = 5$

2. Para cada situação, encontre quanto falta para completar o número inteiro.

a) $2\frac{4}{5} + 3? = 6$ c) $4\frac{1}{5} + 1? = 6$ e) $3\frac{1}{5} + ? = 8$ g) $5\frac{1}{7} + ? = 10$

b) $5\frac{3}{7} + 6? = 12$ d) $8\frac{3}{4} + 3? = 12$ f) $4\frac{4}{6} + ? = 16$ h) $? + 5\frac{2}{9} = 20$

3. Complete com a massa que falta em cada igualdade.

a) $1 \text{ kg} = 500 \text{ g} + ?$ b) $1\frac{1}{2} \text{ kg} = ? + 400 \text{ g}$ c) $3\frac{3}{4} \text{ kg} = ? + 500 \text{ g}$

RECORDE

$1 \text{ kg} = 1.000 \text{ g}$

4. Calcule quanto falta para completar o número de litros em cada item.

a)
7 litros	
$2\frac{1}{4}\ell$	?
$5\frac{2}{3}\ell$	?
$4\frac{3}{5}\ell$	?

b)
10 litros	
$3\frac{3}{4}\ell$	?
$7\frac{4}{5}\ell$	?
$2\frac{1}{4}\ell$	?

c)
12 litros	
$6\frac{5}{6}\ell$	?
$5\frac{1}{4}\ell$	?
$9\frac{2}{7}\ell$	?

Você vai estudar:
- Adição envolvendo frações próprias e números mistos.

ATIVIDADES EXTRAS
PRÁTICA 10

1. Veja a subtração que Fernando fez e representou na reta numérica.

$$1\frac{3}{5} - \frac{2}{5} = 1 + \left(\frac{3}{5} - \frac{2}{5}\right) = 1\frac{1}{5}$$

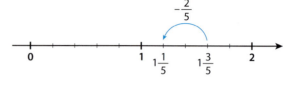

Vai dar um inteiro mais o resultado de três quintos menos dois quintos, ou seja, **um inteiro e um quinto**.

Agora, calcule **?** tomando como referência os cálculos de Fernando.

a) $2\frac{4}{5} - \frac{1}{5} = ?$ c) $6\frac{1}{2} - \frac{1}{2} = ?$ e) $12\frac{2}{3} - ? = 12\frac{1}{3}$ g) $15\frac{5}{6} - ? = 14\frac{2}{6}$

b) $1\frac{3}{4} - \frac{2}{4} = ?$ d) $7\frac{2}{3} - \frac{1}{3} = ?$ f) $21\frac{3}{5} - ? = 21\frac{1}{5}$ h) $20\frac{3}{5} - ? = 19\frac{1}{5}$

2. Agora, veja a subtração que Mariana fez e representou na reta numérica.

$$3\frac{3}{5} - 1\frac{2}{5} = (3-1) + \left(\frac{3}{5} - \frac{2}{5}\right) = 2\frac{1}{5}$$

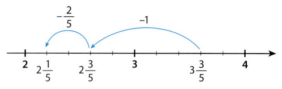

Agora, calcule os resultados das subtrações como Mariana fez.

a) $2\frac{4}{5} - 1\frac{1}{5}$ c) $4\frac{1}{5} - 2\frac{1}{5}$ e) $3\frac{4}{5} - 2\frac{2}{5}$ g) $5\frac{5}{7} - 3\frac{3}{7}$

b) $5\frac{3}{7} - 3\frac{2}{7}$ d) $8\frac{3}{4} - 3\frac{2}{4}$ f) $4\frac{4}{6} - 3\frac{1}{6}$ h) $5\frac{7}{9} - 3\frac{4}{9}$

3. Observe a adição e a subtração que Roberto e Paula não terminaram.

Adição de Roberto	Subtração de Paula
$5\frac{3}{4} + 2\frac{1}{3} =$ $= (5+2) + \left(\frac{3}{4} + \frac{1}{3}\right)$ • $\frac{3}{4}$ é equivalente a $\frac{9}{12}$. • $\frac{1}{3}$ é equivalente a $\frac{4}{12}$. • $5 + 2 = 7$ • $\frac{9}{12} + \frac{4}{12} = \frac{13}{12} = 1\frac{1}{12}$	$7\frac{3}{4} - 3\frac{2}{5} =$ $= (7-3) + \left(\frac{3}{4} - \frac{2}{5}\right)$ • $\frac{3}{4}$ é equivalente a $\frac{15}{20}$. • $\frac{2}{5}$ é equivalente a $\frac{8}{20}$.

Você vai estudar:
- Adição e subtração com frações e números mistos.
- Adição e subtração em que é preciso encontrar frações equivalentes.

Agora, termine os cálculos para obter os resultados.

4. Calcule o resultado das adições e subtrações.

a) $3\frac{2}{3} + 1\frac{1}{5}$ c) $5\frac{3}{7} + 3\frac{1}{2}$ e) $4\frac{3}{5} + 2\frac{1}{2}$ g) $8\frac{3}{4} + 3\frac{1}{8}$

b) $3\frac{4}{5} - 2\frac{1}{10}$ d) $6\frac{5}{6} - 3\frac{1}{3}$ f) $7\frac{5}{7} - 3\frac{2}{5}$ h) $5\frac{8}{9} - 3\frac{5}{6}$

ATIVIDADES EXTRAS
PRÁTICA 11

Use papel quadriculado para ajudar na representação de cada multiplicação.

1. Denise precisava calcular o resultado da multiplicação $\frac{1}{2} \cdot \frac{3}{4}$. Decidiu então representá-la em uma região retangular para obter o resultado usando a ideia de cálculo de área. Observe.

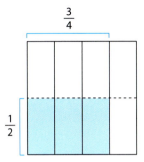

A parte azul da figura indica que a metade de $\frac{3}{4}$ de um inteiro é igual a $\frac{3}{8}$ desse inteiro. Esse resultado pode ser obtido calculando:

$$\frac{1}{2} \cdot \frac{3}{4} = \frac{3}{8}$$

- Calcule o que se pede em cada item usando como recurso a representação em uma região retangular. Depois, escreva e calcule a multiplicação correspondente.

   a) A terça parte de $\frac{3}{5}$

   b) Dois terços de $\frac{4}{5}$

   c) Três quintos de $\frac{3}{5}$

   d) Três quartos de $\frac{2}{3}$

   e) A metade de $\frac{1}{2}$

   f) Dois quintos de $\frac{1}{3}$

2. Denise também precisou calcular a metade de $6\frac{1}{4}$. Veja como ela representou essa operação e concluiu qual era o resultado desse cálculo.

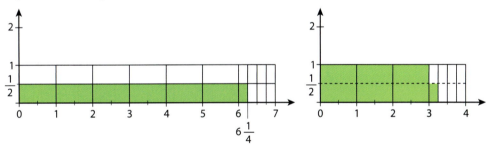

As figuras mostram que metade de $6\frac{1}{4}$, ou seja, $\frac{1}{2}$ de $6\frac{1}{4}$, é igual a $3\frac{1}{8}$.

Metade de $6\frac{1}{4}$ pode ser calculada por: metade de 6 mais metade de $\frac{1}{4}$.

$$\frac{1}{2} \cdot 6\frac{1}{4} = \left(\frac{1}{2} \cdot 6\right) + \left(\frac{1}{2} \cdot \frac{1}{4}\right) = \frac{6}{2} + \frac{1}{8} = 3\frac{1}{8}$$

- Represente as multiplicações a seguir em uma região retangular para obter o resultado de cada uma. Use papel quadriculado para ajudar na representação. Depois, calcule como mostrado acima.

   a) $\frac{1}{2} \cdot 2\frac{1}{2}$

   b) $2\frac{1}{4} \cdot 2\frac{1}{2}$

   c) $3\frac{1}{4} \cdot 2\frac{1}{3}$

   d) $2\frac{1}{3} \cdot 5\frac{1}{2}$

3. Calcule o resultado das multiplicações a seguir sem representá-las em uma região retangular. Faça apenas os procedimentos expressos nas explicações das atividades anteriores.

   a) $6\frac{1}{2} \cdot 3\frac{1}{4}$

   b) $4\frac{1}{3} \cdot 3\frac{1}{2}$

   c) $4\frac{1}{2} \cdot 2\frac{1}{3}$

   d) $5\frac{1}{2} \cdot 3\frac{1}{2}$

Você vai estudar:
- Multiplicação com frações na forma própria e na forma mista trabalhando com a ideia de área.

343

ATIVIDADES EXTRAS
PRÁTICA 12

R1. Uma corda de 4 metros de comprimento será dividida em pedaços de $\frac{1}{2}$ metro cada um. Quantos pedaços serão obtidos?

Resolução

Representaremos a situação na reta numérica para descobrir quantas vezes $\frac{1}{2}$ metro cabe em 4 metros.

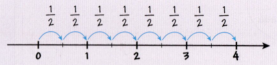

A representação na reta mostra que $\frac{1}{2}$ metro cabe 8 vezes em 4 metros. Ou seja, 4 m : $\frac{1}{2}$ m = 8. Portanto, serão obtidos 8 pedaços.

Repare que o resultado da divisão 4 : $\frac{1}{2}$ é o mesmo que o da multiplicação 4 · 2. Isso significa que dividir por meio equivale a multiplicar por 2.

1. Aplique a ideia de *quantas vezes cabe* na reta numérica para calcular os resultados das divisões. Escreva a multiplicação que equivale a cada uma.

a) $5 : \frac{1}{2}$ b) $3 : \frac{1}{3}$ c) $5 : \frac{2}{3}$ d) $4 : \frac{3}{4}$ e) $4 : \frac{3}{5}$

2. A professora pediu para Roberto dividir $\frac{1}{4}$ de um inteiro em 2 partes iguais. Veja como ele representou a divisão e descobriu o resultado.

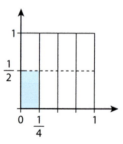

Então, $\frac{1}{4} : 2 = \frac{1}{8}$. Repare que o resultado da divisão $\frac{1}{4} : 2$ é o mesmo que o da multiplicação $\frac{1}{4} \cdot \frac{1}{2}$ (ideia de área). Isso significa que dividir $\frac{1}{4}$ em 2 partes iguais é o mesmo que multiplicar $\frac{1}{4}$ por $\frac{1}{2}$.

- Represente as divisões a seguir no eixo de retas como Roberto fez. Depois, escreva a multiplicação que equivale a cada uma.

a) $\frac{1}{2} : 5$ b) $\frac{1}{3} : 3$ c) $\frac{2}{3} : 5$ d) $\frac{3}{4} : 4$ e) $\frac{3}{5} : 4$

3. Observe os resultados das divisões efetuadas nas atividades **1** e **2**. Descreva o que você observou.

4. Joana comprou um pacote de $\frac{1}{2}$ quilograma de café e terá que dividi-lo em 4 porções iguais. Quantos gramas de café terá cada porção?

Você vai estudar:
- Divisão de um número inteiro por uma fração própria.
- Divisão de uma fração própria por um número inteiro.

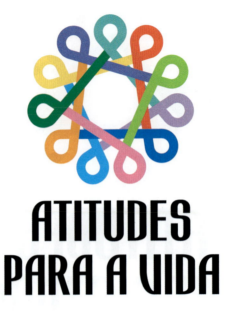

ATITUDES PARA A VIDA

As *Atitudes para a vida* são comportamentos que nos ajudam a resolver as tarefas que surgem todos os dias, desde as mais simples até as mais desafiadoras. São comportamentos de pessoas capazes de resolver problemas, de tomar decisões conscientes, de fazer as perguntas certas, de se relacionar bem com os outros e de pensar de forma criativa e inovadora.

As atividades que apresentamos a seguir vão ajudá-lo a estudar os conteúdos e a resolver as atividades deste livro, incluindo as que parecem difíceis demais em um primeiro momento.

Toda tarefa pode ser uma grande aventura!

PERSISTIR

Muitas pessoas confundem persistência com insistência, que significa ficar tentando e tentando e tentando, sem desistir. Mas persistência não é isso! Persistir significa buscar estratégias diferentes para conquistar um objetivo.

Antes de desistir por achar que não consegue completar uma tarefa, que tal tentar outra alternativa?

Algumas pessoas acham que atletas, estudantes e profissionais bem-sucedidos nasceram com um talento natural ou com a habilidade necessária para vencer. Ora, ninguém nasce um craque no futebol ou fazendo cálculos ou sabendo tomar todas as decisões certas. O sucesso muitas vezes só vem depois de muitos erros e muitas derrotas. A maioria dos casos de sucesso é resultado de foco e esforço.

Se uma forma não funcionar, busque outro caminho. Você vai perceber que desenvolver estratégias diferentes para resolver um desafio vai ajudá-lo a atingir os seus objetivos.

CONTROLAR A IMPULSIVIDADE

Quando nos fazem uma pergunta ou colocam um problema para resolver, é comum darmos a primeira resposta que vem à cabeça. Comum, mas imprudente.

Para diminuir a chance de erros e de frustrações, antes de agir devemos considerar as alternativas e as consequências das diferentes formas de chegar à resposta. Devemos coletar informações, refletir sobre a resposta que queremos dar, entender bem as indicações de uma atividade e ouvir pontos de vista diferentes dos nossos.

Essas atitudes também nos ajudarão a controlar aquele impulso de desistir ou de fazer qualquer outra coisa para não termos que resolver o problema naquele momento. Controlar a impulsividade nos permite formar uma ideia do todo antes de começar, diminuindo os resultados inesperados ao longo do caminho.

Atitudes para a vida | III

ESCUTAR OS OUTROS COM ATENÇÃO E EMPATIA

Você já percebeu o quanto pode aprender quando presta atenção ao que uma pessoa diz? Às vezes recebemos importantes dicas para resolver alguma questão. Outras vezes, temos grandes ideias quando ouvimos alguém ou notamos uma atitude ou um aspecto do seu comportamento que não teríamos percebido se não estivéssemos atentos.

Escutar os outros com atenção significa manter-nos atentos ao que a pessoa está falando, sem estar apenas esperando que pare de falar para que possamos dar a nossa opinião. E empatia significa perceber o outro, colocar-nos no seu lugar, procurando entender de verdade o que está sentindo ou por que pensa de determinada maneira.

Podemos aprender muito quando realmente escutamos uma pessoa. Além do mais, para nos relacionar bem com os outros — e sabemos o quanto isso é importante —, precisamos prestar atenção aos seus sentimentos e às suas opiniões, como gostamos que façam conosco.

PENSAR COM FLEXIBILIDADE

Você conhece alguém que tem dificuldade de considerar diferentes pontos de vista? Ou alguém que acha que a própria forma de pensar é a melhor ou a única que existe? Essas pessoas têm dificuldade de pensar de maneira flexível, de se adaptar a novas situações e de aprender com os outros.

Quanto maior for a sua capacidade de ajustar o seu pensamento e mudar de opinião à medida que recebe uma nova informação, mais facilidade você terá para lidar com situações inesperadas ou problemas que poderiam ser, de outra forma, difíceis de resolver.

Pensadores flexíveis têm a capacidade de enxergar o todo, ou seja, têm uma visão ampla da situação e, por isso, não precisam ter todas as informações para entender ou solucionar uma questão. Pessoas que pensam com flexibilidade conhecem muitas formas diferentes de resolver problemas.

Atitudes para a vida

ESFORÇAR-SE POR EXATIDÃO E PRECISÃO

Para que o nosso trabalho seja respeitado, é importante demonstrar compromisso com a qualidade do que fazemos. Isso significa conhecer os pontos que devemos seguir, coletar os dados necessários para oferecer a informação correta, revisar o que fazemos e cuidar da aparência do que apresentamos.

Não basta responder corretamente; é preciso comunicar essa resposta de forma que quem vai receber e até avaliar o nosso trabalho não apenas seja capaz de entendê-lo, mas também que se sinta interessado em saber o que temos a dizer.

Quanto mais estudamos um tema e nos dedicamos a superar as nossas capacidades, mais dominamos o assunto e, consequentemente, mais seguros nos sentimos em relação ao que produzimos.

QUESTIONAR E LEVANTAR PROBLEMAS

Não são as respostas que movem o mundo, são as perguntas.

Só podemos inovar ou mudar o rumo da nossa vida quando percebemos os padrões, as incongruências, os fenômenos ao nosso redor e buscamos os seus porquês.

E não precisa ser um gênio para isso, não! As pequenas conquistas que levaram a grandes avanços foram — e continuam sendo — feitas por pessoas de todas as épocas, todos os lugares, todas as crenças, os gêneros, as cores e as culturas. Pessoas como você, que olharam para o lado ou para o céu, ouviram uma história ou prestaram atenção em alguém, perceberam algo diferente, ou sempre igual, na sua vida e fizeram perguntas do tipo "Por que será?" ou "E se fosse diferente?".

Como a vida começou? E se a Terra não fosse o centro do universo? E se houvesse outras terras do outro lado do oceano? Por que as mulheres não podiam votar? E se o petróleo acabasse? E se as pessoas pudessem voar? Como será a Lua?

E se...? (Olhe ao seu redor e termine a pergunta!)

Atitudes para a vida | V

APLICAR CONHECIMENTOS PRÉVIOS A NOVAS SITUAÇÕES

Esta é a grande função do estudo e da aprendizagem: sermos capazes de aplicar o que sabemos fora da sala de aula. E isso não depende apenas do seu livro, da sua escola ou do seu professor; depende da sua atitude também!

Você deve buscar relacionar o que vê, lê e ouve aos conhecimentos que já tem. Todos nós aprendemos com a experiência, mas nem todos percebem isso com tanta facilidade.

Devemos usar os conhecimentos e as experiências que vamos adquirindo dentro e fora da escola como fontes de dados para apoiar as nossas ideias, para prever, entender e explicar teorias ou etapas para resolver cada novo desafio.

PENSAR E COMUNICAR-SE COM CLAREZA

Pensamento e comunicação são inseparáveis. Quando as ideias estão claras em nossa mente, podemos nos comunicar com clareza, ou seja, as pessoas nos entendem melhor.

Por isso, é importante empregar os termos corretos e mais adequados sobre um assunto, evitando generalizações, omissões ou distorções de informação. Também devemos reforçar o que afirmamos com explicações, comparações, analogias e dados.

A preocupação com a comunicação clara, que começa na organização do nosso pensamento, aumenta a nossa habilidade de fazer críticas tanto sobre o que lemos, vemos ou ouvimos quanto em relação às falhas na nossa própria compreensão, e poder, assim, corrigi-las. Esse conhecimento é a base para uma ação segura e consciente.

IMAGINAR, CRIAR E INOVAR

Tente de outra maneira! Construa ideias com fluência e originalidade!

Todos nós temos a capacidade de criar novas e engenhosas soluções, técnicas e produtos. Basta desenvolver nossa capacidade criativa.

Pessoas criativas procuram soluções de maneiras distintas. Examinam possibilidades alternativas por todos os diferentes ângulos. Usam analogias e metáforas, se colocam em papéis diferentes.

Atitudes para a vida

Ser criativo é não ser avesso a assumir riscos. É estar atento a desvios de rota, aberto a ouvir críticas. Mais do que isso, é buscar ativamente a opinião e o ponto de vista do outro. Pessoas criativas não aceitam o *status quo*, estão sempre buscando mais fluência, simplicidade, habilidade, perfeição, harmonia e equilíbrio.

ASSUMIR RISCOS COM RESPONSABILIDADE

Todos nós conhecemos pessoas que têm medo de tentar algo diferente. Às vezes, nós mesmos acabamos escolhendo a opção mais fácil por medo de errar ou de parecer tolos, não é mesmo? Sabe o que nos falta nesses momentos? Informação!

Tentar um caminho diferente pode ser muito enriquecedor. Para isso, é importante pesquisar sobre os resultados possíveis ou os mais prováveis de uma decisão e avaliar as suas consequências, ou seja, os seus impactos na nossa vida e na de outras pessoas.

Informar-nos sobre as possibilidades e as consequências de uma escolha reduz a chance do "inesperado" e nos deixa mais seguros e confiantes para fazer algo novo e, assim, explorar as nossas capacidades.

PENSAR DE MANEIRA INTERDEPENDENTE

Nós somos seres sociais. Formamos grupos e comunidades, gostamos de ouvir e ser ouvidos, buscamos reciprocidade em nossas relações. Pessoas mais abertas a se relacionar com os outros sabem que juntos somos mais fortes e capazes.

Estabelecer conexões com os colegas para debater ideias e resolver problemas em conjunto é muito importante, pois desenvolvemos a capacidade de escutar, empatizar, analisar ideias e chegar a um consenso. Ter compaixão, altruísmo e demonstrar apoio aos esforços do grupo são características de pessoas mais cooperativas e eficazes.

Estes são 11 dos 16 Hábitos da mente descritos pelos autores Arthur L. Costa e Bena Kallick em seu livro *Learning and leading with habits of mind*: 16 characteristics for success.

Acesse http://www.moderna.com.br/araribaplus para conhecer mais sobre as *Atitudes para a vida*.

Atitudes para a vida · VII

CHECKLIST PARA MONITORAR O SEU DESEMPENHO

Reproduza para cada mês de estudo o quadro abaixo. Preencha-o ao final de cada mês para avaliar o seu desempenho na aplicação das *Atitudes para a vida*, para cumprir as suas tarefas nesta disciplina. Em *Observações pessoais*, faça anotações e sugestões de atitudes a serem tomadas para melhorar o seu desempenho no mês seguinte.

Classifique o seu desempenho de 1 a 10, sendo 1 o nível mais fraco de desempenho, e 10, o domínio das *Atitudes para a vida*.

Atitudes para a vida	Neste mês eu...	Desempenho	Observações pessoais
Persistir	Não desisti. Busquei alternativas para resolver as questões quando as tentativas anteriores não deram certo.		
Controlar a impulsividade	Pensei antes de dar uma resposta qualquer. Refleti sobre os caminhos a escolher para cumprir minhas tarefas.		
Escutar os outros com atenção e empatia	Levei em conta as opiniões e os sentimentos dos demais para resolver as tarefas.		
Pensar com flexibilidade	Considerei diferentes possibilidades para chegar às respostas.		
Esforçar-se por exatidão e precisão	Conferi os dados, revisei as informações e cuidei da apresentação estética dos meus trabalhos.		
Questionar e levantar problemas	Fiquei atento ao meu redor, de olhos e ouvidos abertos. Questionei o que não entendi e busquei problemas para resolver.		
Aplicar conhecimentos prévios a novas situações	Usei o que já sabia para me ajudar a resolver problemas novos. Associei as novas informações a conhecimentos que eu havia adquirido de situações anteriores.		
Pensar e comunicar-se com clareza	Organizei meus pensamentos e me comuniquei com clareza, usando os termos e os dados adequados. Procurei dar exemplos para facilitar as minhas explicações.		
Imaginar, criar e inovar	Pensei fora da caixa, assumi riscos, ouvi críticas e aprendi com elas. Tentei de outra maneira.		
Assumir riscos com responsabilidade	Quando tive de fazer algo novo, busquei informação sobre possíveis consequências para tomar decisões com mais segurança.		
Pensar de maneira interdependente	Trabalhei junto. Aprendi com ideias diferentes e participei de discussões.		